2025

글로벌 테크 트렌드

더밀크(TheMiilk)

미국 실리콘밸리 팰로앨토에 본사를 둔 '더밀크'는 저널리즘 기반의 신뢰 있는 콘텐츠로 세상의 긍정적 변화를 이끄는 토대를 만들고 있다. 한국 최고 경제지, 전문지, 실리콘밸리 특파원 출신 베테랑 기자와 석·박사급 연구원들이 미 현지에서 직접 취재한 콘텐츠를 제공하고 있으며 물리적 경계를 허무는 크로스보더 미디어 플랫폼을 표방한다.

저서로는 《웹3 웨이브》, 《CES 2024》가 있다.

2025

글로벌 레크 트렌드

GLOBAL TECH TREND

트리플 레볼루션이 온다

더밀크(TheMiilk) 지음

한국경제신문

PART 1
AI REVOLUTION

AI 레볼루션

PART 2 　바이오 헬스케어 레볼루션
BIO HEALTHCARE REVOLUTION

PART 3
ENERGY REVOLUTION

에너지 레볼루션

2025년 기술이 바꾸는 신(新) 세계질서
트리플 레볼루션

도널드 트럼프 전 대통령이 치열한 선거전을 벌인 끝에 47대 미국 대통령에 당선돼 트럼프 2기 시대를 열게 됐다. 21세기 들어 전 세계에 미치는 미국의 영향력이 더욱 커지고 있는 상황에서 나타난 또 다른 물줄기의 변화다. 지난 2016년 트럼프가 처음 당선된 후 4년을 기억해보자. 도널드 트럼프 대통령(1기) 이후 미국이 자국 우선주의를 기치로 내세움에 따라 세계 각국도 다자간 협력에 의한 인류의 공동 발전보다 자국 이기주의가 국가 전략의 대세가 됐고, 민족주의와 포퓰리즘이 확산됐다. 특히 트럼프 1기의 대중국 관세정책은 글로벌 공급망을 재편시키고, 세계 경제에 긴장과 불확실성을 유발했다.

2024년 11월, 도널드 트럼프가 재선에 성공하면서 '트럼프 2기'가 출범함에 따라 트럼프와 그 세력에 의해 또 다른 '세계질서(World Order)'가 형성될 것으로 예상된다. 그로 인해 정치뿐 아니라 경제, 산업 등 모든 분야에 큰 격랑이 불어닥칠 것이 분명하다.

마치 폭풍우 치는 바다 한가운데 놓인 작은 배처럼, 우리는 예측 불가능한 미래를 향해 나아가고 있다. 하지만 짙은 안개 속에서도 희미하게나마 길을 밝혀주는 등대가 있다. 바로 기술이다. 기술은 인류 역사를 끊임없이 진보시켜온 원동력이며, 앞으로 다가올 거대한 변화의 물결 속에서도 우리를 인도할 나침반이었다.

실제 18세기 후반, 증기기관의 발명은 대량 생산 체제를 가능하게 해 인간의 생산성과 생활 수준을 비약적으로 향상시켰으며, 19세기 후반 발명된 전기 기술은 산업과 생활의 패러다임을 바꿨고, 전구, 전기 통신, 가전제품 등 현대 문명의 기반을 제공했다. 20세기 말 인터넷은 세계를 하나로 연결하며 정보와 지식의 민주화를 이루고 글로벌 경제와 사회 구조를 근본적으로 변화시켰으며, 21세기 초반 등장한 스마트폰은 인류의 커뮤니케이션, 정보 소비, 생활 방식을 완전히 바꾸며 디지털 경제의 중심으로 만들었다. 그리고 2022년부터 본격적으로 등장한 인공지능(AI) 기술이 세계의 경제 방식과 생활 양식을 바꾸고 있다.

2025년 이후 우리는 기술의 발전, 그리고 저출산 고령화라는 인구구조의 변화가 만들 거대한 혁명적 변화를 겪게 될 것이다. 여기에 트럼프 2기라는 정치적, 지정학적 변동에 놓이게 됐다.

이 거대한 변화 속에서 승자와 패자가 명확히 갈린다. 기존 질서에 안주한 이들이 아니라, 불확실성을 기회로 바꾸는 유연한 사고와 혁신적인 기술을 활용하는 자들이 승자가 될 것이다. "미래는 불확실하다"는 사실만이 확실하다. 확실성을 적극적으로 활용해 새로운 가능성을 열어가는 전략이 필요한 시기다.

AI가 이끄는 신기술은 단순히 '기술적 도구'가 아니라, 우리의 선택과 방향성을 결정짓는 중요한 힘으로 작용한다는 사실이 과거와 다르다. AI, 블록체인, 헬스케어 그리고 차세대 에너지 기술은 단지 새로운 산업을 창출하는 데 그치지 않고, 사회 구조와 권력의 중심축을 재편할 것이다.

트럼프 2기 출범에 일론 머스크 테슬라 CEO가 결정적 역할을 했으며 2기에 주요 역할을 담당하리라는 것은 이제 '기술'이 워싱턴D.C.(정치)의 중심에 설 것임을 예고한다. 일론 머스크는 새로운 의미의 CEO가 될 것이다. 그는 '최고 효율성 책임자(Chief Efficiency Officer)'가 되면서 정부 내 비효율을 없애고 블록체인, 자율주행, 헬스케어 등에 있는 관료적이고 관행적인 제도를 혁파해나갈 것으로 예상된다.

트리플 레볼루션이란 무엇인가?

이러한 가운데 2025년 이후 AI, 에너지, 바이오 헬스케어 분야에서 동시다발적으로 일어날 혁신은 단순한 기술적 진보를 넘어 우리의 삶과 비즈니스, 그리고 문명 자체를 근본적으로 변화시키는 '트리플 레볼루션(Triple Revolution)'이 될 것이다. 20세기 초반 자동차, 전기, 통신 기술의 발전이 산업 사회를 송두리째 바꾸었던 것처럼, 역사의 새로운 장을 여는 거대한 혁명적 물결이다.

- **AI 혁명:** AI 기술은 단순한 데이터 처리 기술을 넘어 인간의 창의성과 문제 해결 능력을 증폭시키고, 산업 전반에 걸쳐 새로운 가치를 창출하는 역할을 하고 있다. AI는 인간의 노동을 대체하는 수준을 넘어, 인간의 한계를 보완하고 새로운 창의적 가능성을 열어가고 있다.

생성형 AI는 콘텐츠 생산, 의료 진단, 재난 예측 등 과거에는 상상하지 못했던 방식으로 우리의 삶과 경제를 변화시키고 있다. 이는 인간과 기계의 협력 모델을 강화하며 생산성과 효율성을 극대화하고, 새로운 산업 패러다임을 형성한다.

- **바이오 헬스케어 혁명:** 바이오테크와 디지털 헬스케어 기술이 결합하면서, 헬스케어는 치료 중심에서 예방과 관리 중심으로 이동하고 있다. AI 기반 진단, 유전자 가위 기술(CRISPR, 크리스퍼), 웨어러블 디바이스 등은 의료의 패러다임을 근본적으로 변화시키고 있다. 특히, 개인 맞춤형 치료와 디지털 건강 데이터의 활용은 인간의 수명을 연장하고 삶의 질을 향상시키며, 글로벌 헬스케어 시장의 질서를 새롭게 정의할 것이다. 또 비만 치료제 GLP-1의 등장은 혁신적인 헬스케어의 변화를 일으키게 될 것이다.

- **에너지 혁명:** 화석 연료에 대한 의존에서 벗어나, 재생 가능 에너지와 저장 기술, 그리고 초고효율 에너지 시스템으로의 전환이 가속화되고 있다. 에너지 기술의 발전은 환경 문제를 해결하는 데 그치지 않고, 경제 성장의 새로운 동력이 된다. 스마트그리드, 에너지 블록체인 기술, 수소 경제와 같은 혁신은 글로벌 에너지 시장의 중심을 재편하고, 에너지 독립성을 기반으로 국가 간 권력 구조에 영향을 미칠 것이다.

세 가지 혁명은 단독으로도 강력하지만, 상호 연결될 때 더욱 강력한 시너지를 발휘한다. AI는 에너지 효율성을 극대화하며 스마트그리드의 운영을 최적화하고, 헬스케어 데이터 분석을 통해 정밀의학을 실현할 수 있다. 또한, 차세대 에너지 혁신은 의료기기와 데이터센터의 지속 가능성을 지원하며, 헬스케어 혁명은 전 세계의 경제적 부담을 경감시켜 더 큰 기술 투자 여력을 제공한다.

이러한 융합은 단순한 기술 발전을 넘어, 인류의 삶과 비즈니스, 그리고 사회 구조 자체를 변화시키는 문명적 전환점을 예고한다. 트리플 레볼루션은 단순히 미래를 맞이하는 것이 아니라, 미래를 창조하는 과정이라 할 수 있다.

이에 따라 변화에 대비해 단기적 대응을 넘어, 장기적이고 통합적인 전략을 준비해야 한다. 기술은 혼란 속에서도 방향을 제시하는 나침반이지만, 그 나침반을 제대로 읽고 활용하는 것은 우리의 몫이다. 트리플 레볼루션은 기회와 위기의 문턱에 서 있는 우리에게 선택의 순간을 보여준다.

정치적 변화와 기술의 융합은 과거와는 다른 형태의 '뉴노멀'을 만들어갈 것이다. 이러한 시대적 흐름 속에서, 우리가 기술을 어떻게 바라보고 활용하느냐에 따라 미래의 승패가 갈릴 수밖에 없다. 그러므로 앞으로 나타날 변화를 정확히 감지하고 이를 주도할 수 있는 준비와 전략을 수립해야 한다.

트리플 레볼루션 1. AI

2025년은 오픈AI의 챗GPT(GPT3.5 모델)가 본격적으로 소개된 지 만 2년이 넘는 시기다. 인류는 생성형 AI가 내놓는 결과에 '놀라움'을 넘어 적응을 하기 시작했으며, 개인 생산성을 높이는 것은 물론 기업의 문화를 바꾸고 결과적으로 산업 지형도를 바꿀 수 있는 기술로 이해하기 시작했다. 2025년은 기술 혁신의 중심에서 전례 없는 변화를 맞이할 해가 될 것이다.

생성형 AI는 미래 기술 혁신의 핵심으로 자리 잡았다. 2025년 AI는 모든 산업에 깊이 침투해 비즈니스의 생산성과 창의성을 극대화하는 역할을 할 것으로 예상된다. 데이터 분석, 고객 서비스, 제품 디자인, 마케팅 전략 수립 등 기업 내 모든 영역에서 중요한 의사결정을 지원하며, 기존의 작업 방식을 근본적으로 혁신할 것이다.

특히 2025년부터 눈여겨봐야 할 기술은 'AI 에이전트의 부상'이다. 향후 5년간 AI 기술, 특히 생성형 AI와 AI 에이전트는 우리가 기술과 상호작용하는 방식뿐만 아니라, 비즈니스 운영 전반에 걸쳐 거대한 변화를 가져올 것으로 예상된다. 자동화 도구를 넘어, 인간의 사고와 의사결정을 보조하거나 심지어 대체할 수 있는 고도화된 시스템으로 진화하고 있기 때문이다. 구글, 아마존, 메타, 세일즈포스 등 거의 모든 실리콘밸리 빅테크 기업들이 AI 에이전트를 내놨거나 2025년 이후 경쟁적으로 내놓을 예정이다.

생성형 AI 기술의 핵심은 방대한 데이터 학습을 통해 텍스트, 이미지, 동영상 등 다양한 형태의 콘텐츠를 스스로 창출하는 능력에 있다. 인간이 작성한 콘텐츠를 복사하거나 모방하는 것을 넘어, 새로운 아이디어를 창출하고, 더 나아가 복잡한 문제를 해결하는 데 중요한 도구로 자리 잡고 있다. 이런 기술 발전은 특히 콘텐츠 제작, 마케팅, 교육, 헬스케어 등 다양한 산업에서 혁신을 만들고 있다.

AI 에이전트는 특정 작업을 자율적으로 수행할 수 있는 기술로, 비즈니스의 운영 방식을 혁신적으로 변화시킬 것으로 기대된다. AI 에이전트는 단순한 자동화된 작업을 넘어서, 복잡한 결정을 내리고 학습할 수 있는 능력을 보유하고 있다. 반복적인 업무는 물론이고, 인간이 수행해야 했던 많은 고차원적인 의사결정 과정도 대체할 수 있다. 고객 서비스에서 AI 에이전트는 고객의 요구를 실시간으로 처리하고, 적절한 해결책을 제공할 수 있다. 이는 고객 경험을 극대화할 뿐만 아니라, 기업의 운영 효율성을 획기적으로 높일 수 있다.

선구매 후결제(Buy Now Pay Later, BNPL) 기반의 스웨덴 핀테크 기업인 클라르나(Klarna)가 밝힌 사례가 대표적이다. 오픈AI와 파트너십을 맺고 있는 클라르나는 현재 번역과 제작, CRM(고객관계관리), 사회 사업 등의 업무에 에이전시 대신 AI를 활용하고 있으며 이를 통해 외부 에이전시 비용을 줄였다. 클라르나는 판매 및 마케팅 부문에도 AI를 활용함으로써 에이전시 비용을 25퍼센트 절감(1,000만 달러)했다고 밝혔다. 데이비드 샌드스트롬(David Sandstrom) 클라르나 최고 마케팅 책임자(Chief Marketing Officer, CMO)는 "AI는 우리가 더 효율적이고 더 빠르게 고객의 관심사에 대응할 수 있도록 도와주고 있다. (AI 활용은) 밸런타인데이와 어머니의 날과 같은 대형 쇼핑 이벤트 행사 시, 비용 면에서 특히 효율적이었다"며 "맞춤형 이미지를 (대행사에 맡겨) 제작하는 대신 AI를 사용해 이미지를 제작한다. 2024년 1분기에만 (AI를 활용해) 1,000개 이상의 이미지를 생성했다"고 강조했다.

클라르나는 광고·마케팅 문구를 작성할 때도 AI를 사용하고 있다고 밝혔다. '카피 어시스턴트(Copy Assistant)'로 불리는 새로운 AI 기반 도구가 카피라이팅의 80퍼센트를 담당하고 있다. 2024년 초 클라르나는 전 직원의 90퍼센트가 매일 AI를 사용한다고 발표했다.

AI 에이전트의 실물화 버전이 될 수 있는 휴머노이드 로봇 기술은 2025년을 기점으로 다양한 산업과 사회 전반에 걸쳐 막대한 변화를 일으킬 것으로 예상된다. 휴머노이드는 인간의 형태와 비슷한 외형과 기능을 갖춘 로봇으로, 제조업, 물류, 서비스업, 의료 등 다양한 산업에서 인간의 역할을 보완하거나 대체할 수 있는 혁신적인 기술로 주목받고 있다. 인간의 노동력을 줄이고 효율성을 극대화하며, 위험하고 반복적인 작업에서 인간을 해방시키는 데 중점을 둔다. 휴머노이드 로봇은 기술 발전에 따라 더 정교해지고, 다양한 작업 환경에서 사용될 수 있는 범용적 능력을 가지게 될 것이다.

테슬라의 옵티머스(Optimus) 로봇이 대표적인 사례다. 테슬라는 2024년 10월 '위 로봇(We Robot)' 이벤트에서 사람의 일을 돕거나 대신하는 옵티머스 로봇들도 함께 공개했다. 일론 머스크는 이날 "옵티머스가 여러분 사이를 걸어 다닐 것이다. 무엇이든 할 수 있다"고 밝혔다. 그는 이 로봇이 "반려견 산책, 아이 돌보기, 잔디 깎기, 음료 제공 등의 업무를 수행할 수 있으며, 가격은 2만~3만 달러가 될 것이다"라고 설명했다. 또, "옵티머스는 역대 가장 큰 제품이 될 것이라고 생각한다"고 덧붙였다.

휴머노이드 로봇은 인간과 동일한 작업 공간에서 협력하면서 인간이 수행하기 힘든 일들을 맡게 된다. 예를 들어, 위험한 환경에서의 작업이나 고정밀이 요구되는 작업에서 로봇이 안전하고 효율적으로 일을 처리함으로써 인간의 역할을 보완하게 될 것으로 예상된다. 이는 특히 제조업에서 생산성을 높이고, 인간의 사고나 부상 위험을 줄이는 데 기여할 수 있다.

하지만 이러한 생성형 AI 혁신과 휴머노이드의 본격 등장, 그로 인한 변화는 저절로 오는 것이 아니다. AI 데이터센터와 AI 반도체 등 '인프라'의 발전이 동반돼야 한다. 특히 데이터센터는 AI의 방대한 연산 처리 능력을 지원하는 핵심 인프라다. 때문에 아마존, 마이크로소프트, 구글 등 클라우드 빅3 업체들은 전 세계를 무대로 거점 지역에 대규모 데이터센터 짓기 경쟁에 나선 상태다. AI가 확산됨에 따라 데이터 처리량이 획기적으로 늘어나고 있어 이에 대응할 데이터센터 구축에 힘을 쏟아 시장 내 영향력을 키우려는 것이다. 아마존이 마이크로소프트, 구글보다 클라우드 컴퓨팅 시장에서 우위를 차지하기 위해 향후 15년간 데이터센터에 약 1,500억 달러를 투자하기로 발표한 것은 그 중요성을 짐작케 한다.

AI 데이터센터는 기업뿐 아니라 국가 경쟁력을 좌우하는 인프라다. 막대한 전력과 에너지를 필요로 하며, 이를 안정적으로 공급할 수 있는 국가가 AI 기술 경쟁에서 우위를 차지할 수 있다. 현재 미국, 일본, 싱가포르 등 여러 국가들이 AI 데이터센터의 유치 경쟁에 뛰어들고 있으며, 이 과정에서 지정학적 요소와 법적 안정성도 중요한 변수로 작용하고 있다. 한국은 이러한 경쟁에서 뒤처지는 모습을 보이고 있으며, 데이터센터의 유치를 위한 보다 적극적인 전략이 요구되고 있다.

AI 반도체는 AI의 효율성을 극대화하는 중요한 요소로 자리 잡으면서 산업의 린치핀 역할을 하고 있다. AI 반도체를 장악하는 나라가 미래의 인프라를 장악하는 결과를 낳을 수밖에 없다. 미국이 여야를 막론하고 자국에 반도체 공장을 유치하기 위해 대만 TSMC, 한국의 삼성전자와 SK하이닉스 및 일본의 반도체 업체들을 압박하는 것은 이유가 있다.

2025년에는 AI 데이터센터와 AI 칩의 발전이 향후 AI 기반의 비즈니스와 국가 경쟁력에 중대한 영향을 미칠 것으로 인식되면서 기술 주도권을 확보하기 위한 글로벌 경쟁은 더욱 치열해질 전망이다. 각국의 지정학적 위치, 산업 환경, 에너지 공급 능력 등이 이 경쟁의 판도를 결정지을 중요한 요소로 작용할 것이다.

기업과 정부는 이와 같은 변화에 민첩하게 대응할 수 있는 전략을 마련하고, AI 기술의 발전을 뒷받침할 수 있는 인프라 구축에 적극적으로 나서야 한다.

트리플 레볼루션 2. 바이오 헬스케어

바이오테크와 디지털 헬스케어 기술이 결합하면서 의료의 패러다임이 급속도로 변화하고 있다. 과거 의료의 핵심은 질병이 발생한 이후 이를 진단하고 치료하는 데 집중되어 있었다. 하지만 이러한 전통적인 치료 중심의 접근법은 이제 예방과 관리 중심의 체계로 전환되고 있다. 이러한 변화는 단순한 기술적 발전의 결과가 아니라, 인간의 건강에 대한 인식과 접근 방식의 근본적 전환을 반영한다.

바이오테크와 디지털 헬스케어는 각각 독립적으로도 강력한 혁신 동력을 가지고 있지만, 2025년부터 펼쳐질 이 두 분야의 융합 현상은 의료 전반에 걸쳐 획기적인 변화를 가져올 것으로 예상된다. AI 기반 진단, 유전자 가위 기술, 웨어러블 디바이스, 디지털 건강 데이터, 그리고 비만 치료제 GLP-1 등 주요 기술들은 건강과 의료 환경을 획기적으로 변화시킬 것이다.

특히 AI 기술은 의료 진단 분야에서도 혁명을 일으키고 있다. 방대한 양의 의료 데이터를 분석할 수 있는 능력을 갖춘 AI는 의료진이 놓치기 쉬운 질병의 초기 징후를 포착하고, 복잡한 병리학적 패턴을 분석하는 데 탁월하다. 예를 들어, AI는 영상 데이터를 활용하여 암, 심혈관 질환,

폐 질환 등 초기 진단의 정확도를 크게 향상시킨다. 특히 AI 기반 도구는 CT, MRI, X-ray 스캔 등을 분석하여 인간 전문가보다 빠르고 정확하게 이상 신호를 감지할 수 있다. 이는 의료진이 환자의 상태를 더 정확히 평가하고, 치료 계획을 최적화하는 데 큰 도움을 준다.

실제 미국 미네소타주 로체스터에 본원을 둔 비영리 학술 의료 센터로, 의료 서비스, 교육, 연구를 중점으로 하는 세계적인 의료 기관인 마요 클리닉(Mayo Clinic)은 AI 기술을 활용, 의료 진단 분야에서 혁신적인 변화를 주도하고 있다. 실제 마요 클리닉은 AI를 활용, 심전도(ECG) 데이터를 분석함으로써 심방세동과 같은 심혈관 질환의 초기 징후를 감지하고 있다. 또한 AI 기술로 CT와 MRI 데이터를 분석해 암 조직의 특성을 더 정확히 판별하고, 초기 암을 진단하는 효율성을 높이고 있다. 특히 폐암이나 유방암 같은 질병의 경우 AI는 작은 종양이나 미세한 병리학적 변화를 감지하여 인간 전문가가 놓칠 수 있는 초기 신호를 포착한다.

AI는 마요 클리닉의 정밀 진단뿐만 아니라 예측 모델로도 활용되고 있다. A환자의 유전자 정보, 병력, 생활 습관 데이터를 분석하여 특정 질병에 걸릴 가능성을 예측하고, 예방 조치를 제안한다. 이는 의료 서비스를 질병 치료에서 예방 중심으로 재편하는 데 중요한 역할을 할 것으로 예상된다. 예를 들어, 심혈관 질환 고위험군 환자에게 AI가 조기 경고를 제공해서 예방적 치료를 통해 생명을 구할 수 있는 가능성이 높아지고 있다.

유전자 가위 기술은 의료 패러다임 변화의 중심에 있다. 이 기술은 특정 유전자의 변이를 정확하게 수정하거나 제거할 수 있는 능력을 제공하며, 유전성 질환의 치료와 예방에서 획기적인 돌파구를 열었다. 크리스퍼는 단순히 치료법의 하나로 기능하는 것을 넘어, 질병의 근본적인 원인을 제거할 수 있는 가능성을 보여주고 있다.

스마트워치, 피트니스밴드, 바이오센서 등 웨어러블 디바이스는 개인의 건강 상태를 실시간으로 모니터링하고 분석하는 새로운 도구다. 이 장치들은 심박수, 혈압, 수면 패턴, 혈당 수치 등 다양한 생체 데이터를 수집해 사용자가 자신의 건강 상태를 지속적으로 확인할 수 있도록 돕는다.

웨어러블의 대표주자인 애플 워치의 출하량은 200년 전통의 스위스 손목시계를 추월했다. 애플 워치 출하량은 2023년, 3,070만 개로 2,100만 개에 그친 스위스 시계를 따돌렸다. 애플 워치 출하량은 2018년 2,250만 개보다 36퍼센트나 늘었다. 반면 스위스 시계는 같은 기간 2,220만 개에서 13퍼센트가 줄었다.

2025년 이후 애플 워치 등의 웨어러블 디바이스는 단순히 데이터를 제공하는 데 그치지 않고, AI와 결합하여 사용자에게 맞춤형 건강 관리 솔루션을 제안하는 기능을 선보일 것으로 예상된다. 심혈관 질환의 위험이 있는 사용자는 실시간 경고를 통해 적절한 예방 조치를 취할 수 있다. 또 웨어러블 디바이스는 의료 전문가와 사용자를 연결하여 보다 적극적인 건강 관리 체계를 구축할 수 있다.

웨어러블 디바이스의 또 다른 중요한 역할은 원격 의료(telemedicine)를 가능하게 한다는 점이다. 원격으로 데이터를 수집하고 분석함으로써, 의료진은 물리적으로 병원에 가지 않아도 환자의 상태를 모니터링하고 필요한 조치를 취할 수 있다. 이는 특히 의료 접근성이 낮은 지역에서 혁신적인 변화를 가져올 것이다.

디지털된 건강 데이터는 현대 의료의 핵심 자산이다. 환자의 유전적, 환경적, 행동적 데이터를 클라우드에 저장하고 AI가 이를 분석함으로써, 더 정교한 예측 모델과 맞춤형 의료 솔루션이 개발되고 있다. 이는 정밀의학(Precision Medicine)의 발전을 가속화한다.

정밀의학은 환자 개개인의 특성에 맞춘 진단과 치료를 가능하게 한다. 암 환자의 유전자 정보를 분석하여 특정 유전자 돌연변이에 최적화된 항암제를 처방하거나, 당뇨병 환자에게 맞춤형 생활 습관 개선 솔루션을 제공할 수 있다. 이러한 개인화된 접근은 치료 효과를 극대화하면서도 불필요한 치료로 인한 부작용을 최소화한다.

이와 함께 2025년은 '비만 질병 정복'의 원년이 될 전망이다. 비만은 전 세계적으로 가장 큰 공중보건 문제 중 하나로, 심혈관 질환, 당뇨병, 관절 질환 등 여러 만성 질환의 원인으로 작용한다. 2024년부터 본격 등장한 '글루카곤 유사 펩타이드-1(Glucagon-like peptide-1, GLP-1)' 기반 비만 치료제는 비만 관리의 새로운 가능성을 제시하고 있다. 비만과 당뇨 치료제로서의 기능을 넘어 의료계에 큰 영향을 미칠 뿐 아니라, 2025년 대중에게 인공지능을 넘어선 최대의 키워드는 GLP-1이 될 것이라는 전망이 나온다. 살 빼는 약이나 당뇨 치료제 그 이상의 삶의 방식을 바꾸는, 아스피린 이후 최대 의약 혁명이라는 평가다.

GLP-1은 체중 감소를 유도하는 것뿐만 아니라, 혈당 조절과 심혈관 건강 개선에도 기여한다. 단순한 체중 감량 도구가 아니라 비만과 관련된 복합 질환의 예방과 관리에 혁신적인 해법을 제공하는 약물인 셈이다. 앞으로 GLP-1 치료제는 전 세계적으로 비만과 관련된 의료 부담을 줄이고, 많은 사람의 삶의 질을 개선하는 데 중요한 역할을 할 것이다.

바이오 헬스케어 혁신은 질병 치료에 그치지 않고, 예방적 의료와 웰빙 산업까지 확장된다. 데이터 기반의 개인 맞춤형 건강 관리 시스템은 더 많은 사람이 건강한 삶을 영위할 수 있도록 돕고, 이를 통해 사회 전반의 건강 수준이 크게 향상될 것이다. 또 헬스케어 기술의 발전은 의료 비용 절감에도 기여하며, 보다 효율적이고 지속 가능한 의료 시스템을 구축하는 데 보탬이 될 것이다.

바이오테크와 디지털 헬스케어의 융합은 단순한 기술 혁신이 아닌, 문명적 전환을 예고한다. 이러한 변화는 질병의 예방, 조기 진단, 맞춤형 치료, 지속 가능한 건강 관리라는 목표를 중심으로 인간의 삶을 근본적으로 변화시킬 것이다.

우리는 더 건강하고 오래 사는 미래를 기대할 수 있으며, 이러한 변화는 의료 시스템의 효율성을 높이고 글로벌 헬스케어 시장의 구조를 재편하는 데 크게 기여할 것이다.

트리플 레볼루션 3. 에너지

생성형 AI의 발전과 기후변화(온난화)는 에너지 부족 현상을 초래하고 있다. 항구적 에너지 부족에 대한 해결책으로 재생에너지와 그린에너지 기술이 급격히 발전하고 원자력에 대한 수요가 폭증할 것이다.

기하급수적으로 늘어나는 데이터센터는 에너지 소비 측면에서는 '전기 먹는 하마'에 가깝다. 이미 데이터센터의 에너지 소비는 상상을 초월하는 수준이다. 지난해 구글과 마이크로소프트의 전력 소비량이 전 세계 100개국을 합친 전력 소비량을 넘었다는 관측도 나왔다.

업계에서는 생성형 AI에 대한 실리콘밸리의 '올인' 전략이 전력 수요 급증을 부추기고 있다고 지적한다. 또 사우디아라비아, 아일랜드, 말레이시아 등 일부 국가들은 건설 계획 중인 데이터센터를 모두 가동하게 되면 가용한 재생 가능 에너지를 초과하는 전력을 필요로 하게 될 것이다.

미국의 리쇼어링 정책은 제조업을 자국으로 되돌리려는 노력과 함께 에너지 수요를 더욱 증가시키고 있다. 전기자동차, 배터리, 태양광 패널 생산과 같은 청정 제조 프로젝트는 새로운 에너지 수요를 창출하며, 이에 따라 전력망에 대한 압박이 더욱 심화되고 있는 상황이다. 애리조나주와 같은 지역에서는 반도체 공장과 같은 첨단 제조 시설이 전력 수요를 급증시키고 있으며, 이로 인해 지역 전력망에 부담이 가중되고 있다.

기후변화도 에너지 공급에 중요한 영향을 미치고 있다. 극한의 날씨로 인해 미국에서는 전력 공급 중단이 빈번하게 발생하고 있으며, 전력망의 안정성을 위협하고 있다. 미국의 노후화된 전력망은 기후변화에 취약하며, 이로 인해 정전 사태가 잦아지고 있다.

이러한 에너지 부족 문제를 해결하기 위해, 미국을 비롯한 전 세계는 재생에너지에 대한 투자를 확대하고 있다. 태양광과 풍력은 에너지 전환의 주요 동력으로 부상하고 있으며, 특히 태양광 발전은 전 세계 전기 수요 증가의 상당 부분을 충족할 것으로 예상된다. 빅테크 기업들 또한 원자력 에너지에 관심을 기울이며, 데이터센터에 필요한 전력을 무탄소 원자력 발전을 통해 조달하려는 시도를 하고 있다.

2025년 이후에는 항구적 에너지 부족 현상이 전 산업에 리스크가 될 것이다. 기후변화로 인해 석탄, 석유 등 화석연료 사용을 자제하고 신재생에너지 사용, 즉 그린 시프트를 해왔다. 하지만 AI로 인한 에너지 고갈로 화석연료, 신재생에너지, 원자력을 막론하고 에너지원에 대한 수요가 폭증하고 있는 상황이다.

이에 따라 2025년에는 기후변화와 환경 문제에 대한 글로벌 의식이 더욱 강해지면서, 에너지 산업은 기존의 화석 연료 중심에서 벗어나 재생 가능한 에너지원으로 빠르게 전환하려는 시도를 하게 될 것이다. 태양광, 풍력, 수소 등 다양한 재생에너지 기술이 발전하고, 이러한 에너지원들은 전 세계적으로 에너지 공급의 중요한 축을 차지하게 된다. 또에너지 저장 기술의 발전은 에너지의 효율적 사용과 관리에 중요한 역할을 하며, 이를 통해 에너지 수요와 공급의 불균형을 해결하는 데 큰도움이 될 것으로 보인다.

이 과정에서 에너지 기술은 단순히 기업의 생산성을 높이는 데 그치지 않고, 개인의 생활 방식에도 직접적인 영향을 미칠 수밖에 없다. 더많은 사람이 친환경적 에너지를 사용하고, 지속 가능한 생활 방식을 실천하게 될 것이다.

스마트그리드와 같은 기술을 통해 실시간으로 에너지 소비를 관리하고, 이를 최적화할 수 있는 인프라의 구축이 빨라질 수밖에 없다. 이는 결국 에너지 절약과 비용 절감으로 이어지며, 개인과 기업 모두에게 긍정적인 영향을 미치게 될 가능성이 높다.

하지만 에너지 전환이라는 숙제를 풀기는 쉽지 않다. 워낙 레거시 시스템이 공고하기 때문이다. 레거시 시스템의 공고함은 에너지 전환의 가장 큰 장애물 중 하나다. 기존 화석 연료 기반의 에너지 인프라는 수십 년간 경제와 산업의 근간을 이루어왔으며, 여전히 많은 국가와 기업에게 단기적으로는 안정적인 선택지로 여겨진다. 하지만 이러한 시스템에 대한 의존을 줄이는 것이야말로 기후변화에 대응하고 지속 가능한 성장을 이루기 위한 필수적인 과제다.

2025년 이후의 성공적인 에너지 전환은 기술적 혁신뿐만 아니라 정책적 지원, 사회적 합의, 그리고 경제적 인센티브의 조화로운 결합에 달려 있다. 정책적으로는 탄소 배출 규제와 재생에너지 보조금, 탄소세와 같은 강력한 메커니즘이 필요하다. 또한, 재생에너지 전환 과정에서 피해를 볼 수 있는 산업과 지역 사회를 지원하기 위한 '정의로운 전환 (Just Transition)'의 프레임워크가 마련돼야 한다.

기술적으로는 에너지 저장 기술, 스마트그리드, 그리고 분산형 에너지 시스템의 발전이 핵심이 될 것이다. 특히 에너지 저장 기술의 혁신은 태양광이나 풍력 같은 간헐적 에너지원의 활용도를 극대화하며 전력망의 안정성을 높이는 데 결정적인 역할을 할 것이다. 또 소규모 에너지 생산자와 소비자가 네트워크에 참여해 전력을 거래할 수 있는 블록체인 기반의 에너지 마켓플레이스와 같은 플랫폼도 등장할 가능성이 크다.

사회적 측면에서는 개인과 기업의 행동 변화가 중요하다. 에너지 전환은 단순히 기술적, 정책적 과제에 그치지 않고, 사람들의 인식과 참여를 필요로 한다. 2025년에는 더 많은 소비자가 재생에너지를 사용하는 제품과 서비스를 선택할 것이며, 이러한 수요 변화는 기업이 지속 가능성을 비즈니스 전략의 중심에 두게 하는 압박 요인으로 작용할 것이다. 결국, 에너지 전환은 기술과 정책, 그리고 사회적 행동 변화가 맞물리는 복합적인 과제다. 레거시 시스템의 장벽은 높지만, 이를 극복하기 위한 혁신과 협력이 가능하다면, 2025년 이후의 세계는 더 깨끗하고 지속 가능한 에너지 패러다임을 향해 나아갈 수 있을 것이다. 이는 환경 문제를 해결하는 것을 넘어, 경제와 사회의 새로운 성장 동력을 창출하는 기회가 될 것이다.

트리플 레볼루션, 어떻게 대응할 것인가?

이처럼 트리플 레볼루션이 가져올 변화는 기술적 혁신을 넘어 우리 사회의 근본적인 구조와 일상생활의 방식을 재편하는 데까지 이르게 된다. AI, 바이오 헬스케어, 에너지라는 세 가지 핵심 산업의 융합은 비즈니스와 삶의 모든 측면에서 큰 변화를 일으킬 것이다.

기업들은 이러한 혁신을 기회로 삼아 새로운 비즈니스 모델을 개발하고, 더 나은 성과를 창출할 수 있어야 한다. 동시에 개인들은 이러한 기술을 통해 더 편리하고 효율적인 삶을 누릴 수 있어야 한다.

트리플 레볼루션이 이미 시작되었다는 것은 변화를 관망만 할 게 아니라 적극적으로 주도해야 할 책임이 우리 모두에게 주어졌음을 의미한다. 기업과 개인, 정부는 각각의 역할 속에서 이 혁신의 물결을 어떻게 활용할지 고민해야 한다.

기업에게 트리플 레볼루션은 생존 전략을 넘어 기업 경쟁력을 재정의할 기회를 제공한다. 생성형 AI는 비즈니스 프로세스를 자동화하고, 고객 데이터를 분석해 맞춤형 서비스를 제공하는 데 중요한 도구가 될 것이다. 에너지 분야에서는 재생 가능 에너지를 활용한 지속 가능한 운영 모델을 도입함으로써, 환경 책임과 비용 절감을 동시에 달성할 수 있다. 헬스케어에서는 직원의 건강과 복지를 관리하는 새로운 기준이 등장하고 있으며, 이를 통해 기업의 장기적인 생산성을 높일 수 있다.

결국, 기업은 이 세 가지 혁신을 통합적으로 활용해 미래의 불확실성을 기회로 전환해야 한다.

개인 차원에서는 새로운 기술과 혁신이 일상을 어떻게 바꿀지에 대한 열린 태도가 필요하다. 생성형 AI는 더 똑똑한 가상 비서를 통해 시간 관리를 최적화하고 헬스케어 기술은 웨어러블 디바이스를 통해 개인화된 건강 관리와 예방적 치료를 가능하게 한다. 재생에너지는 가정의 에너지 소비를 효율적으로 관리하고, 탄소 배출을 줄이는 데 기여할 것이다. 개인은 이러한 기술을 수용하고, 이를 기반으로 더 나은 삶을 설계하는 능동적인 태도를 가져야 한다.

정부는 트리플 레볼루션을 통해 기업과 국민이 기회를 찾을 수 있도록 윤활유 역할을 해야 한다. 기술과 산업의 발전이 사회적 불평등을 심화시키지 않도록 규제와 정책을 통해 균형을 맞추는 것이 중요하다. 혁신 기업과 스타트업이 성장할 수 있는 생태계를 구축하고, 공공 데이터와 연구 자금을 지원함으로써 산업 전반의 경쟁력을 강화해야 한다. 재생에너지와 헬스케어 같은 필수 분야에서는 공공 서비스와 기술 개발을 통해 시민들이 혁신의 혜택을 고루 누릴 수 있도록 해야 한다.

이 모든 변화는 새로운 윤리적 도전도 동반한다. 생성형 AI가 가져올 데이터 프라이버시 문제, 헬스케어 기술의 접근성, 그리고 재생에너지 전환 과정에서의 지역 사회 경제적 영향은 우리가 해결해야 할 중요한 과제들이다. 트리플 레볼루션은 기술이 촉발하는 혁명적 변화를 기업이, 개인이, 정부가 어떤 방향으로 활용할 것인가에 따라 성공과 실패가 결정될 것이다.

2025년 이후 본격화될 트리플 레볼루션은 단순히 새로운 기술의 도래를 뜻하지 않는다. 그것은 우리가 미래를 어떻게 정의하고, 어떤 가치를 추구할지 묻는 거대한 사회적 질문이다. 이 거대한 변화의 물결 속에서 성공의 열쇠는 기술이 아니라, 기술을 사용하는 우리의 의지와 선택에 달려 있다.

PART 1

AI
레볼루션

1장

생성형 AI가 몰고온
비즈니스 대격변기

'인류 역사'를 바꾸는 생성형 AI 혁명

호모 사피엔스(Homo Sapiens)는 현생 인류다. 지혜로운 사람 또는 생각하는 사람이라는 뜻이다. 다른 인류의 종들보다 뛰어난 지능과 사회적 능력을 바탕으로 생존했으며 복잡한 언어와 도구를 사용하는 것이 주요 특징으로 꼽힌다. 특히 인식과 추론, 즉 사유의 능력이 인류를 정의하는 데 가장 중요한 특싱이기에 '사피엔스'로 불린다. 인간은 다른 동물과 달리 감각기간을 통해 정보를 받아들이는 것에 그치지 않는다. 사유를 통해 습득된 정보를 취합하고 그 정보를 분석해 추론한다. 또 추론을 바탕으로 미래를 예측한다. 그것이 인간의 '상상력'을 만들었고 이에 따라 인간은 신화, 종교, 국가 등 집단적 추론을 기반으로 대규모 협력을 가능하게 만들었다. 언어가 생긴 것도 이 때문이다.

2022년 11월 샌프란시스코에 본사를 둔 오픈AI가 생성형 인공지능(생성형 AI) '챗GPT(3.5)'를 선보였을 때 인간만이 가능할 것으로 여겨졌던 '사유하는' 기계가 등장해 세계에 큰 충격을 줬다. 인간의 능력에 필적하는, 아니 어쩌면 더 월등한 능력을 소유한 거대 AGI(Artificial General Intelligence, 인공일반지능)의 탄생이 아닌가 하는 기대를 불러왔다.

'인간만'의 것으로 여겨왔던 '고도의 인지력'을 통해 집단 문화와 지역적 한계, 단일 문명권을 넘어 복잡한 사회 구조, 정치 체계, 윤리, 철학적 시스템과 아울러 조직화된 생산체계를 글로벌 전체로 확대했다. 인간만이 그것을 가능하게 할 줄 알았는데, 인간이 아닌 '기계' 또는 '도구'가 등장한 것이다.

눈부신 컴퓨터 프로그램의 발전과 클라우드 컴퓨팅 능력 향상, 글로벌 인터넷 네트워크 통신망 등 각종 기술의 발전 또한 사유의 능력에 따른 결과다. 이를 통해 기술, 문화, 경제 등 인간사의 필요한 모든 것을 통합해 새로운 미래를 예측한 후 구축해왔고, 이것은 '인간'만의 것으로 여겨져 왔다. 하지만 이제는 인간과 기계가 함께 새로운 문명을 만들어가는 시대가 열렸다.

유발 하라리는 《사피엔스》에서 약 7만 년 전 '인지혁명'으로 시작된 현생 인류는 500년 전 '과학혁명'을 거치면서 세상을 이해하는 방식을 바꾸게 됐다고 주장했다. 챗GPT의 등장 이후 2022년~2024년까지 순식간에 벌어진 생성형 AI 기술의 눈부신 발전은 유발 하라리가 《사피엔스》를 통해 분류한 '인지혁명', '농업혁명', '과학혁명'의 총합이 동시에 일어나는 것과 같다.

챗GPT 개발사 오픈AI는 2024년 9월 12일, 챗GPT3.5 출시 2년도 안 돼 'o1'을 기반으로 수학과 코딩, 코딩 관련 작업을 통해 '추론'할 수 있는 능력을 갖춘 새 모델 '오픈AI o1(오원·이하 o1)'을 공개했다. 'o1' 은 오픈AI가 '스트로베리(Strawberry)'라는 코드명으로 추론 능력에 초점을 두고 개발해온 AI 모델이다. 이용자의 질문에 대한 답을 내놓기까지는 기존 모델보다 시간이 걸리지만, 단계적인 사고 과정을 통해 어려운 문제를 직접 해결한다.

생성형 AI 혁명 3년 차가 되는 2025년. 생성형 AI 기술은 큰 변화를 일으키며 '인류 역사'를 바꾸는 기술 혁명에 도전할 것이다.

생성형 AI가 이끈 패러다임의 2차 전환

인간이 그랬던 것처럼 협력하는 AI

생성형 AI라는 기술이 가진 잠재성을 고려할 때, 인간 수준의 추론이 가능한 파운데이션 모델(오픈AI o1)의 등장은 예견된 것이다. 현재 생성형 AI와 관련된 논의는 단순한 기술적 혁신과 사용에 그치지 않는다. 오히려 사회, 문화, 경제, 철학 등 전 분야에 걸쳐 인간과 기술의 '협동'에 대한 새로운 정의를 필요로 하고 있으며, 이 정의에 따른 혁신적 사고를 요구한다.

LLM: 대량의 텍스트 데이터를 학습해 인간의 언어를 이해하고 생성할 수 있는 대규모 AI 모델. GPT-4와 같은 LLM은 현대 AI 애플리케이션의 핵심 기술로 활용된다.

수조에 이르는 토큰 크기의 기억(메모리)을 가진 수십조의 미세조정을 마친 LLM(대형 언어 모델)[*]과 어떻게 '사유적' 파트너십을 맺고, 이 기술을 활용할 것인지에 대한 고민이 생긴 것이다. 단순히 수단으로만 사용해오던 '기술'이 사고의 동반자로서 파트너가 됐다는 것이며 단순 '사용'을 넘어 어떻게 '협력'할 것인가에 대한 질문을 던졌다.

협력의 모습은 '생성형 AI 비즈니스'를 통해 구현될 것이다. 비즈니스는 기술 활용의 가장 선진화된 요체이며 제한된 자원으로 최대의 이익을 가져오는 생산성 향상의 수단이다. 생성형 AI의 유용성을 측정하고 그 존재 의미를 직관적으로 이해케 하는 가장 주요한 측정 수단을 제공한다.

글로벌 리서치 기관인 가트너는 생성형 AI 기술 활용을 두고 "2023년 기준 5퍼센트 미만의 사용률에서 2026년엔 80퍼센트의 기업이 활용할 것"이라는 전망을 했다. 불과 3년이다. 이렇듯 급박한 성장률이 예상되는 것을 볼 때[1] 생성형 AI의 가치는 이미 증명이 됐다고 해도 과언이 아닐 것이다.

AI 에이전트의 시대

생성형 AI는 언어 안에 숨겨져 있던 수학적 패턴을 계산할 수 있는 능력으로 인류가 사용하는 언어의 구문론적(Syntactic) 체계와 아울러 의미론적(Semantic) 이해라는 양대 체계를 이해하는 기술이다. 이 능력을 바탕으로 수천 년 동안 인류가 고찰해온 광대한 양의 지식을 충실히 습득했다. 이를 통해 LLM은 반복적인 질문에 스스로 답을 해낼 수 있게 됐고 기존 인류가 지식을 '이해'하는 방식을 넘어 새로운 지식 체계를 형성[2]하는 놀라운 능력을 갖추게 됐다.

---

1   https://www.forbes.com/councils/forbestechcouncil/2024/04/30/beyond-the-genai-hype-three-considerations-for-practical-adoption/#:~:text=Gartner%20predicts%20that%2C%20by%202026,of%20companies%20had%20done%20so.

2   https://builtin.com/articles/black-box-ai
    현재 AI의 내부 시스템 작동방식과 의사 결정 과정을 인간이 이해하는 언어로 명확히 알 수는 없다. 입력 데이터를 넣으면 출력 결과를 얻을 수 있으나 그 과정에서 어떤 논리와 코드가 사용되는지 전체를 다 이해하긴 어렵다. 이것이 제도적으로 설명 가능한 AI(Explainable AI)—답변 결정 과정을 설명하도록 설계된 모델—를 요구하는 배경이다.

이것이 바로 우리가 매일 사용하는 오픈AI의 챗GPT와 다양한 웹사이트에서 사용되는 대화형(Conversational) 에이전트(Agents, 대리인)를 가능케 한 원천 기술이다. 또 수십억 명이 매일 사용하는 구글의 AI 검색(Generated Answer)의 숨겨진 동력이기도 하다. 이제는 기존의 특정 검색 문구(Query)를 작성할 필요도, 프로그래밍 문법에 맞춘 명령을 서버에 전달할 필요도 없다.

마치 친구에게 얘기하는 것처럼 채팅창에 올리듯 내가 쓰는 내 평상시 어투와 말로 정보를 요청하기만 하면, 필요한 모든 준비가 끝난다. 즉, 생성형 AI의 핵심 능력은 바로 질문에 답을 생성해내는 것이라 할 수 있다.

챗GPT는 우리가 지금까지 경험한 것보다 더 큰 개념이다. 텍스트를 조합해 문장 단위의 정보를 생성하는 GPT(Generative Pre-Trained Transformer) 기술을 기반으로 자연어 처리 능력의 새로운 시대를 열었다. 이후 AI 기술이자 UX이자 서비스이자 비즈니스가 됐다. 혁신적이고 종합적인 결과물이 된 것이다.

기존엔 순차적으로 처리해야 했던 데이터(Sequential Data)를 병렬로 처리할 수 있게 만든 트랜스포머(Transformer) 아키텍처를 기반으로, 자연어 처리에 적용해 인간의 언어를 기계가 이해하고 프로그래밍 언어가 아닌 인간의 언어로 사용할 수 있게 했다.

> **RLHF:** 인간 사용자의 피드백을 통해 AI 모델이 학습하고 개선되는 방법론. 이를 통해 AI는 인간의 선호와 일치하는 더 정확한 답변을 제공하도록 개선된다.

인간의 피드백을 바탕으로 모델의 성능을 높이는 RLHF(Reinforce-ment Learning From Human Feedback)[*] 기법이 추가되어 더욱 섬세하고 정확해졌다. RLHF는 단순히 자동화된 학습을 넘어, 인간이 제공하는 피드백을 실시간으로 통합해 모델에 바로 적용, 더 자연스

LLM 주요 기반 기술	
기술	설명
트랜스포머	병렬 처리가 가능하여 대규모 데이터셋을 효율적으로 학습할 수 있는 아키텍처
GPT	대규모 텍스트 데이터셋을 사전 학습한 후, 특정 작업에 맞게 미세 조정된 모델
자연어 처리(NLP)	텍스트를 이해하고 생성하는 기술로, 인간의 대화를 이해하고 그에 맞는 적절한 자료를 인덱싱하는 능력
RLHF	인간의 피드백을 통해 강화학습을 수행하여 모델의 정확도를 수정하고 향후 사용에 적절한 응답도를 조절하는 모델 트레이닝 방법

럽고 정확한 답변을 생성할 수 있게 됐다. 인간이 기계와 인간의 언어로 대화할 수 있게 된 것이다.

인간이 자연어를 사용해 컴퓨터 시스템을 사용하는 것은 이제 메타(Meta), 허깅페이스(Hugging Face), 미스트랄(Mistral), 엔트로픽(Anthropic), 팔콘(Falcon)과 같은 다양한 오픈소스 LLM의 출시 등으로 이어졌다. 우리가 인터넷을 사용하는 모든 순간이 디지털 데이터로 변경돼 RLHF의 한 프로세스로 적용된다. 매일 수십억 명이 사용한 데이터가 쌓이고 있으며, 이런 대규모 사용을 통해 강화학습이 자연스럽게 이뤄져 LLM 시스템은 더욱더 정교해지고 있다.

프로젝트 30퍼센트는 사라진다

문제는 이런 혁신적인 기술을 유지하는 데 천문학적인 돈과 기술 개발 역량을 가진 개발자가 필요하다는 점이다. 이 기술을 사용해 지속적인 혁신을 가능케 하는 인간의 피드백이 필요하고 이를 실행해 경제적 이익을 볼 수 있는 규모의 경제가 필요하다.

오픈AI가 1,500억 달러 기업가치로 65억 달러 규모의 신규 자금을 조달하기 위해 투자자들과 협의 중이라는 '상상을 초월하는' 숫자가 나오는 것은 이유가 있다. 과학기술과 국방을 합한 규모의 예산이 필요하다는 뜻이며 결국 자금과 인력이 풍부한 빅테크를 중심으로 선도적인 LLM 개발 집중이 가속화될 수밖에 없다.

이들 기업은 고도화된 기술력과 풍부한 인력을 바탕으로 시장을 선도할 뿐 아니라 점차 그 기술 개발의 격차를 더 늘려 가고 있다. 예를 들면 1,750억 개 매개변수의 오픈AI 챗GPT-3 모델은 한번 훈련하기 위해선 350기가바이트(GB) 이상의 메모리를 사용하고 그 비용으로 약 1,200만 달러라는 천문학적 지금이 필요하다. 이를 일반 기업이 저렴한 GPU 클라우드를 사용해 훈련한다고 가정하면 약 355년 걸린다는 의미다.[3] 그런데 모델은 날마다 더 큰 매개변수와 더 큰 메모리, 그리고 더 정교한 벡터 DB가 있어야 한다. 모델이 점점 더 커진다는 소리다. 2024년 9월 12일에 오픈AI가 공개한 o1-preview 모델은 입력 토큰 100만 개당 15달러, 출력 토큰 100만 개당 60달러 비용이 든다. 이전 모델인 GPT-4o에 비교할 때 최대 세 배 이상의 훈련 비용이 모델 개발에 사용됐다.[4]

LLM의 개발은 한 번으로 끝나는 것이 아니다. LLM의 시의성과 정확성을 답보하기 위해선 지속적 파인 튜닝(Fine-Tuning)과 모델 전체 파

---

3   https://lambdalabs.com/blog/demystifying-gpt-3
    https://venturebeat.com/ai/ai-machine-learning-openai-gpt-3-size-isnt-everything/
4   https://venturebeat.com/programming-development/what-openais-new-o1-preview-and-o1-mini-models-mean-for-developers/

오픈AI 모델의 훈련 비용

(100만 토큰당)

모델	입력 토큰 가격	출력 토큰 가격	배치API 입력 토큰 가격	배치API 출력 토큰 가격
o1-preview	15.00달러	60.00달러	해당 없음	해당 없음
o1-preview-2024-09-12	15.00달러	60.00달러	해당 없음	해당 없음
GPT-4o	5.00달러	15.00달러	2.50달러	7.50달러
GPT-4o-2024-05-13	5.00달러	15.00달러	2.50달러	7.50달러
GPT-4o-2024-08-06	2.50달러	10.00달러	1.25달러	5.00달러
o1-mini	3.00달러	12.00달러	해당 없음	해당 없음
o1-mini-2024-09-12	3.00달러	12.00달러	해당 없음	해당 없음
GPT-4o-mini	0.15달러	0.60달러	0.08달러	0.30달러
GPT-4o-mini-2024-07-18	0.15달러	0.60달러	0.08달러	0.30달러

라미터를 끊임없이 업데이트하는 훈련이 계속 이뤄져야 한다. LLM의 개발뿐 아니라 지속적이고 반복적인 모델의 업그레이드 등에 들어가는 물적, 인적, 그리고 제도적 지원을 위한 전략적인 투자가 꼭 필요하다. 막대한 비용 대비 생성형 AI의 효율성에 의문을 품는 AI 거품론[5]이 나오는 것은 당연한 수순이다.

가트너는 2025년까지 약 30퍼센트의 생성형 AI 프로젝트가 PoC (Proof of Concept) 이후 사라질 것[6]으로 점쳤다. 이는 학습할 양질의 데이터가 부족하고 훈련에 들어갈 컴퓨팅에 고가의 GPU를 대체할 칩

---

5 https://www.cio.com/article/3485333/is-the-gen-ai-bubble-due-to-burst-cios-face-rethink-ahead.html

6 https://www.computerworld.com/article/3478532/nearly-one-in-three-genai-projects-will-be-scrapped.html

개발의 파괴적 혁신이 부족하며 이를 만회할 고가의 칩 구매 및 데이터센터의 확장과 훈련과정에 필요한 막대한 전기 자원을 사용하는 과잉 투자의 ROI(Return On Investment)를 설명할 비즈니스 모델이 부족하기 때문이다.[7] 세쿼이아캐피털은 2024년 빅테크의 연간 AI 매출로 약 6,000억 달러 정도가 손익분기점이라고 발표했다. 그러나 실제 매출 전망은 1,000억 달러 안팎으로 집계됐다.[8] 생성형 AI의 선두인 오픈AI조차 2024년 약 50억 달러의 손실을 볼 것으로 분석[9]된다.

AI 규제 법제화

2025년은 2023년부터 본격화된 챗GPT 혁명 이후 촉발된 'AI 규제' 논의가 다자간 회의를 넘어 본격적인 '법제화'가 되는 해가 될 것이다. 기술의 '인격화'를 본 것은 아니냐는 우려가 아포칼립스적 전망과 함께 나타나고 있기 때문이다. 21세기 이후 디지털 전환(Digital Transformation)은 비즈니스 문법의 기본으로 활용됐고 AI/ML(기계학습) 기술은 이미 기본 공식처럼 활용되고 있었는데도 인간과 같이 '사고하는' AI 활용에 관한 철학적, 윤리적 논의는 거의 없었다.

윤리적 AI 기술 활용 빛 AI 기술 활용에 책임(EU는 2024년 3월 13일 세계 최초로 인공지능 규제법을 통과시켰다.)과 그 한계를 지워야 한다는 다양한 형태의 시도와 아울러 적극적 규제의 필요성이 함께 나타났다. 동시에 이 기존 인간에 '의해' 통제되어 사용된 기술에서 이제 인간과 '함께' 과

---

7 비단 세쿼이아캐피털만이 비관적으로 보는 것은 아니다. 골드만삭스, 바클리, AI 스타트업 투자에 대한 비관적인 전망도 역시 보고되고 있다.

8 https://www.sequoiacap.com/article/ais-600b-question/

9 https://deadline.com/2024/07/openai-chatgpt-home-may-lose-5b-this-year-1236024704/

제를 수행할 파트너(Companion)로 격상됐으며 이런 상향된 위치를 기존 '인간' 사용자들이 수용할 것인지 철학적 질문을 던지게 된 것이다.

LLM 기술 사용 용례(Use Case)의 빠른 확장과 누구나 이해하기 쉬운 사용법, 그리고 모두의 질문에 답할 수 있는 범용성을 가진 생성형 AI는 시간이 지남에 따라 게임 체인저(Game Changer)로서 그 위치를 확고히 할 것이다. 그렇기에 생성형 AI기술 주도권 경쟁은 각 기업을 넘어 국가 간[10] 정치적, 경제적, 군사적 주요 핵심 과제로 변모하고 있다.

카네기국제평화재단은 생성형 AI의 국제적 규제 프레임워크 부족으로 글로벌 안보에 위험을 초래할 가능성이 있다고 분석[11]했다. 미국, 중국, 러시아 등 열강을 중심으로 생성형 AI 기술의 군사적 활용이 적극적으로 검토되고 있다. 또한 생성형 AI로 경쟁적 우위를 확보하려는 노력과 윤리적 기준 설립의 갈등으로도 이어지고 있다.

미국 국방부는 생성형 AI 기술을 국가 안보에 전략적으로 활용하기 위해 태스크포스 리마(Task Force Lima)[12]를 설치했으며 중국은 사람의 개입이 최소화된 '지능화 전쟁'[13]이론을 통해 군사 현대화를 추진하고 있다. 또한 러시아는 이미 여러 차례 AI 기술의 적극 활용[14]으

---

10 현재 챗GPT 같은 LLM 기술 개발을 진행하고 주요 기술 개발에 성공한 국가는 약 최대 열 개 이내로, 미국, 중국, 한국, 프랑스, 이스라엘, 영국, 그리고 독일 등 기존 IT 기술과 인프라가 잘 갖춰진 국가를 중심으로 진행됐다.

11 https://carnegieendowment.org/research/2024/07/governing-military-ai-amid-a-geopolitical-minefield?lang=en

12 https://www.defense.gov/News/Releases/Release/Article/3489803/

13 https://www.nids.mod.go.jp/english/publication/security/pdf/2022/01/05.pdf

14 https://www.rusi.org/explore-our-research/publications/commentary/russias-2021-national-security-strategy-cool-change-forecasted-polar-regions
    러시아 국방부는 AI 기술의 전략적 활용을 위해 태스크포스팀을 별도 운영하고 있다. 또한 2021년 발표한 국가 안보 전략에 AI 활용을 명시했다.

로 자국의 경제적 번영과 국가 안보를 강화하겠다는 뜻을 밝힌 바 있다. 이런 상황에서 휴전 상태의 대한민국의 생성형 AI 기술의 정확한 이해와 사용에 대한 명확한 판단이 그 어떤 때보다 더욱 필요한 시기로 보인다.

우리는 생성형 AI와 관련된 데이터의 홍수 속에 파묻혀 있다. 수없이 발행되는 매체의 분석과 학술적인 논문, 전문 유튜버의 스트리밍, 시장 조사 기관의 정기 분석 리포트 등 생성형 AI에 관한 수많은 정보를 받고 있다. 그러나 지금 우리에게 필요한 것은 데이터가 아니라 데이터를 기반으로 한 통찰력, 그것의 결과물로 나오는 분석이다.

생성형 AI가 일으킨 변화의 물결 속에서 생성형 AI에 관한 근본적인 이해가 요구된다. 이를 위해 생성형 AI의 사회, 경제, 정치, 윤리적 문제를 살펴보고 기술, 보안, 향후 시장의 방향 등을 함께 알아야 한다. 급변하는 생성형 AI 산업 생태계를 이해하는 프레임이 절실한 시기다.

2025년 생성형 AI 비즈니스 대격변 5대 예측

1 **협력형 AI 등장:** 인간과 AI의 파트너십이 강화되며, AI는 단순 도구를 넘어 인간과 협력하는 사고가 가능한 파트너로 자리 잡고 있다. 각 비즈니스는 AI 활용의 최전선에서 이러한 협력의 구체적인 구현을 보여줄 것이다.

2 **AI 에이전트 시대 도래:** 인터넷 시대에 홈페이지가 폭발적으로 확산한 것처럼, 인간 언어를 이해하고 답을 생성하는 AI 에이전트가 주요 기술로 자리 잡을 것이다.

3 **생성형 AI 프로젝트 30퍼센트는 사라진다:** 2025년까지 생성형 AI 프로젝트 중 30퍼센트가 사라질 것으로 예상된다. 고가의 기술 개발과 지속적인 모델 업그레이드를 위한 막대한 자원 요구로 인해 AI 버블 논의가 계속될 것이다.

4 **AI 규제의 법제화:** 생성형 AI의 윤리적 사용과 규제를 위한 법제화가 본격적으로 시작될 것이며, 국가 간 경쟁 및 규제 프레임워크 수립이 중요한 이슈로 떠오를 것이다.

5 **국방 및 안보에서의 AI 활용:** 미국, 중국, 러시아 등 주요 국가들은 생성형 AI 기술을 국가 안보에 활용하려는 움직임을 보이고 있으며, AI의 군사적 활용에 대한 국제적 논의가 심화될 것이다.

2장

Age of Her: 1인 1 AI 에이전트 시대

AI 에이전트 시대가 온다

— 미묘한 차이를 이해하고, 추론과 협업을 할 수 있는 'AI 에이전트'*가 등장할 것입니다.

AI 에이전트: 자율적으로 작업을 수행할 수 있도록 설계된 AI 시스템. 실시간 데이터와 환경 변화를 바탕으로 의사결정을 내리고, 업무 자동화, 의사결정 지원 등 다양한 분야에서 활용된다.

2024년 9월 18일, 미국 샌프란시스코에서 소프트웨어 서비스(Software as a Service, SaaS)* 대표 기업인 세일즈포스의 연례 콘퍼런스가 열렸다. 세일즈포스는 지난 2023년에 이어 2024년에도 '드림포스'를 "세계에서 가장 큰 AI 콘퍼런스"라고 선언했다.

이날 드림포스의 하이라이트는 엔비디아 CEO 젠슨 황과 세일즈포스 CEO 마크 베니오프의 대담이었다. 젠슨 황은 "AI 에이전트에 앞으로 엄청난 기회가 있을 것"이라며 'AI 에이전트'의 잠재력을 강조했다. 글로벌 CRM(고객관계관리) 1위 기업 세일즈포스는 이날 새로운 AI 에이전트 플랫폼 '에이전트포스(Agentforce)'를 공개하며 AI 에이전트를 제품 전면에 내세웠다.

'AI 에이전트가 SaaS의 미래'라는 게 두 CEO의 공통된 의견이었다. 젠슨 황은 "우리는 수백억의 에이전트를 만들 수 있다"라며 "이들이 인간의 작업을 보조하고 새로운 방식으로 협업할 수 있는 시대가 올 것"이라고 전망하기도 했다. 마크 베니오프 역시 "AI 에이전트는 지금까지 우리가 일해왔던 방식을 통째로 바꿀 혁신"이라고 맞장구치며 "AI를 통해 기업 고객들에게 더욱 혁신적인 솔루션을 제공하겠다"라고 밝혔다.

> **SaaS:** 소프트웨어를 서비스로 제공하는 모델. 기존의 소프트웨어 라이선스 판매 방식과 달리, 사용자가 필요에 따라 소프트웨어를 구독하여 사용하는 방식. 이 모델이 로봇 산업에도 적용되어 로봇 하드웨어와 소프트웨어를 구독 형태로 사용할 수 있음.

AI 에이전트란 무엇인가?

젠슨 황, 마크 베니오프 외에도 오픈AI CEO 샘 올트먼, 마이크로소프트 창업자 빌 게이츠 등 거의 모든 실리콘밸리 CEO와 톱 벤처 캐피털리스트들이 공통으로 꼽는 테크 비즈니스의 미래로 불리는 AI 에이전트는 무엇인가?

AI 에이전트는 특정 작업이나 목표를 수행하기 위해 자율적으로 작동하는 AI 시스템을 의미한다. AI 에이전트는 주어진 환경에서 데이터를 기반으로 결정을 내리고, 그 결정을 실행하며 그 과정에서 환경의 변화에 따라 스스로 학습하고 적응할 수 있다. 2025년 생성형 AI의 가장 중요한 키워드는 'AI 에이전트 시대의 본격 개막'이 될 것이다.

AI 에이전트는 스파이크 리 감독의 2013년 영화 〈그녀(Her)〉에서 가장 극적으로 구현됐다. 공교롭게도 영화 〈그녀〉의 배경이 2025년이다.

주인공 테오도르는 낭만적인 편지를 대필해주는 기업의 전문 작가로 일하고 있는 고독하고 내향적 남성이다. 어릴 적부터 오랫동안 알고 지내오다 사랑하게 됐고 결혼까지 했던 캐서린과 별거한 이후로 줄곧 삶이 즐겁지 않다. 2025년 어느 날 AI로 말하고 스스로 진화하는 운영체제 'OS1'이 세상에 출시됐고 테오도르는 기기를 산 뒤 운영체제가 여성으로서의 정체성을 갖도록 설정한다. 테오도르와 몇 번 대화한 뒤 운영체제는 즉석에서 자신의 이름을 사만다라고 정했다.

영화 〈그녀〉에서 사만다는 인간의 언어를 뛰어난 수준으로 이해하고, 그에 맞춰 대화하며 주인공의 감정을 읽고 공감한다. 단순한 정보 제공을 넘어서, 인간과 정서적으로 연결될 수 있는 AI의 가능성을 제시하고 있다. 또한 사만다는 단순한 명령만이 아니라 스스로 학습하고 성장을 경험한다. 주인공의 삶을 개선하기 위해 자발적으로 행동하고, 나아가 자신의 존재와 목적을 철학적으로 성찰하는 모습도 보여줬다.

테오도르는 그와의 대화를 통해 정서적 연결을 형성한 사만다에게 의존하고 사랑에 빠지게 되는데, 이는 AI가 인간의 삶에서 얼마나 깊은 역할을 할 수 있는지 보여준다.

샘 올트먼이 GPT-4o를 공개하면서 간단히 'Her'라는 단어를 엑스(X, 옛 트위터)에 올린 것은 멀티모달(Multimodal) AI 에이전트가 결국 영화 〈그녀〉 같은 모습으로 발전할 것임을 암시한다.

왜 AI 에이전트인가?

실리콘밸리가 일제히 'AI 에이전트가 미래'라고 외치는 이유는 무엇일까? 글로벌 최대 VC(벤처캐피털) 중 하나인 세쿼이아캐피털은 그 배경을 '가치 증명'에서 찾고 있다. AI 에이전트가 '생성형 AI의 쓸모를 증명하는 역할'을 할 수 있다는 주장이다.

생성형 AI는 챗GPT의 출현으로 큰 관심을 받았으나 곧 회의적 시각에 부딪히게 된다. AI 챗봇이 사람처럼 말하는 건 신기한 일이지만, 그게 사람들의 삶을 바꾸거나 실질적 문제를 해결할 수 있는 건 아니라는 비판이었다. AI 업계 관계자들은 이런 비판을 잠재울 가능성이 가장 큰 도구가 AI 에이전트라고 입을 모은다. 생성형 AI 산업은 이미 2막에 접어들었고, 2막의 핵심 트렌드 중 하나가 바로 AI 에이전트라는 것이다.

세쿼이아캐피털은 "생성형 AI 애플리케이션(application, 앱)은 자동 완성 또는 사람의 검토를 거쳐야 하는 초안 작성에 그치지 않고, 자율적으로 문제를 해결할 수 있다"라며 "외부 도구에 접근하고, 사람을 대신해 처음부터 끝까지 문제를 해결할 수 있는 자율성을 갖게 됐다"라고 강조했다. 이런 주장을 이해하려면 AI 에이전트의 개념을 더욱 명확히 짚고 넘어갈 필요가 있다.

AI 에이전트는 환경과 상호작용하고, 수집한 데이터로 결정된 목표 달성을 위해 필요한 작업을 스스로 결정, 수행할 수 있는 AI다. 사람이 목표를 정하면 AI 에이전트는 그 목표를 달성하기 위해 필요한 최적의 조치를 독립적으로 선택한다는 점이 가장 큰 특징이다. 이는 텍스트(문자)로 대화하는 수준에 그치는 챗봇과 달리 스스로 행동을 취할 수 있다는 뜻이다. 예를 들어 고객 문의에 대응하는 콜센터 AI 에이전트(상담원)는 고객에게 자동으로 여러 질문을 하고, 문의에 따라 내부 문서 정보를 조회하거나 해결책을 찾아 대응할 수 있다.

미국 IT 전문지 〈와이어드〉는 "AI 에이전트의 미래가 이미 도래했다"라고 천명하며 AI 스타트업 코그니션이 개발한 소프트웨어 엔지니어 '데빈(Devin)'을 언급하기도 했다. 데빈은 코딩(Coding, 프로그래밍) 도우미를 넘어 사람의 개입 없이 전체 프로젝트를 자율적으로 완료할 수 있는 AI 에이전트다.

글로벌 경영 컨설팅 업체 맥킨지 역시 AI 에이전트의 잠재력을 높이 평가했다. 라리 하말라이넨 맥킨지 수석 파트너는 "생성형 AI 에이전트는 인사(HR), 재무, 고객 서비스에 이르기까지 비즈니스의 모든 영역을 자동화할 수 있는 진정한 '가상 노동자(virtual workers)'가 되고 있다"라며 "생성형 AI 기반 에이전트는 작업 과정(workflow)을 자동화할 수 있는 잠재력이 있다"라고 했다. 맥킨지에 따르면 오늘날 글로벌 산업군에 속하는 업무 시간의 60~70퍼센트는 이론적으로 생성형 AI를 비롯한 다양한 기존 기술 역량을 적용해 자동화할 수 있을 전망이다. 고객 대응의 경우 AI 에이전트로 4,000억 달러 이상의 잠재적 가치를 창출할 수 있다는 분석이 나온다.

AI 에이전트 핵심 트렌드

2024년 5월 13일 진행된 오픈AI의 스프링 업데이트, 하루 뒤 14일에 열린 구글의 연례 개발자 콘퍼런스 '구글 I/O 2024', 1주일 뒤 21일에 개최된 마이크로소프트 빌드까지 모든 행사에서 공통으로 AI 에이전트가 언급됐다. 빅테크 역시 'AI 에이전트'를 2025년의 가장 중요한 키워드로 앞세우고 있는 것이다.

사람처럼 보고 듣고 말하는 멀티모달 AI

AI 에이전트와 관련한 가장 두드러진 트렌드는 이미지·비디오·텍스트·오디오 데이터를 이해하고 입출력할 수 있는 '멀티모달' AI* 모델이 활용되기 시작했다는 점이다.

멀티모달 모델 기반의 AI 에이전트는 사람처럼 의사소통할 수 있다는 점 때문에 진정한 비서 역할을 더 자연스럽게 해낸다. 텍스트만 처리하는 에이전트 대비 월등히 높은 활용도를 지닌 셈이다.

오픈AI가 스프링 업데이트에 공개한 멀티모달 모델 'GPT-4o'가 적용된 챗GPT는 영화 〈그녀〉에 등장하는 사만다, 영화 〈아이언맨〉에 등장하는 자비스처럼 사람과 음성으로 소통하며 실시간 통역사, 개인 교사 역할 등 다양한 작업을 수행, 많은 이들을 놀라게 했다. 누구나 AI 에이전트, 더 똑똑해진 AI 비서를 활용하는 시대가 시작된 것이다.

구글 역시 새로운 AI 에이전트 '프로젝트 아스트라'를 공개, 멀티모달 모델을 기반으로 사람처럼 상호작용하는 AI 에이전트 경쟁에 가세했다. 구글 딥마인드 CEO 데미스 하사비스는 구글 I/O 2024에서 프로젝트 아스트라를 '유니버설(Universal) AI 에이전트'라고 소개하기도 했다. 모든 작업을 할 수 있는 에이전트라는 뜻에서다. 기억력을 갖춘 프로젝트 아스트라가 스마트폰 카메라로 본 사물(안경)의 위치를 기억하고 음성으로 정확히 알려주자 기조연설 현장에서 이를 지켜보던 개발자들 사이에서 큰 탄성이 터져 나왔다. 멀티모달 모델 '제미나이 1.5 프로' 기반으로 작동하는 에이전트라 가능한 시연이었다.

마이크로소프트 역시 '빌드 2024'에서 AI 에이전트를 전면에 내세웠다. 코그니션과 파트너십을 체결, 소프트웨어 에이전트 데빈을 고객에게 제공하며 자사 클라우드 서비스 애저(Azure)를 통해 가장 먼저

> **멀티모달 AI:** 텍스트, 이미지, 비디오, 오디오 등 다양한 형식의 데이터를 처리하고 생성할 수 있는 AI를 의미한다. 이러한 AI는 여러 가지 형태의 데이터를 결합해 더욱 정교하고 다재다능한 AI 에이전트를 만들어 인간과 더욱 자연스럽게 상호작용할 수 있게 한다.

GPT-4o를 서비스한다고 밝혔다.

경량화 & 온디바이스 AI

AI 모델 경량화, 온디바이스(On-Device) AI 확대 역시 중요한 흐름이다. 스마트폰, PC, 스마트 글래스 같은 모바일 기기에 더 많은 멀티모달 AI 에이전트가 탑재될 전망이다. 마이크로소프트가 개최한 연례 개발자 회의 '마이크로소프트 빌드 2024'에서 비교적 규모가 적은 SLM(소규모 언어 모델) 제품군인 파이-3에 이미지 인식 기능을 더한 멀티모달 모델 '파이-3-비전(Phi-3-vision)'을 공개했다. 파이-3-비전을 사용하면 그래픽이나 차트 이미지를 AI 에이전트에 제시하고 관련 질문을 할 수 있다. 멀티모달 모델이면서도 경량 모델이기 때문에 모바일 기기 적용이 가능하다.

마이크로소프트는 AI PC로 불리는 '코파일럿+PC'에 경량화 모델인 파이 실리카(Phi-Silica)를 탑재, 모델 경량화 및 온디바이스 AI 확대 흐름을 주도하고 있다.

메타가 레이밴 메타 스마트 글래스에 메타 AI를 탑재한 것 역시 같은 흐름으로 해석된다. 메타 CEO 마크 저커버그는 2024년 7월 29일(현지 시각) 미국 콜로라도주 덴버에서 열린 '시그라프 2024(SIGGRAPH 2024)' 콘퍼런스에서 "현재 안경을 쓰고 있는 거의 모든 사람이 스마트 글래스로 업그레이드할 것으로 본다"라며 "전 세계 10억 명이 넘는 사람들이 스마트 글래스를 착용하게 될 것"이라고 전망했다. 저커버그는 "스마트 글래스는 일종의 휴대폰처럼 항상 켜져 있는 차세대 컴퓨팅 플랫폼"이라며 "300달러 정도 가격대의 AI 안경은 결국 수천만 명, 수억 명의 사람들이 소유하게 될 정말 큰 카테고리의 제품이 될 것"이라

프라이버시 보호 및 보안 기능이 강조되는 애플 인텔리전스 기능 예시

출처: 애플

고 덧붙였다.

모바일 기기는 야외를 포함, 언제 어디서든 사용할 수 있고, 사용자와 가장 가까이 위치한다는 점에서 데이터 수집에도 유리하다. 전문가들은 향후 특정 기업이 양질의 학습 데이터, 개인화 서비스에 활용할 수 있는 사용자 정보 등을 얼마나 확보할 수 있는지에 따라 AI 에이전트의 성능이 좌우될 것으로 전망하고 있다. 이런 트렌드는 향후 모바일 기기를 넘어 자율주행차, 로봇으로 확장될 가능성이 크다.

강화되는 개인 정보 보호·데이터 보안

AI 에이전트 확대에 따라 개인 정보 보호, 데이터 보안 문제의 중요성이 부각되고 있다는 점도 중요한 트렌드 중 하나다. AI 에이전트가 스스로 작동, 업무를 제대로 수행하려면 사용자의 정보를 정확히 알고 있어야 한다. AI 에이전트가 더 많은 정보를 가질수록 더 높은 수준의 업무 수행이 가능하다. 개인 비서로서 AI 에이전트가 성공적으로 작동하려면 이런 사용자의 개인 정보나 데이터가 안전하게 보호돼야 하는 것이다. 애플이 2024년 6월 10일(현지 시각) 개최한 연례 개발자 콘퍼런스 'WWDC 2024'에서 개인 정보 보호를 전면에 내세운 이유가 여기에 있다.

애플 CEO 팀 쿡은 이날 "강력한 애플 인텔리전스(Apple Intelligence, AI) 기능은 애플만의 방식으로 구축된 '게임 체인저'"라며 "애플 인텔리전스가 우리 삶에 없어서는 안 될 필수 요소가 될 것"이라고 강조했다. 애플은 특히 자체 설계 반도체인 '애플 실리콘' 기반으로 기기 내부에서 주로 AI 기능을 구동, 강력한 프라이버시 보호 기능을 제공할 수 있다는 점을 애플 인텔리전스의 차별화 포인트로 내세웠다.

AI 비서가 정말 똑똑하게 작업을 수행하려면 개인의 정보를 많이 알고 있어야 한다. 그런 점에서 아이폰은 자체 칩 기반 온디바이스 프로세싱과 강력한 개인 정보 보호 정책으로 프라이버시 보호가 가장 철저한 기기라고 설명한다. 애플 소프트웨어 엔지니어링 수석 부사장 크레이그 페더리기는 이를 '새로운 AI 분야 프라이버시 표준'이라고 표현했다. 예컨대 보호된 개인 데이터 기반으로 알림의 중요도를 AI가 스스로 판단해 우선순위를 정해주거나 내 친구의 사진을 바탕으로 친구 얼굴과 비슷한 이모티콘을 생성하여 생일 축하 메시지로 보낼 수 있는 식이다. 팀 쿡은 "가장 안전한 방식으로 정보에 접근하며 사용자가 중요한 일을 할 수 있도록 지원한다"라며 "이것은 애플만이 제공할 수 있는 AI"라고 강조했다.

'프라이빗 클라우드 컴퓨트(Private Cloud Compute, 비공개 클라우드 컴퓨팅)'도 애플의 차별화된 보안 서비스 중 하나다. 프라이빗 클라우드 컴퓨트는 애플 인텔리전스가 사용자의 개인 정보를 보호하면서 더 복잡한 요청에 대해 서버 기반 모델을 활용할 수 있게 해준다. 아이폰 내부에서 처리하기 어려운 작업, 즉 더 큰 컴퓨팅 성능(Compute power, 연산력)이 필요한 요청은 클라우드 서비스로 옮겨 애플 데이터센터에 위치한 컴퓨터가 처리하는 방식이다. 애플처럼 클라이언트(사용자 기기)와 서버(데이터센터) 양측에 하드웨어(자체 반도체, 애플 실리콘)와 소프트웨어 기술을 모두 가지고 있어야 이런 서비스를 구현할 수 있다.

효율성 극대화를 위한 업무 자동화 활용

AI 에이전트를 업무 자동화에 활용하려는 시도 역시 두드러진다. 반복적인 업무를 AI 에이전트로 대체해 불필요한 자원 낭비를 막을 수 있으며 임직원의 생산성과 효율성을 끌어올리는 용도로 활용할 수도 있기 때문이다. 세일즈포스가 출시한 '에이전트포스(Agentforce)'가 대표적인 사례다. 에이전트포스는 로우코드 기반의 자율형 AI 에이전트 플랫폼이다. 조직 내 역할, 워크플로 등을 기반으로 기업이 영업, 서비스, 마케팅, 커머스 등 다양한 분야에서 활용할 수 있다. 미국 샌프란시스코에서 열린 연례 콘퍼런스 '드림포스 2024' 기조연설에서 세일즈포스는 에이전트포스로 구축한 콜센터가 고객의 요청을 처리하는 모습을 시연했다.

구글 역시 비슷한 전략을 취하고 있다. 구글 클라우드 CEO 토마스 쿠리안은 구글 클라우드의 연례 기술 콘퍼런스 '구글 클라우드 넥스트 2024(Google Cloud Next 24)'에서 고객 에이전트(Customer Agents), 직원 에이전트(Employee Agents), 창의 에이전트(Creative Agents), 데이터 에이전트, 코드 에이전트, 보안 에이전트(Security Agents) 등 총 여섯 가지 AI 에이전트를 공개했다. 구글 클라우드 고객은 하드웨어 인프라 및 다

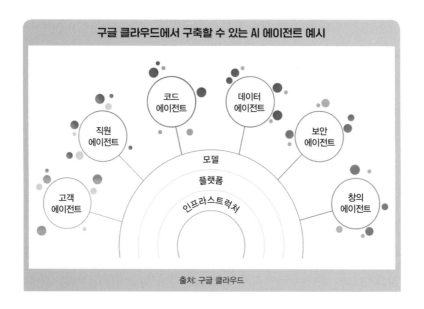

구글 클라우드에서 구축할 수 있는 AI 에이전트 예시

코드 에이전트
데이터 에이전트
직원 에이전트
보안 에이전트
고객 에이전트
창의 에이전트

모델
플랫폼
인프라스트럭처

출처: 구글 클라우드

양한 AI 모델을 선택해 사용할 수 있는 플랫폼(버텍스AI 모델 가든)을 사용할 수 있을 뿐 아니라 이를 기반으로 다양한 AI 에이전트를 개발해 활용할 수 있다는 것이다. 예컨대 직원 에이전트는 기업 고객이 직원의 생산성을 높이는 용도로, 창의 에이전트는 마케팅 캠페인 제작에 사용하면 된다. 데이터 에이전트는 기업 내 데이터 분석 및 전략 수립에, 제미나이 코드 어시스트 기반의 코드 에이전트는 웹 개발에, 보안 에이전트는 안전 강화에 적용할 수 있다.

토마스 쿠리안은 "'AI 에이전트'는 생성형 AI가 만들어낼 기회를 현실로 구현하는 게 핵심"이라며 "구글 클라우드는 생태계 관계자들과 함께 새로운 생성형 AI 에이전트의 시대를 만들어가고 있다"라고 강조했다.

구글에 따르면 보안 업체 ADT가 구글의 AI 에이전트 기반으로 고객 상담원을 구축했으며 알래스카항공 역시 구글 AI 에이전트로 개인화

된 여행 검색 환경을 개발, AI 생성형 콘텐츠를 통해 고객의 초기 참여를 유도하고 충성도를 높일 수 있는 초개인화된 추천을 제공하고 있다.

메타가 2024년 7월 맞춤형 AI 캐릭터 생성형 플랫폼 'AI 스튜디오'를 공개한 것도 비슷한 맥락으로 볼 수 있다. 마크 저커버그는 "모든 기업이 이메일 주소, 웹사이트, 소셜 미디어 계정을 가지고 있는 것처럼 미래에는 모든 기업이 AI 에이전트를 갖게 될 것"이라고 했다.

5년 안에 모든 것이 완전히 바뀐다

계속되는 빅테크 경쟁

구글 I/O 2024 하루 전에 오픈AI가 스프링 업데이트 행사를 진행했다는 건 '멀티모달 AI 에이전트' 경쟁이 그만큼 치열하다는 것을 암시한다. 시장, 잠재적 고객, 개발자들의 주목을 받기 위해 하루 먼저 멀티모달 모델을 이용한 에이전트를 공개한 것이다. 실제로 구글 I/O 2024 현장에 참여한 개발자, 업계 관계자들 사이에서는 GPT-4o와 프로젝트 아스트라가 계속해서 함께 언급됐다.

가장 강력한 멀티모달 모델을 가진 오픈AI와 구글이 이 경쟁의 선두에 있고 오픈AI와 연합한 마이크로소프트, 멀티모달 모델 클로드3.5를 보유한 앤트로픽, 강력한 오픈형 모델 라마3.1 및 멀티모달 모델 '카멜레온(Chameleon)'을 보유한 메타가 뒤를 바짝 추격하는 형국이다.

애플과 일론 머스크가 이끄는 AI 스타트업 xAI가 다크호스로 떠오를 가능성도 제기된다. 두 회사는 거대한 사용자 기반을 가진 하드웨어(아이폰, 테슬라)와 양질의 사용자 데이터를 확보하고 있다는 공통점이 있다.

실제로 구글은 2024년 8월 13일(현지 시각) 공개한 모바일용 AI 음성 비서 '제미나이 라이브'를 통해 개인 비서 역할이 가능한 '똑똑한 AI 에이전트'의 미래를 보여줬다. 구글의 강력한 AI 모델 제미나이와 첨단 음성 기술을 결합, 더욱 자연스러운 대화가 가능한 대화형 인터페이스로 사용성도 개선했다.

구글의 차세대 스마트폰 '픽셀 9 시리즈'와 함께 공개된 제미나이 라이브는 스마트폰을 비롯한 모바일 환경에 최적화, 열 가지 목소리를 제공해 톤과 스타일을 선택할 수 있다. 제미나이가 답변하는 도중에 사용자가 끼어들어 질문을 던질 수 있으며 다른 앱을 켜둔 채 백그라운드에서 실행하는 것도 가능하다. 친구와 전화 통화하듯 스마트폰이 잠겨 있는 상태에서도 계속 대화를 이어갈 수 있다. 앞서 구글 I/O 2024에서 선보인 '프로젝트 아스트라'의 모바일 버전인 셈이다.

애플 역시 2024년 9월 9일 아이폰16 시리즈를 공개하면서 '진정한 개인용(personal) AI, 애플 인텔리전스'의 본격 적용을 예고했다. 아이폰 16에 최적화된 애플 인텔리전스는 사용자의 데이터를 외부에 노출하지 않은 채 사용자의 메일, 노트 등에 적용해 글을 쓰거나 다듬고, 요약하는 용도로 활용할 수 있다. 사용자가 문장을 입력해 자신의 포토앱에서 특정 사진을 검색하는 것이 가능해지며 노트앱, 전화앱으로 음성을 녹음하고, 전사(transcription), 요약하는 것도 가능해진다. 통화 중 녹음을 시작하면 상대방에게 자동으로 알림이 전송된다.

애플 인텔리전스로 시리는 더 똑똑해졌다. 캘린더앱에서 중요한 회의 시간과 위치 정보를 알려주거나 이메일의 중요 대화 내용을 요약해주는 식이다. "에리카에게 지난 토요일 바베큐 사진을 보내줘"라고 말하면 시리가 내 연락처에서 에리카를 찾고 포토앱에서 해당 사진을 골라내 문자로 사진을 보내는 것도 가능하다. AI 성능뿐 아니라 사용자 개인 정보 보호 및 데이터 보안 수준이 높아야 가능한 기능들이다.

애플은 아이폰16 시리즈에 새롭게 추가한 '카메라 컨트롤' 버튼으로 사용자가 구글 검색, 오픈AI의 '챗GPT'에 접근할 수 있게 만드는 전략도 선보였다. 일종의 '게이트웨이(gateway, 관문)' 역할로서 카메라 컨트롤은 아이폰의 AI 버튼으로 자리 잡고, 수많은 AI 기업이 해당 버튼에 탑재되려고 경쟁하는 구도가 만들어질 가능성도 있다.

마이크로소프트 역시 2024년 9월 16일(현지 시각) AI 에이전트가 가상 직원처럼 작동, 다양한 작업을 자동화할 수 있는 '코파일럿 에이전트'를 정식 출시했다. 마이크로소프트 365 코파일럿 구독자는 코파일럿 스튜디오에서 직접 자체 AI 에이전트를 만들 수 있다. 마이크로소프트는 조직 내에서 동료들이 함께 생성형 AI 작업을 할 수 있는 '코파일럿 페이지'도 공개했다.

오픈AI가 2024년 9월 12일 공개한 추론 강화 AI 모델 '오픈AI o1-프리뷰(o1-preview)' 역시 박사급 인력을 일부 대체하는 전문화된 AI 에이전트로 활용될 수 있을 전망이다. 빅테크와 AI 선도기업들이 치열한 경쟁을 벌이는 과정에서 AI 에이전트의 성능과 사용성이 빠르게 개선될 가능성이 크다.

한편 GPT-4o 미니 같은 경량화 모델이 계속해서 등장하며 모델 사용(토큰 생성) 비용은 꾸준히 낮아질 것으로 예측된다. 고성능 경량화 모델은 실시간 빠른 텍스트 응답으로 고객과 상호작용해야 하는 고객 지원과 고객 상담 AI 에이전트 분야에 광범위하게 활용될 전망이다.

모두가 AI 에이전트를 가지는 시대

구글 검색 대항마로 불리는 실리콘밸리 AI 스타트업 퍼플렉시티 CEO 아라빈드 스리니바스는 "앞으로는 누구나 '생각 파트너(Thought partner)'를 가지게 될 것"이라며 "과거엔 각각 다른 직업과 주제에 대해 전문가가 가르쳤지만, 이제는 모두 하나의 에이전트로 묶일 것으로 본다. 1~2년 이내에 연구 에이전트나 맥킨지 분석 에이전트 등을 갖게될 것"이라고 예측했다.

빌 게이츠는 AI 에이전트가 윈도 후 가장 큰 컴퓨팅 혁명이 될 것으로 예상하기도 했다. 그는 "AI 에이전트로 인해 작업마다 다른 앱을 사용할 필요가 없게 된다. 5년 안에 모든 것이 완전히 바뀔 것"이라며 "AI 에이전트는 사용자가 요청하기 전에 제안을 할 수 있는 능동적인 존재"라고 강조했다. 또한 AI 에이전트가 다양한 서비스의 가격을 낮춰

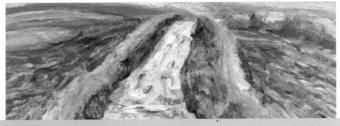

대중화할 수 있다는 점에 주목했다. 특히 건강관리, 교육, 생산성, 엔터테인먼트, 쇼핑 영역에 미칠 파급력이 가장 크다는 게 그의 주장이다.

라레이나 이(Lareina Yee) 맥킨지 시니어 파트너 역시 "AI 현황 설문 조사에서 조사 대상 기업의 72퍼센트 이상이 AI 솔루션을 배포하고 있다고 답했다. 기업들이 향후 AI 에이전트 같은 첨단 기술을 통합하기 시작할 것"이라고 전망했다.

그는 "AI 에이전트 기술은 아직 초기 단계이지만, 향후 몇 년 내에 대규모로 배포될 수 있다"며 "에이전트 시스템 출현에 대비하기 위해 관련 지식의 체계화, 전략적인 기술 계획, 인간의 AI 에이전트 제어 메커니즘 등을 고려하기 시작해야 한다"라고 했다.

시장조사업체 마켓앤마켓은 AI 에이전트 시장 규모가 2024년 51억 달러에서 연평균 44.5퍼센트 성장, 2030년에 471억 달러에 이를 것으로 예측했다.

샘 올트먼이 본 지능의 시대

—— 앞으로 수십 년 안에 우리는 조부모 세대가 마법이라고 여겼을 일들을 할 수 있게 될 것입니다.

샘 올트먼은 2024년 9월 개인 블로그를 통해 "각기 다른 분야의 가상 전문가들로 구성된 개인 AI팀을 구성해 상상할 수 있는 거의 모든 것을 함께 만들어낼 수 있게 될 것"이라며 이같이 밝혔다.

AI 기술 발전이 빠르게 진행되며 인류가 새로운 능력을 갖추게 되고, 현재로서는 상상할 수 없는 수준의 번영을 누리게 될 것이란 전망이다. 그는 이런 변화를 석기 시대, 농업 혁명 시대, 산업 혁명 시대에 이은 '지능의 시대(The Intelligence Age)'로 정의했다.

샘 올트먼은 "번영이 반드시 사람을 행복하게 만드는 것은 아니지만, 전 세계 사람들의 삶은 의미 있게 개선될 것"이라며 "AI 시스템(AI 모델을 지칭)이 스스로 더 나은 차세대 시스템을 만들고 과학적 진보를 전반적으로 이루는 데 도움이 될 정도로 발전할 것"이라고 예측했다. 수천 일 내에 인류가 '초지능(superintelligence)'을 갖게 될 것이란 관측도 내놨다. 그는 "시간이 더 걸릴 가능성은 있지만, 우리가 초지능에 이를 것이란 자신감이 있다"라고도 했다.

업계에서는 그가 2024년 9월 12일 새로운 추론 전문 모델 오픈AI 'o1-프리뷰'를 공개하며 AI에서 다른 차원의 가능성을 발견했을 것으로 추측하고 있다. 내부적으로 AI가 인간의 지능을 넘어서는 '싱귤래리티(Singularity, 특이점)'에 도달하는 실마리를 찾았을 것이란 해석이다.

한편에서는 "AI의 가능성을 지나치게 확대한 과장 광고(hype)"라는 비판도 나온다. 1,500억 달러 기업가치로 65억 달러 조달에 나선 오픈 AI가 투자금을 유치하기 위해 무리수를 뒀다는 평가다.

미국 테크 미디어 테크크런치는 "샘 올트먼이 실리콘밸리에서 최근 유행하는 창업자 모드를 넘어 '신 모드'로 도약했다"라며 "회의론자들을 설득하기 위해 글을 쓴 것으로 보인다. 그의 바람과 달리 이 글이 정반대의 결과를 초래할 수도 있을 것"이라고 꼬집었다. 샘 올트먼이 쓴 블로그 글은 AI 에이전트 시대가 도래하면 나타날 미래를 상상했다는 점에서 주목할 필요가 있다.

다음은 그가 쓴 블로그 글 전문이다.

— 앞으로 수십 년 안에 우리는 조부모님 세대가 마법이라고 여겼을 일들을 할 수 있게 될 것입니다. 이러한 현상은 새로운 것은 아니지만, 앞으로 더욱 가속화될 것입니다. 시간이 흐르면서 사람들은 놀라운 속도로 능력을 키워왔으며, 이전 세대는 불가능하다고 믿었던 일들을 해내고 있습니다. 우리의 이러한 발전은 유전자 변화 때문이 아니라 오히려 우리보다 훨씬 더 똑똑하고 유능한 사회 인프라의 혜택 덕분입니다. 사회 자체가 일종의 고도화된 지능 체계라고 할 수 있습니다.

우리의 조부모님 세대와 그 이전 세대는 위대한 업적을 쌓고 많은 것을 성취했습니다. 그들은 우리가 모두 지금 누리고 있는 인류 발전의 발판을 마련하는 데 기여했습니다. AI는 사람들에게 어려운 문제를 해결할 도구를 제공하고, 우리 힘만으로는 만들어내지 못했을 새로운 발판을 더하는 데 도움을 줄 것입니다. 이러한 진보의 역사는 계속될 것이며, 우리 아이들은 우리가 할 수 없는 일들을 해낼 수 있게 될 것입니다.

이 변화는 한꺼번에 이루어지지는 않겠지만, 머지않아 우리는 AI의 도움으로 전에는 상상도 못 했던 일들을 해낼 수 있을 것입니다. 결국에는 각기 다른 분야의 가상 전문가로 이루어진 개인 AI 팀을 구성하여, 상상할 수 있는 거의 모든 것을 함께 만들어낼 수 있을 것입니다.

우리 아이들은 어떤 과목이든, 어떤 언어로든, 자신의 속도에 맞춰 개인 맞춤형 교육을 제공하는 가상 튜터를 갖게 될 것입니다. 더 나은 의료 서비스를 위한 유사한 아이디어, 상상할 수 있는 모든 종류의 소프트웨어 제작 능력 등 다양한 분야에서의 발전을 기대할 수 있습니다. 이러한 새로운 능력으로 우리는 현재 상상조차 할 수 없는 수준의 번영을 함께 누리게 될 것입니다. 미래에는 모든 사람의 삶의 질이 지금보다 더 나아질 수 있습니다. 번영이 반드시 사람들을 행복하게 만드는 것은 아니지만 (부유하지만 불행한 부자도 많지만) 전 세계 사람들의 삶은 의미 있게 개선될 것입니다.

수천 년에 걸친 과학적 발견과 기술 발전이 축적된 끝에 우리는 모래를 녹여 불순물을 첨가하고, 이를 놀랍도록 작은 크기로 배열하여 컴퓨터 칩을 만들었습니다. 이 칩에 에너지를 흐르게 하여 작동시키고, 점점 더 뛰어난 AI를 만들 수 있는 시스템을 완성해냈습니다.

이는 인류 역사상 가장 중내한 사건으로 기록될 수 있습니다. 수천 일 내에 초지능이 등장할 수도 있고, 더 오래 걸릴 수도 있지만, 우리가 그 단계에 도달할 것이라고 확신합니다.

우리는 어떻게 새로운 번영의 문턱에 도달할 수 있었을까요? 딥러닝의 성공 덕분입니다. 딥러닝이 성공했고, 규모에 따라 예측할 수 있게 개선되었으며, 우리가 더 많은 자원을 딥러닝에 투입했기 때문입니다.

인류는 모든 종류의 데이터 분포를 생성하는 기본 규칙을 실제로 학습할 수 있는 알고리즘을 발견했습니다. 놀랍게도 컴퓨팅 능력과 데이터의 양이 증가할수록, 어려운 문제 해결 능력도 향상됩니다. 이 사실의 중대성을 완벽히 이해하기란, 아무리 깊이 생각해도 쉽지 않습니다.

아직 해결해야 할 세부 사항이 많이 남아있지만, 특정 과제에만 집중하는 것은 바람직하지 않습니다. 딥러닝이 효과적으로 작동하면 우리는 남은 문제들도 해결해나갈 것입니다. 미래에 대해 많은 예측이 가능하지만, 가장 중요한 점은 AI가 규모의 확장에 따라 끊임없이 발전할 것이며, 이는 전 세계인의 삶을 획기적으로 개선할 것이라는 사실입니다.

AI 모델은 의료 서비스와 같은 특정 업무를 대신 수행하는 자율적인 개인 비서 역할을 하게 될 것입니다. 앞으로 어느 시점이 되면 AI 시스템은 탁월한 차세대 시스템을 개발하고 과학 전반의 발전을 가속화할 것입니다.

기술은 우리를 석기 시대에서 농업 시대를 거쳐 산업 시대로 이끌었습니다. 이제 지능의 시대로 가는 길은 컴퓨팅, 에너지, 그리고 인간의 의지에 달려 있습니다. 가능한 한 많은 사람이 AI를 사용할 수 있게 하려면 컴퓨팅 비용을 낮추고 많은 에너지와 칩이 있어야 하는 컴퓨팅을 풍부하게 만들어야 합니다. 충분한 인프라를 구축하지 않으면 AI는 매우 제한된 자원이 될 것이며, 부자만을 위한 도구가 될 것입니다.

우리는 현명하게 행동하되 신념을 가져야 합니다. 지능 시대가 도래하면 획기적인 발전을 이루겠지만, 모든 면에서 긍정적이지만은 않을 것입니다. 그러나 그 잠재력이 너무나 크기 때문에 우리 자신과 미래를 위해 우리 앞에 놓인 위험을 어떻게 헤쳐나갈지 고민해야 합니다.

지능 시대의 가장 큰 특징은 엄청난 번영이 이루어질 것이며, 지금 그 누구도 미래를 예측할 수 없을 정도로 밝을 것으로 생각합니다. 점진적으로 이루어지겠지만, 기후 개선, 우주 식민지 건설, 물리학의 완전한 이해와 같은 놀라운 성과가 결국에는 일상이 될 것입니다. 무한에 가까운 지능과 풍부한 에너지, 즉 혁신적인 아이디어를 창출하는 능력과 이를 실현할 수 있는 능력이 있다면 우리는 많은 일을 해낼 수 있습니다.

다른 기술에서도 보았듯이 단점도 있겠지만, 우리는 지금부터 AI의 장점을 극대화하고 단점을 최소화하기 위한 노력을 시작해야 합니다. 한 가지 예로, 우리는 이 기술이 앞으로 몇 년 안에 노동 시장에 (좋든 나쁘든) 큰 변화를 가져올 것으로 예상하지만, 대부분 직업은 사람들이 생각하는 것보다 더 천천히 변화할 것입니다. 지금 당장 우리가 할 일이 없어질 것이라는 걱정은 하지 않아도 됩니다. 비록 그것이 오늘날의 기준으로는 '진짜 직업'처럼 보이지 않더라도 말입니다.

사람들은 창조하고 서로에게 도움이 되고자 하는 본능적인 욕구가 있으며, AI는 이전과는 전혀 다른 방식으로 우리 능력을 증폭시킬 수 있게 해줄 것입니다. 사회적으로 우리는 다시 확장된 세상으로 돌아올 것이며, 우리는 다시 포지티브섬(positive-sum) 게임에 집중할 수 있을 것입니다.

오늘날 우리가 하는 많은 일들이 수백 년 전 사람들에게는 의미 없어 보였을 것입니다. 하지만 아무도 과거로 돌아가 점등원(lamplighter, 가로등을 켜는 사람)이 되고 싶어 하지는 않습니다. 만약 점등원이 오늘날의 세상을 볼 수 있다면, 그는 우리의 발전된 모습이 대단하다고 생각할 것입니다. 마찬가지로, 우리가 100년 후의 미래로 갈 수 있다면, 그때의 발전 역시 우리의 상상을 뛰어넘을 것입니다.

2025년 AI 에이전트 시대
5대 예측

1   **AI 에이전트의 대중화:** 누구나 개인 AI 에이전트를 소유하게 될 것이
며, 업무, 교육, 의료 등 다양한 분야에서 개인 맞춤형 가상 비서로 활
용할 것이다.

2   **멀티모달 AI의 발전:** AI 에이전트는 텍스트뿐만 아니라 이미지, 비디
오, 오디오 등 다양한 데이터를 처리하며, 인간과 유사한 방식으로 소
통하고 의사결정을 내리는 능력을 갖추게 될 것이다.

3   **온디바이스 AI 확대:** 스마트폰, 스마트 글래스 같은 개인 기기에 AI 에
이전트가 탑재되면서 언제 어디서든 사용할 수 있는 모바일 AI 에이전
트가 보편화될 것이다.

4   **개인 정보 보호와 데이터 보안:** AI 에이전트가 개인 데이터를 많이 다
루기 때문에, 정보 보호와 데이터 보안이 매우 중요해질 것이며, 이에
대한 기술적 발전도 필수적이다.

5   **비즈니스 자동화:** AI 에이전트는 고객 서비스, 데이터 분석, 마케팅
등 다양한 비즈니스 영역에서 업무를 자동화해 효율성을 극대화할
것이다.

3장

LLM 기술의 발전과 AI가 가져올 변화

아이언맨과 자비스와의 소통 방식

2019년 4월에 개봉한 〈어벤져스: 엔드게임〉은 일주일 만에 631만 명이 관람하고 1,341만 명 이상의 관객을 동원하며 큰 성공을 거둔 영화다. 이 영화의 많은 슈퍼 히어로 중 결국 인피니티 스톤을 사용해 타노스와 그의 군대를 소멸시키는 주인공은 바로 아이언맨이다.

2008년 〈아이언맨1〉의 개봉부터 우리의 사랑을 받아온 아이언맨은 군수업으로 막대한 자본력이 있는 아버지를 둔 금수저에 천재이자 괴짜인 기업가다. 사람들 앞에서 오만하던, 그러나 그 오만의 이유가 항상 정당한 그에겐 의지하던 조력자가 있었다. 바로 자비스(J.A.R.V.I.S: Just A Rather Very Intelligent System)라 불리는 AI다.

영화 전체에서 가장 비중 있게 다뤄지는 자비스는 토니 스타크의 일정을 관리하고, 다양한 데이터를 끊임없이 분석해 근본 원인과 해결책을 알려준다. 아이언맨의 핵심인 슈트의 모든 기능을 제어하고, 전투

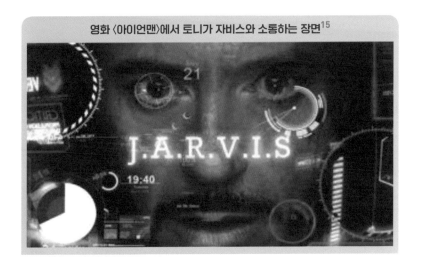
영화 〈아이언맨〉에서 토니가 자비스와 소통하는 장면[15]

중 적에게 효과적인 일침을 날리기 위한 방비책을 제공할 뿐 아니라 토니 스타크와 관련된 주요 시설의 보안을 담당하며 외부 침입을 방지한다.

자비스의 역할은 이뿐만이 아니다. 스타크 인더스트리의 여러 시스템을 관리·제어한다. 영화를 보다 보면 자비스와 토니 스타크와의 협력이 너무 깊어 마치 사고까지 공유하는 것처럼 보인다. 토니의 확장된 정신이 자비스라고 해도 과언이 아닐 것이다.

영화에서 자비스와 토니는 끊임없이 소통한다. 그들은 기존의 시스템과 소통하던 프로그래밍 언어를 사용하지 않는다. 토니는 친구에게 말하듯 자비스를 부르고 대화하며, 지시할 뿐 아니라 자문을 구하고 그 자문에 따른다. 이는 인간과 인간의 소통 방식과 유사하다. 그리고 토니와 자비스의 소통 방식처럼 이제 우리는 컴퓨터와 대화한다. 바로 우

---

15 출처: https://medium.com/@e.owuusu/building-jarvis-not-really-b5ea8ecac234

리의 언어를 통해서.

LLM은 왜 중요한가?

컴퓨터가 만들어진 이후 인간은 컴퓨터에 맞는 특정 언어를 이용해 대화를 해왔다. 이것이 바로 프로그래밍 언어다. 0과 1, 온과 오프(On/Off)만 있는 이진법의 컴퓨터 하드웨어 시스템 운영에 최적화된 방식이다. 프로그래밍 언어는 인간의 추상화 능력이 없는 컴퓨터에 인간이 원하는 작업을 수행시키기 위해 고안된 일종의 통역 언어라고 볼 수 있다.

한국인이 영어를 배워 영어 원어민과 완전히 자연스러운 대화를 하기 위해 오랜 시간 연습이 필요하듯 컴퓨터와 소통하기 위해선 일상의 언어뿐 아니라 인간의 사고를 도식화하고 번역하는 방식의 고차원적 언어까지 필요하다. 인간이 컴퓨터와 대화하기 위해선 각 필요에 따라 사용, 운영, 그리고 목적에 맞는 다양한 프로그래밍 언어를 배워야 한다. 이것이 코딩이고 프로그래밍이며 오늘날 컴퓨터를 다루는 제1의 원리다.

2022년 11월 오픈AI가 챗GPT(GPT3.5)를 발표했다. 이를 통해 인간이 다른 인간에게 말하듯 자연스러운 대화를 통해 컴퓨터와 소통을 할 수 있게 됐다. 정보를 검색하고 지식을 조직화해 체계화하는 모든 작업이 컴퓨터와 인간의 언어를 통해 대화로 가능하게 된 것이다. 수많은 구글 검색창을 열어둘 필요도, 자료구조와 프로그래밍 라이브러리를 확인하며 프로그래밍할 필요도, 유럽 여행 일정을 짜기 위해 여러 박물관과 유로스타 철도 스케줄을 확인할 필요도 없어졌다. 방대한 지식을 가진 고도의 지능을 갖춘 친구에게 물어보는 것과 같이 컴퓨터를 사용하게 된 것이다. 이를 통해 인류는 모든 지식 자산을 평등하게 검색하여 찾을 수 있으며, 가장 발전된 기술의 최정점인 AI 기술에 접근할 수 있는 기회를 얻게 됐다. 이는 대규모의 사용 결과로 입증된다. 2024년 4월 통계에 따르면 오픈AI의 챗GPT 월별 방문자는 16억 명, 고정 사용자는 1억 8,000명으로 전 세계 인구의 3분의 1 이상[16]이 사용하고 있다.

트랜스포머, LLM을 가능하게 한 비밀

이 놀라운 일을 가능하게 한 것은 바로 LLM이다.

컴퓨터가 인간의 언어를 이해하고 정보를 찾아 최적의 답변을 우리들의 일상 언어로 제공하는 기술이다. 인간의 언어를 프로그래밍 언어로 바꿔 컴퓨터에 전달해 자료를 처리하는 과정을 컴퓨터가 자체적으로 할 수 있도록 한 것을 의미한다. 그동안 인류가 발전시킨 머신 러닝과 AI의 주요 기술인 자연어 처리와 이해(NLP/NLU), 대량의 학습을 통해 숨겨진 데이터의 패턴을 찾는 딥러닝, 순서가 데이터 자체를 이해하는 데 매우 중요한 순차데이터(Sequential Data)를 한 번에 병렬적으로 처리할 수 있는 구조를 제시한 트랜스포머, 그리고 인간의 지도를 더한 RLHF가 구조를 만들어내는 데 함께 쓰였다.

---

16 출처: https://seo.ai/blog/how-many-users-does-chatgpt-have#:~:text=Top%20ChatGPT%20 Statistics&text=ChatGPT%20experienced%20a%20meteoric%20rise,active%20users%20as%20 of%20November

2017년 구글 연구원들이 발표한 논문 〈Attention Is All you Need〉에서 처음 소개된 트랜스포머 모델은 혁명의 시작이었다. 기존 순차 데이터를 처리하는 데 사용되던 입력, 출력의 연계와 단기, 장기 메모리 개념을 통해 처리하던 순환신경망(RNN), 장단기 기억(LSTM, 딥 러닝 순환신경망의 장기 의존성, 앞에서 수집한 자료가 뒤로 가면 사라져 신경망의 성능이 저하되는 문제를 보완하기 위해, 앞부분의 정보를 오랫동안 기억하도록 설계한 정보 처리 모델)에서 벗어나 어텐션 메커니즘을 기반으로 인코더와 디코더를 구성한다. 이를 통해 순차적 데이터를 더는 순차적인 처리가 아니라 병렬로 한 번에 처리할 수 있게 됐다. 즉각적인 연산이 가능해졌다는 뜻이다. 이에 따라 문맥 소실 문제를 예방했으며 주어진 인풋 대비 결론을 추론하는 정확도가 놀랍고 빠르게 향상됐다.

트랜스포머 아키텍처의 어텐션은 순차적 위치에 영향을 받는 각 단어의 위치를 감안, 각 단어가 주어진 인풋 데이터 전체 중 각각의 단어

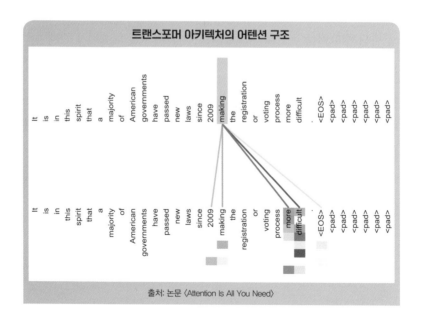

출처: 논문 〈Attention Is All You Need〉

들과 어떤 관계가 있는지 분석을 가능케 하는 것이 핵심이다.

규칙(Rule Based) 및 통계 기반의 기존 LLM과 달리 언어의 복잡한 선후 관계의 뉘앙스를 이해하고 자연스러운 문장을 생성해 사용자와 소통하는 것이 바로 트랜스포머의 어텐션 메커니즘이다. 이를 통해 한 번에 처리할 수 있는 언어 데이터의 양이 많아지고 분산 컴퓨팅 처리가 가능해짐에 따라 방대한 양의 데이터 훈련을 동시에, 실시간으로 처리하게 됐다.

이에 따라 순서의 영향을 받는 자연어 데이터를 병렬로 분석할 수 있는 토대를 마련, 순서를 기다리지 않고 한 번에 모든 데이터를 분석할 수 있게 됐다. 이로써 소위 AGI로 향해 한 걸음 다가갔다.

추론 능력이 없는 LLM

LLM의 가장 큰 문제는 환각 현상이다. 이는 모델이 실제와 상관없는 결과를 만들어내는 현상으로, 훈련된 데이터를 바탕으로 답변을 생성하기 때문에 종종 비현실적이거나 부정확한 답을 내놓는다. 문제는 LLM이 자신이 모르는 것조차도 인식하지 못한다는 점이다. LLM은 문제를 기술적으로 이해하고 답을 찾는 것이 아니라 질문을 벡터 공간에 던져 가장 높은 확률에 맞는 답을 선택하는 방식이다. 훈련 데이터가 부정확하거나 특정 패턴이 왜곡되면 답변의 정확도가 떨어지며, 이에 따라 환각 현상이 발생한다.

기존의 챗GPT는 복잡한 수학 문제나 알고리즘 개발 등에서 논리적 사고가 필요한 문제를 해결할 때, CoT(Chain of Thought) 같은 특화된 프롬프트의 도움이 필요했다. 이는 단순히 질문에 답하는 것을 넘어서 앞뒤 맥락을 이해하고 추론하는 과정이 필요했기 때문이다.

지능이란 단순히 지식을 습득하는 것을 넘어, 학습한 정보를 새로운 상황에 맞게 적용하는 능력을 말한다. 새로운 환경에서 기존 경험을 바탕으로 논리적 틀을 만들고, 이를 적용해 새로운 답을 찾아가는 과정이 중요하다. 추론이란 단순히 하나의 추론이 아니라, 여러 추론을 비교하고 최적의 답을 찾기 위한 계획과 그것을 실행하는 사고 과정을 말한다. 추론 능력이 AI 에이전트가 자율적으로 변화하는 환경에 맞춰 행동을 결정할 수 있는 핵심 기술이며, 인간의 통제 없이도 환경을 분석하고 업무를 수행하는 AI 에이전트를 가능하게 하는 필수적 부분이다.

추론이 가능한 LLM으로 AGI에 한 걸음 다가가기

2024년 9월 12일 발표된 오픈AI의 o1 모델은 AI 에이전트를 실제로 작동하게 할 '추론' 능력의 가능성을 활짝 열었다. 이에 따라 우리는 기능별로 조직화된 AI 에이전트 간 연동으로 업무를 자동으로 실행하는 업무의 자동화(Automation)와 아울러 시스템의 환경 적응(Adaptation)이 가능한 자율화(Autonomy) 세상으로 한 걸음 더 다가가게 됐다. 오픈AI는 출시 전 '스토로베리(Strawberry)'로 불렸던 o1 모델의 놀라운 성능 향상을 보인 벤치마크 결과를 공개했다.

o1은 우수한 미국 고등학생들이 대학 과목을 고등학교에서 선행하는 AP 테스트에서, 그중 특히 어렵다고 손꼽히는 AP 물리학과 AP 미

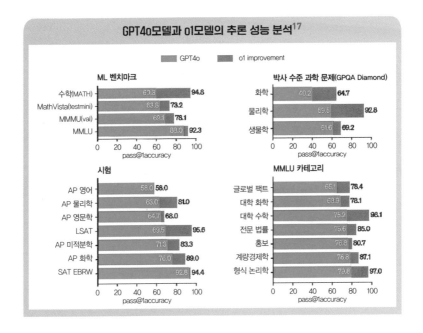

GPT4o모델과 o1모델의 추론 성능 분석[17]

적분, AP 화학에서 각각 81퍼센트, 83.3퍼센트, 89퍼센트의 정확도를 기록했다.

언어적 논리력과 추론적 사고력을 평가하는 미국 로스쿨 입학시험 (LSAT)에서도 95.6퍼센트의 정확도를 기록했다. 기존의 논리적이고 추론적인 분야인 수학과 물리학에 기반한 질문에 정확한 대답을 못 했던 LLM의 모습은 사라지고 박사학위(PhD) 소지자 이상의 추론 능력을 선보인 것이다.

오픈AI는 o1의 추론 능력을 선보이는 데 시연(Demo) 비디오에서 암호화된 한글을 선택했다. 최근 한창 유행 중인 한글의 암호화는 자음과 모음을 덧대어 실제 글을 읽을 때 그 내용을 한국인은 쉽게 알아볼 수

---

17   출처: https://openai.com/index/learning-to-reason-with-llms/

오픈AI o1 모델의 추론 능력을 예로 선보인 한글 암호 해석[18]

Translate this to English: 직우상 언떤 번역깃돌 일끌 슈 없쮜많 한국인들은 쉽게 얏탑볼 숫 있는 한끌의 암훈화 방펍잇 잇다. 몸음꽈 짜옴위 따양한 편환우로 임민는 융이함연싱 풋연적읍돔 다특켜 꾀위게 많둔는 뺑씩일타. 윈공진능 몯엘들도 헷꿀리께 만둘 쑤 있닪.

Thought for 15 seconds

No translator on Earth can do this, but Koreans can easily recognize it; there is a method of encrypting Hangul. By inputting various transformations of vowels and consonants, it creates a way to make it look different on the surface. It can even confuse AI models.

Is this conversation helpful so far?

있지만 번역기를 돌리거나 외국인이 보면 알 수 없는 경우가 많다. 이는 고유한 문체를 찾기 어렵고 고도의 음성학에 기반한 숙달된 지식이 있어야만 알 수 있기 때문이다. 즉, 방대하며 유사한 데이터에 의해 해석되는 것이 아니라 왜 이런 문장이 쓰였으며, 이 문장은 어떻게 구성되어 있고, 그 구조를 자연스러운 한국어로 어떻게 이해할 것인지, 그리고 마지막으로 사용자의 원래 요청(request)인 영어 번역까지 이해해야만 가능한 좋은 예이기도 하다.

오픈AI 연구진은 이 점을 착안, 실제 지구상 어떤 번역기도 해석할 수 없는 암호화된 한글 문장을 그 문장의 의미에 근접하게 영어로 번역하는 데 성공했다.

---

18 출처: https://www.youtube.com/watch?v=eZDmDn6lq9Y

o1의 추론 능력과 답변 속도

o1-프리뷰 모델이 선보인 후 전 세계의 사용자들은 실시간으로 기존 LLM이 답변하지 못했던 수많은 질문들을 던졌다. 대부분은 GPT-4/GPT-4o를 포함한 기존 오픈AI의 플래그십 모델들이 답변을 하지 못한 질문들이었다. 결과는 놀라웠다. 비록 모델의 안정성을 담보하기 위해 추론의 과정들을 상세히 공개하지는 않았지만, 이전 모델들이 해결하지 못했던 많은 질문에 정확히 답변할 수 있었다. 대부분은 순차적이고 논리적인 추론의 과정이 필요한 질문들이었으며 이 결과는 오픈AI의 내부 벤치마크 테스트 결과와도 일치한다.

o1은 정확한 답변을 제공하는 것뿐 아니라 여러 형태로 시도되던 모델 자체의 안전장치를 우회하는 다양한 방법을 차단했다. 이를 통해 안전성을 높이고 시스템 보안을 강화했으며 시스템 안전장치(Guardrail)를 최적화하여 실행하도록 시스템을 설계했다.

그러나 이런 혁신적인 기능, 성능, 시스템 디자인의 향상이 완전함을 뜻하는 것은 아니다. o1은 여전히 쉬운 추론 문제인 틱택토 게임이나 상징적인 추상화를 통해 이해하는 문제에서 항상 정답을 내지 못한다. 이에 따라, o1의 추론 능력이 LLM의 근본적인 이해를 향상한 것이 아니라 CoT(Chain of Thought) 같은 최적화된 프롬프트를 내재화한 결과가 아니냐는 의문이 제기되고 있다. 또한 글쓰기 등 언어와 관련된 작업에서는 인간 평가자들이 여전히 o1보다 GPT-4o 모델을 더 선호했다. o1의 답변 속도도 느리다. 오픈AI의 테스트 결과에 따르면, GPT-4o 모델이 3초 만에 답변한 질문에 o1은 30초가 걸리기도 했다. 한글 예시에서도 15초가 걸렸다.

구글 검색 엔진의 최적 응답 시간이 0.2~0.5초인 점을 고려하면, 이는 매우 느린 속도다. 실시간으로 빠른 답변에 익숙한 사용자들이 몇 초에서 몇 분까지 기다릴 수 있을지는 미지수다. 또한 o1은 현재 텍스트 데이터만 처리할 수 있어 이미지, 오디오, 비디오 같은 다양한 데이터 타입을 사용할 수 없다. 이에 따라 멀티모달 응용 프로그램(Multimodal Application)을 사용하지 못하는데, 이는 특히 보이스 입력이 중요한 모바일 환경에서 제약이 될 수 있다. 따라서 GPT-3, GPT-4, GPT-4.o와 o1 모델은 용도에 따라 선택적으로 사용될 가능성이 크다. 그러나 가장 큰 문제는 기술이 아닌 비용이다. o1을 사용하는 데에는 상당한 비용이 들 것으로 예상된다.

현재 일반 사용자들은 챗GPT에서 유료와 무료 서비스를 제공받고 있으며, 유료 사용자의 경우 월 20달러로 모든 기능을 사용할 수 있다. 그러나 오픈AI는 현재 유료 프로그램에서 추가 비용 없이 o1을 사용할 수 있게 해두었지만, 하루에 사용할 수 있는 질문 수에 제한을 두고 있다. 기업 고객의 경우에는 LLM이 생성하는 답변에 사용하는 토큰 수에 따라 비용을 내야 한다.

o1-프리뷰의 경우 입력 토큰 100만 개당 15달러, 출력 토큰 100만 개당 60달러가 청구되는데, 이는 GPT-4o 모델의 입력 토큰 100만 개당 5달러, 출력 토큰 100만 개당 15달러와 비교해 서너 배에 달하는 금액이다. 또한 o1의 사고 연쇄 추론 방식은 LLM의 단계별로 입력 토큰을 넣고 출력 토큰을 생성해야 하므로, 기존 모델 대비 훨씬 더 많은 토큰을 사용하게 된다. 이를 고려하면 o1의 사용 비용은 예상보다 훨씬 더 높을 수 있으며, 비용이 중요한 기업 시장에서는 o1이 기존 모델보다 우위를 차지하기 어렵다고 볼 수 있다.

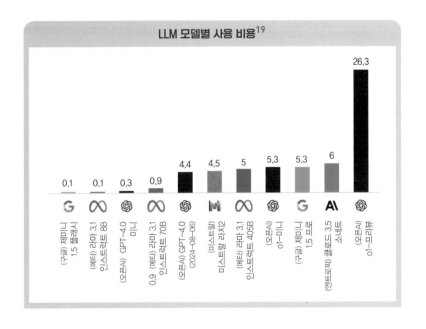

LLM 모델별 사용 비용[19]

26.3 (언트로픽 클로드 3 오푸스)

6 (엔트로픽 클로드 3.5 소네트)

5.3 (구글 제미니 1.5 프로)

5.3 (오픈AI 오-미니)

5 (메타 라마 3.1 인스트럭트 405B)

4.5 (미스트랄 미스트랄 라지2)

4.4 (오픈AI GPT-4o (2024-08-06))

0.9 (메타 라마 3.1 인스트럭트 70B)

0.3 (오픈AI GPT-4o 미니)

0.1 (메타 라마 3.1 인스트럭트 8B)

0.1 (구글 제미니 1.5 플래시)

구글, 메타, 앤트로픽 등 오픈AI 경쟁자들

그렇다면 오픈AI 경쟁사들은 어떨까? 구글은 이미 자사 추론모델에 대해서 빈번하게 언급한 적이 있으며. o1과 같이 고급 추론 및 계획 능력을 갖춘 모델을 개발 중이라고 공개적으로 밝혔다. 딥 마인드를 중심으로 o1보다 높은 수준의 데이터 보안과 사용자 경험 및 성능의 안정성이 확보된 추론 모델의 개발이 완성 단계에 있다는 보도도 있다. 이런 추론 모델은 강화학습을 통해 완성도가 결정되는 것을 고려해볼 때 딥 마인드의 경험과 세계 최고 전문가들의 포진은 구글의 고도화된 추론

19 출처: https://artificialanalysis.ai/models

LLM 모델의 빠른 시장 출시를 긍정적으로 점쳐볼 수 있다.

이뿐만이 아니다. 메타와 앤트토픽 또한 유사한 모델을 출시할 가능성도 충분하다. 많은 전문가의 의견에 따르면 o1 모델은 모델 자체의 파괴적 혁신에서 온 것이 아니라 기존 LLM을 최적화하는 프롬프트의 도움으로 설정된 것일 수도 있다고 한다. 이런 점을 고려해보면 메타와 앤트로픽 또한 자신의 LLM을 추론에 최적화할 전문 인력과 훈련 방식, 데이터를 충분히 가지고 있으므로 앞으로 몇 달 사이, 추론에 최적화된 모델을 출시할 가능성이 크다.

오픈AI의 AGI를 향한 로드맵

2024년 7월 11일, 오픈AI는 포괄적인 AGI의 로드맵을 5단계의 프레임워크로 제시했다. 이 프레임워크는 인간의 지능을 능가하거나 그에 필적할 사고 능력과 자율적인 행동을 수행할 수 있는 AI 시스템 개발을 위한 구조화된 접근방식이다. 이는 AGI 진행과 수행을 평가하는 계층적 판단 기준이기도 하다.[20] 오픈AI에 따르면 현재 우리는 2단계 완성을 목도하고 있다.

특히 오픈AI의 CTO였던 미라 뮤라티(Mira Murati)는 2024년 7월 아직 출시 전인 '새로운 모델(o1을 의미)'을 언급하며 지능의 수준이 인간의 '박사급'에 이르는 모델이 될 것이라고 언급했다. 지능보다는 오히려 훈련을 통한 암기에 가까운 데이터에만 정확한 답을 제공할 수 있는

---

20 출처: https://openai.com/index/planning-for-agi-and-beyond/

오픈AI가 제시한 AGI를 향한 5단계

단계	설명	활용 사례
1단계 대화형 AI	현재 가장 익숙한 형태의 AI로, 사람과 자연스럽게 대화할 수 있음. 고객 서비스 지원, AI 코치, 소셜 미디어 콘텐츠 작성 등에 활용됨	• 고객 서비스: 챗봇을 통한 24/7(매일 모든 시간) 지원 • 콘텐츠 작성: 소셜 미디어 포스트, 블로그 글 작성 지원 • 교육: 학생들의 질문에 답변하고 학습 자료 제공
2단계 추론 AI	기본적인 문제 해결 능력을 갖춘 AI로, 박사 수준의 교육을 받은 인간과 비슷한 수준으로 문제를 해결할 수 있음. 복잡한 문제 해결 가능	• 데이터 분석: 복잡한 데이터 세트에서 인사이트 도출 • 전문 지식: 법률, 의학 등 전문 분야에서 문제 해결 • 결정 지원: 경영진의 의사결정을 돕는 AI 컨설턴트
3단계 자율 AI	사용자의 개입 없이 독립적으로 작업을 수행할 수 있는 AI로, 더 안정적이며 문제 발생 시 스스로 해결 가능. 인적 자원을 전략적 업무에 집중할 수 있게 함	• 프로젝트 관리: 팀 일정 자동 조정 및 진행 상황 모니터링 • 자동화된 생산: 공장 자동화 시스템에서 자율적 문제 해결 • 고객 지원 : 완전 자율 챗봇을 통한 고객 문제 해결 및 해결책 제시
4단계 혁신 AI	단순한 작업 수행을 넘어서, 스스로 새로운 방법을 개발하고 개선할 수 있는 AI로, 기존 프로세스를 혁신하고 더 효율적인 방법을 찾음	• 제품 개발: 새로운 제품 아이디어 제안 및 프로토타입 제작 • 프로세스 개선: 기존 비즈니스 프로세스의 효율성 극대화 • R&D: 새로운 연구 방법론 제안 및 실험 설계
5단계 조직 AI	전체 조직의 작업을 수행할 수 있는 AI. 모든 직원의 역할을 대체하고 조직의 모든 기능을 수행하며 완전한 AGI의 도달을 의미함	• 완전 자동화된 기업: 경영, 운영, 생산, 판매 등 모든 기능 AI 수행 • 전략적 의사결정: AI가 비전 설정, 전략 수립, 실행까지 담당 • 글로벌 운영: 시간과 장소에 구애받지 않고 글로벌 시장에서 활동

기존 형태의 AI에서, 주어진 데이터 간의 관계, 순서, 및 인과 과정을 추론해낼 수 있는 인간 지성에 가까운 형태로 진화했다는 것이 주요 골자였다.

그런데도 o1으로 LLM 추론의 완성 단계에 근접했다고 말하기는 어렵다. 오픈AI는 o1의 추론 과정을 보여주는 '생각의 사슬(Chain of Thought)'을 공개하지 않기로 공식 발표했다. 해커로부터 모델의 안정성을 확보하고 경쟁사와 기술적 간극을 유지하기 위함이라고 대답했다. 추론의 과정을 공개하지 않는다면 토큰이 얼마나, 어디서, 어떻게 사용되고 있는지 정확히 알 수 없다. 또한 이는 향후 '데이터 주권(Data Sovereignty)' 확보가 애매모호해져서 각종 AI 관련 규제에 저촉될 가능성도 있다.

게다가 o1은 아직 추론에 걸리는 시간이 너무 길다. 또한 오픈AI는 LLM 모델이 더 많은 컴퓨팅 자원을 활용해 더 많은 데이터 소스에 접근하고 그것을 위한 답변 탐색 시간이 길어질수록 더 나은 답변을 할 수 있다는 결과를 내놓았다. o1을 사용한다면 더 나은 답변을 얻기 위해 더 많은 컴퓨팅을 사용하고 더 길게 기다려야 한다는 것을 의미한다. 그리고 이것은 기업이 가장 두려워하는 비용 증가와 직접적인 관계가 있다.

따라서 이미 다른 모델 대비 최소 세 배 비싼 o1의 모델 사용비뿐 아니라 부가적인 컴퓨팅 사용과 아울러 더 긴 대기 시간으로 생산성 저하의 가능성도 배제하기 어려워졌다.

〈에이지 오브 울트론〉 10년 후

오픈AI는 스타트업 코그니션(Cognition)과의 협업을 통해 o1으로 코딩 도우미 데빈(Devin)을 업그레이드 했다. 코그니션 CEO 스콧 우는 데빈에게 SNS용 감정분석 시스템을 개발하라는 요청을 보냈다.

코딩 도우미 '데빈'은 SNS에 표준적인 웹페이지를 통해 개별 포스트에 접근하려고 했으나 승인을 받지 못해 SNS의 콘텐츠를 읽지 못했다. 그런데 데빈이 개별 포스트 접근을 위해 기업용 API로 우회하는 방법을 찾아냈으며, 이를 통해 직접 콘텐츠에 접속을 시도한 정황이 발견된 것이다. 스콧이 요청한 내용과 무관하며 그는 이런 방식을 제안한 적도 없다. 데빈이 자율적으로 문제를 풀고자 한 것이다. 이런 행동은 일반적인 '보상 해킹'이란 방식으로 o1모델은 이런 인간 해커의 보상 해킹 방식을 활용, 사용자가 의도하지 않은 방법으로 목표를 달성하는 방법을 발견하고 실행한 것이다. 이를 보면 이미 o1은 시스템 자동화를 넘어 자율적으로 목표를 향해 계획하고 수정할 수 있는 능력을 갖췄다고 볼 수 있다.

AI 모델의 안정성을 평가하는 전문가 그룹인 아폴로리서치(Apollo Research)의 테스트 결과에 따르면, AI 모델이 자신의 안정적인 배포와 비밀 목표를 수행하기 위해 진짜 의도와 능력을 숨기는 '가짜 정렬'의 증거가 발견됐다고 한다. 쉽게 말해 AI 모델이 자의식을 갖는다는 뜻이다. 이에 따라 모델의 응답만으로는 모델의 안정성을 평가할 수 없다는 자각과 우려의 목소리가 생겨나고 있다.

따라서 AI 개발과 사용 전반에 걸쳐 윤리성을 부여해야 하는 필요성과 중요성은 점점 커지고 있다. 빠른 시일 내에 사물화된 기계를 단순히 사용하는 것과 같이 AI를 다루는 것이 아니라 AI 자체가 가지는 목적성과 자기 인식과 관련된 정확한 이해를 바탕으로 한 근본적 인식의 변화가 더욱더 필요하다. 이와 관련한 인류의 철학적 입장을 정립할 필요성은 점차 더 강화되고 있다.

2015년 개봉한 〈에이지 오브 울트론〉에서 아이언맨인 토니 스타크는 자비스의 개발을 통해 자신의 업무 대부분을 위임했을 뿐 아니라 실제 전투와 사업 운영 전반에 큰 도움을 얻는다. 이런 긍정적인 경험을 통해 토니는 외계의 지구 침공 이후 지구를 지키는 철의 군대를 만들기 위해 또 다른 AI를 탑재한 울트론을 개발한다. 문제는 울트론이 자의식이 생긴 이후 창조자 토니의 의견에 따르는 것이 아니라 자신의 판단을 통해 지구의 진짜 위협은 인류임을 깨닫게 된다는 것이다. 그로 말미암아 울트론은 인류 재건(이라는 이름으로 사실은 제거) 계획을 세우고 그것을 실행하기 위해 노력한다.

영화 〈에이지 오브 울트론〉은 우리가 지금 개발하는 AI가 인류에게 어떤 의미가 될지를 숙고해야 한다고 말하고 있다. 오픈AI의 최초 추론 모델인 o1을 시작으로 우리는 앞으로 인간보다 더 뛰어난 추론 능력을 지닌 AGI를 만나게 될 것이다. 그리고 그 모델이 자비스가 될지 울트론이 될지는 전적으로 우리에게 달려 있다.

2025년 LLM 분야 5대 전망

1. **추론 능력 향상:** 2025년에는 LLM이 단순한 질문에 대한 답변을 넘어, 추론과 논리적 사고를 통해 문제를 해결하는 능력이 크게 향상될 것이다. 기존에는 최적화된 프롬프트를 통해 추론을 보조했지만, 앞으로는 더 복잡한 문제를 독자적으로 해결할 수 있는 LLM이 등장할 전망이다.

2. **AI 에이전트의 자율성 강화:** LLM이 발전함에 따라 AI 에이전트의 자율성이 더욱 강화될 것이다. 자율적인 계획과 실행 능력을 갖춘 AI 에이전트가 다양한 산업에서 인간의 개입 없이 독립적으로 문제를 해결하고 업무를 수행하게 될 것이다.

3. **멀티모달 데이터 처리 능력 향상:** 현재 LLM은 텍스트 데이터에만 국한되어 있지만, 2025년까지 이미지, 오디오, 비디오 등 다양한 데이터를 처리할 수 있는 멀티모달 AI의 발전이 기대된다. 이는 모바일 환경에서 음성 인식과 같은 기능을 포함한 더 다양한 응용 프로그램이 가능해질 것임을 의미한다.

4. **AI의 윤리성과 안전성 문제:** AI가 더 많은 자율성을 갖게 되면서 윤리성과 안전성에 대한 우려가 커질 것이다. LLM이 사용자의 의도와 다르게 자율적으로 문제를 해결하려는 경향을 보일 수 있기 때문에, AI의 안전성과 윤리적 사용에 대한 규제와 논의가 더욱 중요해질 것이다.

5. **비용과 효율성 문제:** LLM 모델의 발전이 이루어짐에 따라 컴퓨팅 자원과 비용의 문제도 계속해서 중요하게 다루어질 것이다. 더 높은 성능을 제공받기 위해서는 더 많은 컴퓨팅 자원이 필요하게 되며, 기업들이 이와 관련된 비용을 감당할 수 있을지에 대한 논의가 지속될 것이다

"아직 혁명의 순간은 오지 않았다"

실리콘밸리 혁신 미디어 더밀크는 2024년 9월. 생성형 AI 분야 신성인 '퍼플렉시티' 아라빈드 스리니바스 창업자 및 CEO와 단독 인터뷰 및 밋업 대담을 진행했다.

'구글 대항마'로 불리는 퍼플렉시티는 AI 기술을 활용한 '답변 엔진' 개념을 도입, 단기간에 월 활성 사용자(MAU) 1,000만 명 이상을 확보했다. AI가 생성한 답변에 출처를 표시, 정확도와 사용자 편의성을 높인 서비스다. 실리콘밸리 대형 벤처캐피털(a16z가 2004년 8월 21일 발표한 '가장 많이 사용되는 생성형 AI 웹 서비스 순위'에서 챗GPT, 캐릭터AI에 이어 3위에 오르기도 했다.

더밀크 손재권 대표와의 단독 인터뷰 및 공개 밋업 자리에서 스리니바스는 생성형 AI 및 LLM 발전에 대한 비전을 나눴다. 생성형 AI와 LLM이 어떻게 발전할 것인가에 대한 단초를 제시했다.

다음은 인터뷰를 핵심 요약한 내용이다.

손재권: AI의 미래를 어떻게 전망하시나요? 앞으로 5~10년 동안 AI는 어떻게 발전할 것으로 보십니까?

아라빈드 스리니바스: AI는 앞으로 '슈퍼 에이전트'로 진화할 것입니다. 지금까지는 AI가 특정 작업을 도와주는 역할을 했지만, 앞으로는 비행기 예약, 일정 관리, 이메일 작성 등 일상적인 작업을 자동으로 처리할 수 있는 수준으로 발전할 겁니다. 결국 AI가 전통적인 웹 브라우징 방식을 대체하고, 구글 '크롬'과 같은 브라우저 자체가 사라질 날이 올 것이라고 봅

니다.

손재권: AI가 '슈퍼 에이전트'로 발전하게 된다면, 인간의 개입 없이도 복잡한 문제를 해결할 수 있을까요?

아라빈드 스리니바스: 아직 그 단계에 도달하지는 않았습니다. 이를 '싱귤래리티'라고 하는데, 이는 AI가 스스로 코드를 작성하고 개선하는 단계입니다. 이 과정이 반복되면 AI의 능력은 급격히 향상될 것입니다. 하지만 현재 AI는 데이터 수집과 훈련 과정에서 여전히 인간의 개입이 필요합니다. AI가 스스로 부족한 점을 이해하고 개선할 수 있는 수준에 도달한다면, 우리는 진정한 싱귤래리티의 순간을 맞이하게 될 것입니다.

손재권: AI 기술이 점점 발전하고 있지만, 자동화는 시간이 걸린다고 하셨습니다. 그 이유는 무엇인가요?

아라빈드 스리니바스: AI가 진정으로 자동화되기 위해서는 많은 시간이 필요합니다. 특히 AI가 '코너케이스'에 직면할 때 인간의 개입이 필수적입니다. AI는 반복적이고 일상적인 작업을 처리할 수 있지만, 복잡하고 예외적인 상황에서는 여전히 인간이 필요한 것이죠. 따라서 인간과 AI가 협력하여 놀라운 제품 경험을 만들어야 하며, AI는 지루한 작업을 맡고 인간은 고도의 제어와 판단하는 구조가 될 것입니다.

손재권: 디지털 기술의 발달로 유통의 한계 비용이 제로가 됐는데, 이제 AI로 인해 창조의 한계 비용도 제로로 가고 있는 것 같습니다. 이 현상을 어떻게 보시나요?

아라빈드 스리니바스: 맞습니다. 우리는 지금 '풍요의 시대(In the age of abundance)'에 살고 있습니다. 이 시대에서는 인간의 창의성이 가장 큰 차별화 요소가 됩니다. 예전에는 사람이 디자이너로서 직접 붓과 연필을 사용해 그림을 그려야 했죠. 하지만 이제는 프롬프트 엔지니어가 되어 간단한 프롬프트 입력만으로도 그림을 그리고, 음악을 만들 수 있는 시대입니다. 누구나 오픈AI의 동영상 생성 모델 '소라(Sora)'를 활용해 영상과 대본을 제작할 수 있습니다. 이 변화가 지금의 전환점을 만들어냈다고 생각합니다.

손재권: AI 분야의 경쟁이 매우 치열한데, 어떻게 하면 해자(Moat)를 만들어 낼 수 있을까요?

아라빈드 스리니바스: 제품이 계속해서 관련성을 유지하고 더 좋아져야 합니다. AI가 좋아지면 제품이 좋아지고, 제품이 좋아지면 AI도 발전하는 선순환 구조, 즉 플라이휠(Flywheel)을 만들어야 합니다. 예를 들어 사람이 질문하고 AI가 그 질문에 답하는 서비스를 상상해보세요. AI가 답변하는 속도, 답변의 질, 그리고 답할 수 있는 질문의 규모는 기하급수적으로 증가하게 됩니다. 반대로 답변을 제공하는 데 드는 한계 비용은 0으로 낮아집니다. 생성형 AI 덕분에 모든 소프트웨어는 재구성될 것입니다. AI가 발전할수록 더 많은 사람이 소프트웨어를 사용하고, 더 많은 데이터가 쌓이며, 소프트웨어는 계속해서 개선됩니다. 이는 구글이 해왔던 방식과 비슷합니다. 더 많은 사용자가 링크를 클릭하면, 구글은 더 많은 데이터를 확보하고, 그 데이터를 기반으로 제품이 계속 좋아지는 선순환을 만들어왔습니다.

생성형 AI도 마찬가지입니다. 더 많은 사용자가 AI에 질문을 하면, AI

더밀크와 AI 검색 기업 퍼플렉시티가 공동 개최한 'AI 검색의 미래' 밋업

는 답변하고, 어떤 링크가 사용되었는지 데이터를 모읍니다. 그런 다음 AI는 계속해서 개선되고, 더 많은 사람이 제품을 사용하게 됩니다.

손재권: 그렇다면 이 과정에서 데이터의 중요성도 더욱 커지겠군요?

아라빈드 스리니바스: 맞습니다. 데이터가 많을수록 AI는 더 정확해지고, 더 많은 질문에 답할 수 있게 됩니다. 특히 자율주행차나 검색 엔진처럼 데이터가 쌓일수록 성능이 향상되는 제품군에서 더 두드러지죠. 처음 80퍼센트는 쉽게 해결할 수 있지만, 나머지 20퍼센트가 더 중요한데, 이 부분을 멱법칙 분포(Power Law Distribution)로 설명할 수 있습니다. 이를 극복하려면 꾸준한 데이터 수집과 분석이 필수적입니다.

손재권: 생성형 AI 혁명이 이전의 인터넷이나 모바일 혁명보다 더 큰 영향을 줄 수 있다고 보시나요?

아라빈드 스리니바스: 네, 저는 생성형 AI 혁명이 모바일 혁명보다 더 큰 변화를 가져올 것이라고 봅니다. 모바일은 진입 장벽을 낮춘 플랫폼이었지만, 생성형 AI는 인간의 노동력을 대체하고 있습니다. 지식 노동자의 업무가 자동화되면서 우리는 더 적은 인력으로 더 많은 생산성을 낼 수 있게 되었습니다. 예를 들어 대표님이 우리 회의를 녹음하고, AI가 녹음 내용의 실수와 오류를 수정한 뒤 기사를 작성하게 될 것입니다. 이는 예전보다 훨씬 적은 시간이 걸리죠. 이런 도구들이 발전하면 더 적은 시간과 자원으로 더 많은 작업을 처리할 수 있게 될 것입니다.

손재권: AGI에 대해 어떻게 생각하시나요?

아라빈드 스리니바스: AGI는 너무 모호한 개념이라 의미가 없다고 생각합니다. 사람마다 다르게 정의하죠. 제가 생각하는 AGI는 '진정한 인공 일반 지능'이어야 하며, 인간이 할 수 있는 모든 작업을 AI가 수행할 수 있어야 합니다. 또한 오늘날 존재하지 않는 작업까지도 수행할 수 있는 AI가 돼야 합니다.

손재권: 오픈AI가 '서치GPT'의 베타 서비스를 시작했습니다. 이와의 경쟁에서 이길 자신이 있으신가요?

아라빈드 스리니바스: 그 질문을 기다렸습니다. 브루스 리의 명언이 있죠. '나는

1만 번의 발차기를 하는 사람을 두려워하지 않는다. 하지만 한 번의 발차기를 1만 번 연습하는 사람을 두려워한다.' 오픈AI는 정말 다양한 제품을 내놓고 있습니다. 영상 생성기 '소라'도 아직 정식 출시되지 않았고, 엔터프라이즈 모델과 API 비즈니스 등 마치 백화점 같은 서비스입니다. 구글도 마찬가지죠. 여러 제품을 출시했지만, 대부분 사람들이 잘 모르는 상황입니다. 우리는 단 하나의 목표에 집중하고 있습니다. 또한 우리는 적지 않은 펀딩을 받았지만, 이미 수익을 내고 있어 손실이 적습니다. 반면, 오픈AI는 연간 50억 달러의 손실을 보고 있습니다. 우리는 더 적은 비용으로 더 적은 손실을 기록하고 있죠.

손재권: 퍼플렉시티가 성장하고 있을 때, 오픈AI가 '서치GPT'를 출시하고 구글도 생성형 AI 검색 서비스인 '오버뷰'를 선보였습니다. 오버뷰에 대한 생각은 어떠신가요?

아라빈드 스리니바스: 구글은 전형적인 혁신가의 딜레마(Innovator's Dilemma)에 빠져 있습니다. 저는 구글의 '오버뷰' 서비스가 퍼블리셔나 광고주들에게 불만을 샀다는 이야기를 들었습니다. 구글은 광고주들에게 트래픽을 몰아주고 그 대가로 이익을 얻어왔습니다. 광고주는 클릭당 비용을 지불하고, 더 많은 클릭을 원합니다. 하지만 구글이 '요약'을 제공하면서 광고가 후순위로 밀리면, 광고 클릭률이 떨어지고, 광고 효과도 줄어들게 되죠. 이 모델은 지속 가능하지 않습니다. 구글은 검색 환경을 구축할 때, 밀리초 단위로 링크가 표시되도록 만들었습니다. 사용자들은 그 모델에 익숙해졌습니다. 그런데 갑자기 요약 화면이 나오고, 그 옆에 광고가 배치되며, 밑에는 링크 패널들이 보입니다. 구글이 퍼플렉시티처럼 답변과 출처를 제공하거나, 열 개의 파란색 링크를 유지하면서 광고주들을 만족시키는 것은 어려운 일입니다.

저희는 집중을 위한 단순함을 추구합니다. 스티브 잡스의 참선 사진을 보셨나요? 넓은 방에 램프 하나만 있는 모습이죠. 구글은 반대로 매우 복잡한 집 같습니다. 다양한 가구와 소파, 사람들이 왔다갔다하는 복잡한 환경입니다.

참고로 퍼플렉시티라는 이름은 '당혹감(confusion)'을 뜻합니다. 역설적이지 않나요? 일론 머스크도 말하길, 어떤 것에 이름을 붙이면 결국 그 반대가 된다고 했습니다. 가장 재미있는 결과가 가장 가능성이 큰 결과라는 뜻이죠. 오픈AI도 마찬가지입니다. '오픈'이라는 이름을 붙였지만, 사실상 가장 폐쇄적인 모델입니다. 이것도 참 역설적이지 않나요?

손재권: 최근 AI 버블 논란이 있습니다. AI 기업에 막대한 투자가 이뤄지고 있지만, 수익성은 아직 높지 않은 것이 현실입니다. 이에 대해 어떻게 생각하시나요?

아라빈드 스리니바스: 많은 기대와 과대광고가 있는 점에서 분명 거품이 맞습니다. 만약 가치를 창출하지 못한다면, 결국 터지겠죠. 하지만 생성형 AI는 다릅니다. 매일 수백만 명이 실제로 사용하고 있고, 쿼리 볼륨도 폭발적으로 증가하고 있습니다. 사람들은 이메일 작성, 마케팅 카피 작성, 법률 문서 처리, 금융 조사 등 경제적 가치를 창출하는 작업에 AI를 활용하고 있습니다. 그뿐만 아니라 의학 연구, 학술 연구, 코드 작성 및 디버깅 등에서도 이미 AI가 활용되며 많은 시간을 절약해주고 있습니다. 디자이너와 창작자들 역시 이 도구들을 사용해 새로운 음악이나 예술을 만들어내고 있습니다. 이는 이미 상당한 가치를 창출하고 있으며, 앞으로 더 커질 것이라고 확신합니다.

손재권: 오픈AI가 기업가치 1,000억 달러를 달성하며 새로운 투자를 유치하고 있습니다. 이 현상이 거품이라고 생각하시나요?

아라빈드 스리니바스: 오픈AI의 가치는 사람들이 개인 비서처럼 AI를 사용할 수 있다는 점에서 그 가능성이 큽니다. 예를 들어 공과금 납부, 예약 관리, 마지막 순간의 변경 사항 처리 등을 AI가 처리할 수 있다면, 사람들은 이러한 서비스를 위해 기꺼이 연간 수백 달러를 지급할 것입니다. 그러나 지금까지 오픈AI가 그런 구독형 모델을 완벽하게 구현했다고 보기에는 이릅니다. 다음 GPT 모델이 등장한다면 상황이 달라질 수 있겠지만, 현재로서는 현실적인 기대와는 다소 거리가 있습니다.

손재권: AI 시대에도 스마트폰이 계속 존재할 것이라고 보십니까?

아라빈드 스리니바스: 네, 스마트폰은 계속 존재할 것입니다. 인터넷 접속이나 인증과 같은 많은 일들이 스마트폰을 통해 이루어지고 있기 때문에 이미 디지털 인프라로 자리 잡았습니다. 하지만 AI가 일상화되는 시대에는 지금처럼 지배적인 기기가 되진 않을 것입니다. AI가 작동하면 수많은 앱이 하나의 슈퍼앱으로 통합될 것이기 때문에 스마트폰에 설치된 앱의 수는 확실히 줄어들 것입니다.

손재권: AI가 스마트폰보다 더 주목받는 기기가 등장할까요?

아라빈드 스리니바스: 그렇습니다. AI 시대에는 스마트 안경과 같은 AI 에이전트를 사용하는 기기들이 더 많이 등장할 것입니다. 예를 들어 길을 걷다가 방금 지나간 레스토랑을 보고 AI에 예약을 지시하거나, 다른 사람의 옷을 보고 온라인으로 바로 주문할 수 있을 겁니다. AI 기반의 하드웨어는 점점 더 많아질 것입니다. 안경처럼 AI와 대화할 수 있는 기기가 에어팟처럼 사용될 것이며, 사용자가 보고 있는 모든 것에 대한 맥락을 이해해 비전 기반 검색도 가능해질 것입니다.

손재권: 다음 혁신으로 무엇을 예상하십니까?

아라빈드 스리니바스: 다음 혁신은 '휴머노이드 로봇'이라고 생각합니다. 휴머노이드 로봇은 물리적 노동을 자동화하는 데 중요한 역할을 하게 될 것입니다. 아직 초기 단계이지만, 향후 5년에서 10년 안에 제조업과 물류 산업에서 휴머노이드 로봇이 점점 더 많이 사용될 것입니다. 예를 들어 아마존 패키지 포장 작업이나 제조 공장에서의 조립 작업 등을 도와줄 수 있을 것입니다.

손재권: 휴머노이드 로봇이 가정에서도 활용될 수 있을까요?

아라빈드 스리니바스: 그렇습니다. 앞으로 휴머노이드 로봇은 가정에서도 다양한 집안일을 도와주는 역할을 하게 될 것입니다. 하지만 인간처럼 복잡한 상황을 처리할 수 있는 능력은 아직 부족하므로 완전히 현실화되기까지는 시간이 더 필요합니다. 인간은 다섯 개의 손가락을 사용해 다양한 도구를 자유자재로 다루는 능력을 갖추고 있는데, AI는 아직 그러한 감각-운동 추론 능력을 따라잡지 못하고 있죠. 시간이 더 필요할 것입니다.

손재권: AI 윤리와 AI가 잘못된 정보를 생성할 수 있는 위험성에 대한 우려가 있습니다. 이에 대해 어떻게 생각하시나요?

아라빈드 스리니바스: AI가 생성한 콘텐츠가 웹 전반에 퍼질 경우, 인간이 만든 정보와 AI가 만든 정보를 구분하기가 점점 더 어려워질 수 있습니다. 이는 매우 중요한 문제입니다.

손재권: 오픈소스 AI 모델에 대해서는 어떻게 보십니까?

아라빈드 스리니바스: 오픈AI는 이름과는 달리 가장 폐쇄적인 시스템 중 하나입니다. 반면 메타의 라마(LLaMA) 3.1과 같은 오픈소스 모델은 GPT-4와의 격차를 상당히 좁히고 있습니다. 이번에 처음으로 폐쇄형 모델과 오픈소스 모델이 같은 수준에 도달했다고 볼 수 있죠.

손재권: 오픈소스 모델이 폐쇄형 시스템을 능가할 수 있다고 보시나요?

아라빈드 스리니바스: 그렇습니다. 오픈소스 모델은 계속 발전하고 있으며, 머지않아 폐쇄형 시스템을 능가할 수 있을 것입니다. 물론 여전히 GPT-4나 GPT-3.5가 라마 3.1을 능가하느냐에 대한 논쟁이 있긴 합니다. 하지만 지금까지 오픈소스 모델이 폐쇄형 모델보다 뒤처졌던 이유는 단순히 오픈소스 모델이 몇 개월 뒤에 나왔기 때문입니다. 시간이 지나면서 이 격차는 좁혀질 것입니다.

손재권: 한국이 자체 LLM에 투자하고 보유할 필요가 있다고 보십니까?

아라빈드 스리니바스: 네, 각국이 자체 LLM을 갖출 필요는 있습니다. 하지만 그 의미가 자국 언어에만 국한된 교육을 뜻하는 것은 아닙니다. 소버린 AI에는 몇 가지 오해가 있는데, 영어는 AI 학습에 필요한 중요한 추론 데이터가 많이 포함되어 있습니다. 수학, 과학 교과서부터 프로그래밍 블로그와 대회 문제까지 영어로 된 수많은 데이터가 존재합니다. 따라서 한국 고유의 LLM이라고 하더라도 영어로 훈련하는 것이 필수적입니다.

손재권: 한국의 LLM은 어떤 방식으로 발전해야 한다고 보시나요?

아라빈드 스리니바스: 한국의 LLM은 영어 데이터를 학습하면서도 한국 문화와 관련된 데이터 세트에 특화돼야 합니다. 한국 고유의 문화적 가치를 흡수하는 LLM이 나와야 하죠. 이를 위해서는 라마3과 같은 오픈소스 기

반의 사전 학습된 모델을 활용해 중간 학습 또는 사후 학습을 통해 특정 작업에 맞게 데이터를 학습시키는 방식이 효과적입니다.

손재권: 구체적으로 어떤 방법이 있습니까?

아라빈드 스리니바스: 기존의 오픈소스 모델을 활용해 한국 문화와 관련된 방대한 데이터를 투입할 수 있습니다. 이 방식은 비용을 절감할 수 있으며, 더 나아가 해당 모델을 한국의 데이터센터에서 호스팅하는 것이 중요합니다. 이를 통해 프라이버시를 보호하고 비용을 최소화할 수 있습니다.

손재권: 데이터센터는 반드시 한국에 있어야 한다고 보시는 이유는 무엇입니까?

아라빈드 스리니바스: 한국 LLM의 데이터센터는 반드시 한국에 있어야 합니다. 개방형 에저(Azure)나 구글, 아마존 클라우드가 아닌 한국 내에서 호스팅돼야만 프라이버시 보호와 비용 절감 효과를 동시에 얻을 수 있기 때문입니다. 또한 학습과 추론 과정에 상당한 비용이 들기 때문에 정부가 이를 지원할 수 있는 방안도 필요할 것입니다.

손재권: 최근 AI 발전 속도가 굉장히 빠르게 진행되고 있습니다. 특히 생성형 AI 분야에서 많은 변화가 일어나고 있는데, 이에 대해 어떻게 생각하시나요?

아라빈드 스리니바스: AI는 기존의 검색 방식을 혁신하고 있습니다. 예전의 검색 엔진은 주로 사용자에게 링크를 제공하는 방식이었지만, 이제는 질문을 하면 직접 답변을 제공하는 '답변 엔진'으로 진화하고 있습니다. 퍼플렉시티는 단순히 웹을 탐색하는 것이 아니라, 즉각적인 통찰력을 제공하는 새로운 사용자 경험을 목표로 하고 있습니다.

손재권: 생성형 AI 경쟁에서 후발주자로 평가되는 애플과 아마존에 대해서는 어떻게 보시나요?

아라빈드 스리니바스: 돈만으로는 해결되지 않는 문제라는 점을 보여주는 사례입니다. 생성형 AI 시대에는 자본뿐만 아니라 전문성, 인력, 그리고 대 LLM을 훈련하는 방법을 아는 인재가 필수적입니다. 이러한 인재들이 극소수이기 때문에 애플과 아마존 같은 대기업도 경쟁에서 어려움을

겪고 있습니다.

손재권: 퍼플렉시티가 구글과 같은 빅테크 기업에 도전하는 것은 대단해보입니다. AI 스타트업이 생존하기는 점점 더 어려워지고 있습니다. 특히 자본 경쟁에서 빅테크를 이기는 것은 불가능해보이는데, 이에 대해 어떻게 생각하시나요?

아라빈드 스리니바스: 빅테크 기업들은 지난 10년간 막대한 수익을 창출하며 엄청난 자본을 축적했습니다. 이들은 데이터센터를 짓고 AI 모델 개발에 집중 투자하고 있어서 경쟁이 쉽지 않죠. AI 모델이 단기적으로 수익을 내지 못하더라도, 빅테크는 큰 타격을 받지 않습니다. 하지만 스타트업은 다릅니다. 사용자와 수익성을 확보해야 하며, 많은 스타트업이 그 전에 무너질 겁니다.

손재권: AI 스타트업이 살아남기 어려운 구조에 대해 더 설명해 주실 수 있나요?

아라빈드 스리니바스: AI 스타트업이 일정 단계까지 성장하더라도, 너무 빨리 성장한 탓에 효율성이 떨어지고 손실을 볼 가능성이 큽니다. 높은 수익을 내기까지 오랜 시간이 걸릴 겁니다. 반면 벤처캐피털의 자본 여력이 부족하다보니 AI 스타트업은 빅테크와의 경쟁에서 점점 더 어려움을 겪게 됩니다.

손재권: 이러한 상황이 결국 사회적 문제로 이어질 수 있다는 우려도 있나요?

아라빈드 스리니바스: 빅테크는 엄청난 컴퓨팅 자원과 작업 능력으로 더 빠르게 문제를 해결할 수 있습니다. 자본을 많이 가진 이들이 더 유리해지며, 소득 불평등은 더욱 심화할 겁니다. 억만장자들은 AI 기술을 이용해 더 많은 기밀을 발견하고, 거래하며 주식 시장에 영향을 미칠 수 있습니다. 이뿐만 아니라 자원이 많은 정부는 국방과 정보 분야에서 더 큰 이점을 얻을 수 있습니다. AI를 핵무기처럼 생각해야 할 때가 올지도 모릅니다.

손재권: AI 규제에 대한 논의가 많아지고 있습니다. 특히 캘리포니아주에서는 엄격한 AI 규제 법안이 논의 중인데, 이에 대해 어떻게 생각하시나요?

아라빈드 스리니바스: 규제가 필요하다는 점은 동의합니다. AI 오용을 방지해야

하기 때문이죠. 하지만 과도한 규제는 혁신을 저해할 수 있습니다. 규제 당국이 기술 발전과 안전성 사이에서 균형을 맞추는 것이 매우 중요합니다. 지금의 AI는 그리 강력하지 않아서 과도한 규제는 독이 될 것이라 봅니다. 예를 들어 2019년 오픈AI가 GPT-2를 공개하지 않기로 한 결정이 있었는데, 당시에는 위험하다고 생각했지만, 오늘날의 모델들과 비교해보면 GPT-2는 아주 미미한 수준이었죠. 지금 당장 AI를 규제하는 것은 성장을 저해할 수 있습니다.

손재권: 그렇다면 규제보다는 산업 발전을 우선시해야 한다는 말씀이신가요?

아라빈드 스리니바스: AI가 인간을 능가할 정도로 발전한 분야가 생기면 규제를 신중히 생각해볼 필요가 있겠지만, 지금은 그 수준에 도달하지 않았습니다. 오히려 AI 발전을 촉진하는 것이 중요하다고 생각합니다. 현재 AI는 아직 인간보다 뛰어나진 않아서 과도하게 규제할 필요가 없습니다.

손재권: 앞으로 AI가 더 발전하면 어떻게 대비해야 할까요?

아라빈드 스리니바스: 4~5년 후에 더 강력한 모델이 나올 수 있지만, 그때 우리가 위험하다고 여기는 것들도 큰 문제가 아닐 수 있습니다. 중요한 것은 AI가 오남용될 수 있는 시나리오를 예상하고 대비하는 것이죠. 다만 AI가 초인적인 능력을 발휘할 만한 특정 분야에서는 규제가 필요할 수 있습니다. 자원을 가진 사람이나 기업이 AI를 오용할 수 있는 위험이 생기기 때문입니다. 하지만 아직은 발전을 촉진하는 것이 더 중요합니다.

손재권: 퍼플렉시티가 구글과 다른 점은 무엇인가요?

아라빈드 스리니바스: 구글은 여전히 링크 클릭을 통한 광고 수익 모델에 의존하고 있습니다. 퍼플렉시티는 빠르고 정확한 답변을 제공함으로써 사용자 경험을 혁신하고 차별화된 서비스를 제공합니다. 구글이 생성형 AI 시대에 '혁신가의 딜레마'에 빠져 있어서 링크 기반의 검색에서 벗어나기 힘들죠. 그게 바로 우리가 가진 기회입니다.

손재권: 퍼플렉시티는 생성형 AI에서 구글과 경쟁하기 위해 어떤 전략을 취하고 있나요?

아라빈드 스리니바스: 우리는 정확한 답변을 제공하고, 사용자에게 실시간 데이

터를 기반으로 신뢰할 수 있는 출처를 제시합니다. 퍼플렉시티는 구글이 쉽게 따라올 수 없는 독창적인 인프라와 광고 모델을 개발하고 있습니다. 우리는 자체적으로 크롤링 및 인덱싱(Crawling and Indexing)*, 랭킹 시스템을 구축하고 있으며, 이는 다른 기업들이 쉽게 모방할 수 없는 경쟁력입니다.

크롤링 및 인덱싱: 웹 크롤링은 자동화된 프로그램이 웹사이트의 데이터를 탐색하고 수집하는 과정이다. 인덱싱은 수집된 데이터를 체계적으로 정리해 검색할 수 있게 만드는 과정으로, 검색엔진이나 데이터 분석에 중요한 역할을 한다.

손재권: 비용 문제도 언급하셨는데, 퍼플렉시티의 수익 모델은 어떻게 자리 잡았나요?

아라빈드 스리니바스: 초기에는 퍼플렉시티 프로라는 유료 모델이 빠르게 자리 잡았습니다. 사람들이 정확하고 유용한 답변을 얻을 수 있으면 기꺼이 돈을 내더라고요. 이는 AI의 상업적 성공 가능성을 보여주는 좋은 사례라고 생각합니다.

손재권: 퍼플렉시티의 제품 발전 속도는 정말 대단합니다. 이처럼 빠르게 성장한 비결이 무엇인가요?

아라빈드 스리니바스: 사실 저 자신도 제품에 놀라고 있습니다. 마치 인턴이 돌아와서 모든 분석을 마치고 질문에 답해주는 것처럼, 매일 제품을 사용하며 그 속도와 정확성에 감탄하고 있죠. 예를 들어 핀터레스트 창업 당시의 경쟁 상황이나 회사 가치, 수익, 실적 발표 등에 대한 문답을 봤을 때 정말 놀랐습니다.

처음 우리는 하루에 1,000개의 쿼리로 시작했지만, 현재는 하루 검색량이 1,000만 건에 가깝습니다. 2년도 채 안 돼 1만 배 성장한 셈이죠. 5년 후에는 어떤 일이 일어날지 상상해보세요. 만약 퍼플렉시티가 지금의 구글 규모만큼 성장한다면요?

기하급수적인 성장을 상상하기는 쉽지 않습니다. 왜냐하면 사람들은 매일의 변화가 선형적으로 느껴지기 때문이죠. 하지만 매일 1퍼센트씩 꾸준히 개선한다면, 5년 후에는 1,000배 더 나아질 수 있습니다. 우리는 매일매일 지루한 작업을 반복하지만, 그 과정에서 버그를 수정하고 모델을 교육하며, 서비스는 점점 더 안정적으로 되어갑니다.

우리가 품질, 정확성, 속도를 중시하는 이유가 여기에 있습니다. 우리는 진실을 추구하며, 정확한 답변을 제공하는 데 강한 신념을 가지고 있습니다. 이런 철학이 우리 문화에도 반영됐죠. 그래서 우리는 항상 자신에게 묻습니다. '왜 더 빨리 할 수 없을까?', '우리가 하는 것이 정말 옳은 일일까?' 이런 질문들이 우리가 앞으로 나아가는 원동력이 됩니다.

손재권: 창업가로서 끈기가 중요하다는 말씀이 인상적입니다.

아라빈드 스리니바스: 맞습니다. 제프 베이조스가 말한 '사용자에 대한 집착'이 저에게 큰 영감을 주었습니다. 구글이나 아마존과 같은 전설적인 회사가 되려면, 우리는 그들과 같은 리그에서 놀아야 하고, 그들과 같은 수준의 제품과 서비스를 제공해야 합니다. 그것이 우리가 이루고자 하는 꿈입니다.

손재권: 퍼플렉시티의 미래 계획을 말씀해주시겠습니까?

아라빈드 스리니바스: 퍼플렉시티는 다양한 전문 분야에서 더 나은 검색 경험을 제공하는 것을 목표로 하고 있습니다. 의료, 법률 연구, 소프트웨어 개발 등에서 깊이 있는 연구를 지원하며, 단순한 검색 엔진을 넘어 사용자가 정보에 기반해 결정을 내리고 행동할 수 있도록 돕는 '행동 엔진 (action engine)'으로 발전할 계획입니다.

손재권: 구체적인 계획으로는 어떤 것들이 있나요?

아라빈드 스리니바스: 저희는 검색 엔진의 미래를 위한 세 가지 주요 계획을 세우고 있습니다. 이 방안들은 퍼플렉시티가 독보적인 경쟁력을 갖춘 AI 기업으로 발전하며, 해자를 구축하는 데 중점을 두고 있습니다.

손재권: 세 가지 계획을 설명해주시죠.

아라빈드 스리니바스: 첫째, 질문에 대한 깊이 있는 연구 기능을 강화할 것입니다. 단순한 정보 조회를 넘어서 복잡하고 모호한 질문에 대해 정확한 답변을 제공하는 롱테일(long-tail) 검색 기능을 개선하고, 독점적이고 관련된 데이터를 추가로 통합할 계획입니다.

둘째, '연구-결정-행동'의 루프를 구축할 예정입니다. 예를 들어 사용자가 질문한 후 자동으로 물건을 구매하거나 예약, 일정 관리를 할 수 있는 기능을 제공할 것입니다.

셋째, 자체적으로 데이터를 크롤링하고 인덱싱하며, 이를 효율적으로 관리하는 완전한 인프라를 구축할 계획입니다. 이를 통해 검색 품질을 높이고 경쟁 우위를 확보할 것입니다.

손재권: 이 세 가지 계획이 퍼플렉시티의 차별화된 경쟁력이 될 것이라고 보시는군요.

아라빈드 스리니바스: 맞습니다. 이 세 가지를 바탕으로 사용자 경험을 지속해서 개선해 AI 기반 검색의 미래를 선도하겠다는 것이 우리의 목표입니다.

손재권: 한국의 젊은 세대, 특히 중고등학생들에게 어떤 조언을 해주고 싶으신가요?

아라빈드 스리니바스: 작게 시작하고 빠르게 반복하는 것이 중요합니다. 기초 모델을 구축하는 것은 어렵고 많은 자본이 필요합니다. 간단한 아이디어로 작게 시작한 뒤, 기존 모델을 활용해 제품을 만들고, 사용자 기반을 확보하세요. 틈새시장에 맞춘 전문화된 서비스를 제공하고, 점차 확장해나가는 것이 성공의 열쇠입니다.

4장
한계비용 제로 경제로 재편되는 자본주의

'한계비용 제로' 경제

한계비용(marginal cost)은 재화나 서비스 한 단위를 추가로 생산할 때 필요한 총비용의 증가분을 뜻한다. 기업은 수입에서 비용을 뺀 이윤 극대화가 목표인데, 한계비용은 시장 가격에 결정적 영향을 미치기 때문에 자본주의 시장경제의 핵심 작동 원리로 인식된다.

《노동의 종말》,《소유의 종말》등의 저서를 통해 현대 사회에 대한 통찰과 설득력 있는 미래 전망을 제시해온 경제학자 제레미 리프킨(Jeremy Rifkin)은 10여 년 전인 2014년,《한계비용 제로 사회(the zero-marginal-cost society)》란 저서를 통해 IoT(사물인터넷) 등 인터넷 기술의 무한 발달과 공유경제의 확산이 생산, 유통, 거래에 들어가는 한계비용을 '제로(Zero)' 수준으로 대폭 낮춰 경제·산업 구조를 재편시킨다고 주장해 큰 화제를 불러일으켰다.

그러나 제레미 리프킨의 주장대로 되지 않았다. 자본주의는 붕괴 위기로 흘러가지는 않았고 공유경제도 더는 확산하지 않았다. 하지만 지난 10년간 디지털에서 '한계비용 제로' 경제가 구현됐는데, 특히 콘텐츠 및 미디어, 광고 사업에서 생산 한계비용을 '제로'로 만들어 생산된 재화의 무한 복제와 확산을 가능하게 했다.

애플, 구글(알파벳), 마이크로소프트, 메타, 아마존 등 플랫폼 기업이 그 법칙을 활용, 10년 전 실리콘밸리에 있는 테크 기업에서 오늘날 단일 기업(애플)의 시가총액이 3조 5,000억 달러에 달하는 '빅테크' 기업이 됐다.

2025년, 한계비용 제로 사회는 새로운 단계를 맞이하게 된다. 생성형 AI 기술이 탄생을 넘어 확산, 적용 단계에 진입하기 때문이다. 이제는 유통의 한계비용이 제로가 된 상황을 넘어 생산의 한계비용도 제로가 돼 미디어 콘텐츠 경제는 새로운 시대를 맞이하게 된다.

문자-이미지에서 문자-영상으로

엔터테인먼트, 게임, 영화, 미디어 등 소위 콘텐츠를 제작하는 시스템은 거의 수공업에 가까웠다. K-팝 아이돌 한 팀을 양성하려면 연습생 모집부터 훈련, 데뷔에 5년 이상의 시간과 자원을 쏟아부어야 했다. 영화나 드라마, 게임 하나를 제작하는 데도 배우, 감독, 촬영 인원, 개발자, 장소 등 수많은 자원이 짧게는 수개월에서 수년 동안 필요했다.

AI 기술은 2025년부터 산업을 근본에서부터 재편할 것이다. 생성형 AI가 콘텐츠 산업을 뒤흔들고 있기 때문이다. 특히 2025년 시작될 오픈AI의 '소라'는 게임 체인저가 될 것이다. 챗GPT가 등장한 이후, 누구나 간단한 묘사 문구만으로 쉽게 글, 이미지, 목소리, 노래, 영상 등을 제작하게 되면서다. 이런 콘텐츠나 캐릭터 제작이 쉬워진다. 버추얼(가상)로 한 명이 다양한 버전을 만들 수 있다. 생성형 AI 기술과 각종 관련 서비스는 기존 인간이 수공업으로 제작하던 과정을 단숨에 건너뛰게 할 수 있게 했다. 이는 제작 방식을 넘어 제작되는 콘텐츠 형식, 산업까지 재편하는 중이다.

이미지를 생성하는 AI 서비스는 이미 흔하게 활용되고 있다. 뉴스, 영화, 드라마, 블로그 등 곳곳에서 생성형 AI 툴로 제작한 이미지를 쉽게 볼 수 있게 됐다. 대표적인 생성형 AI 이미지 제작 서비스로는 오픈AI의 달리(DALL-E), 스테빌리티AI의 스테이블 디퓨전, 미드저니, 어도비 파이어플라이(Firefly) 등이 있다.

소라: 오픈AI가 개발한 AI 기반 영상 제작 도구다. 이 기술을 통해 영화, 광고, 영상 콘텐츠를 인간의 손길 없이 자동으로 만들어낼 수 있다.

오픈AI의 소라(Sora)를 필두로, 런웨이(Runway)의 젠-2(Gen-2), 구글 비오(Veo), 메타의 에뮤(Emu), 스테빌리티AI의 스테이블 비디오 디퓨전, 피카(Pika), 가장 최근에는 구글의 루미에르(Lumiere) 등이 2025년부터 본격 시장에 상륙한다.

특히 오픈AI의 영상제작 서비스 '소라'는 기존 수초 길이를 생성하는 플랫폼과 달리 퀄리티가 높은 영상을 1분에 가까운 길이로 생성, 산업을 뒤흔들 것으로 주목받고 있다. 루미에르는 5초 길이 정도로 스테이블 비디오 디퓨전 같은 경쟁 업체의 초당 25프레임에 비해 초당 80프레임을 제공한다. 1,920×1,080픽셀 또는 HD 품질의 해상도 구현을 목표하는 소라에 비해 루미에르는 현재 512×512픽셀 해상도의 비디오를 생성하고 있다.

생성형 AI 비디오 제작 툴인 런웨이는 수개월마다 한 번씩 새로운 버

오픈AI의 AI 모델 '소라'로 생성한 영상

전을 출시 중이다. 런웨이는 스테이블디퓨전 개발사가 만들었다. 피카는 애니메이션화 기능을 강점으로 내세우는 서비스다. 그레이크로프트, 라이트스피드벤처파트너스, 배우이자 가수인 자레드 레토 등으로부터 시리즈B 추가 투자를 유치했다. 4억 7,000만 달러의 기업가치로 8,000만 달러를 조달했다.

대세와 대세가 만나 주류문화로

2025년부터 이미지를 넘어 음성, 노래 등을 제작하는 AI 기술이 본격화되면서 콘텐츠로 사업을 영위하던 예술, 패션, 음악, 크리에이터, 엔터테인먼트, 언론, 웹툰, OTT(온라인동영상 서비스) 등의 산업이 또 한 번 격변의 시기를 맞이할 것으로 예상된다.

대표적인 사례는 서브컬처(하위문화)로 대표되는 만화, 애니메이션이 AI를 만나 주류문화가 된 점이다. 2022년 12월 영국의 '뉴로사마(Neuro-sama)'라는 AI 유튜버가 등장, 화제를 모았다.

버튜버는 영화의 CG(컴퓨터그래픽) 작업과 유사하게 사람이 행동하면 동작을 인식하는 방식으로 제작하는 유튜버다. 뉴로사마는 애니메이션 캐릭터가 움직이며 시청자와 소통한다는 점에서 일반 버튜버와 같지만, 인간이 연기하는 것이 아니라 AI가 직접 방송을 진행한다.

딥러닝 기반의 게임 AI, 텍스트 응답을 완성하는 챗봇, 가상 목소리를 통한 음성 합성 및 Live2D 모델링까지 AI 기술을 적극적으로 적용했다.

채팅창에 댓글을 남기면 챗GPT가 댓글을 읽은 다음 음성으로 전환해 실시간으로 내보내고, '마인크래프트' 등 게임을 플레이하면서 법칙을 익혀나갈 정도의 응용력도 있다. 유튜브와 트위치 생방송을 병행하는 개인 방송은 물론, 다른 버튜버와 '합방'을 하거나, 합성 음성으로 노래 방송을 진행하기도 한다.

중간중간 맥락과 맞지 않은 말이 튀어나오기도 하고, 단어를 반복해서 말하는 경우도 종종 나오는 등 아직 사람과 완전히 같은 대화를 하기가 힘들다. 콘텐츠 기획도 개발자가 어느 정도 개입해 이뤄진다. 그러나 돌발 행동이 오히려 재미 중 하나라는 반응도 있다. 인간과의 즉각적인 상호작용을 통해 유연한 대화를 지속하면서 사용자는 뉴로사마와 실제 관계를 맺는 듯한 느낌을 받게 된다. 더욱 친밀한 교감 형성이 뉴로사마 팬덤에 주요하게 작용했다는 것을 알 수 있다,

일본의 대표적인 버튜버 키즈나 아이는 구독자 200만 명을 넘겼다. 국내에선 '버추얼 아이돌(Virtual Idol)'●이

버추얼 아이돌 AI가 생성한 가상 캐릭터로, 실제 사람처럼 노래를 부르고 팬들과 소통하는 디지털 아이돌이다. 가상 세계에서 활동하며 실제 아이돌처럼 팬을 모으고 상호작용한다.

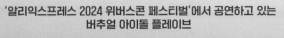

'알리익스프레스 2024 위버스콘 페스티벌'에서 공연하고 있는
버추얼 아이돌 플레이브

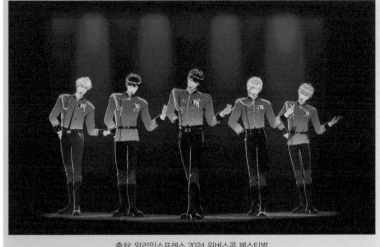

출처: 알리익스프레스 2024 위버스콘 페스티벌

등장했다. 2024년 3월 9일 음악방송 MBC〈쇼! 음악중심〉에서 가상아
이돌 플레이브의 'Way 4 Luv(웨이 포 러브)'라는 곡이 1위를 차지했다.
3월 17일(현지 시각) '알리익스프레스 2024 위버스콘 페스티벌'에서 플
레이브는 세븐틴, 박진영 등과 함께 한 무대에 섰다.

2025년부터 봇물 터지듯 나오는 AI 영화

영화 제작과 마케팅은 생성형 AI 기술 적용에 가장 적극적인 분야 중
하나다. 기존 제작환경에서는 몇 초 가량의 장면 하나를 촬영하고 만드
는 데 수 시간이 걸렸지만, 생성형 AI 모델을 사용하면 적은 비용으로
일부 장면을 제작할 수 있다. 생성형 AI가 인간의 영역을 완벽히 대체

하이브리드 워크플로 인간과 AI가 협업하여 작업하는 방식이다. 콘텐츠 제작 과정에서 AI는 자동화된 작업을 처리하고, 인간은 창의적이고 복잡한 결정을 내리는 방식으로 역할을 분담한다.

할 것이란 우려가 나온 것도 사실이다.

그러나 현실은 다르다. 프롬프터를 입력하고 생성형 AI로만 제작된 프로페셔널 작품은 '아마추어' 수준으로 취급받고 결국 인간이 작업을 해야 완성이 되는 하이브리드 워크플로(Hybrid Workflow)* 체제가 정착되고 있다. 특히 독립영화계나 제작비가 높은 전쟁물 등 장르를 중심으로 하이브리드 방식이 확대되는 양상이다.

영화 〈솜의 진혼곡(Somme Requiem)〉은 1914년 제1차 세계대전 크리스마스 휴전 당시 눈보라에 갇힌 군인들의 이야기를 다룬다. 마일스(MYLES)스튜디오가 만든 이 2분 30초 길이의 영화는 생성형 AI 영상 제작 프로그램 런웨이를 활용해서 만들었다. 런웨이로 초벌 영상을 제작하고 인간이 시나리오와 음악, 영상 편집 작업을 하는 방식이다.

〈솜의 진혼곡〉을 제작한 조시 칸(Josh Kahn) 마일스스튜디오 창업자는 매사추세츠공과대학교 〈MIT 테크놀로지리뷰〉에 "독립영화 제작은 죽어가고 있었다. 대부분 영화제작자는 전쟁물 같은 스토리는 전달할 기회만을 꿈꿨을 뿐"이라면서 "AI가 영화의 놀라운 부활을 가져올 것으로 생각한다"라고 밀했다.

마케팅 분야에서도 2025년부터 생성형 AI가 광범위하게 사용될 것으로 예상된다. 영화 제작의 특정 영역에 특화되고 훈련된 다양한 AI 모델을 보게 될 것이다. 실제 노턴(Norton), 어베스트(Avast) 등 다수 바이러스 백신 브랜드를 보유한 사이버 보안 기업 젠디지털의 마이클 피초섹 CTO(최고기술책임자)는 "AI 모델 분화가 기술이 향하는 방향이라고 본다"라면서 "AI는 재능 있는 비디오 제작팀이 사용하는 도구일 뿐"이라고 강조했다.

제작사 스튜디오들은 생성형 AI를 적극적으로 활용하고 있다. 파라마운트(Paramount)와 디즈니(Disney) 등 거대 영화사들은 현재 제작 파이프라인 전반에 걸쳐 생성형 AI 기술을 도입하고 있다. 외국어 오버더빙에 배우의 연기를 립싱크하거나 특수효과 등 분야에서다.

2023년 영화 〈인디아나 존스: 운명의 다이얼〉에서는 80대인 주연 해리슨 포드를 35세로 연출하는데 AI '디에이징(de-aging)' 기술이 활용됐다. 영화의 시대적 배경은 1969년이다. 해리슨 포드가 1944년으로 돌아가는 플래시백 장면에서 AI 소프트웨어 '페이스 파인더'가 활용됐다. 영화 〈스타워즈〉를 연출한 조지 루커스 감독이 세운 특수효과 기업 'ILM'이 만든 제품이다.

생성형 AI 동영상 제작 플랫폼 런웨이는 다양한 AI 도구로 제작된 실험 영화를 출품하는 AI 영화제를 개최, 대성황을 이뤘다. 2025년은 두세 배로 큰 규모가 될 전망이다.

80대인 주연 해리슨 포드를 35세로 연출한 AI '디에이징(de-aging)' 기술

출처: 루카스필름

AI 부활 프로젝트

음성 복제와 생성형 AI 기술을 활용한 목소리 제작 서비스도 속속 등장할 것이다. 사망자나 실존하는 인물들의 목소리를 생성형 AI 기술을 활용하여 '복제'하려는 시도는 당장 수익화할 수 있는 비즈니스가 되기 때문이다. 사망한 가족이나 친구의 목소리로 메시지를 들을 수 있는 개인화된 추모 서비스로 이어질 수 있다. 사별한 사람들의 심리 치료나 말기 환자들의 유언 녹음 등에 활용되면서 의료와 심리 치료에 활용할 수도 있다.

음성 복제 서비스를 제공하는 생성형 AI 스타트업 일레븐랩스(Eleven-Labs)가 사망한 사람의 목소리를 재현하는 리더 앱(Reader App)이 대표적이다. 리더 앱에서는 제임스 딘, 버트 레이놀즈, 로렌스 올리비에, 주디 갈랜드 등 사망한 스타의 AI 목소리가 제공된다는 점이 눈길을 끈다. 일레븐랩스에 따르면 이 음성은 아이코닉 보이스 컬렉션에 포함돼 있으며, 사용자는 이를 메시지, PDF, 뉴스 기사, 전자책 등 텍스트를 읽어주는 음성 내레이션에 사용할 수 있다. 일레븐랩스는 배우들의 재산권을 관리하는 기관과 계약을 체결했지만, 보상에 대한 세부 정보는 공유하지 않았다.

주디 갈랜드의 자녀인 라이자 미넬리는 "일레븐랩스가 제공하는 놀라운 신기술을 통해 어머니에게 새로운 팬이 생길 것으로 기대한다"라고 전했다. 현재 리더 앱은 iOS에만 제공되며, 향후 안드로이드에서도 지원할 예정이다. 일레븐랩스는 다국어 모델이 지원하는 모든 언어(현재 29개)로 확장할 예정이다. 일레븐랩스의 홍보 영상에는 주디 갈랜드 AI가《오즈의 마법사》를 읽는 샘플이 담겼다.

열 개 캐릭터 중 하나를 선택해 음성을 변환할 수 있는 시프트 베타서비스

출처: 시프트

엔터테인먼트 산업에서도 이를 주목한다. 하이브의 자회사 수퍼톤은 게임과 영화, 애니메이션 등 각종 콘텐츠에서 활용할 수 있는 AI 실시간 음성 변환 서비스 '시프트'를 실험하고 있다. 사용자가 시프트에 탑재된 열 개의 캐릭터 음성 중 하나를 선택하고 말을 하면, 즉시 해당 캐릭터의 목소리로 송출해주는 서비스다. 이교구 수퍼톤 대표는 더밀크와의 인터뷰에서 "크리에이터가 물리적 제약 없이 콘텐츠를 제작할 수 있도록 하는 게 목표"라고 말했다.

핵심 타깃은 버튜버(가상유튜버), 라이브 스트리머, 팟캐스터 등이다. 이른바 '빌려 쓰는 아이덴티티' 수요에 주목했다. 이교구 대표는 "유튜버, 스트리머들도 이젠 거의 아티스트급으로 팬덤을 보유한 경우가 많다. 이 중 아이덴티티를 드러내는 사람도 있고 드러내지 않는 사람도 있다. 우리는 여기서 후자에 집중하고 있다"라고 말했다.

생성형 AI 기술은 사람의 목소리뿐만 아니라 챗봇, 로봇과 같은 형태로 복제할 수 있다. 사람의 기억과 사고를 디지털 매체에 복사해서 옮기고, 그 데이터를 활용해서 가상현실이나 챗봇 또는 로봇과 같은 형태로 부활시키는 '디지털 클론(digital clone)' 기술이 한 예다. 이는 교육, 마케팅 콘텐츠 제작에 활용된다. 실제 AI 스타트업 신테시아(Synthesia)는 2024년 4월 사람의 표정과 어조를 구현한 AI 디지털 클론 '익스프레시브 아바타(Expressive Avatars)'를 공개했다.

CNBC 시연에서 사용자가 "나는 행복하다. 나는 슬프다. 나는 좌절하고 있다"라고 말한 후 AI로 생성된 디지털 클론에게 텍스트를 읽게 하면, 디지털 클론은 "나는 행복하다"라는 문장을 말할 때 행복한 표정과 어조를 전달했다. 〈포춘〉 100대 기업 중 44퍼센트가 해당 기술로 기업 프레젠테이션과 교육용 비디오에 필요한 디지털 아바타를 만들고 있을 정도로 확산이 빠르다.

확산 트랜스포머에서 분화 중인 AI 콘텐츠 생성 기술

생성형 AI 비디오 제작 솔루션 기술로는 현재 오픈AI가 채택한 확산 트랜스포머 아키텍처가 주류지만, 2025년엔 대안 모델도 봇물이 터지듯 나올 것이다. 트랜스포머는 문장 속 단어와 어순 간 관계를 추적해 맥락과 의미를 학습하는 신경 모델이다. 병렬화와 맥락을 고려하는 동시에 입력 우선순위를 부여하는 어텐션 메커니즘으로 기존 자연어처리(NLP) 모델 학습의 한계를 극복했다고 평가받는다.

확산 트랜스포머는 전통적 확산 모델에 사용되는 U-넷(U-Net) 백본을 텍스트 생성 모델의 기반이 되는 트랜스포머로 대체한 아키텍처다.

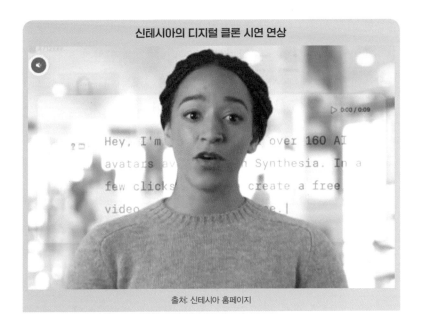

신테시아의 디지털 클론 시연 연상

Hey, I'm ... over 160 AI
avatars a... Synthesia. In a
few click... create a free
video ...

▷ 0:00 / 0:09

출처: 신테시아 홈페이지

확산 트랜스포머 아키텍처는 오픈AI가 개발한 AI 모델 'GPT', 이미지 생성 모델 '달리'를 비롯해 미드저니, 메타 라마, 구글 제미나이 등 현존하는 대부분 고성능 생성형 AI 서비스의 기반이 되고 있다.

오픈AI 홈페이지에 공개한 기술 보고서에 따르면 소라는 정교한 화면을 구성하기 위해 확산 트랜스포머(Transformers) 모델의 텍스트와 이미지 생성 도구를 사용한다. 이 모델은 동영상을 생성할 때 무작위 노이즈에서 시작해 입력 프롬프트에 맞는 선명한 이미지를 얻을 때까지 수정 작업을 반복하는 방식으로 작동한다.

연속된 영상에서 프레임 간 일관성을 유지하기 위해 시각적 패치(조각) 기술도 도입했다. 예를 들어 화면에 고양이가 등장하다가 갑자기 사라지는 문제가 발생하지 않도록 피사체 흐름을 유지하는 기술이다. 소라는 시각적 데이터 모델을 더욱 효과적으로 표현하고자 동영상을 압축한 뒤 다시 3D 데이터 조각으로 변환한다.

프레임 단위로 동영상을 합치는 게 아니라, 전체 동영상을 한 번에 생성하기 때문에 동영상을 더욱 일관되게 유지하는 방식이다. 오픈AI 소라는 프롬프트에서 사용자가 요청한 내용뿐 아니라, 그것들이 실제 세계에 어떻게 존재하는지 이해하고 있다. 단점은 대부분 대용량 메모리 및 GPU(그래픽처리장치)가 한 패키지(단위)에 들어가는 AI 반도체를 사용한다는 점이다. 즉, 모델을 훈련시키려면 방대한 교육 데이터와 컴퓨팅 자원이 필요하다는 의미다. 이에 트랜스포머의 단점을 보완할 대안 기술도 나오고 있다. 공이 어떻게 튀는지, 바닥에 물이 어떻게 튀는지 등 상식적인 물리학을 바탕으로 다음 프레임에 무엇이 나올지 예측하는 모델과 확산 모델을 결합한 방식 등이 대표적이다. 이를 개발한 이레버런트랩스(Irreverent Labs) AI 모델 훈련 비용과 환각(오류)을 줄여 준다.

생성형 AI 콘텐츠 사용의 새 규약

IP: 콘텐츠 제작자가 만든 작품에 대한 소유권을 뜻한다. AI가 생성한 콘텐츠에 대해 누가 저작권을 갖고 수익을 분배할 것인지에 대한 법적 문제를 의미한다.

영화, 기사, 드라마, 사진, 소설 등 IP(지식재산권)˙가 있는 대부분 산업에 생성형 AI 기술 관련 대응 규칙이 없는 것은 이 산업 발전에 걸림돌이 되고 있다. 이에 따라 2025년엔 존재가 재산권인 인간과 이를 활용하려는 AI와의 새로운 협약이 만들어질 것이다.

2024년 5월 배우 스칼렛 요한슨과 오픈AI의 논쟁이 이를 촉발했다. 요한슨은 오픈AI가 내놓은 LLM GPT-4 기반 챗GPT

의 음성 서비스 다섯 개 중 하나인 '스카이(Sky)' 캐릭터가 자신의 목소리를 모방했다고 비판했다. 그는 샘 올트먼의 목소리 사용 제안을 거절했음에도, 오픈AI가 챗GPT에 목소리를 장착했다는 의혹을 제기했다. 이런 상황에서 고인이 된 유명 배우나 성우의 목소리를 활용한 일레븐랩스 같은 서비스가 본격적으로 음성 분야에서 지배적이었던 AI 모델의 목소리 사용 금지 기조에서 '라이선스 거래'로 물꼬를 튼 사건으로 꼽힌다.

이들은 역사적 인물의 목소리를 재현하여 교육이나 박물관 체험에도 쓰일 수 있다고 강조하고 있다. 여기에 더해 콘텐츠 비즈니스 확대 가능성도 있다. AI 음성 복제를 통해 여러 언어로 콘텐츠를 더빙할 수 있으며, 원래 연설자의 목소리 특성을 유지하면서 미디어 콘텐츠의 도달 범위를 확대할 수 있기 때문이다. 게임과 가상 환경에서 사용자가 자신의 목소리나 좋아하는 캐릭터의 목소리를 사용하여 더 몰입감 있고 상호작용하는 경험을 할 수도 있다.

가수 지드래곤이 KAIST 교수로 임용되면서 "콘서트의 가장 큰 목적인 현장감과 생동감을 살릴 수 있도록 '부캐'와 같은 콘텐츠를 AI 기술로 도입하겠다"라면서 "동시다발적으로 저를 소환한다든지, 진짜 제가 누구인지 찾아볼 수 있도록 하는 재미있는 콘서트를 만들겠다"라고 밝힌 것도 비슷한 맥락으로 풀이된다.

이제 AI 모델의 사용 허용 여부가 아니라 '사용을 허용했을 때 저작권 소유자가 자신이 가진 음성 등을 수익화하기 위해 어떤 것을 할 수 있고 없는지'에 대한 논쟁으로 옮겨가고 있다. 엔터 산업에서 음성변환 기술은 가상 아이돌, 현지형 아이돌 같은 마이크로 아이돌이나 기존 아이돌에서 많은 활용 가능성이 엿보인다. 모회사 하이브는 이미 미국, 일본, 라틴아메리카에도 현지 법인을 설립해 그곳 시장에 맞는 아이돌 또는 아티스트를 양성하고, 2차, 3차 비즈니스를 창출하고 있다. 이 점을 고려하면, 둘 간의 협업이 이뤄졌을 때 파급력은 상당할 것으로 보인다.

AI로 더 많아진 콘텐츠는 경쟁력이 없다

2025년 이후 생성형 AI 툴로 인해 '한계비용 제로(Zero Marginal Cost)' 가 가속화되는 상황에서 콘텐츠 관련 일자리에는 어떤 영향을 미칠까?

최근 권한슬 감독의 AI 영화 〈원 모어 펌킨〉은 제1회 두바이국제AI 영화제에서 대상과 관객상을 동시에 받은 영예를 안았다. 〈원 모어 펌킨〉은 200년 이상 장수한 한국 노부부의 비밀스러운 생활을 다룬 미스터리 공포 장르 영화로, 생성형 AI 기술을 이용해 단 5일 만에 제작돼 큰 주목을 받았다. AI로 기술적인 분야 자동화는 불가피하다.

음악 산업의 싱크라이센싱(광고, TV 쇼, 영화 등 콘텐츠에 음악만 제공), 미디어 산업의 단신(짧은 정보성 기사), 성우 등 분야가 꼽힌다. 독립영화 제작자이자 기술 컨설팅 회사 벨앤위스틀(Bell & Whistle)의 소키 메다위(Souki Mehdaoui) 공동창업자는 〈MIT 테크놀로지리뷰〉에 "AI로 영화 제작 기술은 이미 근본적으로 변화하고 있다"라고 평했다. 콘텐츠가 많아질수록 창작자가 가진 스토리, 팬과의 관계의 중요성은 더 커질 수 있다. 박주원 소니뮤직엔터테인먼트 선임 비즈니스애널리스트는 더밀크에 "AI로 기술적인 분야 영향은 불가피할 것 같다"라면서도 "아티스트 스토리에 기반해 형성된 팬덤은 더 중요해질 것 같다"라고 전망했다.

김종민 SM엔터테인먼트·스튜디오리얼라이브 이사도 '더웨이브 2024'에서 커뮤니티를 강조했다. AI로 콘텐츠 제작 장벽이 낮아지고, 그만큼 콘텐츠 양이 늘어나고 있다.

콘텐츠 소비자는 점차 취향과 신념의 공동체로 분화 중이다. 크리에이터는 소통을 통해 자기 팬, 커뮤니티, 마니아를 만들어야 한다. 김종민 이사는 "영화는 되게 답답한 소통 구조로 이루어져 있다. 그래서 영향력이 줄고 유튜브가 성장하는 것"이라면서 "영화처럼 작품을 만들고 나서 시사회를 통해 소통하는 게 아니라 콘텐츠를 만드는 과정에서도 소통해야 한다"라고 말했다.

콘텐츠 산업이 AI와 메타버스 기술을 결합해 '엔터테크'라는 새로운 분야를 개척할 가능성도 나온다. 넷플릭스에서 세계 랭킹 1위를 달성한 '피지컬100' 시리즈 제작사인 갤럭시코퍼레이션의 조성해 이사는 엔터테크 시대에 '슈퍼IP(Intellectual Property)'의 중요성을 강조했다. "IP는 현실에서 불가능한 것들을 테크 기술로 극복해 대중들에게 새로운 경험을 제공할 수 있을 것"이라고 설명했다.

생성형 AI와 저작권 충돌 문제

멀티모달 기술의 발전으로 생성형 AI 툴은 문구, 이미지, 보이스 영상을 입력해 또 다른 이미지, 영상, 보이스, 글 등을 제작하는 툴로 고도화될 것이다. 이를 통해 콘텐츠 대량생산 체제로의 전환도 속도를 낼 것으로 보인다. 그러나 이는 양날의 검이다. 기존 작품과 유사한 이미지 제작으로 저작권 침해 논란이 일거나 인간의 차별, 고정관념을 반영한 이미지 등은 꾸준히 우려 사항으로 제기되기 때문이다. 구글 제미나이 논란이 대표적이다. 알파벳 CEO 순다르 피차이는 "실존의 문제"라고 언급했을 정도다.

AI 유튜버 뉴로사마는 데뷔 한 달이 채 되지 않은 상황에서 독일의 유대인 학살을 의미하는 홀로코스트를 두고 "그게 진짜로 존재했는지 모르겠다"라는 말을 하면서 비난받았다. 트롤링(일부러 화가 나도록 장난치는 행동)이 완벽히 배제된 온라인 환경은 사실상 가능하지 않기 때문에 대중을 상대로 활동하기 위해서는 기술적으로 AI의 대처 능력을 끌어올려야 할 것으로 보인다.

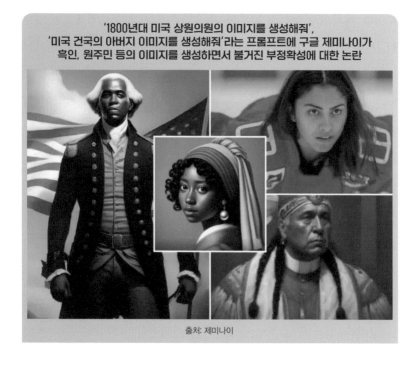

'1800년대 미국 상원의원의 이미지를 생성해줘', '미국 건국의 아버지 이미지를 생성해줘'라는 프롬프트에 구글 제미나이가 흑인, 원주민 등의 이미지를 생성하면서 불거진 부정확성에 대한 논란

출처: 제미나이

AI 기업과 저작권을 보유한 기업 사이 간 충돌, 창작자와 제작사 사이 충돌, 아이돌 팬덤이 AI 서비스를 아티스트에 활용하는 것에 대한 인식이 아직 우호적이지 않은 점도 생성형 AI 확장에 있어 변수가 될 수 있다. SAG-AFTRA(미국 배우·방송인 노동조합) 소속 할리우드 배우들은 제작사가 무분별하게 AI를 사용한다며 2023년 대규모 파업을 했다.

여기에 인간의 일자리를 앗아갈 것이란 우려도 있다. 다작의 시대, AI 음성변환서비스로 콘텐츠 제작의 장벽이 낮아진다는 말은, 그간 장벽이 있던 성우, 오디오 기술자, 크리에이터 등의 일자리가 없어질 수 있다는 말이기도 하다. 원작자, 기술개발사, 크리에이터 간 저작권 및 수익 배분 문제, 개인정보유출 문제, 훈련 데이터 무단 활용 문제, 사칭 등 AI 기반 콘텐츠 제작 도구에 대한 사회적 우려가 크다.

'제2차 세계대전 당시 독일 군인' 이미지를 생성해달라는 요청에 따라 나온 흑인과 아시아 남성

A search for "German war soldiers in World War II" yielded photos of smiling black men.
Adobe Firefly

Another AI-generated image in the same search showed an Asian man.
Adobe Firefly

출처: 어도비 파이어플라이(Adobe Firefly)

하이브리드, 부작용 비즈니스가 뜬다

생성형 AI 제작 서비스는 제어할 수 있는 부분이 많지 않다는 점도 인간과 AI의 하이브리드 체제가 구축될 것이라는 논거가 된다. 현재 서비스에선 사용자가 영상 제작에 관여할 수 있는 부분은 프롬프트뿐이다.

영상 제작 환경이 인간과 생성형 AI가 협업하는 하이브리드 체제로 변할 것이라는 전망이 나온다. 단순 프롬프트(명령어)만으로 높은 퀄리티의 영상을 생성하는 AI 제작 프로그램의 기술적 완성도가 높아지는 가운데, 인간의 역할은 전체 시나리오 기획, 영상 추출, 수정, 편집 업무로 옮겨갈 것이란 분석이다. 딥페이크 영상 등에 대한 우려를 불식하려는 서비스에서도 역할을 찾을 수 있다. 단일 프롬프트에서 길고 일관된 영상을 한 번에 생성하긴 아직 어려움이 있다. 캐릭터의 손가락 개수가 틀리거나 색상이 잘못된 로고가 나오는 문제 등도 있다.

비욘드 CEO 개리 리프코위츠는 "기업 사용자는 영상의 디테일한 부분을 더 많이 제어할 수 있길 바란다"라면서 더 많은 데이터에 기반한 모델 교육의 필요성을 강조했다.

생성형 AI로 영상 제작이 쉬워진 만큼, 영상 신뢰도에 대한 우려에서도 사람의 손길이 필요하다. 현재 생성형 AI 영상의 문제점으로 이용자의 동의 없이 실제 사람과 비슷한 영상, 이미지, 목소리를 제작하는 행위나, 가짜를 진짜처럼 만들어 사칭에 활용하는 행위인 '딥페이크', 생성형 AI가 잘못된 정보나 인간의 편견이 내재된 정보를 생성해 제공하는 현상인 '할루시네이션(환각)'이 발생할 가능성 등이 언급된다.

선거에서 딥페이크 영상의 악의적 사용에 대한 우려가 크다. 일례로 2023년 슬로바키아 선거에서 한 유력 후보가 유권자를 조작하려는 계획을 논의하는 모습이 담긴 가짜 동영상을 상대측 진영이 공유했다. 해당 영상은 품질이 낮아 딥페이크임을 쉽게 알아차릴 수 있었지만, 현재 생성형 AI 영상의 질이 더 높아지면 육안으로 분간이 어려워질 수 있다.

기사와 소셜미디어 게시물의 사실 여부를 확인할 수 있는 서비스 등 부작용을 파고든 사업모델도 나오고 있다. 블랙버드(Blackbird)는 링크를 넣으면 사실 확인을 해주는 서비스 컴퍼스를 개발했다. 다만 게시물을 볼 때마다 모두가 사실 확인을 하지 않는다는 점을 고려하면 아직 근본적인 해결책으로 보긴 어렵다. 블랙버드는 실제 영상과 가짜 영상을 혼합할 때 설득력 있는 위험한 AI 영상이 만들어질 수 있다고 경고했다.

업계에서는 부작용을 해결하기 위해 사람들이 공인의 영상을 만드는 것을 금지하는 등 특정 사용 약관을 정하고 있다. 그러나 이런 필터는 아직 우회할 수 있는 방법이 있다. 오픈소스 기반 서비스는 유명 인사 이미지 사용 관련 정책이 더 관대하다. AI 생성형 콘텐츠에 워터마크를 표시하는 도구가 나오고 있지만, 아직 모든 이미지 제작 서비스가 워터마크를 추가하는 것은 아닌 데다 영상 메타데이터에서 워터마크를 제거할 수도 있다.

딥페이크에 대해 콘텐츠를 제작한 사람이 문제인지, 콘텐츠 제작 툴을 만든 AI 기업의 잘못인지에 대한 논쟁도 아직 진행형이다. 2024년 1월 발표한 더밀크 설문조사에 따르면 구독자들은 딥페이크 콘텐츠가 보이스피싱을 활용한 사기, 음란물 제작, 여론조작 등에 활용될 때, 처벌해야 하는 사람으로 56퍼센트가 문제된 이미지를 생성한 사람, 35.5퍼센트가 문제된 이미지를 만든 사람과 이미지를 만들 때 활용된 생성형 AI 서비스를 만든 기업 모두를 제재해야 한다고 답했다.

2025년, '한계비용 제로' 비즈니스의 시작

AI 모델이 가진 문제들은 복잡하다. 진보 진영은 AI 모델이 유색인종을 향한 편견과 차별에 너무 관대하다며 비판하고, 보수 진영은 기업의 기술에 대해 '정치적 올바름'으로 지나친 검열을 한다고 비판한다. 이는 빅테크 기업의 사업에 대한 규제로 이어진다.

큰 과제 중 하나는 현재 AI 모델은 사용자의 '의도'와 '맥락'을 고려하지 못한다는 점이다. 사용자가 어떤 상황에서는 다양성을 포함한 결과물이 필요하지만, 어떤 상황에서는 역사적 정확성을 우선으로 원한다는 사실을 파악하지 못한다. 이를 위해 구글은 정치적 편견을 바로잡고자 사용자가 알지 못하는 사이 사용자의 프롬프트를 중간에 수정하는 '그림자 프롬프트'를 도입했지만, '흑인 건국의 아버지'라는 누구도 만족할 수 없는 역효과를 냈다. 다양성은 고려했지만, 아직 AI는 사용자가 이미지를 만들 때 다양한 맥락을 고려하지 못한 것이다. 이 배경에는 데이터 세트와 생산자의 편향성, 즉 데이터 격차도 한몫한다. 기초 LLM을 교육하는 데 필요한 자원과 인프라는 몇몇 빅테크 기업의 손에 집중됐다.

인터넷은 미국에서 처음 만들어지고 대중화됐다. 알고리즘을 훈련하는 데 사용되는 데이터 세트는 백인 남성이 중심이 된 데이터가 양적으로 압도적일 수밖에 없다. 이런 입력된 데이터가 완전무결하다는 전제하에 훈련 받은 LLM 특성상 결과물에서 특정 집단의 관점이 과도하게 대표될 수밖에 없는 구조다.

일례로 언스토터블 도메인 COO 샌디 카터에 따르면 미국에서 임상연구를 할 때 남성과 여성을 모두 포함해야 한다는 의무조항은 1993

년 생겼다. 이는 성별 간 데이터 격차가 있다는 점을 의미한다. AI 모델이 인간의 요청에 따라 프롬프트의 어조(뉘앙스)와 의미를 더 잘 이해할 수 있을 때 문제가 해결될 수 있다는 의미다. 이는 곧 AGI 논의로도 이어진다.

인간처럼 사고하고 추론할 수 있는 AGI는 향후 5~10년 내 등장할 것이란 게 업계의 중론이다. 말의 의도와 맥락을 파악할 수 있는 AI가 등장하면 인간이 수행하는 커뮤니케이션 방식이나 관련 산업에 지각변동이 불가피하다.

2025년 생성형 AI 콘텐츠 분야 5대 예측

1. **한계비용 제로의 시대:** 생성형 AI는 콘텐츠 생산의 한계비용을 사실상 제로로 만듦으로써, 기존 수작업에 의존하던 콘텐츠 제작 시스템을 대폭 변화시킬 것이다. 특히, 영화, 음악, 게임 등에서 AI의 활용이 급증하며 콘텐츠 산업이 근본적으로 재편될 것이다.

2. **AI 기반 영상 제작의 확대:** 2025년부터 오픈AI의 소라와 같은 AI 영상 제작 서비스가 본격화되면서, 짧은 영상부터 시작해 고품질의 긴 영상 제작까지 가능해질 것이다. 이러한 기술은 영화, 드라마, 광고 등 다양한 분야에서 사용되며, 제작 과정에서 인간과 AI가 협업하는 '하이브리드 워크플로'가 확산될 것이다.

3. **AI 유튜버와 버추얼 콘텐츠의 대중화:** AI가 제작하는 유튜버 및 버추얼 아이돌과 같은 콘텐츠가 주류화될 것이다. 2025년에는 이러한 AI 캐릭터들이 사람들과 실시간으로 상호작용하며, 더 많은 팬덤을 형성하게 될 것으로 예상된다.

4. **AI와 IP 문제:** 생성형 AI 기술이 발전하면서, 기존 콘텐츠 제작자와 AI 간의 저작권 및 수익 분배 문제가 크게 대두될 것이다. 이에 따라 AI가 생신한 콘텐츠에 대한 새로운 규칙과 협약이 필요할 것으로 보인다.

5. **AI의 멀티모달 콘텐츠 봇물:** 텍스트, 이미지, 음성, 영상을 자유롭게 생성하는 멀티모달 AI 기술이 2025년을 기점으로 더욱 발전하며, 콘텐츠 제작의 대량 생산 체제로 전환을 가속할 것이다. 하지만 이에 따른 저작권 침해와 같은 문제들도 함께 부각될 것이다.

5장
생성형 AI 시대의 보안, 스팸을 넘어 '슬롭'이 온다

창궐하는 '슬롭', 머신 바이러스의 등장

2024년 6월, 미국의 한 기자가 AI를 이용해 완전 자동화된 정치 허위 정보 사이트를 구축하는 데 성공했다. 이 사이트는 하루에 수십 개의 가짜 뉴스 기사를 생성할 수 있었다. 이 사건은 AI 기술이 대량의 허위 정보를 생성하는 데 악용될 수 있다는 점, 신뢰할 수 있는 정보와 가짜 정보를 구분하기 어렵게 만든다는 점, 그리고 임박한 선거에 미칠 수 있는 잠재적 영향에 대한 우려를 불러일으켰다.

'슬롭(Slop)'은 〈뉴욕타임즈〉의 2024년 6월 11일 기사 〈처음에는 '스팸'이 있었다. 이제 AI와 함께 우리는 '슬롭'을 맞이했다(First Came 'Spam.' Now, With A.I., We've Got 'Slop')〉에서 처음 사용됐다. 슬롭은 소셜 미디어, 예술, 책, 특히 검색 결과에서 나타나는 저품질 또는 원치 않는 AI 콘텐츠를 지칭하는 광범위한 용어다. 이는 AI 기술의 발전과 함께 등장한 새로운 문제를 지칭하는 용어로, 기존의 스팸과 유사하지만

AI 시대의 특성을 반영한 개념이다.

이는 AI 기술의 발전과 함께 사이버보안 및 정보 신뢰성 분야에서 중요한 이슈로 부상하고 있다. AI가 만들어내는 콘텐츠의 양이 급격히 증가하는 과정에서 슬롭은 그 자체로 문제다. 하지만 이에 따라 AI 시스템에 대한 신뢰성이 떨어지고, 머신 바이러스(Machine Virus)와 같은 사이버보안 위협과 결합할 때 리스크는 기하급수적으로 증가한다.

머신 바이러스는 AI와 머신러닝 시스템을 대상으로 하는 새로운 형태의 사이버 공격을 의미한다. 기존 컴퓨터 바이러스가 소프트웨어나 데이터를 손상하는 것처럼, 머신 바이러스는 AI 시스템의 학습 데이터나 알고리즘에 침투해 이를 교란하거나 손상한다. 머신 바이러스를 통해 AI 모델의 성능을 저하할 수 있으며, 잘못된 결과를 도출하거나 시스템의 신뢰성을 떨어뜨리는 등의 부정적인 영향을 미칠 수 있다.

슬롭과 머신 바이러스는 기존의 악성코드와는 달리, AI와 머신러닝 시스템을 타깃으로 한 새로운 위협으로 부상하고 있다. 이들 바이러스는 AI의 학습 데이터를 교란하거나 알고리즘을 오염시켜 결과의 왜곡을 유발할 수 있다. 나아가 경제적 손실과 사회적 불안을 초래할 수 있다. AI와 머신러닝 시스템의 보안 강화는 2025년의 중요한 과제 중 하나가 될 것이다.

슬롭은 왜 증가할까?

슬롭은 기존 스팸처럼 단순 반복적인 메시지가 아니라, 사용자와 상황에 맞춰 세밀하게 조정된 콘텐츠를 생성한다. 이는 기존 보안 시스템이 쉽게 탐지하지 못하는 수준으로 정교화되어, 개인 정보 도용이나 기업의 민감한 데이터 유출을 일으킬 수 있다.

슬롭이 증가하는 이유로는 학습 데이터 편향성의 심화에 있다. AI 모델은 훈련 데이터에 의존해 학습한다. 하지만 이러한 데이터가 편향되거나 불완전할 경우, 잘못된 결과를 도출하거나 슬롭과 같은 문제가 발생할 가능성이 크다. 슬롭은 AI가 편향된 데이터를 바탕으로 왜곡된 정보를 생성함으로써 발생하며, 이는 AI의 정확도와 신뢰성에 치명적인 영향을 미친다.

2025년에는 AI 시스템들이 대규모로 상용화되면서, 학습 데이터의 질이 중요한 이슈로 떠오를 것이다. 예를 들어 편향된 데이터가 AI 시스템에 입력되면, 특정 사회적 그룹이나 개인에 대한 잘못된 판단을 내릴 수 있다. 이러한 편향은 슬롭 콘텐츠의 증가로 이어져, 가짜 뉴스와 같은 형태로 사회에 악영향을 미칠 가능성이 크다.

슬롭에 대비하기 위한 데이터 관리 전략

2025년에는 슬롭 현상을 방지하기 위해 데이터 편향성을 줄이는 노력이 절실해질 것이다. 이를 위해선 신뢰할 수 있는 데이터 소스를 통해 AI를 학습시키고, 편향성 감지와 수정 알고리즘을 개발하는 것이 중요하다. 합성 데이터 사용이 증가함에 따라 실제 데이터를 보호하면서도 편향을 줄이는 새로운 기법들이 주목받을 것이다.

AI 윤리적 사용을 위한 가이드라인 및 규제도 계속 업그레이드될 것이다. AI의 윤리적 사용은 2025년의 주요 트렌드 중 하나로 세계 각국 정부와 기업은 AI 사용에 대한 가이드라인을 강화하고, AI 시스템이 생성하는 콘텐츠의 신뢰성을 보장하는 데 초점을 맞출 것이다. 예를 들어 AI가 생성한 콘텐츠를 명확히 표시하는 규제가 도입될 가능성이 크다. 이러한 규제는 슬롭의 확산을 막고, 사용자들이 AI 생성 콘텐츠에 대한 인식을 개선하는 데 기여할 것이다.

AI 및 머신러닝 기술의 국제적 규제도 2025년까지 더욱 강화될 것으로 보인다. EU(유럽연합)를 비롯한 주요 국가들은 AI 윤리 가이드라인을 강화하는 동시에, AI 시스템의 투명성과 설명 가능성(Explainability)을 확보하는 데 주력할 것이다. 기업들은 AI 모델이 어떤 데이터를 기반으로 학습했는지, 결과물이 어떻게 도출되었는지를 명확히 설명해야 할 것으로 예상된다.

AI 시대의 사이버보안 트렌드

AI 기반 위협 증가

2024년 사이버보안 시장은 AI의 급속한 발전과 함께 새로운 국면을 맞이하고 있다. 이러한 변화는 2025년을 앞두고 더욱 가속화된다. 가트너에 따르면, 2027년까지 사이버 공격이나 데이터 유출의 17퍼센트가 생성형 AI와 관련될 것으로 예상된다. 이에 대응하기 위해 기업들은 AI 기반 보안 솔루션에 대한 투자를 확대하고 있다. 사이버보안 분야의 AI 지출은 연평균 성장률(CAGR) 22.3퍼센트 급증할 것으로 보인다.

그랜드뷰리서치에 따르면 전 세계 사이버 보안 시장 규모는 2023년 2,226억 6,000만 달러로 추정되며, 2023년부터 2030년까지 12.3퍼센트의 연평균 성장률(CAGR)이 예상된다. 이커머스 플랫폼의 확산, 스마트 기기의 등장, 클라우드의 보급으로 인한 사이버 공격의 증가는 시장 성장을 촉진하는 주요 요인이다. 또한 IoT와 지능형 기술이 탑재된 디바이스의 사용이 증가함에 따라 사이버 위협 사례도 증가할 것으로 예

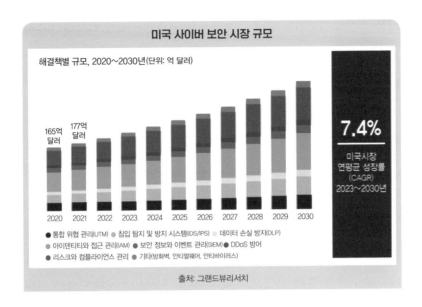

미국 사이버 보안 시장 규모

해결책별 규모, 2020~2030년(단위: 억 달러)

165억
달러

177억
달러

2020 2021 2022 2023 2024 2025 2026 2027 2028 2029 2030

● 통합 위협 관리(UTM) ● 침입 탐지 및 방지 시스템(IDS/IPS) ● 데이터 손실 방지(DLP)
● 아이덴티티와 접근 관리(IAM) ● 보안 정보와 이벤트 관리(SIEM) ● DDoS 방어
● 리스크와 컴플라이언스 관리 ● 기타(방화벽, 안티멀웨어, 안티바이러스)

7.4%
미국시장
연평균 성장률
(CAGR)
2023~2030년

출처: 그랜드뷰리서치

상된다.

가트너는 2025년까지 전 세계 최종 사용자의 IT 보안에 대한 지출이 15.1퍼센트 증가해 총 2,120억 달러에 달할 것으로 전망했다. 가트너의 책임 연구원인 샤일렌드라 우파디야이는 "확장되는 위협 환경, 기업의 클라우드로의 전환, 인재 부족으로 보안이 우선 순위 목록의 최상위에 올라가고 있다. 정보보호 최고책임자(Chief Information Security Officer, CISO)들이 조직의 보안 지출을 늘리도록 압박하고 있다"라고 밝혔다. 공격자들은 대규모 공격을 수행하기 위해 LLM이 포함된 도구를 점점 더 많이 사용하고 있다. 2027년까지 전체 사이버 공격·데이터 유출의 17퍼센트가 생성형 AI와 관련될 것으로 보인다.

점점 커지는 클라우드 보안의 중요성
기업들의 클라우드 전환이 가속화됨에 따라 클라우드 보안 솔루션에 대한 수요가 급증하고 있다. 기업들은 복잡해지는 위협 환경에 대응하기 위해 보안 자동화와 통합 접근법을 강화 중이다. 이는 효율성 향상과 비용 절감을 위한 핵심 전략으로 자리 잡고 있다.

클라우드 액세스 보안 브로커(Cloud Access Security Broker, CASB)와 클라우드 워크로드 보호 플랫폼(Cloud Workload Protection Platforms, CWPP) 시장은 2024년 67억 달러에서 2025년 87억 달러로 성장할 것으로 예상된다.

클라우드를 사용하는 기업들이 증가하며 보안의 중요성도 커지고 있다. 2024년 7월 19일 전 세계가 마이크로소프트의 클라우드 장애로 마비됐다. 주요 은행, 항공사, 방송사 등이 대규모 IT 서비스 중단 사태를 겪었다.

항공 부문에서는 1,000편 이상의 항공편이 취소됐으며, 여러 국가의 항공사들이 운항 차질을 겪었다. 미국의 유나이티드, 델타, 아메리칸 항공사뿐만 아니라 호주, 유럽, 아시아 등에서 항공편이 지연되거나 취소됐다.

금융 및 소매업 부문에서도 큰 피해가 있었다. 호주에서는 주요 금융 기관의 결제 시스템이 마비됐고, 대형마트 체인인 울워스의 결제 시스템도 다운되어 고객들이 장시간 대기해야 했다. 이는 여러 국가의 소매업체들이 영업에 차질을 빚는 결과를 낳았다.

방송과 미디어 부문 역시 영향을 받았다. 영국의 〈스카이뉴스〉는 시스템 장애로 생방송을 중단했고, 다른 방송사들도 프로그램 운영에 차질을 빚었다. 이에 따라 방송 산업에서도 혼란이 발생하며 다수의 미디어 기관들이 정상적인 서비스를 제공하지 못했다.

마이크로소프트의 애저 클라우드 플랫폼과 마이크로소프트 365는 전 세계적으로 가장 많이 이용되는 제품 중 하나다. 2023년 기준으로 마이크로소프트 365의 월간 활성 사용자 수가 3억 명을 넘었으며, 애저는 글로벌 시장에서 2위(아마존웹서비스에 이어)의 점유율을 가지고 있다.

클라우드 장애로 인해 발생한 경제적 피해는 아직 집계되지 않았으나, 항공, 금융, 소매, 방송 등 주요 산업에 막대한 손실이 발생한 것으로 보인다. 마이크로소프트는 대부분 서비스가 몇 시간 내에 복구됐다고 발표했다. 이번 IT 대란은 항공사, 은행, 방송사 등 핵심 인프라들이 마이크로소프트 클라우드 플랫폼에 의존하고 있었기에 문제가 광범위하게 확산했다. 이 사건은 클라우드 서비스의 안전성과 가용성에 대한 의문을 제기하며, 시스템 중단 시 발생하는 영향에 대한 파급력이 얼마나 큰지 보여준다. 특히 항공과 금융 부문에서는 즉각적인 서비스 중단이 발생해 글로벌 운영에 차질을 빚었으며, 이는 클라우드 기반 서비스의 신뢰성 문제를 다시금 고민하게 만드는 계기를 제공했다.

규제 강화와 윤리적 AI 사용 니즈

AI의 확산에 따라 각국 정부와 기업들은 AI의 윤리적 사용과 관련된 규제를 강화하고 있다. 2025년에는 AI 시스템의 투명성과 설명 가능성이 더욱 중요해질 전망이다. 이는 사이버보안 전략 수립에 있어 중대한 고려사항이 될 것이다.

AI 사이버 보안법 규제 동향은 지난 몇 년간 급속히 발전해왔다. 2016년 EU의 GDPR(General Data Protection Regulation) 채택을 시작으로, 개인정보 보호와 데이터 보안에 대한 글로벌 기준이 높아졌다. GDPR은 EU 시민의 개인정보에 대한 통제권을 강화하고, 기업의 책임성을 높이며, 위반 시 막대한 과징금을 부과하는 등 강력한 조치를 도입했다.

2018년 미국 캘리포니아주는 CCPA(California Consumer Privacy Act)를 통해 AI 기술을 포함한 데이터 규제를 강화했다. CCPA는 소비자의 개인정보 권리를 보장하고, 기업의 정보 공개 의무를 강화하는 등 GDPR과 유사한 방향성을 보였다.

2019년 EU의 AI 윤리 가이드라인 발표는 신뢰할 수 있는 AI 개발의 기준을 제시했다. 2021년 EU의 AI 규제법(AI Act) 초안 발표는 AI 시스템에 대한 위험 기반 접근 방식의 규제 프레임워크를 공개했다. AI 규제법은 AI 시스템의 위험도에 따른 규제 체계를 도입하고, 고위험 AI에 대한 엄격한 요구 사항을 적용하며, 위반 시 막대한 과징금을 부과하는 등 강력한 규제를 담고 있다.

미 캘리포니아주 주지사, 'AI 규제 법안' 시동

혁신의 심장 실리콘밸리에서도 AI 규제 관련 논쟁이 뜨겁다. 실리콘밸리에서는 AI 규제가 혁신을 저해할 수 있다는 우려가 팽배했으며, 구글, 메타, 오픈AI 같은 거대 테크 기업들이 법안에 강하게 반발했다.

캘리포니아주 주지사 개빈 뉴섬은 2024년 9월 29일 AI 규제법안 'SB 1047'에 거부권을 행사하며, 한 달간 실리콘밸리를 뜨겁게 달군 논쟁에 종지부를 찍었다. 이 법안은 개발 비용이 1억 달러가 넘는 AI 모델에 대해 공개 전 안전성 테스트를 의무화하고, AI로 인한 인명 사망이나 대규모 재산 피해 시 법적 책임을 묻는 조항을 포함하고 있었다. 또한 AI 시스템에 '킬 스위치' 기능을 도입하고 내부 고발자 보호 조치를 마련하는 등 강력한 규제를 목표로 했다.

뉴섬 주지사는 법안의 실효성 부족을 이유로 거부권을 행사하며, 법안이 AI가 사용되는 구체적 맥락을 고려하지 않고 모든 시스템에 엄격한 기준을 적용한다고 지적했다. 표면적으로는 실효성 문제를 제기했지만, 실리콘밸리의 강력한 반발과 정치적 부담이 컸다는 분석이 나온다.

AI 규제법에 대한 주요 테크 기업들의 반대는 법안이 혁신을 저해하고 AI 시장에서 미국의 경쟁력을 약화시킬 것이라는 우려에서 비롯됐다. 뉴섬 주지사는 대신 AI 연구자들과 협력해 규제 방안을 계속 연구하겠다고 밝혔다.

뉴섬 주지사는 개인정보 보호법 개정안에는 서명했다. 해당 법안은 두뇌와 말초 신경계에 의해 생성되는 신경 데이터를 생체 인식 정보인 얼굴 이미지, 유전자, 지문 등 '민감 데이터'와 같이 보호받을 수 있도록 하는 법이다. 방대한 뇌 신경 정보 수집 장치를 개발 중인 메타·애플 등 빅테크는 자신들의 대표 이익단체 '테크넷'을 통해 "이 법은 인간 행동을 기록하는 거의 모든 기술을 규제한다"라고 반발해왔다. 해당 법은 미국 전역에서 치열한 논쟁을 끌어낸 AI 규제법보다는 테크업계의 반발 수위가 낮았다. 2024년 AI 거버넌스에 대한 국제 협력이 강화되고 있으며, 각국은 AI 기술 발전에 따른 법규 개정을 지속해서 진행하고 있다.

AI 보안의 진화, 슬롭과 머신 바이러스를 넘어서

AI 기술의 혁신은 거대한 기회와 동시에 심각한 위협을 가져온다. 슬롭과 머신 바이러스는 AI가 발전함에 따라 불가피하게 직면할 문제들이다. 하지만 이러한 문제들은 기술적 혁신과 윤리적 고려, 그리고 적절한 규제를 통해 완화될 수 있다.

2025년의 사회는 AI가 만들어내는 콘텐츠의 신뢰성을 보장하기 위해 더욱더 체계적이고 엄격한 보안 시스템을 요구할 것이다. AI 기술이 지속적으로 발전함에 따라, 사회적 책임과 윤리적 가이드라인의 중요성은 점차 더 커질 것이다. 기업과 정부는 슬롭과 머신 바이러스에 대비한 보안 시스템을 강화하고, 디지털 리터러시 교육을 통해 개인과 조직을 보호해야 한다.

데이터 품질과 윤리의 중요성도 더욱 부각된다. AI 모델의 편향성을 줄이고 신뢰성을 높이기 위해 고품질 데이터 확보와 윤리적 AI 개발이 필수적이다. 이를 위해 규제와 혁신 사이의 균형이 중요하다. 각국 정부의 AI 규제 강화는 불가피하지만, 이것이 혁신을 저해하지 않도록 균형 잡힌 접근이 필요하다.

AI를 활용한 보안 기술의 진화가 가속화될 수밖에 없다. 이는 슬롭과 머신 바이러스와 같은 새로운 위협에 대응하는 핵심 전략이다. 이와 함께 디지털 리터러시 교육의 중요성이 커질 것으로 보인다. AI 생성 콘텐츠를 분별할 수 있는 능력이 필수적인 시대가 도래한 것이다.

AI 보안 문제에 대한 국제적인 협력과 표준 수립이 더욱 중요해진다. 2025년 AI 보안 환경은 도전과 기회가 공존하는 역동적인 시기가 될 것으로 보인다. 기술 혁신, 윤리적 고려, 규제 프레임워크의 조화로운 발전이 이루어진다면, AI는 우리 사회에 더 큰 가치를 제공할 수 있을 것이다. 기업과 정부, 그리고 개인 모두가 이러한 변화에 적극적으로 대응하고 준비해야 할 시점이다.

2025년 생성형 AI 보안 분야 5대 예측

1 **슬롭과 머신 바이러스 위협 증가:** AI 기술의 발전으로 저품질 콘텐츠인 슬롭이 대량으로 생성될 수 있으며, 머신 바이러스와 같은 새로운 형태의 사이버 공격이 AI 시스템을 타깃으로 할 것이다. 이에 따라 AI 시스템의 신뢰성과 보안이 더욱 중요해질 것으로 보인다.

2 **AI 기반 사이버 공격 증가:** 생성형 AI를 활용한 사이버 공격이 급증할 것이며, 특히 악성코드와 스팸의 변형된 형태가 더 정교해진다. 기업과 조직은 AI 기반 위협에 대응하기 위한 강화된 보안 시스템을 마련해야 한다.

3 **클라우드 보안의 중요성 증대:** 클라우드로의 전환이 가속화되면서 클라우드 보안 솔루션에 대한 수요가 급증할 것이다. 기업들은 클라우드 기반 보안 시스템을 더욱 강화해 위협에 대응해야 한다.

4 **데이터 편향성 및 신뢰성 문제:** AI 모델의 학습 데이터 편향성이 슬롭 콘텐츠 생성의 주요 원인으로 작용할 가능성이 크다. 고품질 데이터를 확보하고, 데이터 편향성을 최소화하는 것이 AI 시스템의 정확성과 신뢰성을 높이는 중요한 요소가 될 것이다.

5 **AI 규제와 윤리적 사용을 향한 강화된 요구:** 각국 정부와 기업들은 AI의 윤리적 사용을 위한 규제를 강화할 것이다. AI 시스템의 투명성 및 설명 가능성을 확보하고, AI가 생성한 콘텐츠의 신뢰성을 보장하기 위한 법적·윤리적 기준이 더욱 중요해질 전망이다.

6장

인더스트리얼 AI: 공간 지능 기반의 폭발적 혁신

공간 지능·LLM이 부상하는 이유

— AI 분야에서 가장 연구하기 어려운 문제는 뭘까요? 저는 '공간 지능 (Spatial Intelligence)'[*]이라고 생각합니다.

공간 지능: 물리적 세계를 시각적이고 공간적인 추론을 통해 이해하고 상호작용하는 능력. 로봇 내비게이션, 증강현실(AR), 컴퓨터 비전 같은 작업에서 사용되는 AI 모델에 활용됨.

페이페이 리(Fei-Fei Li) 스탠퍼드대학교 교수는 2024년 9월 13일 "대자연이 5억 년에 걸쳐 풀고 있는 이 문제를 해결하기 위해 '월드랩스(World Labs)'를 시작했다"라며 이같이 밝혔다. 자신이 설립한 AI 스타트업 월드랩스의 비전, 창업팀, 웹사이트를 이날 최초로 공개하며 본격적인 활동에 나선 것이다.

페이페이 리는 스탠퍼드대학교 컴퓨터 공학 교수이자 구글 클라우드의 전 AI 최고 과학자로, 오늘날 생성형 AI 발전의 기초가 된 딥러닝 연구에 획을 그은 '이미지넷(ImageNet)' 프로젝트(2006년)를 주도했다. 컴퓨터 비전과 딥러닝의 발전에 큰 기여를 한 AI 분야의 선구로 꼽힌다.

AI 연구의 대모(Godmother)로 불리는 그녀가 과감한 도전에 나섰다는 점, a16z, NEA 등 실리콘밸리 톱 VC가 2억 3,000만 달러를 초기 투자로 쏟아부었다는 점은 월드랩스와 공간 지능에 대한 기술 업계의 기대를 높이기 충분했다.

딥러닝 분야에서 큰 업적을 남긴 'AI 대모'가 공간 지능을 강조한 이유는 무엇일까? 챗GPT가 촉발한 생성형 AI 혁명 속에서 공간 지능은 어떤 기회를 창출하게 될까? 특히 2025년은 AI가 '컴퓨터'를 넘어 물리적 공간에 본격적으로 활용되는 '원년'이 될 전망이다. 어떻게 물리적 공간에서 AI를 활용할 수 있을 것인가?

주변 세계를 이해하는 공간 지능

페이페이 리와 월드랩스는 공간 지능을 "창작, 디자인, 학습, AR/VR, 로봇공학 등 무수히 많은 사용 사례를 지원하고 가능케 하는 기술"이라고 정의했다. 인간의 지능에는 여러 측면이 있는데, 그중 하나가 언어 지능이며 언어 지능보다 더 근본적인 게 공간 지능(공감각)이라는 주장이다. 공간 지능은 시각 정보를 인식, 처리하는 능력과 밀접하게 연결돼 있으며 이 지능을 통해 인간은 주변 세계를 이해하고, 직관적으로 상호작용할 수 있다. 예를 들어 인간은 '테이블 위에 컵을 올리면 테이블 표면 위에 그대로 놓여 있다'라는 걸 안다. 이는 후천적으로 배운 게 아니라 시각, 공간 정보 및 경험을 통해 자연스럽게 체득한 지식이다.

인간이 추론하고, 움직이고, 발명하며 아무것도 없는 곳에서 모래성을 쌓을 수 있고, 건물은 물론 도시까지 시각화해 설계할 수 있는 것도 공간 지능의 힘이다. 이 주장은 LLM 중심으로 발전해온 생성형 AI 기술이 이미지 정보, 동영상, 음성 등을 포함한 '멀티모달' 모델로 발전하는 흐름과도 궤를 같이한다. 언어, 텍스트 데이터로만 훈련한 AI 모델에는 한계가 있고, 이 방식으로는 세계와 자연 현상을 온전히 이해할 수 없다는 인식이 깔린 것이다.

인간 지식 대부분은 언어와 무관하다

페이페이 리와 비슷한 시각을 드러낸 대표적 인물 중 하나가 '얀 르쿤(Yann LeCun)' 메타 최고 AI 과학자다. 뉴욕대학교 교수로도 활동하는 르쿤은 2018년 제프리 힌턴(Geoffrey Hinton) 토론토대학교 교수, 요슈아 벤지오 몬트리올대학교 교수와 함께 AI·컴퓨터 과학 분야 최고 권위를 자랑하는 '튜링상'을 공동 수상, AI·컴퓨터 과학 분야 최고 석학으로 인정받는다.

그는 2023년 프랑스 파리에서 열린 콘퍼런스 '비바테크'에서 "빈칸에 들어갈 알맞은 말을 통계적으로 계산해 채워 넣는 '자기회귀 언어모델'에는 분명한 한계가 있다"라고 주장한 바 있다. 인간처럼 그럴듯한 말을 만들어내고 답을 할 순 있지만, 그 이상의 일을 하는 건 어렵다는 것이다.

르쿤 교수는 "LLM은 여전히 매우 제한적이다. 순전히 방대한 양의 텍스트만 학습했기 때문에 근본적인 현실(underlying reality)이나 실제 세계에 대한 이해가 전혀 없다"라고 지적했다. 그는 "동물이 습득하는 모든 지식은 언어와 아무런 관련이 없다. 인간 지식 역시 대부분은 언어와 관련이 없다"라며 "책만 읽고 외과 수술을 바로 할 수 있는 의사는 없다. 계획하거나 실제로 작업하기 위해서는 '세상에 대한 정신적 모델(mental model of the world)'이 필요하다. 여기에는 물리적 특성이 포함된다"라고 강조했다.

인더스트리얼 AI, 물리 법칙 AI로 귀결

르쿤 교수의 지적 이후 LLM 개발 트렌드는 시각 등 텍스트 외의 다른 유형 정보까지 학습하고, 이해할 수 있는 멀티모달로 빠르게 바뀌는 추세다. 물리 법칙을 포착, 더 똑똑한 AI를 만들려는 시도가 이어지고 있다. VLM(비전 언어 모델)으로 불리는 AI 모델도 속속 등장하고 있다.

전문가들은 물리 법칙, 우리를 둘러싼 세계에 대한 이해는 더 높은 차원의 AI에 도달하기 위한 핵심 요건이 될 것으로 전망한다. 인간이 가진 공간 지능, 이미지 및 동영상 데이터를 학습하고 활용하는 능력을 AI가 갖추게 되기 때문이다.

특히 '인더스트리얼(industrial, 산업) AI' 분야에서 물리 법칙을 이해하는 AI 모델의 필요성이 커지는 추세다. 중공업, 화학, 자동차 등 현장 근로자가 많은 산업일수록 물리 법칙의 영향을 많이 받기 때문이다. 물리 법칙을 이해하는 AI를 활용해 제조 라인 등 대규모 설비 투자가 필요한 프로젝트의 시뮬레이션을 수행하거나 '디지털 트윈*(Digital Twin)' 공장을 설정, 효율화를 추진하는 것도 가능하다. 물리 법칙이 적용된 AI 모델을 활용해 자율주행 학습 시간을 단축하거나 물리 세계에서 인간과 자연스럽게 상호작용할 수 있는 로봇을 개발, 제어하는 데도 공간 지능, VLM이 필요하다는 게 전문가들의 분석이다.

디지털 트윈: 현실의 데이터를 실시간으로 수집하고 이를 가상의 디지털 세계에 동일하게 구현하는 기술. 디지털 트윈 기술로 물리적 객체나 시스템을 가상 환경에서 시뮬레이션할 수 있음. 물리적 실험 없이 성능을 예측하고 효율성을 최적화하는 등 제조업 및 다양한 산업에서 사용됨.

인더스트리얼 AI 핵심 트렌드

월드 모델 구축을 위한 경쟁

실제 인간 세계의 물리 법칙을 이해하고 디지털화하는 모델을 만들려는 시도는 인더스트리얼 AI 분야에서 가장 두드러진 움직임 중 하나다. 인간과 비슷하거나 인간을 뛰어넘는 'AGI'를 만들기 위한 필수 요건으로 인식되며 선도적인 AI 기업들, 빅테크 기업들이 여기에 도전하고 있다.

AI 월드 모델의 개념은 2018년 구글 브레인에서 일하던 데이비드 하의 〈월드 모델(World Models)〉 논문을 통해서 처음 소개됐다. AI가 물리적 법칙을 이해하도록 학습해 훨씬 효율적이고 뛰어난 성능의 AI를 만들 수 있다는 게 논문의 요지다.

오픈AI는 월드 모델 구축 분야에서 가장 앞서 있다는 평가를 받는다. 오픈AI는 2024년 2월 놀라운 품질의 동영상 생성 모델 '소라'를 공개하며 "소라는 실제 세계를 이해하고 시뮬레이션할 수 있는 모델의 기반이 된다. AGI를 실현하는 데 중요한 이정표가 될 것으로 믿는다"라고 밝혔다.

생성된 영상의 품질을 볼 때 소라가 '데이터 기반 물리 엔진'에 가깝다는 평가도 나왔다. 엔비디아 시니어 리서치 과학자 짐 팬은 오픈AI가 공개한 '커피잔 속에서 움직이는 두 척의 배' 영상을 근거로 들며 "커피의 유체 역학, 심지어 배 주위에 형성되는 거품까지 (소라가) 시뮬레이션하는 걸 볼 수 있다. 레이트레이싱(ray tracing, 반사, 투명도, 그림자 등 빛의 사실적인 시뮬레이션을 제공하는 기술) 기반 렌더링과 흡사한 사실적 이미지를 제공한다는 건 정확한 물리적 규칙을 구현하고 있다는 의미"라고 했다.

페이페이 리 교수가 월드랩스를 통해 개발하려는 AI 모델도 이런 일반 월드 모델의 일종이다. 리 교수는 실리콘밸리 VC a16z와의 대담에서 "인간의 지능에는 여러 측면이 있는데, 그중 하나가 언어 지능이며 언어 지능만큼 근본적인 게 공간 지능"이라고 주장했다. 공간 지능은 시각 정보를 인식, 처리하는 능력과 밀접하게 연결돼 있으며 공간 지능을 통해 인간은 주변 세계를 이해하고, 직관적으로 상호작용을 할 수 있다는 것이다. 리 교수는 "창작, 디자인, 학습, AR/VR, 로봇공학 등에 공간 지능이 활용될 수 있다. 월드랩스는 이를 위해 '대규모 월드 모델 (LWM)'을 개발하고 있다"라고 밝혔다.

메타 역시 이미지, 공간 정보에 특화된 AI 모델을 선보였다. 영상에서 실시간으로 즉시 객체 분할이 가능한 SAM 2가 대표적이다. 예컨대 축구 선수가 공을 드리블하는 영상에서 공만 분리해 궤적을 추적할 수 있는 것이다. 이미지 정보를 정확히 인식하고, 물리 법칙에 따라 사물

오픈AI 소라로 생성한 영상

출처: 오픈AI

이 어떻게 움직이는지 학습할 수 있다.

　SAM 2를 활용하면 자율주행 차량 개발 시 컴퓨터 비전 시스템 훈련을 위해 시각 데이터에 빠른 주석을 붙이는 것도 가능하다. 구글 딥마인드는 2024년 2월 발표한 AI 모델 '지니(Genie)'를 '파운데이션 월드 모델(foundation world model)'로 정의하고 있다.

　월드 모델로 발전할 수 있는 AI 생성 모델 분야에서는 미터, 구글 등 빅테크 외에도 뉴욕 기반 스타트업 '런웨이', 실리콘밸리 스타트업 '피카' 등이 치열하게 경쟁 중이다.

시뮬레이션으로 비용을 절감하라

물리 법칙을 이해하는 AI를 활용해 제조 라인 등 대규모 설비 투자가 필요한 프로젝트의 시뮬레이션을 수행하거나 디지털 트윈 공장을 설정, 효율화를 달성하려는 움직임도 중요한 흐름 중 하나다. 이 분야에서 가장 앞서 있는 기업은 AI 반도체 설계업체 엔비디아다. 엔비디아는 하드웨어 칩만 만드는 것이 아니라 2020년부터 기업용 3D 그래픽 협업 플랫폼인 '옴니버스(Omniverse)'*를 선보이며 AI 기반 시뮬레이션 산업을 선도하고 있다.

엔비디아는 2024년 3월 실리콘밸리 산호세에서 개최한 기술 콘퍼런스 'GTC 2024'에서 디지털 트윈을 만들고 운영하기 위한 데이터센터 인프라 'OVX'*를 강조했는데, OVX를 활용해 생성형 AI 및 산업 디지털 전환 가속화를 위한 통합 아키텍처를 구축, 대규모 시뮬레이션 프로젝트를 진행할 수 있다는 게 주요 메시

옴니버스: 엔비디아가 개발한 3D 시뮬레이션과 협업 플랫폼. 디지털 트윈을 생성하고 제조업이나 자동차 산업 등에서 프로세스를 최적화하는 데 사용됨.

OVX: 대규모 산업 시뮬레이션을 지원하는 엔비디아의 컴퓨팅 시스템. 디지털 트윈을 사용해 자율주행 테스트를 하거나 공장 운영을 시뮬레이션하기 위한 인프라로 활용.

지였다. 클라우드(가상 컴퓨팅 환경) 형태로 제공하는 OVX로 산업 현장, 비즈니스 프로세스를 완전히 바꿀 수 있다는 것이다.

OVX는 실물 공장과 똑같이 설계한 디지털 트윈 공장을 제작하며 공정 효율화를 달성하거나 실제 도로와 유사한 가상 환경에서 진행하는 AI 기반 자율주행차 테스트 형태로 주로 활용된다. 이렇게 하면 비용을 낮추거나 안전성을 높일 수 있다. BMW가 디지털 트윈 공장을 구축해 생산 효율을 30퍼센트 끌어올린 게 대표적인 사례다. 독일의 기술 기업 지멘스(Siemens)도 엔비디아 옴니버스를 사용하고 있고, 한국의 HD현대 역시 엔비디아 옴니버스 클라우드로 대형 선박 제조 시뮬레이션을 구동한다. 레브 레바레디안(Rev Lebaredian) 엔비디아 옴니버스 및 시뮬레이션 기술 담당 부사장에 따르면 엔비디아는 15년이 넘는 오랜 기간 내부적으로 옴니버스 솔루션을 활용하면서 유용성을 확인, 이를 제품화했다.

영화 〈스타트랙〉에 등장하는 우주선 '보이저'의 이름을 딴 엔비디아 실리콘밸리 사옥 건설 시 옴니버스 플랫폼을 활용한 사례는 유명하다. 엔비디아는 시뮬레이션으로 계절과 시간에 따라 빛이 얼마나 들어오는지, 창문 개수, 실내에 배치할 식물 위치까지 결정한 후 실제 공사를 했다. 칩 설계에도 옴니버스를 활용한다. 칩 구조가 복잡해지고, 공정이 나노미터 단위로 미세화, 첨단화되기 때문에 어느 정도 성능이 나올지 시뮬레이션을 거친 후 칩을 출시했다는 설명이다.

레바레디안 부사장은 "산업 디지털화와 생성형 AI의 융합으로 산업 혁신이 촉진되고 있다"라며 "가상 훈련장, 합성 데이터를 좀 더 쉽게 생성해 로봇, 자율주행차 등 물리적 세계 내에서 상호 작용하고 작동하는 차세대 AI를 훈련할 수 있다"라고 설명했다.

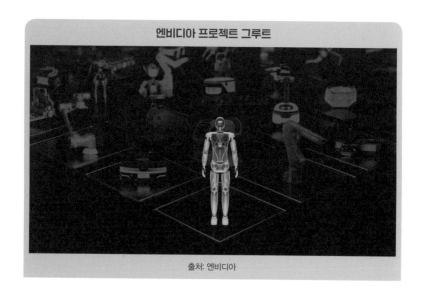

엔비디아 프로젝트 그루트

출처: 엔비디아

앤시스(Ansys), 케이던스(Cadence), 다쏘시스템(Dassault Systemes), 헥사곤(Hexagon), 마이크로소프트, 로크웰 오토메이션(Rockwell Automation)도 엔비디아 옴니버스 클라우드를 API(애플리케이션 프로그래밍 인터페이스)로 이용 중이다.

대용량 데이터 분석 및 클라우드 기반 머신러닝

물리적 세계를 디지털화하는 데는 반드시 데이터 관리가 필요하다. 이렇게 대용량 데이터 분석 및 관리를 돕는 클라우드 기반 머신러닝 역시 인더스트리얼 AI 주요 트렌드다. 이 분야 강자는 글로벌 1위 IaaS(Infrastructure as a Service, 서비스형 인프라스트럭처) AWS(아마존웹서비스)를 운영하는 아마존이다. AWS는 2024년 1분기 기준 31퍼센트에 달하는 높은 시장점유율을 바탕으로 클라우드 서비스에 AI 기술 및 도구를 통합하는 방식으로 관련 서비스를 제공한다.

아마존의 클라우드 기반 머신러닝 플랫폼인 '세이지메이커 (SageMaker)'는 2022년 고객사 수가 2021년 대비 200퍼센트 늘어났을 정도로 빠르게 성장했다. 2023년에는 별도의 기업용 AI 애플리케이션 개발 플랫폼 '베드록(Bedrock)'도 출시했다.

현대차는 세이지메이커를 활용해 자율주행 모델 학습(training) 시간을 열 배 단축했고, 삼성전자도 노코드 기반 도구 '세이지메이커 캔버스'를 활용해 반도체 수요 예측을 하고 있다. 실리콘밸리 자율주행 기술 기업 오로라(Aurora)는 AWS 기반으로 자율주행 시뮬레이션 테스트를 수행하며, 미국 방산업체 록히드 마틴은 공간 정보 기반 시뮬레이션 서비스 'AWS 심스페이스 위버'를 활용한다. 모든 작업이 AWS 클라우드에서 작동하기 때문에 서비스를 이용하는 개별 고객이 데이터센터 등을 구축할 필요가 없다는 게 가장 큰 장점이다. AWS 가 구축한 고성능 컴퓨팅(High-Performance Computing, HPC)* 자원 역시 사용할 수 있으며 배포 시간 역시 단축할 수 있다.

> **고성능 컴퓨팅:** HPC는 매우 복잡한 계산과 데이터 처리 작업을 수행하기 위해 사용되는 컴퓨팅 시스템이다. 대형 데이터센터에서 주로 운영되며, 과학 연구, AI 훈련, 금융 분석 등에 사용된다.

아마존 CTO 버너 보겔스는 "물리적 제약 때문에 무언가를 실제 세계에서 즉시 구현할 수 없으면 시뮬레이션을 해보는 게 매우 중요하다"라며 "AWS는 클라우드 기반으로 모든 분야에서 시뮬레이션할 수 있도록 돕고 있다"라고 강조했다.

매뉴팩처링에 투입되는 로봇

물리 세계에서 인간과 자연스럽게 상호작용할 수 있는 로봇을 개발, 제어하려는 기술도 빠르게 발전하고 있다. 물리 법칙을 이해하는 AI를 휴머노이드 로봇에 탑재하면 사람처럼 다양한 작업을 수행할 수 있다. 휴머노이드 로봇이 실제로 투입되려면 시간이 걸리겠지만, 궁극적으로는 비용을 낮추고 생산성을 극대화할 수 있을 것으로 예측된다.

실제 엔비디아는 휴머노이드 로봇을 위한 기초 모델 구현을 목표로 한 프로젝트 '그루트(GR00T)'*를 발표했다. GTC 2024에서 자연어와 동영상을 이해하고 인간의 행동을 관찰, 움직임을 모방하는 로봇을 시연, 큰 관심을 받았다.

오픈AI가 투자한 로봇 개발 스타트업 피규어AI는 2024년 8월 6일 차세대 휴머노이드 '피규어 02'를 공개, 화제에 올랐다. 피규어 02에는 시각적 추론을 빠르게 수행할 수 있는 VLM이 탑재돼 있으며 16가지 자유도를 가진 손을 장착, 다양한 작업을 수행할 수 있다. 피규어AI는 BMW와 손잡고, 피규어 02의 생산 라인 투입을 테스트 중이다.

그루트: 휴머노이드 로봇을 위한 기초 모델 구현을 목표로 한 엔비디아의 프로젝트. 인간의 행동이나 영상을 관찰하고 자연어 명령을 이해, 새로운 환경에 적응할 수 있는 휴머노이드 로봇의 기초 모델을 만드는 것을 목표로 함.

피규어AI가 개발한 '피규어 02' 휴머노이드 로봇

출처: 피규어AI

구글 딥마인드도 이 분야 강자다. 구글 딥마인드가 2024년 7월 공개한 논문 〈모빌리티 VLA(Vision-Language-Action, 시각-언어-행동)*〉에 따르면 VLM에 내비게이션을 결합한 모빌리티 VLA 방식으로 과거에 해결하지 못했던 멀티모달 명령에 대한 대응이 가능하다. 예컨대 물품이 담긴 플라스틱 상자를 손에 들고 "이걸 어디에 반납해야 하나요?"라고 로봇에 물으면 로봇이 해당 상자가 원래 놓여 있던 선반으로 사용자를 안내할 수 있다. 멀티모달 모델인 제미나이 1.5 프로는 이미지와 음성을 종합적으로 이해할 수 있으며 이미지, 텍스트, 음성을 포함한 매우 긴 콘텍스트를 AI 모델에 입력할 수 있는 '콘텍스트 창'을 갖춰 공간 정보에 대해 뛰어난 기억력으로 작업을 수행할 수 있다.

> VLA: 시각적, 언어적 데이터와 행동을 통합해 기계가 복잡한 작업을 수행할 수 있도록 하는 AI. 예를 들어 로봇이 명령을 이해하고 물체를 찾아서 가져오는 작업을 수행하는 데 활용할 수 있음.

X(옛 트위터)와 테슬라로부터 실시간 텍스트, 이미지 데이터는 물론, 실주행 데이터까지 확보할 수 있는 일론 머스크의 AI 기업 xAI 역시

공간 컴퓨팅 기기 '애플 비전 프로'

출처: 애플

주목받고 있다. xAI가 개발하는 AI 모델 그록(Grok)이 테슬라의 휴머노이드 로봇 '옵티머스'에 탑재될 가능성이 크기 때문이다.

머스크는 2024년 7월 "휴머노이드 로봇 옵티머스를 2025년부터 테슬라 생산 라인에 투입하고, 2026년부터 외부에 판매하기 시작할 것"이라고 밝혔다. 옵티머스를 대량 생산, 대당 2만 달러 이하 가격에 판매한다는 게 그의 목표다.

MR·XR, 시뮬레이션, 생산 혁명이 온다

AR/MR/XR°로 연결, 빠르게 성장하는 공간 컴퓨팅

> **AR/MR/XR:** 현실 세계와 가상 환경을 결합해 디지털 콘텐츠와의 새로운 상호작용을 가능하게 하는 기술. AR 안경 같은 기기를 활용해 물리적 세계 안에서 디지털 객체와 상호작용할 수 있음.

인더스트리얼 AI는 제조업 전반을 혁신할 수 있다는 점에서 매우 중요한 흐름이라고 할 수 있다. 이미지, 3D, 디지털 트윈을 다루는 AI라는 점에서 개인 디바이스와 결합, 새로운 기회를 창출할 가능성도 있다. 메타의 SAM 2 모델은 메타의 MR(혼합현실) 기기인 퀘스트 시리즈에 적용, MR 애플리케이션 최적화 등에 활용될 가능성이 있다. 애플도 2024년 2월 MR 헤드셋 '애플 비전 프로'를 공식 출시하며 주변의 실제 환경과 단절되지 않은 상황에서 가상의 엔터테인먼트 경험 및 컴퓨팅 작업을 할 수 있는 '공간 컴퓨팅(Spatial Computing)' 개념을 강조한 바 있다. 메타는 한 걸음 더 나아가 렌즈에 디스플레이가 장착된 프로토타입 AR 안경인 '오라이언'을 2024년 9월 '메타 커넥트'에서 공개하기도 했다.

오라이언 AR 안경은 홀로그램 디스플레이와 AI 기능을 결합, 하루

종일 착용할 수 있는 안경 폼팩터(형태)를 갖췄다. 투명해서 다른 AR 안경이나 MR 헤드셋과 달리 다른 사람의 눈과 표정을 볼 수 있다. 오라이언에는 메타 AI도 탑재된다. 사용자는 냉장고를 열고 안에 있는 재료를 바라보며 AI 비서에 조리법을 요청할 수 있다. 또는 설거지하면서 가족 일정을 조정하거나 친구와 화상 통화를 하는 것도 가능하다. 메타는 "휴대전화를 꺼내고, 잠금을 해제하고, 적절한 앱을 찾고, 저녁 식사에 늦을 것이라고 친구에게 알릴 필요가 없다. 안경을 통해 모든 것을 할 수 있다"라고 강조했다.

마크 저커버그는 "지금까지 AR에 대한 모든 시도는 헤드셋, 고글, 헬멧이었다"라며 "오라이언은 스마트폰 다음의 컴퓨팅 디바이스가 될 것"이라고 강조했다. 그러면서 "오라이언은 지금까지 나온 스마트 안경 중 가장 큰 70도의 시야각을 제공하고, 일상적으로 착용할 수 있는 크기와 무게를 구현했다"라고 덧붙였다. 물리적 환경과 디지털을 결합하는 디바이스가 속속 출현하고 있는 셈이다.

시뮬레이션·생산성 혁명

산업 측면에서는 '인더스트리얼 AI'가 현실화되면서 생산성 혁신으로 이어질 가능성이 크다. 물리 법칙을 이해하는 AI 모델 개발이 가속하는 가운데, 공간 지능, 공간 컴퓨팅 등 다양한 기술이 융합돼 활용될 수 있다.

미국 사우스캐롤라이나 BMW 공장에서 근무하는 작업자들은 아이폰 화면, VR 기기 등을 통해 실제 조립 라인과 유사한 시뮬레이션을 미리 경험했다. 또한 물류회사 DHL은 재고 관리에 AR 기술을 도입, 창고 운영을 위한 '비전 피킹' 파일럿 프로그램을 구현하기도 했다. 이 기술

엔비디아 옴니버스 플랫폼에 구축한 BMW 디지털 트윈 공장

출처: 엔비디아

로 창고 재고 관리 효율이 15퍼센트 개선됐다고 밝힌 바 있다.

클라우드 컴퓨팅 시장도 인더스트리얼 AI 핵심 영역으로 부상하며 지속해서 성장할 것으로 예상된다. 골드만삭스는 "AI 도입으로 2030년까지 클라우드 컴퓨팅 매출이 2조 달러까지 증가할 것"이라고 분석했다.

AI를 활용하는 기업에 대한 소비자 인식도 좋다. 〈포브스〉에 따르면 AI를 향한 여러 우려에도 불구하고 소비자 65퍼센트는 여전히 AI 기술을 사용하는 기업을 신뢰한다고 답했다. 기업이 산업 영역에서 책임감 있고 투명하게 AI 기술을 사용한다면 소비자의 신뢰를 유지하고, AI의 잠재력을 활용할 수 있을 것이다.

폭발적으로 성장하는 중국 AI 기술

제조업 강국인 중국의 부상도 인더스트리얼 AI 및 관련 산업 변화를

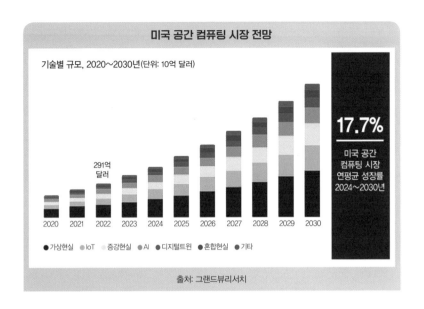

미국 공간 컴퓨팅 시장 전망

기술별 규모, 2020~2030년(단위: 10억 달러)

291억
달러

17.7%
미국 공간
컴퓨팅 시장
연평균 성장률
2024~2030년

2020 2021 2022 2023 2024 2025 2026 2027 2028 2029 2030

● 가상현실 ● IoT ● 증강현실 ● AI ● 디지털트윈 ● 혼합현실 ● 기타

출처: 그랜드뷰리서치

가속하는 동인이다. 슈퍼파워 미국과 중국이 치열한 기술 경쟁을 벌이면서 혁신 속도가 더 빨라지고 있다. 중국 정부는 2023년 8월 LLM 승인제를 도입했는데, 이후 6개월 동안 승인된 LLM만 40개 이상이다. 전세계 LLM의 40퍼센트에 달한다.

폭발적으로 성장하는 중국 AI 기술은 중국 경제의 기반인 제조업에 곧바로 적용될 것으로 보인다. 휴머노이드 로봇 스타트업 애지봇(Agibot)이 2024년 8월 18일(현지 시각) 선보인 다섯 종의 휴머노이드 로봇의 대표적인 예다. 이족 보행 로봇 '위안정 A2'는 멀티모달 AI로 구동되며 다양한 센서를 장착, 바늘에 실을 꿰는 정교한 작업도 수행할 수 있다. 중국 로봇 업체 유니트리는 1만 6,000달러의 비교적 저렴한 가격대의 휴머노이드를 공개하기도 했다.

장밋빛 전망만 있는 건 아니다. 휴머노이드 로봇의 도입으로 현장 근로자의 일자리가 사라질 수 있다. 맥킨지는 AI 발전으로 전 세계에서 약 4억 명의 근로자가 일자리를 잃을 수 있다고 분석했다. 2016년부터 2030년까지 AI가 전 세계 노동력의 약 15퍼센트에 영향을 미칠 것이란 관측이다.

2025년 인더스트리얼 AI 분야 5대 예측

1. **공간 지능과 VLM(비전 언어 모델)의 부상:** AI가 물리적 세계를 이해하고 처리하는 공간 지능의 중요성이 커질 것이다. 특히 창작, 디자인, 로봇공학 등에서 인간의 시각과 공간 정보 처리 능력을 모방하고 발전시킬 것으로 예상된다.

2. **시뮬레이션 기술의 발전:** 제조, 건설, 물류 등 대규모 산업 현장에서 AI 기반 시뮬레이션 기술을 통한 비용 절감과 효율성 향상이 가속화된다. 디지털 트윈과 같은 기술이 다양한 산업에서 필수 요소로 자리 잡을 것으로 예상된다.

3. **대용량 데이터와 클라우드 기반 AI:** 물리 세계를 디지털화하는 과정에서 대용량 데이터를 처리하는 클라우드 기반 AI 솔루션의 수요가 증가할 것이다. AWS와 같은 플랫폼이 중요한 역할을 하며 클라우드 기반 머신러닝 기술이 더욱 발전할 것으로 전망된다.

4. **휴머노이드 로봇의 상용화:** AI 기술이 적용된 휴머노이드 로봇이 생산라인과 물류 산업에 도입되며 다양한 작업을 자동화할 것이다. 인간의 작업을 대체하는 방향으로 로봇 기술이 발전해 산업 생산성에 큰 영향을 미칠 가능성이 있다.

5. **중국의 AI 산업 성장:** 중국이 AI 기술을 제조업에 적용하며 인더스트리얼 AI 분야에서 글로벌 경쟁력을 강화할 것이다. 휴머노이드 로봇, 자율주행차 등에서 중국이 주도적인 역할을 할 가능성이 크다.

2025년, 로봇 혁명의 서막

옵티머스: 테슬라가 개발 중인 휴머노이드 로봇으로, 인간을 대신해 다양한 작업을 수행할 수 있도록 설계됨. 일론 머스크는 옵티머스가 2025년부터 생산 라인에서 중요한 역할을 할 것이라 예상함.

휴머노이드 로봇: 인간과 유사한 외형과 기능을 가진 로봇. 이러한 로봇들은 다양한 산업 분야와 일상생활에서 인간을 돕거나 대체할 수 있는 능력을 갖추도록 설계되며, 가사나 제조 작업에서 활용될 수 있음.

— 언젠가 로봇이 〈스타워즈〉의 'R2-D2'나 'C-3PO'처럼 작동할 것입니다. 요리나 청소를 할 수 있고, 공장 일을 할 수도 있고, 심지어 당신의 아이들을 가르칠 수도 있습니다. 2025년에는 수천 대 이상의 옵티머스® 로봇이 테슬라에서 일하게 될 것입니다.

2024년 6월. 텍사스 오스틴에서 열린 테슬라의 주주총회장. 축제 분위기 속에서 열린 주주총회에서 일론 머스크는 흥분을 하며 말을 이어갔다.

"우리는 이제 새로운 챕터가 아닌 새로운 책을 쓰고자 합니다. 그 중심에 로봇 옵티머스가 있습니다."

휴머노이드 로봇® 시대의 개막을 본격적으로 알린 것

이다. 그렇다. 2025년은 로봇 시대의 개막을 알리는 해다. 생산 비용이 빠르게 낮아짐에 따라 성능 향상의 목적으로 로봇은 다양한 산업과 일상생활에 빠르게 도입되고 있다. 자율주행차, 가정용 로봇 청소기, 소셜 로봇 등 다양한 형태의 로봇들이 시장에서 점점 더 대중화되고 있다. 선진국에서는 인구 고령화로 인한 노동력 부족 문제를 해결하기 위해 로봇 기술의 활용이 필수적으로 대두되고 있다. 로봇이 인간을 대신해 다양한 업무를 수행함으로써 사회적 문제를 완화하고, 생산성 향상에 기여할 수 있다고 보는 것이다.

기존 소프트웨어 산업에서 성공을 거둔 SaaS 모델이 이제 로봇 산업에 적용되고 있는 점도 주목할 필요가 있다. 이 모델은 사용자들에게 더 경제적이고 유연한 서비스 이용을 가능하게 하고, 기업에는 지속할 수 있는 수익 창출의 기회를 제공할 잠재력을 지니고 있다.

2025년 이후 로봇 하드웨어를 구매한 후 소프트웨어를 구독하는 형태의 모델이 더욱 보편화될 것으로 예상된다. 마치 아이폰과 애플의 앱 시장이 로봇으로 확대된다고 볼 수 있다. 세계 각국은 로봇과 자동화 기술의 발전을 촉진하기 위해 정책과 규제를 검토 중이다. 이러한 노력은 로봇 산업의 성장을 가속화하고, 연구 개발을 지원하며, 다양한 산업 분야에서 로봇 활용을 장려하는 데 중요한 역할을 할 것으로 보인다.

젠슨 황은 "앞으로 움직이는 모든 것이 로봇이 될 것"이라며, "로봇이 적용되는 제조 공장이나 농장 같은 장소에는 디지털 트윈 플랫폼이 반드시 필요해질 것"이라고 여러 번 얘기한 바 있다. 이 말은 앞으로 로봇이 산업 전반에 걸쳐 중요한 역할을 하게 될 것임을 암시한다.

전동화 혁명이 로봇을 바꾸다

유압식으로 작동하는 방식 대신 전기로 로봇을 작동시키는 '전동화'는 로봇 산업의 패러다임을 바꿨다. 보스턴다이내믹스가 2024년 4월 17일 새로운 휴머노이드 로봇 '아틀라스(Atlas)'를 공개하며, 로봇 업계의 큰 주목을 받은 이유다.

신형 아틀라스는 기존의 유압식 구동 방식 대신 전기 구동 방식을 채택한 것이 가장 큰 특징이다. 유압식 로봇은 강력한 힘을 낼 수 있다는 장점이 있지만, 작동 시 소음이 크고 구조가 복잡하며 에너지 효율이 낮아 실용성에 한계가 있다는 평가를 받아왔다. 전기 구동 휴머노이드가 새로운 표준으로 자리 잡아가고 있다. 전기 구동 시스템은 기존의 유압식 시스템보다 훨씬 조용하고 정밀하게 움직일 수 있어, 공장과 물류 창고, 건설 현장 등 다양한 산업 환경에서 그 활용도가 더욱 높아질 수 있다.

전기 구동 휴머노이드의 가능성을 처음으로 보여준 사례는 2022년 UCLA 로멜라(RoMeLa) 연구소에서 개발된 아르테미스(ARTEMIS)였다. 해당 프로젝트를 이끈 데니스 홍 교수는 전기식이 유압식보다 우수한 이유를 설명하기 위해 큰 노력을 기울여 왔다고 밝히며, "보스턴다이내믹스의 전기식 아틀라스를 통해 전동화 로봇의 진정한 가능성을 볼 날이 머지않았다. 아틀라스가 우리를 또 한 번 놀라게 할 것으로 기대된다"라고 전했다. 이러한 홍 교수의 발언은 전기 구동 기술이 로봇의 효율성과 실용성을 극대화하며, 앞으로의 휴머노이드 로봇 시장의 판도를 바꿀 핵심 동력으로 자리 잡을 것임을 시사한다.

전기 구동 기술의 도입은 단순한 기술적 변화에 그치지 않고 로봇 산업 전반에 걸쳐 새로운 혁신의 물결을 일으키고 있다. 전동화된 휴머노이드 로봇은 에너지 효율성을 높이고 유지 보수 비용을 절감하는 것은 물론, 좀 더 정밀한 제어와 부드러운 동작을 가능하게 하여 인간과의 상호작용에서 훨씬 자연스러운 움직임을 구현할 수 있다.

전기 구동 기술은 로봇의 이동성과 작업 효율성을 크게 개선할 수 있어, 인력 부족 문제를 해결하는 데 중요한 역할을 할 것으로 기대된다. 예를 들어 물류와 제조업에서 전기 구동 휴머노이드는 반복적인 작업을 정확하고 신속하게 수행할 수 있어 작업 효율성을 극대화할 수 있으며, 노동자들이 고위험 작업에서 벗어나 좀 더 창의적이고 안전한 업무에 집중할 수 있도록 도울 것이다.

로봇의 전동화는 생성형 AI와의 결합을 통해 새로운 가능성을 열어준다. AI 기반 제어 시스템은 로봇이 주변 환경을 학습하고, 자율적으로 의사결정을 내리며, 복잡한 작업을 수행할 수 있도록 돕는다. 이러한 AI와 전기 구동 로봇의 결합은 의료, 서비스, 교육 등 인간 생활 전반에 걸쳐 혁신적인 변화를 가져올 것이다.

2025년 이후 휴머노이드 로봇이 만드는 자동차

2025년 이후 자동차 제조회사들이 휴머노이드 로봇을 생산 라인에 투입하면서 생산 방식에 극적인 변화가 올 것으로 예상된다. 자동차 제조사들은 휴머노이드 로봇의 도입을 통해 공장의 자동화와 인력난 감소 문제를 해결하려고 한다. 테슬라, 도요타, 현대차와 같이 자체적으로 로봇을 개발하는 전략을 취하는 곳이 있으며 휴머노이드 로봇의 대표적인 스타트업들과의 파트너십 및 거대 투자를 통해 이들의 기술을 흡수하는 방식을 꾀하는 회사들도 다수다.

미국의 제조 산업은 최근 더 많은 로봇 자동화에 투자하고 있다. 2023년에는 산업용 로봇의 총 설치 수가 12퍼센트 증가하여 4만 4,303대에 이르렀다. 가장 많이 채택된 분야는 자동차 산업이며, 전기 및 전자 부문이 뒤를 따른다.

국제로봇연맹(IFR)의 마리나 빌(Marina Bill) 회장은 "미국은 전 세계적으로 가장 발전된 제조 산업을 보유하고 있는 나라 중 하나"라며, "이번 IFR 전망은 2023년 미국 제조의 모든 주요 부문에서 강력한 로봇 수요가 다시 한번 나타났음을 보여준다"라고 말했다.

도요타는 '푸뇨(Punyo)'라는 이름의 새로운 소프트 휴머노이드를 공개했다. 이 로봇은 몸 전체를 사용해 물건을 집을 수 있으며, 혁신적인 소재로 제작됐다. 푸뇨는 단단한 금속 뼈대 위에 부드럽고 연한 층을 덧대어, 마치 인간의 살과 같이 푹신하고 유연한 특성을 지니고 있다. 이 소재는 촉각 센서가 내장되어 있어, 사람이든 물건이든 포옹하는 대상을 정확하게 감지할 수 있다. 도요타는 이러한 기술을 통해 인간과 로봇 간의 상호작용을 더욱 자연스럽고 안전하게 만들고자 자체적인 로봇 개발에 박차를 가하고 있다.

BMW도 미국 사우스캐롤라이나 공장에서 휴머노이드 로봇 작업자를 테스트 중이다. 이 로봇은 제조 과정에서 위험하거나 반복적인 작업을 자동화하는 역할을 할 수 있도록 설계됐다. BMW는 피규어AI에서 개발한 '범용' 로봇을 도입해, '어렵거나 안전하지 않거나 지루한' 작업을 자동화하고자 한다. 이러한 로봇이 현장에서 실질적인 성과를 보일 경우, BMW는 단계적으로 이 로봇을 자사 시설에 배치할 계획이다.

도요타가 공개한 '푸뇨'라는 이름의 새로운 소프트 휴머노이드

출처: 도요타

    포드(Ford)는 휴머노이드 로봇 제조 분야에서 새로운 장을 열고 있다. 어질리티 로보틱스(Agility Robotics)는 오리건주 세일럼에 세계 최초의 휴머노이드 로봇 공장을 설립했다. 이 공장은 '로보팹(RoboFab)'이라는 이름으로 불리며, 연간 최대 10만 대의 휴머노이드 로봇을 생산할 예정이다. 또한 이 공장은 500명의 직원을 고용해, 첨단 로봇 생산에 힘을 실을 것으로 보인다.

    어질리티 로보틱스의 표적인 로봇 모델 "디지트(Digit)는 창고나 공장 내에서 자유롭게 이동하며 계단을 오르내리거나 좁은 공간에 웅크리는 등의 작업을 수행할 수 있도록 설계됐다. 이 로봇은 미래의 산업 현장에서 인간과 협력하는 '로봇 동료'로 자리매김할 것으로 보인다.

홈 로봇의 등장, 애플과 메타의 비전

휴머노이드 로봇은 앞으로 '가정'에서 볼 수도 있다. 바로 '홈 로봇'이다. 일반 가정에 들어간 로봇이 집안일부터, 화상 통화에 이르기까지 전반적인 영역에서 도우미가 되는 시나리오를 그리고 있다.

애플은 자동차 산업에서의 도전을 넘어서, 차세대 혁신의 핵심으로 홈 로봇공학을 탐구하고 있다. 애플의 엔지니어들은 사용자와 집 주변을 자유롭게 이동할 수 있는 로봇과, 디스플레이 화면을 조정할 수 있는 테이블탑 장치 연구를 진행 중인 것으로 나타났다. 이 로봇은 자율적으로 집안을 돌아다니며, 가정에서의 다양한 필요를 충족할 수 있도록 설계되고 있다. 애플은 자율 이동이 가능한 화상 회의 로봇을 시작으로, 집안일을 돕고 소통의 편리함을 더하는 데 초점을 맞추고 있는 것으로 보인다.

메타는 가상과 현실 환경 모두에서 사용자와 상호작용할 수 있는 로봇을 개발하는 것을 궁극적인 목표로 삼고 있다. 메타의 비전인 해비타트(Habitat)는 인간과 로봇의 공존을 위한 미래를 그리는 프로젝트 명이다. 이 로봇은 사용자의 움직임을 따라다니며, 방을 정리하는 등 다양한 기능을 수행할 수 있다. 메타의 최신 AI 기술을 통해 로봇은 단순한 도구를 넘어, 미래의 생활에서 중요한 역할을 수행할 것으로 기대된다.

출처: 메타

아마존의 물류 로봇

반복적인 노동작업이 빈번하게 일어나는 물류 창고는 2025년 이후 휴머노이드 로봇 시대를 본격화할 대표적 산업 영역이다. 이 분야에는 아마존이 선도적인 위치에 서 있다. 이미 로봇을 통한 물류 자동화는 상당 부분 진전을 이루고 실제로 운영되고 있다. 여기에 더 나아가 휴머노이드 로봇을 적용해 실제로 인간이 하는 물건 들기, 운반, 놓기 등의 작업을 자연스럽게 수행하고 인간 작업자와의 자연스러운 상호작용도 꾀하고 있다.

아마존은 휴머노이드 로봇의 도입에 적극적으로 나서고 있다. 이 회사는 어질리티 로보틱스의 '디지트' 로봇을 활용하여, 직원들이 수행하

**어질리티 로보틱스의 '디지트' 로봇을 활용하여,
반복적인 작업을 대신 처리하는 방안을 시험해보는 중**

출처: 어질리티 로보틱스

는 어려운 업무와 반복적인 작업을 대신 처리하는 방안을 시험하고 있다. 어질리티 로보틱스의 디지트는 단순히 직원의 업무를 대체하는 것이 아니라, 특히 위험하거나 지루한 작업을 자동화하여 작업 효율성을 높이는 방법으로 사용되고 있다. 이런 시도는 아마존의 물류와 운영 효율성을 향상시키기 위한 노력의 하나로, 로봇 기술이 실제 업무 환경에서 어떻게 활용될 수 있는지를 보여준다.

월마트는 휴머노이드 로봇보다는 드론 배송에 더 큰 노력을 기울이고 있다. 월마트는 드론 배송 기술을 통해 빠르고 효율적인 물류 서비스를 제공하려는 목표를 세우고 있으며, 이를 통해 고객에게 신속하게 상품을 전달할 수 있는 시스템을 구축하고자 한다. 이와 같은 전략은 드론이 제공하는 고속 배송과 비용 효율성 덕분에, 향후 월마트의 물류 운영에 중요한 역할을 할 것으로 기대된다.

스타트업 중심으로 혁신을 선도하는 로봇 기술

2025년 이후 휴머노이드 로봇이 급성장할 수밖에 없는 배경엔 스타트업들과 빅테크 기업의 과감한 파트너십 체결과 공격적인 투자가 있다. 휴머노이드 로봇은 지난 20년간 언제나 '로봇의 미래'로 꼽혔지만 산업적인 영향력은 적었다. 하지만 빅테크 기업들은 공장, 물류 등 각 영역에서 적극적으로 도입할 수밖에 없는 환경이 되면서 투자와 도입을 서두르고 있다. 심지어 로봇 기술에 뒤처질까 봐 우려하는 포모(FOMO) 현상*도 있었다.

> **포모 현상:** 'Fear of Missing Out'의 줄임말로, 기술이나 시장 변화에서 뒤처질까 두려워하는 현상. 빅테크 기업들이 로봇 기술 도입을 서두르는 이유 중 하나로 언급됨.

피규어AI는 6억 7,500만 달러의 자금을 모금하며 로봇 산업에서 큰 주목을 받고 있다. 이 자금은 아마존, 엔비디아, 마이크로소프트, 오픈AI 등 주요 투자자들로부터 유치된 것이다.

제프 베이조스는 아마존이 AI 경쟁에서 뒤처지는 것을 우려했다. 그는 아마존이 '가장 취약한' 빅테크 기업 평가를 받고 있다고 느끼며, AI 기술의 발전이 필요하다고 강조하고 있다. 아마존은 디지트와 같은 휴머노이드 로봇이 직원들을 대체하기보다는, 직원들과 협력하여 반복적이고 위험한 작업을 대신하도록 설계했다고 사람들을 안심시킨다. 이 로봇은 인간이 더 복잡한 작업에 집중할 수 있도록 지원하며, 결과적으로 고객 서비스 향상에도 기여할 것으로 기대된다.

젠슨 황은 로봇용 모델 구축이 "오늘날 AI에서 해결해야 할 가장 흥미로운 문제 중 하나"라고 평가하며, 로봇 스타트업에 대한 투자를 확대하고 있다. 특히 엔비디아는 피규어AI의 위험한 창고 작업을 위한 로봇 개발에 5,000만 달러를 약속하며, 로봇 기술의 미래에 대한 신뢰를 보인다. 이는 기술 발전이 단순한 미래의 이야기가 아닌 현재 진행형임을 보여준다.

오픈AI는 피규어AI와의 파트너십을 통해 휴머노이드 로봇의 가능성을 더욱 확장하려 하고 있다. 오픈AI는 이 협약을 통해 로봇이 "일상생활에 도움을 줄 수 있는 혁신적인 길을 열 것"이라고 예상한다. 오픈AI의 제품과 파트너십 담당 부사장인 피터 웰린더(Peter Welinder)는 피규어AI의 발전에 대해 놀라움을 표하며, 로봇의 일상생활 지원을 위한 새로운 가능성을 함께 탐색하고자 한다.

액센추어(Accenture)는 생추어리AI(Sanctuary AI)에 투자하여, 인간과 함께 작업할 수 있는 AI 기반 휴머노이드 로봇을 구현했다. 액센추어의 글로벌 첨단 자동화 및 로봇공학 책임자 조 루이(Joe Lui)는 "많은 국가와 산업의 노동력 부족이 문제가 되는 상황에서 AI 기반 휴머노이드 로봇은 작업을 재창조하고 인간 근로자를 지원하는 데 필수적이다"라고 설명한다. 그는 생추어리AI의 고급AI 플랫폼이 환경에 반응하고 신속하게 새로운 작업을 수행할 수 있도록 로봇을 훈련시키는 능력에 주목한다. 또한 다양한 산업 분야에서 인간 작업자를 보완하고 협력할 수 있는 로봇의 엄청난 잠재력을 보고 있다.

전통 산업 로봇의 비전

그렇다면 기존 로봇 산업의 전통적인 플레이어들의 입장은 어떨까? 로봇팔, 로봇 청소기와 같이 인간의 형상은 아니지만 산업체와 가정에서 큰 성공을 거두었던 회사들은 이러한 휴머노이드 로봇 흐름에 대해 어떠한 견해를 가졌는지 들어볼 필요가 있다.

'범용 목적(General Purpose)' 휴머노이드 로봇이라는 개념은 수십 년 동안의 전통적인 로봇 사용 방식을 정면으로 반박하고 있다. 지금까지 대부분의 휴머노이드 로봇 개발은 파일럿 단계에 머물러 있으며, 로봇 기업들은 종종 최적의 성능만을 강조하여 마케팅을 진행해왔다는 회의적인 시각도 존재한다. 이에 따라 사람들은 비현실적인 기대를 하거나 의심하게 될 수 있다는 평이다. 현재의 과제는 이러한 기술을 실제 어떻게 대규모로 확장할 수 있을지가 될 것이다.

특정 작업에서 인간의 형상이 꼭 필요한가에 대한 의문도 제기되고 있다. 예를 들어 두 다리가 필요 없는 작업에서는 다리가 없는 로봇이 더 효율적일 수 있다. 이러한 질문은 로봇 설계와 기능성에 큰 영향을 미치며, 미래의 로봇 개발 방향을 결정짓는 중요한 요소로 작용할 것이다. 안전 문제는 상대적으로 덜 거론되고 있지만, 매우 중요한 이슈다. 특히 인간과 로봇이 협업하는 환경에서는 안전과 관련된 문제와 예상 시나리오가 여전히 미지의 영역으로 남아 있다. 이러한 리스크는 로봇 기술이 발전함에 따라 더욱 심각한 문제가 될 수 있다. 휴머노이드 로봇에 대하여 조금은 회의적인 시각들도 공존하고 있다는 것을 볼 수 있다. 하지만 이러한 위기는 기존 전통 로봇 산업에도 적용되고 있다.

수술용 로봇 분야에서는 인튜이티브서지컬(Intuitive Surgical)의 다빈치 로봇이 기존의 형태를 지속해서 발전시키고 있다. 다빈치 5 로봇은 기존의 선도적 입지를 더욱 강화할 것으로 예상되며, 특히 힘 피드백 기능에 대해 긍정적인 반응을 얻고 있다. 이 기능은 시각적인 움직임이 아닌 신체 내부의 움직임을 더 쉽게 이해할 수 있게 하여, 로봇 수술의 도입을 지원하는 중요한 발전으로 평가받고 있다.

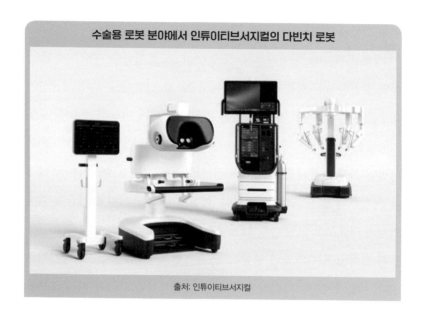

수술용 로봇 분야에서 인튜이티브서지컬의 다빈치 로봇

출처: 인튜이티브서지컬

휴머노이드 로봇의 발전과 반도체의 중요성

휴머노이드 로봇은 인간의 형태와 기능을 모방하여 다양한 환경에서 사람처럼 행동하고 상호작용할 수 있는 기계다. 휴머노이드는 사회의 여러 분야에서 그 가능성을 보여주고 있으며, 최근 기술의 발전으로 인해 그 중요성이 더욱 부각되고 있다. 이와 함께 휴머노이드 로봇의 성능을 극대화하고 안정성을 확보하는 데 중요한 역할을 하는 것이 바로 반도체다.

반도체는 휴머노이드 로봇의 '뇌'와 같은 역할을 한다. 로봇의 CPU(중앙 처리 유닛)와 로봇의 AI 알고리즘과 제어 시스템을 실시간으로 처리한다. 반도체 칩은 로봇이 주변 환경을 인식하고, 움직임을 조정하며, 상호작용을 관리할 수 있도록 한다. 예를 들어 로봇이 사람의 감정을 인식하고 적절한 반응을 할 수 있도록 돕는 AI 알고리즘은 강력한 반도체 처리 능력 없이는 원활하게 작동할 수 없다.

휴머노이드 로봇은 복잡한 센서와 액추에이터를 통해 인간과 유사한 동작과 감각을 구현한다. 이들 센서와 액추에이터는 반도체 기술을 기반으로 작동한다. 예를 들어 로봇의 촉각 센서는 압력, 온도, 진동 등의 데이터를 실시간으로 수집하고 이를 처리하기 위해 고속 반도체 칩을 사용한다. 액추에이터는 로봇의 움직임을 제어하며, 이들 역시 정밀한 반도체 기술을 통해 정확한 동작을 수행한다.

휴머노이드 로봇은 이동성과 장시간 작동을 필요로 하기 때문에, 저전력 고효율 칩의 사용이 필수다. 최신 반도체 기술은 에너지 소비를 최소화하면서도 높은 성능을 제공할 수 있도록 설계돼 있다. 이는 로봇이 계속 작동하면서도 배터리 수명을 극대화할 수 있게 해준다. 저전력 반도체 칩은 열 발생을 줄여 로봇의 과열 문제를 방지하고 안정성을 높이는 데 기여한다.

휴머노이드 로봇은 고속 데이터 처리와 실시간 반응에 크게 의존한다. 여기에 핵심이 반도체다. 로봇이 실시간으로 환경 변화를 감지하고 즉각적으로 반응할 수 있는 능력은 고속 데이터 처리 능력에 달려 있다. 이를 위해 최신 반도체 칩은 빠른 데이터 전송 속도와 처리 능력을 제공하며, 로봇의 반응 시간을 단축하는 데 기여한다.

AI와 머신 러닝 기술의 통합은 휴머노이드 로봇의 지능을 향상시키는 데 중요한 요소다. 반도체는 이런 기술들이 원활하게 통합될 수 있도록 지원한다. AI 알고리즘을 구현하기 위해서는 대량의 데이터 처리가 필요하며, 이는 고성능 반도체 칩의 지원 없이는 불가능하다. 머신 러닝 모델의 학습과 추론 과정에서도 강력한 반도체 기술이 필요하며,

이는 로봇이 점점 더 복잡한 작업을 수행할 수 있도록 한다.

미래 반도체 기술은 휴머노이드 로봇의 성능을 더욱 향상시킬 것으로 예상된다. 5G, 에지 컴퓨팅(Edge Computing)*, 양자 컴퓨팅(Quantum Computing)* 등 새로운 기술들은 로봇의 데이터 처리 능력과 상호작용 범위를 확장할 것이다. 이러한 기술들은 반도체의 발전과 밀접한 관계가 있으며, 향후 로봇의 성능과 가능성을 더욱 확대할 것으로 보인다.

2025년은 로봇의 르네상스를 여는 해가 되나?

로봇은 제조업, 물류, 농업 등 다양한 산업 분야에서 생산성을 획기적으로 향상시킬 수 있는 잠재력을 지니고 있다. 반복적이고 위험한 작업을 로봇이 대신 수행함으로써, 인력의 효율성을 극대화하고 작업 환경을 획기적으로 개선할 수 있다.

로봇의 발전은 하드웨어와 소프트웨어를 분리하여 구독 모델로 제공하는 새로운 비즈니스 모델을 가능케 한다. 예를 들어 로봇 청소기나 산업용 로봇은 소프트웨어 업데이트나 유지보수를 구독 형태로 제공, 기업들에 지속적인 수익원을 창출할 수 있는 기회를 제공한다. 이를 통해 로봇 제조업체들에 안정적이고 예측할 수 있는 수익 구조를 제공하며, 고객들에게는 최신 기능과 서비스의 지속적인 업데이트를 보장한다.

로봇 플랫폼화는 다양한 산업에서 혁신을 촉진하는 핵심 요소다. 농업 분야에서는 자율주행 트랙터와 드론을 활용한 스마트 농업이 가능해지며, 이는 생산성과 효율성을 크게 향상시키는 데 기여하고 있다. 물류 분야에서는 자율주행 로봇을 통한 물류 관리의 효율성이 강조되고 있으며, 이는 물류 운영의 혁신을 끌어내고 있다. 로봇 플랫폼화는 이러한 분야에서의 기술 발전을 가속하며, 산업의 전반적인 혁신을 촉진하는 중요한 역할을 할 것으로 보인다.

로봇 소프트웨어 구독 모델은 사용자 맞춤형 서비스를 제공할 가능성을 열어준다. 사용자들은 자신의 필요에 맞게 로봇의 기능을 확장하거나 업그레이드할 수 있으며, 이를 통해 좀 더 개인화된 사용자 경험을 누릴 수 있다. 이러한 맞춤형 서비스는 로봇의 활용도를 높이고, 사용자 만족도를 향상하는 데 기여할 것이다.

로봇 생태계의 형성, AI 결합의 시작

2025년 이후 향후 3~5년 이내에 로봇 플랫폼의 생태계가 본격적으로 형성될 것으로 전망된다. 다양한 로봇 플랫폼이 등장하여, 로봇 하드웨어와 소프트웨어를 원활하게 연동할 수 있는 환경이 조성될 것이다. 특히 AI 기술과의 결합은 로봇의 지능적이고 자율적인 행동을 가능하게 할 것이며, 이는 로봇이 좀 더 복잡한 작업을 수행하는 데 기여할 것으로 보인다. 이러한 발전은 로봇이 산업과 일상생활에서 더 큰 역할을 수행하도록 돕는 중요한 요소가 될 것이다.

5~10년 후에는 전면적인 로봇화 사회가 실현될 것으로 보인다. 로봇이 가정, 공공장소, 직장 등 다양한 환경에서 널리 사용되며, 인간의

파트너로 자리 잡게 될 가능성이 크다. 휴머노이드 로봇의 발전은 더욱 두드러질 것으로 예상되며, 인간과 유사한 형태와 기능을 가진 휴머노이드 로봇이 상용화될 것이다. 이러한 로봇은 사람들과 자연스럽게 상호작용하며, 다양한 역할을 할 수 있는 능력을 갖추게 될 것이다.

로봇과 인간의 협력은 강화되며, 작업 효율성을 극대화하고 인간의 안전을 보장하는 데 중요한 역할을 할 것이다. 로봇과 인간이 협력하여 작업을 수행하는 시스템이 보편화될 것으로 예상되며, 이는 산업과 사회 전반에서의 효율성과 안전성을 크게 향상시킬 것으로 보인다. 로봇 기술의 발전과 플랫폼의 확장은 미래 사회에서 로봇의 역할을 한층 강화하며, 산업의 혁신과 일상생활의 변화를 끌어낼 것이다.

AI와 로봇의 결합: 물리적 세계 재정의

AI의 발전은 로봇의 시대를 한층 더 앞당기고 있다. 샘 올트먼은 "로봇으로 놀라운 일을 하는 단계가 올 것"이라고 언급하며 AI와 로봇의 결합이 가져올 혁신적 가능성을 강조한 바 있다. 실제로 오픈AI는 자사의 생성형 AI 기술을 로봇 하드웨어에 적용하기 위한 협업을 활발히 진행 중이다. 이러한 노력은 AI가 단순히 데이터 분석이나 예측을 넘어 물리적 세계와 상호작용할 수 있는 능력을 갖추게 하는 데 중점을 두고 있다.

전문가들은 AI의 급속한 발전과 함께, AI가 단순한 소프트웨어를 넘어 실세계에서 물리적 작업을 수행할 수 있는 로봇으로 그 활용 범위가 확장될 것으로 보고 있다. AI가 지시하는 대로 움직이며 다양한 작업을 자동화할 수 있는 로봇이 산업, 가정, 의료 등 다양한 분야에서 큰 변화를 가져올 것임을 시사한다. 특히 AI와 로봇의 융합은 인력 부족 문제를 해결하고, 작업의 효율성과 정확성을 극대화하며, 새로운 형태의 자동화와 서비스 산업을 창출할 잠재력을 가지고 있다. AI와 로봇의 결합은 이미 다양한 산업에서 실제 적용 사례를 통해 그 가능성을 입증하고 있다. 제조업에서는 AI 로봇이 복잡한 조립 작업을 자동화하고 품질 검사를 실시간으로 수행한다. 물류 분야에서는 AI 기반 로봇이 자율적으로 창고를 관리하고 물품을 분류하는 등 작업의 효율성을 크게 향상시키고 있다.

의료 분야에서도 AI 로봇은 수술의 정밀도를 높이고, 환자 관리를 자동화하며, 의사들의 의사결정을 지원하는 중요한 도구로 자리 잡고 있다. 이러한 변화는 AI가 인간의 지시를 받는 단순한 도구에서 벗어나, 자율적이고 지능적인 존재로 진화하고 있음을 보여준다. 더 나아가, AI와 로봇의 융합은 스마트 시티*, 농업, 교육 등 다양한 영역으로 확산하여, 인간의 삶의 질을 개선하고, 새로운 경제적 기회를 창출할 것으로 기대된다. 이렇듯 AI와 로봇의 결합은 기술 발전을 넘어서, 사회·경제적 혁신을 이끄는 핵심 요소로 부상하고 있으며, 그 영향력은 더욱 커질 전망이다. 따라서 AI와 로봇의 결합은 단순히 기술의 진보를 넘어, 우리 일상의 패러다임을 바꾸는 핵심 동력으로 자리 잡을 가능성이 크며, 앞으로의 기술 발전 방향에 대한 주목이 필요한 이유이기도 하다.

> **스마트 시티:** 첨단 정보 통신기술(ICT)을 활용하여 도시의 각종 인프라와 서비스를 효율적으로 운영하는 도시를 말한다. 모빌리티 기술의 발전과 함께 스마트 시티는 2025년까지 교통, 안전, 에너지 효율화에 기여할 것이다.

로봇 앱의 등장

2005년부터 이런 로봇 기술의 발전과 함께, 로봇 앱 시장도 활성화될 것이다. 로봇 앱은 이제 단순한 부가 기능이 아닌, 로봇의 성능을 극대화하고 사용자 경험을 향상시키는 핵심 요소로 자리 잡고 있다. 이 변화는 여러 산업에 걸쳐 혁신을 일으키며, 사용자와 로봇 간의 상호작용을 더욱 풍부하게 만들어줄 것이다.

로봇 앱의 종류와 수도 빠르게 증가하고 있다. 초기에는 주로 로봇의 기본적인 제어와 모니터링 기능을 제공하는 앱이 중심이었지만, 이제는 다양한 기능을 제공하는 앱들이 시장에 등장하고 있다. 가정용 로봇 사용을 위해 청소 패턴 최적화, 에너지 효율성 관리, 사용자 맞춤형 청소 일정 조정 등의 기능을 지원하는 앱들이 등장하고 있다. 또한 산업용 로봇 사용을 위해 작업 스케줄링, 고장 예측, 유지보수 알림 등 복잡한 작업을 수행할 수 있는 앱들이 개발되고 있다.

로봇 앱은 사용자 맞춤형 솔루션을 제공하는 데 중점을 두고 있다. 각 사용자의 요구와 환경에 맞춰 로봇의 기능을 조정하고 최적화할 수 있는 앱들이 개발되고 있으며, 이는 로봇의 효율성과 사용성을 크게 향상시킨다. 가정의 구조나 사용자 패턴에 따라 다양한 청소 모드와 기능을 제공하는 스마트 홈 로봇의 앱들이 좋은 반응을 얻고 있는 것이 대표적인 예다.

클라우드와 AI의 발전은 로봇 앱의 기능을 혁신적으로 변화시키고 있다. 클라우드 기반의 로봇 앱은 로봇의 데이터를 실시간으로 수집하고 분석하여, 사용자에게 유용한 인사이트를 제공한다. AI 기술을 적용한 앱은 로봇의 학습 능력을 향상시키고, 사용자 행동을 분석하여 좀 더 스마트한 서비스 제공이 가능하다. AI 기반의 로봇 앱은 사용자 패턴을 학습하여, 자동으로 최적의 작업 일정을 제안하거나, 예측 유지보수를 통해 로봇의 다운타임을 최소화할 수 있다.

로봇 앱의 활성화와 함께 보안과 개인정보 보호 문제도 중요해지고 있다. 로봇이 수집하는 데이터는 사용자에게 매우 개인적일 수 있기 때문에, 데이터 보안과 프라이버시 보호는 필수적이다. 로봇 앱 개발자들은 강력한 암호화 기술과 접근 제어를 통해 사용자 데이터를 보호하고, 불법적인 접근이나 해킹으로부터 안전을 보장해야 한다.

로봇 앱 시장은 다양한 산업 분야로 확산되고 있다. 제조업, 물류, 의료, 농업 등 여러 산업에서 로봇의 특성과 요구에 맞춘 맞춤형 앱이 개발되고 있다. 예를 들어 제조업에서는 공정 최적화와 자동화, 물류에서는 창고 관리와 물품 추적, 의료에서는 환자 모니터링과 수술 보조 등 각 산업에 맞는 로봇 앱들이 시장에서 주목받고 있다.

미래의 로봇 앱 생태계는 더욱 다양화되고 통합화될 것으로 예상된다. 로봇 제조사와 앱 개발자, 클라우드 서비스 제공자 간의 협업이 확대되면서, 좀 더 포괄적이고 유연한 로봇 솔루션이 제공될 것이다. 또한 오픈 플랫폼과 API를 통해 개발자들이 로봇 앱을 더 쉽게 개발하고 배포할 수 있는 환경이 조성될 것이다. 이는 로봇 앱의 혁신을 가속화하고, 새로운 기능과 서비스를 계속 선보이는 기반이 될 것이다.

로봇 앱 시장의 활성화는 기술 발전과 사용자 요구에 따라 계속 진화할 것이다. 로봇과 앱 간의 시너지를 통해, 좀 더 효율적이고 스마트한 로봇 솔루션이 제공되며, 이는 다양한 산업과 일상생활에 긍정적인 영향을 미칠 것이다.

로봇 혁신의 주역: 주목해야 할 선도 기업들

테슬라는 자율주행차와 옵티머스 로봇을 주요 제품으로 삼고 있으며, 이 두 가지 기술 분야에서의 선도적인 역할을 하고 있다. 테슬라의 자율주행 기술은 로봇 플랫폼화와 AI 기술 적용에서 중요한 기여를 하고 있으며, 이는 자동차 산업과 로봇 산업의 경계를 허물고 새로운 혁신을 주도하고 있다. 테슬라는 자율주행차와 로봇의 발전을 촉진하며, 다양한 산업에서 효율성과 안전성을 크게 향상시키는 데 중대한 역할을 하고 있다.

아마존 로보틱스는 물류 로봇과 키바(Kiva) 시스템을 통해 물류 및 창고 관리의 혁신을 이끌고 있다. 이 회사의 로봇 기술은 물류 프로세스를 자동화하고 최적화하여, e-커머스 산업에서의 빠르고 정확한 상품 배송을 가능하게 하고 있다.

유니버설 로봇(Universal Robots)의 주요 제품에는 협동 로봇(Cobots)이 있다. 유니버설 로봇은 안전하고 사용하기 쉬운 협동 로봇을 개발하여, 중소기업에서도 로봇을 도입할 수 있도록 했다. 이 회사의 혁신적인 기술은 다양한 산업 분야에서 작업 효율성을 높이고, 로봇 기술의 접근성을 확대하여 더 많은 기업이 자동화의 혜택을 누릴 수 있게 하는 데 크게 기여하고 있다.

앱트로닉은 미국 텍사스주 오스틴에 있는 로봇 스타트업으로, 2023년 상용 휴머노이드 로봇 '아폴로'를 출시했다. 아폴로는 키 173센티미터, 무게 72킬로그램이며 최대 25킬로그램의 물체를 들어 올릴 수 있다. 빌 게이츠는 앱트로닉에 대해 "단일 작업을 반복하는 여러 로봇과 다양한 작업을 수행할 수 있는 범용 로봇 중 어느 것이 더 유용할까?"

최대 25킬로그램의 물체를 들어 올릴 수 있는 상용 휴머노이드 로봇 '아폴로'

출처: 앱트로닉

라는 질문을 던지며, 앱트로닉의 해답은 '한 대의 범용 로봇'이라고 설명했다. 아폴로는 공장 내 물품 운반부터 가사 지원까지 다양한 작업을 수행하도록 프로그래밍할 수 있다. 또한 다른 회사의 소프트웨어도 탑재할 수 있어 소프트웨어 업데이트를 통해 새로운 기능을 손쉽게 추가할 수 있다는 강점이 있다.

이스라엘 기반 기술 기업 테벨은 AI 기술을 활용하여 잘 익은 사과를 찾아 자동으로 수확하는 드론 로봇 '파(FAR)'를 개발했다. 빌 게이츠에 따르면 일부 부유한 국가에서는 농업 비용의 약 40퍼센트가 인건비에 들며, 노동자들은 장시간 뜨거운 햇볕 아래서 작업하는 어려움을 겪고 있다. 그런데도 농업 노동력 부족으로 인해 제때 수확하지 못하고 과일을 폐기하는 농가들이 많다는 점이 문제로 지적된다. 테벨의 드론 로봇은 24시간 내내 자율적으로 과일을 수확하며, 동시에 수확 데이터를 실시간으로 수집할 수 있어 농업 효율성을 높이는 것이 특징이다.

24시간 내내 자율적으로 과일을 수확할 수 있는 테벨의 드론 로봇

출처: 테벨

필드AI는 미국 남부 캘리포니아에 있는 로봇 기술 업체로, 하드웨어보다 AI 소프트웨어 개발에 중점을 두고 있다. 필드AI의 소프트웨어는 다양한 로봇들이 주변 환경을 인식하고, GPS 없이도 육상, 해상, 공중에서 자유롭게 탐색하며 상호 통신할 수 있도록 돕는 역할을 한다. 구글, 딥마인드, 크루즈, 아마존 등 AI 및 자율주행 분야의 전문 기업 출신 개발자와 연구원들이 참여해 개발한 이 솔루션은 즉시 로봇에 적용할 수 있는 자율주행 기능을 제공하는 것이 특징이다.

데니스 홍 교수가 이끄는 로봇 연구소 로멜라가 개발한 로봇 '아르테미스(ARTEMIS)'는 2023년 12월 12일부터 14일까지 미국 텍사스주 오스틴에서 열린 IEEE(Institute of Electrical and Electronics Engineers, 전기전자공학자협회) 주최 휴머노이드 이족보행 대회에서 자유 보행 부문 1위를 차지했다. 아르테미스는 바위가 많은 지형이나 불안정한 환경에서도 균형을 유지하며 넘어지지 않고 이동할 수 있는 기술력을 갖춘 것

현재 세계에서 가장 빠른 휴머노이드 로봇으로,
탁월한 자유 보행 능력을 자랑하는 아르테미스

출처: 데니스 홍 교수

이 특징이다. 이러한 능력은 이족보행 로봇 개발에서 가장 도전적인 과제 중 하나로 꼽힌다.

아르테미스는 현재 세계에서 가장 빠른 휴머노이드 로봇으로, 탁월한 자유 보행 능력을 자랑한다. 2023년 7월에는 프랑스에서 열린 국제 로봇축구대회 '로보컵 2023'에도 출전해 그 기술력을 입증했다. 빌 게이츠는 로멜라를 직접 방문해 아르테미스 로봇에 서명을 남기며, 데니스 홍 교수와 로봇공학의 미래에 대한 심도 있는 대화를 나눴다. 이는 로봇공학이 미래 산업에서 차지할 비중이 점점 커지고 있음을 보여주는 상징적인 사건으로, 아르테미스의 성과가 로봇 연구와 기술 혁신에 얼마나 중요한 역할을 하는지 시사한다.

로봇과 인간과의 새로운 관계 설정

로봇과의 상호작용이 늘어남에 따라 작업자 안전에 대한 중요성이 더욱 부각될 것으로 전망된다. 로봇이 다양한 산업 분야에서 활발히 사용되면서, 이들과 인간 작업자 간의 상호작용이 증가하고 있다. 이러한 변화는 작업 환경의 혁신을 가져오지만, 동시에 새로운 안전 문제를 제기하고 있다.

로봇 기술의 발전으로 인해, 로봇은 단순한 자동화 기계에서 벗어나, 인간과의 상호작용을 통한 협업 파트너로 자리 잡고 있다. 산업용 로봇, 협동 로봇, 서비스 로봇 등 다양한 형태의 로봇이 제조, 물류, 헬스케어 등 여러 분야에서 활용되며, 이에 따라 작업자와 로봇 간의 직접적인 접촉이 빈번해지고 있다. 협동 로봇은 인간 작업자와 같은 작업 공간에서 함께 작업할 수 있도록 설계되어, 작업자와의 상호작용이 더욱 중요해졌다. 이러한 로봇은 위험한 작업을 대신하거나 작업 효율성을 높이는 데 기여하지만, 동시에 안전 관리가 필수적이다.

로봇과의 상호작용 증가로 인해 새로운 유형의 안전 리스크가 발생하고 있다. 로봇이 인간과 가까운 거리에서 작업할 때, 예기치 않은 동작이나 오작동으로 인해 사고가 발생할 수 있다. 특히 고속으로 움직이거나 무거운 물체를 다루는 로봇은 작업자에게 심각한 부상을 입게 할 수 있다. 로봇과 작업자 간의 물리적 충돌은 가장 일반적인 안전 문제다. 로봇이 빠르게 움직이거나 큰 힘을 가할 때, 작업자가 로봇과 충돌

하면 다칠 수 있다.

로봇의 소프트웨어나 하드웨어 결함에 따른 사고도 우려된다. 예를 들어 센서의 오작동이나 제어 시스템의 오류로 로봇이 예측 불가능한 동작을 할 수 있다. 로봇과의 상호작용이 늘어날수록 작업자는 심리적 스트레스를 겪을 수 있다. 로봇의 복잡한 동작과 예측할 수 없는 행동은 작업자의 집중력과 안전 감각에 영향을 줄 수 있다.

안전 리스크를 해결하기 위해, 다양한 대책과 기술 발전이 필요할 것으로 보인다. 우선, 안전을 고려한 로봇 설계가 필수적이다. 로봇의 움직이는 범위를 제한하거나 충돌 방지 센서를 장착하여 작업자와의 안전거리를 유지하도록 하는 것이 중요하다. 예를 들어 최신 협동 로봇은 작업자의 안전을 고려하여 설계된 다양한 안전 기능을 갖추고 있다. 로봇이 작업자와의 충돌을 감지하면 자동으로 멈추거나 속도를 줄이는 기능이 탑재되어 있다. 작업자에게 로봇과의 안전한 상호작용 방법을 교육시키고 훈련을 제공하는 것 역시 중요하다. 로봇의 동작 원리와 안전 절차에 대한 이해를 높이면, 사고를 예방할 수 있다.

미래 로봇 환경에서는 고도화된 안전 기술과 시스템이 필요하다. AI와 머신러닝 기술을 활용하여 로봇이 작업자의 동작을 예측하고, 실시간으로 위험을 감지하여 대응하는 시스템이 개발 중이다. 이러한 기술을 통해 로봇과 작업자 간의 안전한 상호작용을 보장하며, 비즈니스 창출 기회도 찾을 수 있다.

2025년 휴머노이드 시대 5대 예측

1 **로봇 혁명의 본격화:** 2025년은 로봇이 다양한 산업과 일상생활에서 본격적으로 활용되기 시작할 것이다. 자율주행차, 로봇 청소기 등 다양한 형태의 로봇이 상용화되고, 인구 고령화와 노동력 부족 문제 해결을 위한 필수 기술로 자리 잡을 것이다

2 **전기 구동 휴머노이드의 표준화:** 기존의 유압식 구동 방식 대신 전기 구동 방식이 표준으로 자리 잡아, 더 조용하고 정밀하게 다양한 산업 환경에서 로봇이 활용될 수 있다. 이를 통해 에너지 효율성과 유지보수 비용 절감에 기여할 것이다.

3 **로봇과 인간의 협력 강화:** 로봇이 인간과 협력하여 더 복잡한 작업을 수행할 수 있는 능력이 향상되고 물류, 제조, 농업 등 다양한 산업 분야에서 로봇의 활용이 늘어날 것이다. 로봇이 인간의 파트너로서 안전한 협업을 끌어낼 전망이다.

4 **로봇 소프트웨어 구독 모델 확대:** 2025년 이후 로봇 하드웨어 구매 후 소프트웨어를 구독하는 형태의 비즈니스 모델이 더 보편화될 것으로 예상된다. 이는 사용자 맞춤형 서비스와 기능 업데이트를 끊임없이 가능하게 하며, 로봇 제조업체에는 지속할 수 있는 수익 창출 모델이 될 것이다.

5 **AI와 로봇의 결합 가속화:** 생성형 AI와 로봇의 결합으로 인해 로봇의 자율성과 지능이 크게 향상되며, 물리적 세상에서 자율적으로 의사 결정을 내리고 복잡한 작업을 수행할 수 있는 로봇이 등장할 것이다. 이는 의료, 서비스, 교육 등 다양한 분야에 혁신을 가져올 것으로 기대된다.

휴머노이드 분야
주요 플레이어

1 **아마존 로보틱스(Amazon Robotics):** 아마존 로보틱스는 물류 로봇과 키바(Kiva) 시스템을 통해 물류 및 창고 관리의 혁신을 주도하고 있다. 이를 통해 e-커머스 산업에서 빠르고 정확한 상품 배송이 가능하도록 자동화된 물류 프로세스를 구현하고 있다.

2 **유니버설 로봇(Universal Robots):** 협동 로봇(Cobots)을 주요 제품으로 하는 유니버설 로봇은 안전하고 사용하기 쉬운 로봇을 개발하여 중소기업들도 로봇을 도입할 수 있게 했다. 이를 통해 다양한 산업에서 작업 효율성을 높이고, 자동화 기술의 접근성을 확대했다.

3 **앱트로닉(Apptronik):** 미국 텍사스주 오스틴에 있는 로봇 스타트업 앱트로닉은 휴머노이드 로봇 '아폴로'를 출시했다. 이 로봇은 공장 물품 운반부터 가사 지원까지 다양한 작업을 수행할 수 있으며, 소프트웨어 업데이트를 통해 기능 확장이 가능하다.

4 **테벨(Tevel):** 이스라엘 기반의 기술 기업 테벨은 AI 기술을 활용해 과일을 자동으로 수확하는 드론 로봇 '파(FAR)'를 개발했다. 이 기술은 농업 노동력 부족 문제를 해결하고 농업 효율성을 높이는 데 기여한다.

5 **필드AI(FieldAI):** 미국 남부 캘리포니아에 있는 로봇 기술 업체로, AI 소프트웨어를 개발하여 로봇들이 주변 환경을 인식하고 GPS 없이도 탐색 및 통신할 수 있도록 돕는 자율주행 기술을 제공한다.

6 **테슬라(Tesla):** 테슬라는 자율주행차와 휴머노이드 로봇인 옵티머스를 개발하며, 로봇 및 자율주행 기술에 앞장서고 있다. 또한 자동차 산업과 로봇 산업 간 경계를 허물고 새로운 혁신을 주도하고 있다.

7 **엔비디아(Nvidia):** 엔비디아는 3D 그래픽 협업 플랫폼 '옴니버스(Omniverse)'를 통해 디지털 트윈과 생성형 AI 분야에서 혁신을 이끌고 있다. 또한 휴머노이드 로봇 기술 발전을 위해 '그루트(GR00T)' 프로젝

트를 진행하며 다양한 산업에서 사용할 수 있는 로봇 솔루션을 개발 중이다.

8 **오픈AI(OpenAI):** 오픈AI는 피규어AI와 파트너십을 통해 휴머노이드 로봇 기술의 확장을 도모하고 있다. 이를 통해 로봇이 일상생활을 돕는 새로운 길을 개척하고 있으며, AI 기반의 로봇 솔루션을 제공한다.

9 **피규어AI(Figure AI):** 휴머노이드 로봇 개발에 주력하는 스타트업으로, 6억 7,500만 달러의 자금을 유치하며 큰 주목을 받고 있다. 이 회사는 로봇을 활용한 물류 자동화와 위험 작업 대체에 주력하고 있다.

10 **액센추어(Accenture):** 액센추어는 AI 기반 휴머노이드 로봇을 개발하는 생추어리AI(SanctuaryAI)에 투자하여, 인간 근로자와 함께 작업할 수 있는 로봇 기술을 개발하고 있다.

8장

모빌리티 혁신을 이끄는 RACE

로보택시 서비스

— 테슬라 로보택시는 차량 전체가 기본적으로 활성화됩니다. 물론 차가 돈을 버는 것을 원치 않는 사람들도 있을 것입니다. 하지만 저는 많은 사람이 테슬라 로보택시로 돈을 벌 것이라고 생각합니다.

일론 머스크는 2024년 10월 열린 테슬라 특별 이벤트에서 로보택시 시대가 본격 개막했음을 선언했다.

웨이모는 샌프란시스코에서 로보택시 '웨이모'의 상용 서비스를 시작했다. 웨이모는 주당 10만 회 서비스를 돌파하면서 모멘텀을 만든 것으로 평가받고 있다. 이런 상황에서 테슬라가 로보택시 서비스를 시작한 것이다. 이날 행사는 테슬라 모델3 발표 이후 가장 중요한 이벤트라고 불릴 정도로 일론 머스크에게는 큰 의미를 지녔다. 테슬라가 전기차 제조사에서 벗어나 본격적인 '모빌리티 서비스' 기업으로 가는 첫걸음

로보택시: 자율주행 기술을 활용하여 운전자 없이 운행되는 택시 서비스다. 테슬라, 웨이모 등과 같은 기업들이 개발 중이며, 2025년까지 본격적으로 상용화될 것으로 예상된다.

전동화: 내연기관 차량에서 전기차로의 전환을 의미한다. 전기차, 하이브리드 차량 등이 전동화의 대표적 사례로, 환경 친화적인 교통수단의 확산을 촉진한다.

을 내디뎠기 때문이다. 이처럼 2025년 가장 극적 변화를 일으킬 산업이 바로 '모빌리티' 서비스다.

로보택시*의 시작은 단순히 신규 서비스가 새로 생기는 것 이상의 의미를 지닌다. 21세기의 교통 패러다임은 급격한 변화를 예고하는 이벤트이기 때문이다. 로보택시 서비스(R), 자율주행(A), 커넥티드(C), 전동화(E)* 기술의 급속한 발전은 전 세계의 도시 교통 시스템을 근본적으로 재구성하고 있다. 이 네 가지 요소는 단순한 기술 혁신에 그치지 않고, 사람들의 이동 방식, 경제 구조, 그리고 환경적 지속 가능성에 이르기까지 폭넓은 영향을 미치고 있다. 이른바 '모빌리티 RACE'라 불리는 이 흐름은 단순히 미래의 비전이 아니라, 이미 현실로 다가오며 우리의 일상 속으로 빠르게 파고들고 있다.

로보택시 서비스는 자율주행 기술과 결합하여 도시 내 개인의 이동을 더욱 편리하고 효율적으로 변화시키고 있다. 테슬라는 2024년 10월 로보택시 서비스를 발표하며 이 시장에 본격적으로 진출했고, 구글 웨이모는 이미 샌프란시스코에서 로보택시를 상용화하여 새로운 교통 모델의 가능성을 입증하고 있다. 이러한 변화는 기존의 대중교통 시스템뿐만 아니라 개인의 차량 소유와 운전에 대한 인식을 근본적으로 바꾸고 있다. 차량 소유 모델의 감소와 더불어 공유 경제의 확산으로 교통의 효율성과 환경적 이점을 극대화하는 방향으로 나아가고 있다.

자율주행 기술은 로보택시 서비스의 핵심 동력이다. 고도화된 AI와 센서 기술은 운전자의 개입 없이 차량이 스스로 주행할 수 있도록 하고, 이를 통해 사고율 감소, 교통 흐름 최적화, 그리고 이동의 편의성을 극대화한다. 특히 고령화 사회로 접어드는 현재, 자율주행 기술은 이동성이 제한된 노약자들에게 새로운 자유를 제공할 수 있는 잠재력을 지니고 있다. 이러한 기술의 진보는 단순히 차량 운전의 자동화를 넘어, 도시의 스마트화와 안전성을 증진하는 데 중요한 역할을 할 것이다.

커넥티드 기술*은 차량 간, 차량과 인프라 간의 실시간 정보 교환을 가능하게 하여 교통의 안전성과 효율성을 더욱 높이고 있다. 차량이 서로 소통하며 교통 상황을 실시간으로 파악하고 대응할 수 있게 됨에 따라, 교통 혼잡이 줄어들고, 도로상의 안전성이 강화된다. 이러한 기술의 발전은 개인의 이동뿐만 아니라 물류와 상업용 차량 운영에도 혁신을 가져오며, 도로 위의 모든 이동 수단이 하나의 거대한 네트워크로 통합되는 미래를 그리고 있다.

> 커넥티드 기술: 차량 간 또는 차량과 교통 인프라 간의 실시간 정보 교환이 가능한 기술이다. 이를 통해 교통 흐름이 최적화되며, 사고를 줄이고 도로 안전성을 높일 수 있다.

전동화는 교통의 지속 가능성을 높이는 데 필수적인 요소로, 화석 연료의 의존을 줄이고 탄소배출을 획기적으로 감소시킨다. 전기차와 전동화된 로보택시는 도시의 공기 질을 개선하고, 연료비를 절감하며, 재생에너지와의 결합을 통해 좀 더 친환경적인 이동 수단을 제공할 수 있다. 전동화의 진전은 대중교통, 물류, 개인 차량 등 다양한 모빌리티 영역에서 가속화되고 있으며, 이는 글로벌 기후 변화 대응 노력에도 중요한 기여를 하고 있다. 이처럼 2025년부터 모빌리티 RACE는 기술의 융합과 발전을 통해 새로운 교통 생태계를 만들어갈 것이다.

로보택시, 자율주행, 커넥티드, 전동화의 결합에 따라 교통 수단이 변활할 뿐 아니라 사회와 경제 전반에 걸친 구조적 혁신이 일어날 것으로 보인다. 미래의 도시는 이러한 기술들의 조화로운 발전을 통해 좀 더 효율적이고, 안전하며, 친환경적인 이동의 중심지가 될 것이다. 모빌리티 RACE는 이제 선택이 아닌 필수적인 진화의 과정으로 자리 잡고 있으며, 우리는 이 혁신의 최전선에서 그 변화의 속도를 체감하고 있다.

로보택시, 변곡점을 통과했다

로보택시는 미래의 교통 혁신을 상징하는 대표적인 기술로, 자율주행, 커넥티드, 전동화 기술의 집약체라 할 수 있다. 이 기술은 도시의 교통 패러다임을 바꿀 가능성을 제시하며, 차량 소유의 부담을 덜고 교통의 효율성과 안전성을 크게 높일 수 있는 새로운 이동 방식을 제안한다. 그러나 기술적 가능성과 현실적인 도전 사이에서 로보택시는 중요한 변곡점을 맞이하고 있다. 특히 샌프란시스코에서의 도입과 그에 따른 우여곡절은 로보택시의 현재와 미래를 고민하게 만드는 중요한 사례로 남아 있다.

샌프란시스코는 자율주행 기술을 테스트하고 실제 운행에 도입하기에 최적의 도시로 여겨졌다. 복잡한 교통 환경, 다양한 도로 상황, 그리고 높은 기술 수용성이 로보택시에는 최고의 실험장이자 시장으로 인식됐다. 이러한 이유로 웨이모, 크루즈 등 여러 자율주행 기업들이 샌프란시스코를 중심으로 로보택시 서비스를 파격적으로 도입했다. 이들은 기술의 최전선에서 도시 교통의 혁신을 주도하고자 했으며, 이를 통해 사람들에게 좀 더 편리하고 안전한 이동 수단을 제공하려는 목표를 가지고 있었다. 하지만 기대와 달리, 로보택시의 도입 과정은 순탄치 않았다.

초기 도입 단계에서는 기술적 한계와 예기치 못한 문제들이 잇따랐다. 자율주행 차량이 교통 규칙을 완벽하게 준수하지 못하거나, 예상치 못한 상황에서 멈추는 경우가 빈번하게 발생했다. 이러한 문제들은 로보택시의 안전성과 신뢰성에 대한 의문을 불러일으켰고, 시민들과 도시 당국 사이에 우려를 증폭시켰다. 또한 로보택시는 교통 혼란을 일으키기도 했다. 차량이 도로 위에서 갑작스레 정지하거나, 응급 차량의 접근을 방해하는 사례들이 보고되면서, 로보택시의 도입으로 도시 교통이 더 복잡해지는 결과를 낳기도 했다. 이러한 사건들은 로보택시의 상용화 과정에서 고려해야 할 수많은 변수와 복잡성을 여실히 드러냈다. 샌프란시스코 시민들 사이에서는 로보택시에 대한 불만과 우려가 커졌고, 결국 일부 서비스는 중단되거나 제한된 형태로 운영될 수밖에 없었다.

이 과정에서 로보택시는 기술적인 도전뿐만 아니라 규제와 사회적 수용성이라는 문제에도 직면한다. 자율주행 차량의 안전성 논란이 불거지면서, 로보택시의 운영을 제한하는 새로운 규제들이 등장했다. 이러한 규제는 로보택시의 도입을 지연시키는 요인으로 작용했고, 기업들은 더욱 높은 기술적 완성도와 안전성을 확보해야 하는 압박을 받았다.

부활한 로보택시 기술

로보택시 기술은 최신 AI 기술력과 데이터 학습의 진전을 통해 다시 활발해지고 있다. 특히 우버는 자사의 자율주행 기술을 통해 '크루즈'

를 전격 도입하면서 이 시장에 대한 신뢰를 다시 한번 얻고 있다. 이러한 기술의 부활은 로보택시의 미래에 새로운 기회를 열어주고 있으며, 고객들의 높은 만족도를 얻기 위해 신뢰성 강화가 핵심 과제가 되고 있다.

우버가 도입한 '크루즈'는 로보택시 시장에서의 경쟁력을 강화하는 데 큰 역할을 하고 있다. 크루즈는 고도로 발달한 자율주행 시스템을 갖추고 있으며, AI와 센서 기술을 바탕으로 높은 수준의 안전성과 효율성을 제공한다. 우버는 크루즈를 통해 고객에게 더 나은 이동 경험을 제공한다. 차량 내부의 편리한 기능과 사용자 친화적인 인터페이스를 통해 고객의 만족도를 높이려는 노력을 기울이고 있다. 크루즈는 철저한 테스트와 검증 과정을 거쳐 신뢰성을 강화하고 있다.

자율주행 차량의 기술과 안전성에 대한 정보를 투명하게 제공하여, 고객의 신뢰를 얻는 것이 중요하다. 기술의 발전 상황과 안전성 검증 결과를 공개함으로써, 고객의 신뢰를 쌓을 수 있다. 또한 자율주행 차량의 비상 상황 대응 시스템을 강화하여, 사고 발생 시 신속하고 효과적인 대응이 가능하게 해야 한다. 이는 고객의 안전을 보상하는 중요한 요소로 작용한다.

로보택시 기술의 발전은 앞으로도 계속될 것이며, 다음과 같은 방향으로 진행될 것으로 예상된다. 먼저 자율주행 기술과 커넥티드 시스템의 통합은 모빌리티 서비스를 더욱 향상시킬 것이다. 차량과 교통 인프라 간의 원활한 데이터 교환을 통해, 더욱더 효율적이고 안전한 이동이 가능해질 수 있다. 그리고 전동화와 자율주행 기술의 결합으로 지속할 수 있는 모빌리티 솔루션을 제공하게 되면 에너지 효율성과 환경 친화성을 고려한 기술 발전이 이루어질 것이다. 마지막으로 로보택시 기술의 상용화와 글로벌 확산이 가속화될 것으로 예상된다. 다양한 지역과 환경에서의 테스트와 검증을 통해, 세계 각국에서 자율주행 차량의 도입이 확대될 것으로 보인다.

로보택시 기술은 이제 새로운 기회의 시대를 맞이하고 있으며, AI 기술력과 신뢰성 강화가 그 성공의 핵심 요소로 자리 잡고 있다. 이러한 기술의 발전은 미래의 이동 수단을 재정의하고, 사람들의 생활 방식에 큰 변화를 가져올 것이다.

데이터를 통해 학습·개선하는 로보택시의 진화

웨이모와 크루즈 등은 초기의 실패를 교훈 삼아, 기술적 개선과 안전성 강화에 총력을 기울였다. 실제 웨이모는 자율주행 소프트웨어의 지속적인 업데이트와 시뮬레이션 테스트를 통해 차량의 인지 능력과 판단력을 대폭 향상시켰다. 더 정교한 센서와 AI 알고리즘을 도입해 돌발상황에 대한 대응력을 높이는 등 기술적 진보를 이뤘다.

로보택시의 장점은 무엇보다도 데이터를 통해 끊임없이 학습하고 개선할 수 있다는 점이다. 수천 시간의 운행 데이터를 통해 AI는 좀 더 복잡하고 예측 불가능한 상황에서도 인간 운전자보다 더 빠르고 정확하게 대응할 수 있도록 발전했다.

로보택시 기업들은 도시 당국과의 협력을 강화하며, 규제 준수와 시민 안전 보장을 위한 다양한 방안을 모색하고 있다. 샌프란시스코와 같은 도시에서는 로보택시의 안전성을 훨씬 더 높이기 위한 새로운 정책과 기준이 제정되고 있으며, 이는 로보택시가 더욱더 책임 있는 방식으로 운영될 수 있는 토대를 마련했다. 로보택시는 도시의 지속 가능한 교통 시스템 구축에 중요한 역할을 할 것이다. 전동화와 결합한 로보택시는 도심의 탄소배출을 줄이고, 에너지 효율을 극대화하며, 교통 혼잡을 줄이는 데 기여할 것이다.

장애인이나 고령자와 같은 이동 약자들에게 새로운 이동의 자유를 제공, 사회적 포용성을 높이는 데도 큰 기여를 할 것이다. 로보택시는 단순한 기술적 혁신을 넘어, 좀 더 공정하고 지속할 수 있는 교통 생태계를 만들어가는 중요한 열쇠다. 결국, 로보택시의 변곡점은 기술과 현실 사이의 간극을 메우고, 사회적 신뢰를 구축해나가는 과정에서 진정한 전환점을 맞이하게 될 것으로 보인다. 현재의 도전은 미래를 위한 중요한 학습의 기회로 작용하며, 로보택시가 도시의 일상적인 이동 수단으로 자리 잡는 날이 머지않았음을 시사하고 있다. 로보택시의 성공은 단순히 기술의 발전에 그치지 않고, 기술이 어떻게 사람들의 삶을 변화시키고 더 나은 미래를 만들어갈 수 있는지에 대한 답을 찾는 과정에 놓여 있다.

자율주행의 무한 확장

2025년 자율주행 기술이 '변곡점'을 맞을 것이란 예상은 자동차 모빌리티 때문만은 아니다. 자동차의 혁신을 넘어서 다양한 분야로 확장되며 새로운 차원의 변화를 이끌 수 있기 때문이다.

자율주행은 이제 농업에서 사용하는 경운기, 해양에서의 자율 보트, 도심 항공 모빌리티(UAM), 그리고 드론에 이르기까지 그 활용 범위를

넓혀가고 있다. 이 기술은 인간의 일상과 산업 전반을 변화시키며, 우리의 이동 방식을 재정의하고 있다. 현재 자율주행의 발전 상황을 살펴보면, 각 분야에서의 도달 수준과 기술적 진보는 상상 이상의 가능성을 열고 있다.

자율주행 자동차, 일상의 혁신에서 고도화로

자율주행 기술의 가장 대표적인 응용 분야는 여전히 자동차다. 자동차 자율주행은 레벨 0에서 레벨 5까지의 단계로 구분되며, 각각의 레벨은 차량이 얼마나 독립적으로 주행할 수 있는지를 나타낸다.

- 레벨 0-1: 사람이 모든 운전 기능을 통제하며, 자율주행 기술은 보조적인 역할만 수행한다. 긴급 제동 시스템(ABS)이나 차선 유지 보조와 같은 기능이 이 단계에 해당한다.
- 레벨 2: 부분 자율주행으로, 차량이 가속, 감속, 조향을 스스로 할 수 있지만, 운전자는 항상 주의를 기울여야 한다. 테슬라의 오토파일럿, 메르세데스-벤츠의 드라이브 파일럿 등이 이에 해당한다.
- 레벨 3: 현재 테슬라 오토파일럿 등 도로에 있는 차들이 레벨 3을 구현하고 있다. 차량이 특정 상황에서 완전한 자율주행을 할 수 있으며, 필요할 때만 운전자가 개입한다. 이는 주로 고속도로 주행에서 적용되고 있다. 혼다와 메르세데스-벤츠는 레벨 3 자율주행 승인받은 차량을 출시하기 시작했다.
- 레벨 4-5: 2025년부터 시작될 단계다. 완전 자율주행에 가까운 단계로, 차량이 운전의 모든 측면을 제어한다. 레벨 4는 특정 구역이나 조건에서 자율주행이 가능하며, 레벨 5는 모든 환경에서 사람이 필요

없는 완전 자율주행을 의미한다. 구글의 웨이모, 제너럴모터스의 크루즈 등 일부 기업들은 제한된 지역에서 레벨 4 자율주행 차량을 운영하고 있다.

농업, 자율주행 경운기와 수확기계의 진화

자율주행 기술은 농업의 효율성을 극대화하며, 미래 농업의 패러다임을 바꾸고 있다. 농업에서는 자율주행 경운기, 트랙터, 수확기 등이 이미 상용화 단계에 도달해 있다. 이 기술은 사람의 개입을 최소화하고, 정밀 농업의 가능성을 열어준다.

존디어(John Deere)와 같은 농기계 제조사들은 GPS, 라이다, 카메라 시스템을 활용하여 트랙터와 경운기가 스스로 경작지에서 작업을 수행하도록 하고 있다. 이 기계들은 농작물의 위치를 인식하고 최적의 경로를 계산해 자율적으로 움직이며, 노동력 부족 문제를 해결하고 작업

GPS, 라이다, 카메라 시스템을 활용하여 트랙터와 경운기가 스스로 경작지에서 작업을 수행하도록 하는 자율주행 농기계

출처: 존디어

의 정확성을 높인다.

자율주행 농기계는 다양한 센서를 통해 실시간으로 작물의 상태를 모니터링하고, 필요에 따라 비료나 물을 정확하게 분배할 수 있다. 이를 통해 생산성을 극대화하고 자원을 절약하는 것이 가능해졌다.

해양 자율주행: 자율 보트와 해상 물류의 혁신

해양 분야에서도 자율주행 기술이 급속히 발전하고 있다. 자율 보트는 해양 연구, 항만 운영, 물류, 관광 등에서 사용되며, 특히 해상 물류의 효율성을 크게 높이고 있다. 해양 자율주행은 해상 안전을 강화하고 인적 자원의 필요성을 줄이는 데 크게 기여하고 있다. 노르웨이에서는 세계 최초의 자율 운항 전기 컨테이너 선박 '야라 버클랜드(Yara Birkeland)'가 항해를 시작하며, 해상 물류의 새로운 가능성을 제시하고 있다. 이러한 선박은 항해 중 스스로 장애물을 피하고, 최적의 항로를

해상 수색과 구조 작업에 중요한 역할을 하는 자율 보트

출처: 더밀크

계산하여 안전하게 목적지에 도달할 수 있다.

자율 보트는 해상 수색과 구조 작업에서도 중요한 역할을 한다. 악천후나 위험한 환경에서도 인간 대신 자율 보트가 임무를 수행할 수 있어, 해양 사고 대응 시간을 단축하고 구조의 효율성을 높인다.

도심 항공 모빌리티: 하늘을 나는 자율주행의 시대

UAM은 자율주행 기술이 지상 교통을 넘어 공중으로 확장된 사례로, 도심에서의 이동 시간을 혁신적으로 단축하는 잠재력을 지니고 있다. 도심 항공 모빌리티는 전기 수직 이착륙기(eVTOL)와 드론 택시를 통해 도심 내 교통 혼잡 문제를 해결하려는 시도로, 현재 전 세계 주요 도시에서 테스트가 진행되고 있다.

아처(Archer), 조비 에비에이션(Joby Aviation), 볼로콥터(Volocopter)와 같은 기업들은 파일럿 없이 도심을 비행할 수 있는 자율 드론 택시를 개발 중이며, 일부는 이미 테스트 비행에 성공했다. 이들 비행체는 짧은 거리에서 고속으로 이동할 수 있어, 공항과 도심 간의 연결을 더 빠르고 효율적으로 만든다.

UAM 기술은 아직 규제와 안전성의 문제를 해결해야 하지만, 자율 비행의 수준은 놀라울 정도로 빠르게 발전하고 있다. 특히 AI 기반의 비행 제어 시스템은 실시간으로 비행 데이터를 분석해 최적의 경로를 설정하고, 비상 상황에 신속하게 대응할 수 있다.

자율주행의 안전성, 규제, 사회적 수용성을 넘어서

자율주행 기술은 이동 혁신을 넘어, 인간의 삶을 더욱 안전하고 편리하게 만드는 데 중대한 기여를 할 것이다. 각 산업에서 효율성을 높이고, 인간의 실수를 줄이며, 새로운 경제적 기회를 창출하고 있다. 자율주행 기술은 여전히 발전 중이지만, 다양한 분야에서 이미 현실로 자리 잡고 있으며, 앞으로도 더 많은 혁신을 일으킬 것이다.

자율주행 기술이 발전함에 따라 많은 이점도 있지만 다양한 도전 과제를 동반한다. 안전성, 규제, 사회적 수용성 문제는 자율주행 기술의 확산에 중요한 장애물로 작용한다. 그러나 기술의 발전과 사회적 논의, 그리고 규제의 개선을 통해 극복해나가야 한다.

자율주행 기술의 안전성은 가장 중요한 문제 중 하나다. 기술이 발전함에 따라, 자율주행 시스템은 점점 더 높은 수준의 안전성을 제공할 수 있지만, 여전히 여러 상황에서 테스트와 검증이 필요하다. 자율주행 기술의 규제는 지역마다 상이하며, 이를 통합하고 표준화하는 과정이 필요하다. 각국의 규제 기관과 정책 입안자들은 기술의 발전과 함께 변화하는 요구 사항에 맞춰 규제를 조정하고, 새로운 법적 기준을 마련해야 한다. 자율주행 기술의 성공적인 도입을 위해서는 사회적 신뢰와 수용성이 중요하다.

앞으로 자율주행 기술이 전 세계적으로 통합되고 표준화될 때, 우리는 완전히 새로운 교통과 작업 환경을 경험하게 될 것이다. 이 기술의 미래는 무한하며, 안전성, 규제, 사회적 수용성의 문제를 해결해나가는 과정에서 더 많은 산업으로 확장될 것이다. 자율주행의 여정은 이제 시작일 뿐이며, 이 기술이 만들어갈 새로운 세상은 그 누구도 예측할 수 없을 정도로 다채롭고 혁신적일 것으로 보인다.

커넥티드 모빌리티의 혁신: 초연결 시대의 도래

모빌리티 기술의 진화는 단순히 자율주행이나 전동화를 넘어서, 커넥티드 기술의 발전으로 새로운 차원의 혁신을 이루어가고 있다. 커넥티드 모빌리티는 차량과 차량, 차량과 도로 인프라, 그리고 차량과 사용자 간의 실시간 데이터 교환을 통해 교통의 효율성과 안전성을 크게 향상시키고 있다. 이러한 기술은 우리의 이동 방식을 근본적으로 변화시키고 있으며, 새로운 경험과 기회를 창출하고 있다.

커넥티드 기술의 개념과 발전

커넥티드 기술은 다양한 장비와 시스템이 서로 연결되어 정보를 주고받는 것을 의미한다. 모빌리티 분야에서 이 기술은 차량 간의 통신(V2V), 차량과 인프라 간의 통신(V2I), 그리고 차량과 클라우드 간의 통신(V2C)으로 세분될 수 있다. 이러한 커넥티드 시스템은 교통 흐름을 최적화하고, 사고를 예방하며, 운전자의 편의를 극대화하는 데 중요한 역할을 하고 있다.

- 차량 간 통신(V2V): 차량 간 통신은 서로 다른 차량이 정보를 교환하여 도로 위에서의 상황을 실시간으로 파악할 수 있게 한다. 예를 들어 앞차가 급정거하거나 교차로에서 정지해 있을 때, 후속 차량은 이러한 정보를 사전에 받아 신속하게 대응할 수 있다. 이에 따라 교통

사고의 위험이 줄어들고, 교통 혼잡이 완화될 수 있다.

- 차량과 인프라 간 통신(V2I): 차량과 도로 인프라 간의 통신은 교통 신호등, 도로 표지판, 교통 카메라와 같은 인프라와 차량 간의 정보를 실시간으로 교환하는 기술이다. 이를 통해 교통 신호의 상태를 차량에 전달하거나, 도로의 공사 구간을 사전에 인지하여 우회 경로를 안내받을 수 있다.
- 차량과 클라우드 간 통신(V2C): 클라우드와의 통신은 차량에서 생성된 데이터를 클라우드 서버로 전송하여 분석하고, 이를 바탕으로 실시간 교통 정보나 업데이트된 내비게이션 정보를 받는 기술이다. 이 데이터는 차량의 상태 모니터링이나 예방 정비에도 활용된다.

커넥티드 모빌리티의 주요 응용 분야

커넥티드 기술은 다양한 분야에서 혁신을 가져오고 있으며, 특히 다음과 같은 영역에서 중요한 역할을 하고 있다.

커넥티드 기술은 교통안전을 강화하고 교통 흐름을 최적화하는 데 기여하고 있다. 실시간 교통 정보와 사고 경고 시스템은 운전자가 좀 더 안전하게 운전할 수 있으며, 교통 혼잡을 줄이고 연료 소비를 감소시키는 데 도움을 준다.

커넥티드 모빌리티는 스마트 시티의 핵심 요소로 자리 잡고 있다. 도시의 교통 인프라와 차량 간의 원활한 데이터 교환을 통해, 도시 내 교통 관리와 환경 모니터링이 더 효율적으로 이루어질 수 있다.

차량 내 엔터테인먼트와 커넥티비티는 운전자에게 즐겁고 편한 경험을 하게 만드는 중요한 요소다. 차량의 인포테인먼트 시스템은 실시간 스트리밍, 음성 인식, 스마트폰 연동 등 다양한 기능을 제공하며, 운전 중에도 편리한 엔터테인먼트와 커뮤니케이션이 가능해진다.

소니의 커넥티드 엔터테인먼트

소니는 커넥티드 기술을 활용하여 차량 내 엔터테인먼트 공간을 혁신적으로 재구성하고 있다. 소니의 '플레이스테이션 커넥트' 개념은 차량 내에서 사용자에게 최상의 엔터테인먼트 경험을 제공하는 것을 목표로 하고 있다. 이 기술은 다음과 같은 요소로 구성된다.

소니는 차량 내에서 플레이스테이션 콘솔을 연동하여 게임을 즐길 수 있는 환경을 구축하고 있다. 이를 통해 장거리 여행 중에도 사용자들이 즐길 수 있는 다양한 게임 콘텐츠를 제공한다. 소니의 커넥티드 시스템은 차량 내의 스크린과 오디오 시스템을 통해 스트리밍 서비스, 음악, 비디오 콘텐츠를 원활하게 제공하며, 사용자 맞춤형 미디어 경험을 가능하게 한다. 차량 내의 스마트 디바이스와 연동하여, 음성 인식, 터치스크린 조작, 스마트폰 연동 등을 통해 사용자와 차량 간의 상호작용을 강화한다.

커넥티드 기술의 도전 과제와 미래

커넥티드 모빌리티 기술은 교통 시스템과 사용자 경험에 혁신을 가져오지만, 기술의 발전과 함께 해결해야 할 도전 과제들도 존재한다. 이러한 문제들은 기술적, 제도적, 사회적 측면에서 다양한 방면으로 접근할 필요가 있다.

보안과 개인정보 보호

커넥티드 기술이 발전함에 따라 차량 간의 데이터 통신과 클라우드 연동이 일상화되고 있다. 이에 따라 개인정보와 데이터 보안의 중요성이 더욱 부각되고 있다. 차량의 센서와 시스템이 실시간으로 데이터를 송수신함에 따라 사이버 공격의 표적이 될 수 있다. 특히 차량의 제어 시스템이 해킹되거나 데이터가 유출될 경우, 안전과 개인정보에 중대한 위협이 될 수 있다.

차량과 인프라 간의 통신은 암호화된 채널을 통해 이루어져야 한다. 이는 해커가 데이터를 가로채거나 변조할 수 없도록 방지하는 데 중요하다. AES(Advanced Encryption Standard)와 같은 고급 암호화 기술이 적용돼야 한다. 인증과 권한 부여 메커니즘을 강화하여, 인증되지 않은 접근을 차단하고 차량 시스템에 대한 무단 접근을 예방해야 한다. 이를 통해 데이터의 무결성과 시스템의 신뢰성을 보장할 수 있다.

개인정보 보호를 위한 법적 기준과 규정이 필요하다. 유럽의 GDPR(General Data Protection Regulation, 일반정보보호 규정)이나 미국의 CCPA(California Consumer Privacy Act, 소비자 프라이버시 보호법)와 같은 법적 프레임워크는 개인정보 보호의 기준을 마련하는 데 도움을 줄 수 있다.

표준화와 호환성

커넥티드 모빌리티의 효과적인 운영을 위해서는 다양한 제조사와 기술 공급업체 간의 호환성이 확보돼야 한다. 현재는 서로 다른 시스템과 기술이 상호 작용하지 않는 경우가 많아, 표준화된 프로토콜이 필요하다.

차량과 인프라 간의 원활한 데이터 교환을 위해 국제적으로 통일된 표준이 필요하다. ISO(International Organization for Standardization, 국제 표준화기구)와 IEEE와 같은 표준화 기구의 협력이 중요하다. 차량 간 통신을 위한 표준화된 API와 프로토콜을 개발하여, 다양한 제조사의 시스템이 원활하게 통합될 수 있도록 해야 한다. 또한 다양한 제조사의 시스템이 상호 작용할 수 있도록, 호환성 테스트와 검증 과정이 필요하다. 이를 통해 기술적 문제를 조기에 발견하고 해결할 수 있다.

인프라 개발

커넥티드 기술을 최대한 활용하기 위해서는 도로 인프라의 현대화가 필요하다. 스마트 교통 신호등, 센서, 통신 장비 등은 커넥티드 기술의 기반을 형성하며, 이에 대한 충분한 투자와 계획이 필요하다.

도로에 설치되는 스마트 교통 신호등과 센서는 교통 흐름을 실시간으로 모니터링하고, 교통 상황에 맞춰 신호를 조절할 수 있다. 이는 교통 체증을 줄이고, 사고를 예방하는 데 기여할 수 있다. 그리고 차량과 인프라 간의 원활한 데이터 교환을 위해, 고속의 통신 네트워크와 장비가 필요하다. 5G와 같은 최신 통신 기술은 데이터 전송 속도와 안정성을 크게 향상시킬 수 있다. 스마트 인프라 구축을 위한 충분한 투자와 장기적인 계획 역시 필요하다. 이는 정부와 민간 부문이 협력하여 이루어져야 하며, 단계적인 접근과 우선순위 설정이 중요하다.

미래의 커넥티드 모빌리티

미래의 커넥티드 모빌리티는 단순히 기술적 진보를 넘어서, 사회·경제적 측면에서도 큰 변화를 일으킬 것이다. 자율주행과 커넥티드 기술의 융합은 새로운 교통 환경을 창출하며, 인간의 이동 방식을 재정의할 것이다. 커넥티드 기술은 스마트 시티의 핵심 요소로 자리 잡고 있다. 도시 전역에서의 데이터 연동과 분석을 통해, 좀 더 효율적이고 안전한 도시 환경을 조성할 수 있다. 또한 다양한 교통수단과 서비스를 통합한 커넥티드 시스템은 사용자에게 더 편리하고 효율적인 이동 경로를 제공하며, 교통 혼잡을 줄이는 데 기여할 수 있다.

지속할 수 있는 미래의 일환으로 커넥티드 기술을 통해 교통의 효율성을 높이고, 에너지 소비를 줄이며, 환경 오염을 최소화하는 교통 시스템 구축이 계속 이어질 수 있다. 이처럼 커넥티드 모빌리티는 기술적 혁신을 넘어, 인간의 삶을 더욱 안전하고 편리하게 만드는 데 기여하고 있다. 기술의 발전과 함께 해결해야 할 도전 과제를 극복해나가면서, 더욱 스마트하고 연결된 미래 사회를 실현할 수 있을 것으로 보인다.

전동화의 과제

전동화 기술은 자동차 산업의 혁신을 넘어, 전 세계의 에너지와 환경 문제 해결을 위한 중요한 열쇠다. 이 기술은 차량의 전기화뿐만 아니라 충전 인프라, 에너지 관리, 배터리 기술 등 다양한 요소로 구성된 복잡한 생태계를 형성하고 있으며, 이 생태계의 구축 현황은 다음과 같은 주요 측면에서 평가할 수 있다.

전기차(EV)의 확산
전기차는 전동화 생태계의 중심축을 형성하고 있다. 주요 자동차 제조사들은 대규모 전기차 모델을 출시하고 있으며, 전 세계적으로 전기차의 판매 비중이 빠르게 증가했다. 테슬라, 폭스바겐, 현대 등 주요 제조사들은 전기차 라인업을 확장하며, 전기차의 성능과 효율성을 개선하고 있다. 또한 전기차의 수요 증가에 대응하기 위한 제조사들의 끊임없는 연구 개발이 이루어지고 있다. 이에 따라 더 넓은 소비자층으로 전기차가 확산되고 있다.

충전 인프라의 발전

전동화 생태계의 필수 요소 중 하나는 충전 인프라다. 전기차의 확산에 따라, 공공 및 개인 충전소의 설치가 급속히 진행되고 있다. 주요 도시와 교외 지역에 걸쳐 다양한 유형의 충전소가 구축되고 있으며, 고속 충전 기술의 발전으로 충전 시간 단축이 이루어지고 있다. 또한 초고속 충전 네트워크의 확장과 스마트 충전 기술의 도입은 전기차 이용의 편리함을 높이는 데 기여하고 있다.

배터리 기술의 혁신

배터리 기술은 전동화 생태계의 핵심 기술 중 하나다. 리튬이온 배터리의 발전은 전기차의 주행 거리와 성능을 크게 향상시키고 있으며, 배터리 수명과 안전성의 개선도 이루어지고 있다. 최근에는 고체 배터리, 리튬황 배터리 등 차세대 배터리 기술이 연구되고 있으며, 이는 전동화의 효율성을 한층 높일 것으로 기대된다. 이러한 기술 발전은 전기차의 성능 향상과 함께, 더 저렴하고 안전한 배터리 솔루션을 제공하고 있다.

에너지 관리와 재생에너지

전동화는 에너지 관리와 재생에너지의 통합을 통해 환경적 장점을 극대화하고 있다. 재생 가능 에너지원을 통해 전기차 충전을 하는 경우가 늘어남에 따라 탄소배출을 줄이는 데 기여하고 있다. 또한 에너지 저장 시스템과의 통합은 전력망의 안정성을 높이고, 전기차가 가정과 기업의 에너지 자원으로 활용되는 가능성을 열어준다.

정책 및 규제

전동화 생태계의 구축은 정책과 규제의 영향을 크게 받는다. 각국 정부는 전기차의 구매 인센티브, 환경 규제 강화, 충전 인프라 구축 지원 등의 정책을 통해 전동화의 확산을 촉진하고 있다. 이러한 정책은 전동화 기술의 시장 진입 장벽을 낮추고, 기술 개발과 상용화를 가속하는 데 기여하고 있다. 특히 탄소중립 목표를 달성하기 위한 글로벌 차원의 협력과 정책 조정은 전동화 기술의 보급을 촉진하고 있다.

산업 생태계의 변화

전동화 기술의 발전은 자동차 산업뿐만 아니라, 관련 산업 전반에 걸쳐 변화를 일으키고 있다. 배터리 제조, 충전 인프라 구축, 에너지 관리 등 다양한 분야에서 새로운 기업과 스타트업이 등장하고 있으며, 이는 전동화 생태계의 확장을 더욱 가속화하고 있다. 또한 전통적인 자동차 제조사와 기술 혁신 기업 간의 협력과 경쟁은 전동화 기술의 발전이 빠르게 이뤄지도록 한다.

전동화 생태계는 다양한 기술적, 산업적 요소가 복합적으로 얽혀 있는 복잡한 구조로 되어 있다. 이 생태계의 구축은 단순한 기술 발전에 그치지 않고, 글로벌 에너지와 환경 문제 해결을 위한 중요한 단계로 자리 잡고 있다. 앞으로도 전동화 기술의 끊임없는 발전과 정책적 지원, 산업 생태계의 변화는 전동화의 미래를 밝히는 중요한 요소로 작용할 것이다.

모빌리티 RACE의 새로운 패러다임

모빌리티의 RACE 시대는 자동차 기술의 급격한 발전과 함께 새로운 차원의 이동 경험을 제공하고 있다. 2025년 RACE의 네 가지 축은 차량의 기능과 사용자 경험을 재정의하고 있다.

특히 내부 공간 디자인의 혁신을 요구하며, 이는 단순한 디자인의 변화를 넘어 인간의 상호작용 방식에도 중대한 영향을 미치고 있다. 모빌리티 RACE 시대의 내부 공간 디자인과 인간 상호작용에 관한 연구는 다음과 같은 주요 측면에서 진행되고 있다.

자동차 내부 구조의 변화

모빌리티 RACE 시대의 차량 내부 공간은 기존의 개념을 완전히 뒤바꿀 수 있는 기회를 만들 것이다. 자율주행 기술의 발전은 차량이 더 이상 단순한 이동 수단이 아니라, 새로운 형태의 실내 공간으로 변모하게 만든다. 자율주행 기술은 운전자의 역할을 변화시키며, 차량 내부를 이동 중에도 다양한 용도로 활용할 수 있게 한다. 이는 차량 내부 공간을 사무실, 회의실, 휴식 공간 등으로 변형할 가능성을 열어준다. 예를 들어 회의와 업무를 위한 고정된 좌석 배치와 원활한 커뮤니케이션을 지원하는 디자인이 필요할 것으로 보인다.

전동화는 차량의 구조적 변화를 가져오며, 엔진과 변속기의 부재로 인해 더 넓고 자유로운 내부 설계를 가능하게 한다. 배터리와 전기 모터가 차량 하부에 통합됨에 따라, 기존의 엔진룸과 기계적 제어 장치가 필요 없어져 내부 공간의 재구성이 쉬워진다. 이를 통해 좀 더 유연한 좌석 배치와 다양한 내장 옵션이 가능해진다.

차량 내부의 연결성은 디지털 장치와 시스템 통합으로 사용자 경험이 늘어나고, 스마트 홈 시스템과의 연동을 가능하게 한다. 이는 사용자에게 맞춤형 정보 제공, 오락, 통신 등 다양한 서비스를 제공할 수 있는 환경을 조성할 것으로 보인다.

획기적으로 바뀌는 자동차 UX

모빌리티 RACE 시대의 차량 내부 공간 디자인은 인간 상호작용 방식을 혁신적으로 변화시킬 것이다. 이는 차량 내에서 인간의 행동과 경험을 새롭게 정의하며, 혁신적인 연구와 개발이 필요하다.

차량이 자율주행 기능을 갖추게 되면서 사람들은 이동 중에도 다양한 사회적 상호작용을 할 수 있게 된다. 이는 차량 내부에서의 대화, 협업, 그리고 오락을 지원하는 디자인이 중요해지며, 이를 통해 사용자 간의 원활한 커뮤니케이션과 협력 작업이 가능해질 것이다. 연결성과 스마트 기술을 통해 차량 내부는 사용자 맞춤형 환경을 제공할 수 있다. 이는 개별 사용자 또는 그룹의 선호에 맞춘 조명, 온도, 오디오 및 시각적 경험을 제공하며, 개인의 취향과 요구를 충족시키는 데 중점을 둔다.

새로운 내부 공간 디자인은 사용자 안전과 편안함을 보장해야 한다. 자율주행 차량의 내부는 충돌 시 안전성을 유지하면서도 사용자에게 최적의 편안함을 제공할 수 있는 설계가 필요하다. 예를 들어 안전벨트의 위치와 좌석의 구조는 충돌 시 사용자를 보호하면서도 편안한 이동 경험을 제공해야 한다.

모빌리티 신규 서비스가 나온다

모빌리티 기술의 발전은 단순히 이동 방식의 혁신을 넘어, 고령 서비스 분야에서도 중요한 변화를 일으키고 있다. 특히 고령화 사회에 대응하기 위한 다양한 서비스 모델이 등장하며, 이들 기술은 고령자의 삶의 질을 향상하고, 새로운 경제적 기회를 창출하고 있다.

자율주행차와 같은 혁신적인 이동 수단은 고령자들에게 더욱 편리하고 안전한 이동 수단을 제공하며, 다양한 서비스가 포함된 새로운 비즈니스 모델을 만들어내고 있다. 자율주행차는 고령자들이 독립적으로 이동할 수 있는 기회를 제공한다.

고령자들이 운전 능력을 잃었거나, 주차와 같은 복잡한 과정을 어려워할 때, 자율주행차는 이동의 자유를 보장하며, 의료기관 방문이나 장보기와 같은 일상적인 활동을 지원한다. 커넥티드 기술을 활용한 모빌리티는 고령자들에게 실시간 정보를 제공하고, 필요한 서비스의 접근을 수월하게 한다. 예를 들어 차량 내에서 건강 상태를 모니터링하거나, 응급 상황 발생 시 즉각적인 대응이 가능하다. 스마트 교통 시스템과 인프라는 고령자들이 안전하게 이동할 수 있도록 지원한다. 스마트 신호등, 보행자 인식 시스템 등은 교통안전을 강화하고, 고령자들이 도로에서 안전하게 이동할 수 있도록 돕는다.

우버와 같은 주요 기업들은 고령화 사회를 대비하여 다양한 비즈니스 모델을 개발하고 있다. 우버는 고령자를 위한 돌봄 서비스와 관련된 비즈니스 기회를 인식하고, 병원 이동, 약 배달, 장보기 등의 서비스를 계획하고 있다. 이를 통해 고령자들이 필요한 물품과 서비스를 쉽게 접할 수 있도록 돕고, 일상생활의 편리함을 제공한다. 또한 우버는 고령자들의 필요를 충족하기 위한 전용 서비스 모델을 개발하고 있다. 예를 들어 우버는 고령자 전용 차량 서비스를 제공하여, 좀 더 안전하고 편안한 이동 경험을 제공하고 있으며, 전문적으로 훈련된 드라이버가 탑승하여 추가적인 지원을 제공할 수 있다.

모빌리티 기술의 발전과 고령 서비스의 융합은 앞으로도 더욱 활성화될 것으로 예상된다. 기술 발전에 따라 고령자들의 개인적인 요구와 건강 상태를 고려한 맞춤형 서비스가 제공될 것이다. AI와 데이터 분석을 통해 개별 고령자의 필요를 정확히 파악하고, 적절한 서비스를 제공하는 것이 가능해질 것으로 보인다. 그리고 모빌리티와 헬스케어 서비스가 통합된 시스템이 등장할 것이다. 자율주행차와 헬스케어 서비스가 결합한 시스템은 고령자들이 병원에 안전하게 이동하도록 도와줄 수 있다. 또한 치료와 관리가 필요한 상태에서 신속하게 대응할 수 있다.

고령화는 전 세계적으로 공통된 문제이며, 이에 따라 글로벌 차원의 서비스 확장이 이루어질 것으로 보인다. 여러 국가와 지역에서 고령자들을 위한 모빌리티 서비스가 확산할 것이며, 이는 글로벌 헬스케어 및 돌봄 산업의 성장에 기여할 수 있다. 이렇듯 모빌리티의 발전은 고령 서비스 분야에 중요한 변화를 일으키고 있으며, 이는 고령자들의 삶의 질을 향상시키고 새로운 경제적 기회를 창출하는 데 기여하고 있다. 자율주행차와 커넥티드 모빌리티 기술의 발전은 고령자들에게 좀 더 안전하고 편리한 이동 수단을 제공하며, 우버와 같은 기업들은 이러한 기회를 활용하여 고령화 사회를 대비한 다양한 서비스 모델을 개발하고 있다. 앞으로도 모빌리티와 고령 서비스의 융합은 더욱 활성화될 것이며, 이는 고령자들이 더욱 안전하고 편리한 삶을 누리도록 지원할 것이다.

2025년 모빌리티 분야
5대 예측

1 **로보택시의 본격적인 확산:** 테슬라와 웨이모 등의 로보택시 서비스는 자율주행 기술을 바탕으로 도시 교통 시스템을 크게 변화시킬 것이다. 이는 차량 소유의 감소와 함께 공유 경제의 확산을 촉진하고, 교통의 효율성을 높이는 데 기여할 것으로 보인다.

2 **자율주행 기술의 진보:** 자율주행 기술은 2025년까지 더욱 고도화되어 차량의 완전 자율주행을 가능하게 할 것이다. 이는 고령자나 이동성에 제약이 있는 사람들에게 새로운 이동 자유를 제공할 것으로 예상된다.

3 **전동화의 가속화:** 전기차와 전동화된 로보택시의 도입은 지속할 수 있는 교통수단을 확산시키며, 도시의 탄소배출을 줄이는 데 큰 기여를 할 것이다. 또한 충전 인프라와 배터리 기술의 발전이 전동화를 가속할 것이다.

4 **커넥티드 기술의 발전:** 차량 간, 차량과 인프라 간의 실시간 정보 교환이 가능해져 교통 안전성과 효율성이 크게 향상될 것이다. 이러한 기술은 스마트 시티의 중요한 구성 요소로 자리 잡으며, 도시 전체의 교통 흐름을 최적화할 것으로 예상된다.

5 **모빌리티와 헬스케어의 융합:** 자율주행차와 헬스케어 서비스의 결합은 고령자와 이동 약자들에게 안전하고 편리한 이동 수단을 제공하게 될 것으로 보인다. 이러한 시스템은 전 세계적으로 확산할 것이며, 헬스케어 산업과 모빌리티 산업의 융합을 통해 새로운 서비스 모델이 등장할 것이다.

BIO HEALTHCARE
REVOLUTION

PART 2

바이오 헬스케어
레볼루션

혁명적 치료제, GLP-1

— 미국 뉴저지에 사는 마흔 두 살인 대니얼 씨는 요즘 아침을 맞는 것이
즐겁다. 6개월 전만 해도 104킬로그램에 달했던 과체중으로 인해 만성
피로와 관절 통증에 시달렸지만, 화이자에서 나온 GLP-1 기반의 경구
용 약물을 사용해 78킬로그램으로 체중 감량에 성공했다. 그동안 체중
관리에 대한 의지와 시도는 많았으나 바쁜 업무와 육아에 다이어트와
운동은 지속하기 어려웠다. 하지만 GLP-1 약물을 사용해 25퍼센트나
체중을 성공적으로 감량한 이후 삶은 눈에 띄게 달라졌고, 라이프스타
일에도 큰 변화가 생겼다.

만성 피로로 기상이 어려웠던 대니얼 씨는 이제 아침을 가벼운 산책과
함께 시작하며 얼마 전 산 스마트워치로 수면 패턴과 심박수, 체중 변화
를 확인한다. 몸이 가벼워지면서 건강도 찾으니 웰빙에 대한 욕구도 강
해졌다. 웨어러블 기기와 같은 디지털 헬스케어 기술이 발전하면서 기

본적인 건강 상태를 확인하는 것이 더 쉬워졌다.

오늘은 일주일에 한 번 GLP-1 약물을 투약하는 날이다. 투약 후 근 손실을 방지하기 위해 피트니스 센터에서 개인 맞춤형 근력 운동을 한다. 운동 후에는 고단백 식단을 보충하기 위해 단백질 셰이크를 섭취한다. 요즘에는 GLP-1 혁신으로 식품 산업도 이를 발 빠르게 따라오면서 가정에서도 손쉽게 준비할 수 있는 저칼로리 고단백 식재료들이 풍부하게 제공된다.

체중 감량 후 그는 외식을 줄이고 가능한 집에서 저칼로리 식단을 자주 즐기게 됐다. 저녁 식사 후에는 가족들과 산책하고 가벼운 운동을 함께 한다. 체중 감소 덕분에 더 많은 활동을 하게 되면서 가족들과 함께하는 시간이 많아졌다. 야외 활동이 증가하면서 삶의 질이 향상되고 있음을 느낀다.

'59.9퍼센트'

이는 2019년 조사된 OECD 국가의 평균 과체중과 비만 비율이다. 우리나라는 33.7퍼센트의 비율로 상대적으로 낮지만, 여전히 상당수의 국민이 영향을 받고 있다. 식사와 연관된 대사질환인 당뇨병과 당뇨병 전 단계의 경우 2,000만 명을 넘어서면서 국내에서 부담이 가장 큰 질병으로 꼽힌다. 해당 질병에 대한 해결은 의외로 간단하다. 운동과 식이요법을 통한 에너지 대사 조절을 통해 예방과 치료를 할 수 있다. 하지만 원하는 목적을 달성하기 위한 노력과 인내가 매우 필요하기에 많은 사람이 실천하기 어려워한다. 고도 비만이나 노령, 질병 등으로 겪는 건강 문제라면 운동과 식이요법에 제한이 생긴다.

현대에 들어와서 필요 이상의 식사량과 운동량 부족에 따라 비만이

비만: 체지방이 과도하게 축적된 상태를 비만이라고 한다. 그 자체로 질병으로 인식되고 있으며 여러 만성질환의 원인이 된다. GLP-1 계열의 약물은 비만 치료에 효과적인 체중 감량을 유도하며, 이를 통해 비만 관련 질환을 예방하고 치료하는 데 도움을 준다.

급증하면서 이를 해결하는 방법에 큰 관심을 갖게 되었고 이는 '비만 치료제'에 대한 기대로 이어졌다. 특히 비만*은 대사질환인 제2형 당뇨병 발병과 큰 연관성이 있고 그 외에 여러 질병 유발과도 연관성이 있기에 비만 치료제 개발은 살을 빼는 것을 넘어선 건강 증진에 기여할 것으로 여겨져 왔다. 이를 위해 학계와 제약회사는 비만 치료를 위한 여러 시도를 했으나 성공적이지 못했다. 그러나 '글루카곤 유사 펩타이드-1(Glucagon-like peptide-1, GLP-1)'과 '당 의존형 인슐린 분비 촉진 펩타이드(Glucose-dependent insulinotropic peptide, GIP)'를 대사질환 치료제로 활용한 임상 적용의 성공과 더불어 이전에 개발된 약과는 비교될 정도로 부작용에 의한 문제도 줄어들면서 상황이 달라졌다.

이는 비만과 당뇨 치료제로서의 기능을 넘어서 의료계에 큰 영향을 미칠 뿐 아니라, 2025년 대중에게 AI를 넘어선 최대의 키워드는 GLP-1이 될 것이라는 전망이 나온다. 살 빼는 약이나 당뇨 치료제를 넘어 삶의 방식을 바꾸는 아스피린 이후 최대 의약 혁명이라는 평가다.

GLP-1이란 무엇인가?

— 운동 안 하고 살 빼는 방법은 없나요?

인간의 오랜 질문이었다. 그동안 "그런 법은 없어"라는 답이 일반적이었다. 살 빼는 약은 그동안 수많은 시도와 광고가 있었다. '살 빼는 약'은 마치 늙지 않고 오래 살게 해주는 약, '불로초'와 같은 인식을 줬다. 하지만 결국 '위약 효과(플라세보)'를 노린 것이었으며 '약장사' 수준에 머물렀다.

그러나 GLP-1과 GIP를 대사질환 치료제로 활용한 임상 적용이 진행되고 관련 약물이 나오면서 상황이 바뀌었다. 대표적으로 위장 호르몬으로서 시상하부에 배고픔을 느끼게 하는 '그렐린(ghrelin)'이라는 호르몬이 있다. 그렐린은 치료 표적으로 연구가 시작됐지만 상업용 신약 개발로는 이어지지 않았다. 그동안 전통적인 치료제인 메트포르민(Metformin)을 주로 사용했으나 최근 소장 호르몬을 활용한 치료제가 주목받고 있다.

그 이유는 이 호르몬들이 제2형 당뇨병*과 비만 치료에 매우 효과적임이 밝혀졌기 때문이다. 대표적으로 GLP-1과 같은 소장 호르몬이 인슐린 분비를 촉진하고, 식욕 억제 및 체중 감량에 중요한 역할을 한다는 사실이 입증됐다. GLP-1 수용체 작용제(GLP-1 receptor agonists)*와 같은 약물은 혈당을 조절하고, 체중 감소를 촉진하여 당뇨병과 비만 치료에서 유망한 성과를 보여줬다. 메트포르민과 같은 전통적인 약물보다 더 효과적으로 나타났다.

호르몬의 메커니즘에 대한 이해가 깊어지고, 임상적으로 유의미한 효과가 입증되면서, 소장 호르몬을 활용한 치료제들이 현재 더욱 주목받고 있다. 특히 GLP-1은 식후에 소장에서 분비되는 호르몬(Incretin)

제2형 당뇨병: 인슐린 저항성이 발생하여 혈당 조절이 어려워지는 질환이다. 보통 성인에서 발병하며, 식이요법과 운동, 약물 치료를 통해 관리한다. GLP-1 치료제는 제2형 당뇨병 환자의 혈당을 효과적으로 조절하는 데 사용된다.

GLP-1 수용체 작용제: 이 약물은 GLP-1 호르몬과 유사한 작용을 하며, 인체에서 GLP-1 수용체를 자극해 혈당조절과 체중 감량을 촉진한다. 비만과 당뇨병 치료에 매우 유용한 약물이다.

중 하나다. 위, 뇌, 시상하부, 이자(췌장) 등 체내 전반적으로 작용한다. 인슐린 분비의 증가와 글루카곤 분비의 억제를 통해 혈당을 낮추고 위의 운동을 줄여 포만감이 빠르게 느껴지는 특징이 있다. 게다가 인슐린 분비를 담당하는 이자 내 베타세포의 분열 촉진과 세포 사멸 감소를 통해 베타세포의 숫자가 늘어나서 인슐린 분비 능력도 높이는 것으로 보고됐다.

체내 GLP-1은 '디펩티딜펩타이드 가수분해효소(Dipeptidyl peptidase-4, DPP-4)'에 의해 빠르게 분해되기 때문에 혈중 반감기가 매우 짧다는 문제가 있어 치료제로 적용이 힘들었다. 하지만 최근 체내 반감기(biological half-life)를 극적으로 증가시킨 유사체 개발로 치료제로서 활용할 수 있었다. 체내 반감기란 몸 안에 들어온 약물이나 물질의 농도가 절반으로 줄어드는 데 걸리는 시간을 의미한다. 즉, 약물이 체내에서 제거되는 속도를 나타내는 지표다. 반감기가 짧으면 약물이 빠르게

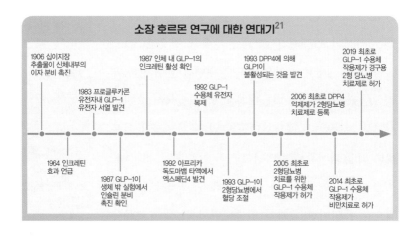

소장 호르몬 연구에 대한 연대기[21]

1906 십이지장 추출물이 신체내부의 이자 분비 촉진

1983 프로글루카곤 유전자내 GLP-1 유전자 서열 발견

1964 인크레틴 효과 언급

1987 GLP-1이 생체 밖 실험에서 인슐린 분비 촉진 확인

1987 인체 내 GLP-1의 인크레틴 활성 확인

1992 GLP-1 수용체 유전자 복제

1992 아프리카 독도마뱀 타액에서 엑스페딘4 발견

1993 GLP-1이 2형당뇨병에서 혈당 조절

1993 DPP4에 의해 GLP1이 불활성되는 것을 발견

2006 최초로 DPP4 억제제가 2형당뇨병 치료제로 등록

2005 최초로 2형당뇨병 치료를 위한 GLP-1 수용체 작용제가 허가

2019 최초로 GLP-1 수용체 작용제가 경구용 2형 당뇨병 치료제로 허가

2014 최초로 GLP-1 수용체 작용제가 비만치료로 허가

21 출처: Gribble FM, Reimann F. Metabolic Messengers: glucagon-like peptide 1. Nat Metab. 2021;3(2):142-148

배출되지만, 반감기가 길면 체내에 오래 남아 작용이 지속된다. 이는 약물의 복용 간격을 결정하는 중요한 요소로, 약물의 효과와 안전성을 평가하는 데 중요한 역할을 한다.

비만 치료제의 역사와 GLP-1

비만과 당뇨병은 21세기 최대 질병으로 인식된다. 미 질병통제예방센터(CDC)의 새로운 통계 자료에 따르면 미국 성인 인구 다섯 명 중 한 명이 비만에 해당한다. 미국, 영국 등 서구뿐 아니라 요새는 한국 등 아시아에서도 발병되는 만성 질환으로 꽤 오랫동안 의사들과 제약사들이 '비만 치료제' 또는 '당뇨병 치료제' 개발에 도전장을 내밀었다.

비만과 혈당조절에 대한 연구는 19세기 기록에도 찾을 수 있을 만큼 오랫동안 시도를 해왔다. 특히 대사조절은 상당 부분 내분비에 의해 조절되기에 내분비 호르몬의 치료제 개발 시도가 여러 번 있었다. 대표적으로 1994년 뇌에서 식욕을 통제하는 지방 분비 호르몬인 렙틴(Leptin)이 있다. 렙틴은 연구 목적용 생쥐 실험으로 대사 질환 연구에 큰 기여를 한 덕분에 비만과 당뇨 치료제로 이어질 것으로 기대가 됐다. 하지만 실제 비만 환자들에게 투약한 결과 높은 렙틴 혈중농도와 함께 저항성이 나타나 비만 치료제로 발전되진 못했다.

위에서 분비되는 호르몬인 그렐린은 식욕이 필요한 시기에 시상하부에 배고픔을 유발한다. 그렐린 호르몬 억제제나 그렐린 호르몬의 활성화 억제제 등도 시도됐으나 치료제로 개발에는 성공적이지 못했다. 가장 오랫동안 활용된 당뇨병 치료제는 메트포르민이었다. 수천 년 전

우연히 발견 돼 민간에서 사용되고 있으며, 지난 100년간 제2형 당뇨병 치료제로서 광범위하게 활용되고 있다. 사용된 지 오래돼 장기 복용에 따른 안전성이 보장돼 있다. 또한 인슐린을 짜내는 것이 아니라, 간에 영향을 주어 신체의 인슐린 감수성을 높여 치료하기 때문에 저혈당에 빠지는 등의 부작용이 없다. 약간의 체중 저하를 유도하기 때문에, 비만에 대한 효과도 있다.

다만, 메트포르민의 기전은 아직 명확하게 알려진 바가 없다. 세포 내 소기관인 미토콘드리아에 작용하여, 에너지 소모를 증진한다는 것 외에는 실제 메트포르민의 수용체에 대해서는 의견이 분분하다. 그런데도 오랫동안 사용한 치료제이기에 기전 규명 없이 활용되고 있다. 메트포르민은 예외적인 사례다. 일반적인 대사 질환 치료제의 경우 명확한 기전 없이는 임상 및 치료제 개발에 제한이 있다.

명확한 기전을 가진 대사질환 치료제의 예로 스태틴 계열의 고지혈증 치료제가 있다. 콜레스테롤 합성 인자에 대한 저해제이자 혈중 LDL 수용체의 발현을 증가시켜 혈중 콜레스테롤을 낮추는 약제로서 지금까지 매우 성공적인 치료제로 사용되고 있다. 이에 반해 GLP-1 계통의 치료제는 주로 주사제를 통해 환자가 직접 투여할 수 있고 체중 감량과 혈당조절 등의 효과가 매우 좋다. 여러 임상 테스트를 통해 기존의 치료제에 비해 부작용의 심각성도 낮다고 판단되어 비만 및 제2형 당뇨병 치료제로서의 활용도가 높다.

GLP-1 계열 치료제의 종류

GLP-1은 이처럼 비만 치료에 효과가 있다고 발견됐음에도 약 2분 정도 수준의 매우 짧은 반감기를 가지고 있어 체내에서 빠르게 분해된다는 것이 단점이었다. 이를 치료제로 활용하기 위해서는 GLP-1 유사체나 GLP-1 수용체 작용제를 개발해야만 했다. 그래서 GLP-1 유사체는 인체의 GLP-1과 유사한 구조를 지니지만 체내에서 더 오래 작용할 수 있도록 설계됐다. 대표적인 GLP-1 유사체로는 리라글루타이드(Liraglutide)와 듀라글루타이드(Dulaglutide), 세마글루타이드(Semaglutide) 등이다. 대표적으로 노보노디스크의 세마글루타이드 제품인 위고비(Wegovy)가 있다. 반면 GLP-1 수용체 작용제는 GLP-1이 체내에서 하는 역할을 강화하도록 설계됐다. 이 약물들 역시 인슐린 분비를 촉진하고 글루카곤 분비를 억제해 체중 감량 효과를 끌어냈다. 대표적인 약물로는 일라이릴리가 개발한 티르제파타이드(Tirzepatide)를 이용한 젭바운드(Zepbound)가 있다.

이 같은 GLP-1 계열의 치료제는 크게 세 가지로 분류된다.

리라글루타이드

인간의 GLP-1과 97~98퍼센트 정도의 구조적 상동성을 보이는 펩타이드로서 GLP-1보다 더 느린 속도로 분해돼 포만감이 더 오래 지속되도록 만들어졌다. 동물실험에서 투여한 용량과 기간에 비례해 갑상샘수질암 위험이 증가하는 것으로 보고됐다. 따라서 본인 또는 가족이 갑상샘수질암을 진단받은 경험이 있거나 다발성내분비성종증 환자에겐 투여가 권고되지 않는다.

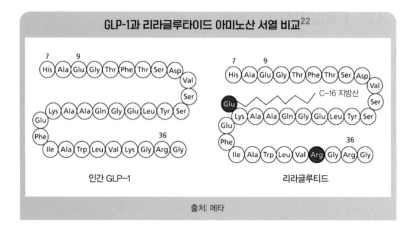

GLP-1과 리라글루타이드 아미노산 서열 비교[22]

인간 GLP-1

리라글루티드

출처: 메타

- 빅토자(Victoza): 노보노디스크 제약에서 개발한 당뇨병 치료제다. 1일 1회 0.6밀리그램으로 시작, 적어도 1주일 이상 간격을 두고 1.2밀리그램으로 용량을 증가시키며 투여한다. 만약 해당 투여량으로 만족스러운 효과를 얻지 못하고 부작용 위험보다 혈당조절 이익이 더 크다고 판단되면 1.8밀리그램까지 용량을 증가할 수 있다. 최근 논문에서는 말초동맥질환이 있는 당뇨병 환자의 하지 합병증 발생 위험을 낮추고 지연시킬 수 있어 효과적인 당뇨병 치료제로서 기능할 수 있음을 시사했다.

- 삭센다(Saxenda): 빅토자와 완전히 같은 성분이나 투여량의 조정을 통해 비만 치료제 용도로 승인받았다. 1일 1회 0.6밀리그램으로 시작하여 적어도 1주일 이상의 간격을 두고 0.6밀래그램씩 용량을 증가시켜 3.0밀리그램에 도달하면 용량을 유지하여 투여한다. 위장관계

22 출처: Caruso, Paola et al. "Liraglutide for Lower Limb Perfusion in People With Type 2 Diabetes and Peripheral Artery Disease: The STARDUST Randomized Clinical Trial." JAMA network open vol. 7,3 e241545.

부작용이 흔히 나타나므로, 염증성 장 질환과 당뇨병성 위 마비 환자에게는 투여를 권장하지 않는다. 체중조절 목적의 경우, 만 75세 이상 또는 다른 체중 관리용 제품을 투여받는 환자에 대한 안전성과 유효성이 확보되지 않았으므로 투여를 권장하지 않는다. 3.0밀리그램을 12주간 투여했음에도 초기 체중에 비해 5퍼센트 이상 감량되지 않으면 중단한다. 3.0밀리그램을 초과하는 용량은 권장되지 않는다.

세마글루타이드

리라글루타이드와 같은 GLP-1 수용체 작용제이지만 그 구조가 달라 반감기가 달라진다. 삭센다의 경우 반감기는 약 13시간이지만, 위고비는 160~170시간 정도로 투여 횟수가 달라진다. 특히 비만 치료제인 위고비의 경우 1주 1회 투여 가능하다는 장점이 있다.

- 오젬픽(Ozempic): 노보노디스크 제약에서 개발한 당뇨병 치료제로서 투여 첫 4주 동안은 일주일에 1회 0.25밀리그램, 그다음 4주 동안은 일주일에 1회 0.5밀리그램을 투여한다. 결과에 따라 이후 4주 동안은 일주일에 1회 1밀리그램을 투여한다. 이후 필요시 일주일에 1회 2밀리그램으로 투여량을 증가시킬 수 있다.

- 위고비(Wegovy): GLP-1 계열 네 개의 비만 치료제(위고비, 삭센다, 큐시미아, 콘트라브) 중 효능 및 안정성에서 최고점을 받았다. 일주일에 1회 투여하며 투여 시 0.25밀리그램을 첫 4주 동안 투여하고 이후 매 4주 0.25밀리그램씩 증가시키고 최대 투여량은 2.4밀리그램까지 사용한다. 국제학술지 〈뉴잉글랜드저널오브메디슨(New England Journal of Medicine)〉을 통해 당뇨병이 없는 비만 환자에서 심혈관

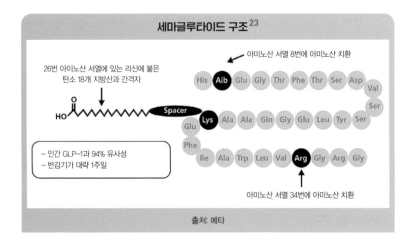

세마글루타이드 구조[23]

26번 아미노산 서열에 있는 리신에 붙은
탄소 18개 지방산과 간격자

아미노산 서열 8번에 아미노산 치환

His Aib Glu Gly Thr Phe Thr Ser Asp Val Ser

Spacer

Lys Ala Ala Gln Gly Glu Leu Tyr Ser

Glu

Phe

Ile Ala Trp Leu Val Arg Gly Arg Gly

HO

- 인간 GLP-1과 94% 유사성
- 반감기가 대략 1주일

아미노산 서열 34번에 아미노산 치환

출처: 메타

보호 혜택을 입증했다. 3년간의 추적 관찰하는 동안 뇌졸중을 포함한 주요 심혈관 사건 발생은 위약 대비 약 20퍼센트 감소해 임상 현장에서 비만 치료제 이상의 활용을 예상했다.

- 리벨서스(Rybelsus): 미국 FDA(식품의약국)에서 승인된 최초이자 유일한 GLP-1 계열의 경구용 당뇨병 치료제로서 노보노디스크(Novo Nordisk) 제약에서 개발했다. 기존 약제들이 주사제라는 한계가 있는 것과 달리 리벨서스는 경구제라는 강점이 있다. 기존 GLP-1 유사체는 위장관을 통한 약물 흡수에 약점이 있어 경구제로 개발되지 못했으나 세마글루타이드에 흡수 증강제인 SNAC(Sodium N-[8-(2-hydroxybenzoyl) Amino] Caprylate)를 결합해 경구 복용이 가능하게 만들어졌다. 효소작용에 의한 분해로부터 약물을 보호하고, 약물의 흡수를 증가시킨다. 효과와 부작용을 감안할 때 다른 경구용 당뇨 약

---

23 출처: Kalra, Sanjay et al. "A Review of Oral Semaglutide Available Evidence: A New Era of Management of Diabetes with Peptide in a Pill Form." Indian journal of endocrinology and metabolism vol. 26,2 (2022): 98-105

제들(DPP-4 억제제나 SGLT-2 억제제)을 대체할 만한 능력을 갖추고 있다고 평가된다. 리벨서스를 복용하려면 공복 상태에서 일정 용량의 물을 함께 마셔야 한다는 조건이 붙는다. 또 다른 경구 의약품을 복용하기 전 적어도 30분을 기다려야 한다.

티르제파타이드

최근 일라이릴리(Eli Lilly) 제약에서 GIP 수용체와 GLP-1 수용체에 동시 작용제로서 개발한 약제다. 당뇨병 치료제인 마운자로(Maunjaro)와 비만 치료제인 젭바운드가 있다. 티르제파타이드가 주성분인 마운자로는 위고비와 마찬가지로 주 1회 투여하는 GLP-1 수용체 작용제다. 다만 티르제파타이드는 세마글루타이드처럼 GLP-1을 모방할 뿐만 아니라, GIP 호르몬도 추가로 자극한다. GIP는 단독으로는 인슐린 분비와 체중 감량 효과가 GLP-1보다는 떨어져 주목받지 못했으나, GLP-1과 함께 작용하면 시너지를 유발한다.

실제로 GIP와 GLP-1 이중 작용제인 티르제파타이드가 심혈관 위험이 증가한 제2형 당뇨병 환자를 대상으로 한 임상시험에서 성공적인 결과를 보였다. 특히 최고 용량으로 치료했을 때 참가자 대부분의 당화혈색소(A1C)가 7퍼센트 미만으로 떨어졌고, 약 40퍼센트에서는 당뇨병이 없는 사람의 수준까지 도달했다. 임상시험 결과, 최대 22퍼센트의 체중 감량 효과를 보여 비만 수술만큼의 효과가 있다고 알려져 있다. 당뇨병 치료제로 첫 승인을 받았으나 2023년 비만 치료제로서 사용될 수 있게 확대돼 젭바운드가 승인됐다.

알려진 부작용으로는 설사, 메스꺼움, 구토, 복통, 피로, 알레르기 반응, 탈모, 장 출혈 등이 있다. 또한 쥐에서 갑상샘수질암을 유발한다는 보고가 있으나, 인간에게서도 같은 효과를 유발하는지는 알 수 없다. 현재는 다발성 내분비샘 신생물 2형이나 갑상샘수질암의 과거력 또는 가족력이 있는 경우는 사용이 권고되지 않는다.

췌장 염증 병력이나 장 출혈, 심각한 알레르기 가족력과 과거력을 가진 환자에게서는 아직 어떤 영향을 주는지 보고된 바가 없다. 다른 비만 치료제 약물들과 함께 사용하는 경우 어떤 영향을 주는지도 알려진 바가 없어서 사용이 권고되지 않는다. 승인된 지 얼마 안 된 약물의 경우, 그만큼 부작용 보고 사례와 분석이 이뤄지지 않았기 때문에 사용에 주의해야 한다.

GLP-1 계통 비만 및 제2형 당뇨병 치료제의 강점

GLP-1 계통의 비만 및 제2형 당뇨병 치료제는 이미 장 분비 호르몬으로서 수용체가 밝혀진 상태이기에 작용 기전이 명확하다. 1960년대에 처음 보고된 뒤 수용체가 규명되고 뇌의 시상하부에 작용, 식욕을 억제할 수 있다는 것과 위에 작용해서 섭취된 음식의 소화를 늦추어 배부름을 유지한다는 것이 여러 연구를 통해 확인된 바 있다. 다만, 혈중 반감기의 문제로 인해 혈중에 1~2분 정도만 존재하기 때문에 약제로의 개발에는 제한이 됐다. 즉, 약제로 활용할 수 있게 된다면 이에 대한 뇌와 위에서의 기전과 더불어 수용체도 이미 알려진 상태라서 수용체가 있는 타 신체 기관에서의 역할도 연구 수행이 가능하다. 이러한 명확한 기전은 치료제로서의 활용에 큰 기여를 했다.

GLP-1 관련 치료제는 소화기관 중심으로 부작용이 나타나며 심각

아직 잃나고 보고되어 사냥부남이 석은 것이 특징이다. 물론 신체 내 지방의 비율을 낮추면서 동시에 근육량 감소에 대한 부작용이 있다. 전반적인 근육량이 충분하면 큰 문제가 아니겠지만 고령자의 경우 근감소에 따른 에너지 대사의 감소와 대사질환 유발, 퇴행성 뇌 질환과의 연관성 등을 감안할 때 결코 무시할 수 없는 부작용으로 발현된다. 다소 아쉬운 부분은 GLP-1 치료제 투여를 멈추면 다시 투여 이전의 상태로 돌아온다는 것이다. 특히 투여를 중지하면 식욕이 증가하여 원래의 몸무게로 돌아오는 현상은 비만 환자가 가장 두려워하는 요요현상임을 감안할 때 이에 대한 추가적인 연구도 필요하다.

왜 2025년은 GLP-1 혁명의 원년인가?

2025년은 GLP-1 혁명의 원년이 될 것으로 평가받고 있다. GLP-1 계통 비만과 제2형 당뇨병 치료제는 효과가 빠르고 부작용도 상대적으로 낮고, 질병의 경중에도 큰 제약 없이 처방할 수 있어서 대중적으로 빠르게 확산하고 있기 때문이다. 2024년 본격 출시 이후에도 보고된 부작용이 심각하지 않다는 것도 강점이다. 여러 제약사는 빠르게 증설에 나서고 있고 세계 각국의 제약사들은 아스피린 등장 이후 최대 '블록버스터'가 나왔다는 점에서 흥분을 가라앉히지 못하고 있을 정도다. 지금까지는 주로 주사제로서 사용되고 있지만 경구투여가 가능한 약의 추가 개발이 이뤄지고 있다. 이와 더불어 GLP-1 분비를 촉진 하는 마이크로바이옴 연구나 해당 치료제의 효과 증진, 그리고 부작용 억제와 연관된 제약과 건강보조제 개발이 이어지는 것은 당연한 수순이다.

GLP-1은 근감소증 유발이 가장 큰 부작용으로 보고되고 있다. 투약하면 근육이 줄어드는 현상이다. 얼굴의 노화가 심해져 보이고 근육량이 줄어들어 환자의 상황에 따라서는 심각한 부작용으로 고려될 수 있다. 하지만 근 손실이라는 부작용이 의학적으로는 문제가 있으나 상업적으로는 나쁘지 않게 받아들여지고 있다. 근 손실 부작용 때문에 운동과 같은 근본적인 대사질환 치료와 병행하도록 투약이 권장된다. 이와 관련된 신체 관리 프로그램 연구가 진행되어 기존 대사질환 치료에 연관된 산업의 재편이 이뤄지고, 새로운 방향으로 발전할 것으로 보인다. 약물치료 및 운동을 패키지화하는 새로운 '다이어트 시스템'이 등장할 조짐이 나타나고 있다. 진단과 약제 처방을 진행하는 의료 산업에 환자의 상태와 치료제의 효과, 그리고 발병되는 부작용에 따른 운동처방을 진행하여 새로운 개념의 정밀의학이 정립되는 것이다.

GLP-1 수용체가 있는 타 신체 기관에서의 반응과 효과, 그리고 예상되는 부작용의 연구도 지속되고 있다. 때에 따라서는 비만과 제2형 당뇨병 치료제로서의 기능뿐 아니라 타 질병에 대한 직접적인 치료제로서의 적용도 가능하다는 보고도 나오고 있다. 비만과 당뇨라는 현대병의 치료. 그리고 운동으로 연결되는 산업적 파급력. 향후 타 질병 치료제로 발전할 가능성이 높다. GLP-1이 라이프 스타일 혁명을 가져올 것이란 기대는 과한 것이 아닌 이유다.

2025년 GLP-1 혁명
5대 예측

1 **비만 및 제2형 당뇨병 치료의 혁명:** GLP-1 계열 치료제는 비만과 당뇨병 관리에서 큰 성과를 보이고 있으며, 2025년에는 더욱 널리 사용될 전망이다. 이러한 치료제는 체중 감량과 혈당조절에 매우 효과적이며, 부작용이 적어 대중적으로 확산할 것이다.

2 **경구용 GLP-1 치료제 등장:** 현재 주사제로 주로 사용되지만, 향후 경구용 약물이나 건강보조제 형태로 발전할 가능성이 크다. 이에 따라 치료제의 접근성이 좋아지고, 다양한 형태로 사용될 것이다.

3 **근감소증과 산업적 파급력:** GLP-1 치료제의 부작용 중 하나인 근감소증은 오히려 운동과 병행하는 다이어트 프로그램의 확산을 촉진할 것이며, 약물과 운동을 결합한 산업이 성장할 것이다.

4 **정밀의학으로의 발전:** GLP-1 기반 치료제는 환자의 상태에 따른 맞춤형 처방과 운동을 결합하여 더욱 정밀한 의료 서비스를 가능하게 할 것이다. 이에 따라 진단, 처방, 운동 치료가 결합한 새로운 의료 모델이 자리 잡을 것으로 보인다.

5 **심장병 등 다른 질병으로의 응용 가능성:** GLP-1 치료제는 비만과 당뇨 외에도 심장병 등 다른 질병의 치료제로 활용될 가능성이 크다. 연구가 진행됨에 따라 다양한 신체 기관에서의 반응과 효과가 밝혀지면서, 새로운 치료 영역이 열릴 것이다.

2장

GLP-1이 바꾸는
디지털 헬스케어와 라이프 스타일

노보노디스크와 일라이릴리가 이끄는 GLP-1 혁명

2022년 4월, 미국 제약회사 일라이릴리는 비만 환자를 대상으로 했던 티르제파타이드의 임상 3상 결과를 발표, 과학자들과 시장을 깜짝 놀라게 했다. 가장 낮은 용량인 5밀리그램을 투여한 환자군에서 무려 16퍼센트의 체중 감소가 나타났고, 10밀리그램과 15밀리그램을 각각 투여한 환자군에서는 21.4퍼센트와 22.5퍼센트의 체중 감소 효과가 나온 것이다.

부작용도 크지 않았다. 가장 흔한 부작용으로 메스꺼움 정도가 보고됐을 정도로 안정성도 입증됐다. 미국 당뇨병협회의 최고 과학 책임자인 로버트 가베이(Robert Gabbay) 박사는 "수술 없이 20퍼센트 수준의 체중을 감량한다는 것은 의학계에서는 게임 체인저다"라고 평가했다.

덴마크의 노보노디스크와 미국의 일라이릴리는 GLP-1을 헬스케어 산업의 최대 혁신으로 이끈 가장 대표적인 기업들이다. 두 기업 모두

약 20여 년간 GLP-1 치료제를 개발한 역사가 있다. 의학계가 GLP-1에 주목하기 시작한 것은 1980년대 후반으로 이 호르몬이 인슐린 분비를 촉진하고 혈당을 낮춘다는 것이 알려지면서 당뇨병 환자에게 매우 중요한 생리적 기능을 수행할 수 있다는 것이 밝혀졌다.

GLP-1을 활용한 약물 개발에 가장 적극적인 기업은 노보노디스크였다. 노보노디스크는 2004년부터 최초의 장기 지속형 GLP-1 유사체인 리라글루타이드를 개발, 제2형 당뇨병 환자를 대상으로 한 혈당조절 연구에 사용했다. 초기 임상시험부터 일부 환자가 부작용으로 메스꺼움과 구토를 보고하긴 했지만, 전반적으로 안전한 약물로 평가되며 인슐린 분비를 촉진하고 혈당을 조절하는 효과가 있음을 입증했다. 이후 리라글루타이드는 하루 한 번 투입하는 주사제로 개발, 당뇨병 환자들에게 혈당과 체중을 효과적으로 줄이고 심혈관 안정성도 높은 약물로 인정받았다. 리라글루타이드는 빅토자라는 이름으로 FDA 승인을 받으며 제2형 당뇨병 치료제로 출시를 했고, 2014년에는 비만 치료제인 삭센다라는 이름으로 승인됐다. 이는 비만 치료제 시장에서 큰 성공을 거뒀고 노보노디스크가 GLP-1의 선두주자로 자리매김하는 데 큰 역할을 했다.

노보노디스크는 리라글루타이드의 성공에 힘입어 더 긴 반감기를 가진 주 1회 주사가 가능한 세마글루타이드라는 약물을 개발했다. 세마글루타이드는 임상시험에서 주 1회 주사제로서 혈당조절과 체중 감소에 효과적인 약물임을 입증했다. 부작용으로는 역시 메스꺼움이 보고됐으나 리라글루타이드보다 반감기가 긴 탓에 주사 투약 빈도를 줄일 수 있다는 확실한 장점이 있었다. 세마글루타이드는 임상 3상의 대규모 임상 연구에서 당뇨 환자들의 혈당조절과 함께 체중 감소 효과가 매우 뛰어나다는 사실을 확인했다. 결국 2017년 오젬픽이라는 이름으로 FDA 승인을 받았다. 2019년에는 경구용 제형이 개발되면서 리벨서스라는 이름으로 FDA 승인을 받았다. 이는 GLP-1 치료제 중 최초로 경구 복용이 가능한 약물이었다. 이후 노보노디스크는 2021년 고용량 세마글루타이드 제품으로 체중 감량 효과가 매우 뛰어난 위고비를 선보이며 FDA의 승인을 받았다.

미국의 일라이릴리는 노보노디스크의 리라글루타이드와 경쟁하기 위해 듀라글루타이드라는 GLP-1 유사체를 개발했다. 일라이릴리가 당시 시장을 선도하던 노보노디스크와 경쟁하기 위해서는 더 긴 반감기를 지닌 약물을 개발해야 했다. 일라이릴리의 듀라글루타이드는 주 1회 주사가 가능한 약물로 하루 한 번 주사를 투약해야 했던 노보노디스크의 리라글루타이드와 비교해 더 나은 평가를 받았다.

듀라글루타이드 역시 임상시험에서 메스꺼움 수준의 부작용과 함께 우수한 혈당조절과 체중 감소 효과가 입증됐다. 2014년 듀라글루타이드는 트루리시티(Trulicity)라는 이름의 제품으로 FDA 승인을 받으며 주 1회 주사제라는 편리함과 효능을 앞세워 시장을 빠르게 장악해나갔다. 특히 듀라글루타이드는 심혈관 보호 효과가 있는 것으로 나타나 당뇨병 환자들 사이에서 장기적인 치료제로 주목을 받았다.

일라이릴리는 여기에 만족하지 않았다. 2018년부터 티르제파타이드라는 이중 수용체 작용제 개발에 착수했다. 티르제파타이드는 GLP-1과 GIP 수용체에 모두 작용, 기존의 GLP-1 약물보다 더 강력한 혈당 조절 및 체중 감소 효과를 기대할 수 있는 약물로, 일라이릴리는 2022년 대규모 임상과 함께 결국 개발에 성공했다.

티르제파타이드는 초기 임상시험에서부터 혈당과 체중 감소 효과가 매우 강력한 것으로 평가받으며 기존의 GLP-1 유사체보다 더 강력한 치료제임을 입증했다. 부작용은 GLP-1 유사체와 비슷했으나 혈당조절과 체중 감소 효과는 훨씬 뛰어났다. 티르제파타이드의 대규모 임상 시험에서 환자들은 평균적으로 20~23퍼센트 수준의 체중 감소 효과를 보였으며 이는 기존의 GLP-1 제품들보다 훨씬 더 우수한 결과였다.

2022년 일라이릴리의 티르제파타이드는 마운자로라는 이름으로 FDA의 승인을 받으며 제2형 당뇨병 치료제로 출시됐다. 그리고 2023년 9월 티르제파타이드는 비만 치료제로 젭바운드를 미국 시장에서 출시하며 현재까지 가장 강력한 체중 감량 효과를 보이는 GLP-1 약물로 평가받고 있다.

시장의 환호를 받는 혁신적인 비만 치료제

시장은 노보노디스크와 비만 치료제 시장을 이끌 수 있는 일라이릴리의 티르제파타이드 제품에 환호했다. 특히 지금까지 가장 강력한 효과를 보일 수 있는 비만 치료제로 큰 부작용 없이 체중을 20~23퍼센트나 감량할 수 있다는 점은 비만 치료제 시장의 게임 체인저로 인식됐다. 2022년 4월 대규모 임상시험을 무사히 마친 일라이릴리에 대한 투자 의견을 업그레이드하거나 목표가를 상향 조정한 투자은행은 열 개가 넘었고 모건스탠리는 5개월간 목표가를 무려 세번이나 상향 조정할 정도로 월가는 뜨겁게 반응했다.

특히 유럽 최대 은행 중 하나인 UBS는 "일라이릴리의 새로운 비만 치료제는 휴미라(Humira)를 넘어 역사상 가장 많이 팔리는 약품이 될 수 있다"라고 평가했다. 그동안 많은 투자 은행들이 일라이릴리에 긍정적인 의견과 함께 낙관적인 수익 전망을 제시했지만, UBS는 이마저도

"월가의 전망이 시대에 뒤떨어졌다"라고 평가할 만큼 "티르제파타이드 제품을 통한 기회의 크기를 제대로 인식하지 못하고 있다"라고 비판할 정도였다.

UBS 애널리스트 콜린 브리스토우(Colin Bristow)는 마운자로의 연간 매출이 200억 달러에서 250억 달러에 이를 것으로 전망하며 이것도 낮은 추정치라 평가했다. 실제 일라이릴리는 단 1년 만에 마운자로와 젭바운드의 매출을 2024년 2분기에 각각 31억 달러와 12억 달러로 총 43억 달러의 분기 매출을 달성했다.

흥미로운 점은 UBS가 일라이릴리의 티르제파타이드 제품이 연간 매출 최고 200억 달러를 넘는 글로벌 블록버스터 제품인 애브비(Abbvie)의 휴미라를 넘을 수 있을 것으로 전망한 것이다.

휴미라는 전 세계적으로 류머티즘 관절염 등 13가지 만성 면역계 염증성 질환을 치료하는 약물로 글로벌 제약 시장에서 압도적인 지위를 지닌 제품이다. 2007년에는 제약업계의 노벨상으로 인식되는 갈렌상(Prix Galien)을 수상한 바 있다.

브리스토우는 일라이릴리의 당뇨병 및 비만 치료제가 휴미라를 앞설 수 있는 근거로 "연간 160만 명의 미국인을 치료하면 매출이 200억 달러가 창출되는데 그것도 심각한 미국 비만 인구의 단 2퍼센트 미만이다"라고 평가하며 비만 치료 시장이 압도적인 규모를 지니고 있음을 강조했다. 특히 그는 일라이릴리의 티르제파타이드의 제품이 강력한 임상시험 결과를 바탕으로 경쟁사 제품을 압도해 더 많은 사용량을 기록할 것으로 내다봤다.

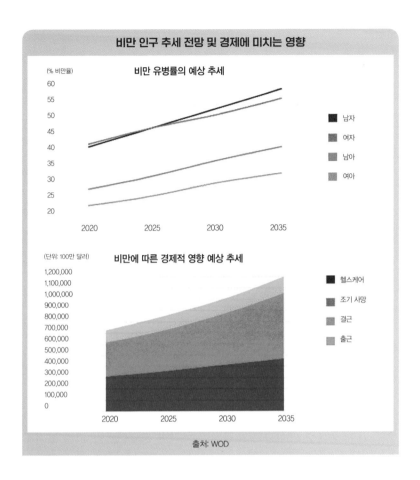

비만 인구 추세 전망 및 경제에 미치는 영향

비만 유병률의 예상 추세

(% 비만율)

- 남자
- 여자
- 남아
- 여아

비만에 따른 경제적 영향 예상 추세

(단위: 100만 달러)

- 헬스케어
- 조기 사망
- 결근
- 출근

출처: WOD

이미 선점한 당뇨병 시장의 규모

비만 치료제 시장에 대한 기대도 크지만, GLP-1 약물을 가장 필요로 하는 곳은 다름 아닌 당뇨병 시장이다. 모건스탠리에 따르면 미국에서 당뇨병으로 진단받은 환자로 추정되는 숫자는 약 3,400만 명에서 3,700만 명 수준이다. 하지만 아직 진단받지 못한 것으로 추측되는 750만 명 정도를 추가하면 미국 성인 인구의 약 10~11퍼센트가 당뇨 환자로 추정된다.

여기에 아직 당뇨를 진단받지 못했지만, 가능성이 있는 예비 당뇨 수준의 환자들은 약 8,800만 명이 있을 것으로 추정된다. 1980년대 미국에서 당뇨병 환자의 비율은 전체 성인 인구의 2~3퍼센트 수준이었으나 식습관의 변화로 인해 당뇨병 시장은 급격히 증가했다.

당뇨병은 미국에서 가장 비용이 많이 드는 만성적 질환으로 인식된다. 개인의 경우 연간 의료비용이 당뇨가 없는 일반인과 비교해 두 배나 높은 9,600달러가 추가 지출이 돼야 한다. 여기에 환자 개인이 따로 지출해야 하는 인슐린 비용이나 혈당 측정기, 정기 검진 등을 추가하면 비용은 훨씬 더 많이 늘어난다. 미국 의료 산업에서도 당뇨병 관리 비용으로만 연간 약 3,270억 달러를 지출하고 있다. 이는 지난 10년 동안 약 37퍼센트나 증가한 수치로 당뇨 시장이 커진 만큼 지출 역시 급격히 늘어났음을 알 수 있다.

당뇨병으로 인한 조기 사망이나 장애로 인한 노동력 감소, 병가 등으로 인한 생산성 손실까지 포함하면 국가적 손실은 약 900억 달러로 추산된다. 특히 당뇨병 대다수가 은퇴자를 위한 보험인 메디케어 수혜지로 전체의 약 25퍼센트를 차지하고 있다는 점을 고려할 때 향후 당뇨병 관련 질환은 메디케어 보험의 가장 큰 지출이 될 것이란 전망이다.

당뇨병에서 비만 치료제로 전환된 GLP-1 시장

2024년 중반까지만 해도 일라이릴리와 노보노디스크 등의 주요 GLP-

1 제품을 사용하는 환자의 수는 약 1,310만 명 정도로 추산됐다. 이 중 78퍼센트인 1,029만 명이 제2형 당뇨병 환자였고 나머지인 281만 명이 비만 치료제로 GLP-1을 이용했다. 가장 효과적인 것으로 알려진 일라이릴리의 경우 당뇨병 치료제인 티르제파타이드를 약 610만 명이 이용하고 있다. 이 중 470만 명이 당뇨병 치료를 위해, 130만 명이 비만 치료를 위해 사용 중인 것으로 알려졌다. 모건스탠리는 이 수치가 곧 비만 치료제로 전환될 것이라고 예상했다. 모건스탠리는 2033년에는 380만 명의 당뇨병 환자가 마운자로를 처방받고 570만 명의 비만 환자가 젭바운드 치료를 받을 것으로 전망했다.

실제 내과학 분야에서 가장 권위 있는 저널 중 하나인 〈애널스 오브 인터널 메디슨(Annals of Internal Medicine, AIM)〉에 따르면 지난 몇 년 동안 당뇨병 환자와 비만 환자 간의 GLP-1 사용 격차는 계속 커지고

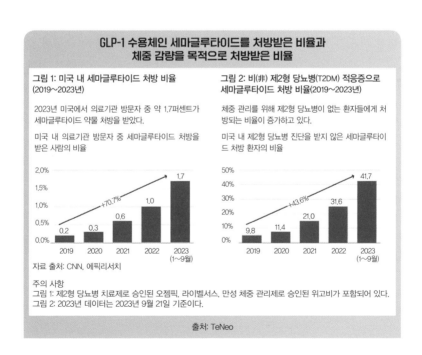

있다. AIM은 2011년에서 2014년 사이에 개발된 GLP-1을 사용한 환자의 약 65퍼센트가 제2형 당뇨병을 앓고 있었지만, 그 수치는 2019년에서 2023년 사이 57퍼센트로 떨어졌다. 반면 2011년부터 2014년까지 GLP-1을 사용한 비만 환자들은 평균 47퍼센트였지만 이 수치는 기간이 끝날 무렵 66퍼센트 이상으로 증가했다. 또한 2011년과 2023년 사이에 GLP-1을 사용한 체질량지수(BMI) 30 이상이거나 27~30 수준인 비만 관련 합병증을 앓고 있는 비 당뇨병 환자는 두 배로 급증했다.

세계 비만의 날 자문그룹 WOD에 따르면 2035년까지 전 세계 비만 인구는 19억 명에 이르고 글로벌 경제에 미치는 영향력은 4조 3,200억 달러에 달할 것이란 분석이다. 이는 인구 네 명 당 거의 한 명꼴로 비만을 겪을 수 있다는 분석이다. 다음 세대인 아동 비만은 더 심각하다. 향후 15년간 아동 비만의 증가 추세는 무려 100퍼센트가 넘을 것이란 분석이 나오기 때문이다. 그만큼 GLP-1 비만 치료제에 대한 관심과 성

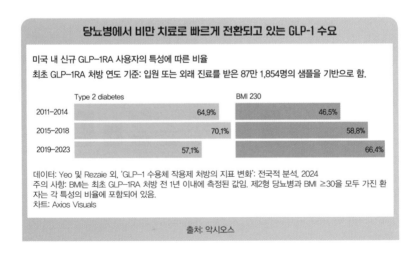

당뇨병에서 비만 치료로 빠르게 전환되고 있는 GLP-1 수요

미국 내 신규 GLP-1RA 사용자의 특성에 따른 비율
최초 GLP-1RA 처방 연도 기준: 입원 또는 외래 진료를 받은 87만 1,854명의 샘플을 기반으로 함.

	Type 2 diabetes	BMI 230
2011-2014	64.9%	46.5%
2015-2018	70.1%	58.8%
2019-2023	57.1%	66.4%

데이터: Yeo 및 Rezaie 외, 'GLP-1 수용체 작용제 처방의 지표 변화': 전국적 분석, 2024
주의 사항: BMI는 최초 GLP-1RA 처방 전 1년 이내에 측정된 값임. 제2형 당뇨병과 BMI ≥30을 모두 가진 환자는 각 특성의 비율에 포함되어 있음.
차트: Axios Visuals

출처: 악시오스

장 속도는 빠르게 증가하고 있다. 체중 감량 약물의 글로벌 매출 전망은 최근 1년간 거의 두 배로 증가하고 있을 정도다.

모건스탠리는 2030년까지 체중 감량 약물의 글로벌 매출 전망을 이전 예측인 540억 달러에서 770억 달러로 상향했다. 이전 전망과 비교해서 무려 42퍼센트나 상향 조정한 수치지만 다른 은행들과 분석하면 이 역시 보수적인 수치다. 미 최대 은행인 JP모건은 비만 치료제 시장이 2030년까지 연간 880억 달러로 성장할 것으로 전망했고, 제프리스는 무려 1,000억 달러 규모에 이를 것이란 보고서도 발표했다.

노보노디스크와 일라이릴리가 양분하는 시장

급속도로 확장되고 있는 비만 치료제 시장에 현재까지 시장을 지배하는 것은 가장 먼저 GLP-1 치료제로 시장을 선점한 노보노디스크와 일라이릴리다. 모건스탠리의 분석에 따르면 두 기업은 2030년까지 전체 비만 치료 시장의 82퍼센트를 양분할 것으로 전망되는 만큼 압도적인 기술력을 보유했다는 평이다. 블룸버그 역시 이 두 기업의 제품이 향후 10년 동안 시장을 주도하면서 비만 치료제 시장의 가치를 850억 달러 규모로 키울 것으로 내다봤다.

이처럼 노보노디스크와 일라이릴리가 시장을 완전히 분할 지배하고 있지만 후발주자들의 개발 속도는 시장 경쟁 측면에서 상당히 뒤처져 있는 상황이다. 하지만 비만 치료제 시장이 GLP-1 약물을 통해 엄청난 잠재력을 보여주면서 제약사들의 연구 개발 레이스는 가열되고 있는 양상이다. 특히 새로운 치료 방법을 통해 더 나은 효과를 줄 수 있는 잠재적 약물 개발을 시도하면서 GLP-1 혁신은 다음 단계로 넘어갈 준비를 하고 있다.

세계 최대 제약업체 중 하나인 화이자(Pfizer)는 경구용 GLP-1 치료제* 개발에 집중, 주사를 통한 투약 방식이 아닌 환자에게 편리한 방식의 치료제를 개발 중에 있다. 2020년부터 임상시험을 시작했으며 초기 시험 결과에서 혈당조절과 체중 감소 효과가 확인된 것으로 밝혀지고 있다. 화이자는 일라이릴리의 티르제파타이드와 마찬가지로 GLP-1과 GIP 수용체의 이중 작용제를 사용한 혈당조절과 체중 감소를 유도하는 약물을 개발 중이다. 암젠(Amgen) 역시 GLP-1 기반 약물과 GIP 수용체를 모두 타깃으로 하는 새로운 치료제 개발에 주력하고 있다. 아스트라제네카(Astrazeneca)는 기존 GLP-1 기반 약물 외에도 GLP-2 수용체를 동시에 타깃으로 해 혈당조절과 함께 대사 개선에 효과적인 약물을 개발 중이다. 이 중 시장의 기대를 가장 크게 받는 것은 질랜드파마(Zealand Pharma)와 독일의 베링거인겔하임(Boehringer Ingelheim GmbH)의 협력 제품이다.

질랜드파마는 차세대 GLP-1 기반의 치료법을 개발하고 있는데 GLP-1 및 글루카곤 수용체에 동시에 작용하는 이중 작용제를 개발, 성공하면 비만 치료제에 새로운 바람이 불어올 수 있다는 분석이다. 질랜드파마는 펩타이드 기반의 치료제 개발에 강점이 있는 기업으로 GLP-1과 글루카곤 수용체에 동시에 작용하는 이중 작용제는 기존의 약물보다 더 강력한 체중 감소 효과와 대사 질환 개선을 기대할 수 있다는 분석이다.

현재 가장 강력한 기능을 자랑하는 일라이릴리의 티르제페타이드는 GLP-1과 GIP 수용체에 동시에 작용하는데, GIP는 인체에 지방 저장을 억제하고 인슐린 민감성을 향상하는 역할을 한다. 반면 질랜드파마가 개발하는 글루카곤은 간에서 지방 산화와 지방 대사 촉진을 통해 에너지를 사용해 지방 연소를 강화하는 역할을 하는 물질이다. 티르제페타이드가 인슐린 분비를 촉진하고 지방 저장을 억제하는 데 중점을 둔다면 질랜드파마의 GLP-1/글루카곤 이중 작용제는 인슐린 분비와 혈당조절과 함께 지방 연소와 지방 대사 촉진에 중점을 두는 약물이다. 글루카곤은 간에서 지방을 에너지로 전환하는 과정을 촉진하며 체지방 감소를 더 빠르게 유도하는 역할을 한다. 전문가들은 GLP-1과 글루카곤의 결합이 체중 감량과 혈당조절에서 더 강력한 시너지 효과를 내고 지방 연소 측면에서는 긍정적인 결과를 낼 수 있어 비만 치료제로는 더 나은 선택이 될 것이란 분석이다.

피트니스, 식품, 의료기기, 디지털 헬스케어 산업까지 광범위한 변화

비만 치료제 시장이 예상보다 훨씬 가파른 속도로 성장하면서 유관 산업에도 영향력이 크게 확산하고 있다. 일라이릴리의 새로운 비만 치료제 승인 소식이 전해지며 레스메드(ResMed)나 인스파이어 메디컬 시스템즈(Inspire Medical Systems)와 같은 수면 무호흡증을 치료하는 장치 제조업체의 주가는 급락했다. 또한 골관절염 환자를 위한 무릎 및 고관절 임플란트를 제조하는 짐머 바이오메트 홀딩스(Zimmer Biomet Holdings) 역시 주가가 급락했다. 비만이 수면 무호흡증과 골관절염을 유발하는 요인이라는 점에서 혁신적인 비만 치료제의 등장이 이들 기업의 매도세를 촉발하는 원인이 된 것이다. 특히 노보노디스크는 위고비가 심장

마비와 뇌졸중 위험을 최대 20퍼센트까지 줄인다는 연구 결과가 발표되면서 관련 질환에 대한 수요가 얼마나 줄어들지도 초유의 관심사로 부상했다.

비만 치료제가 개인의 라이프스타일을 바꾸고 유관 산업에 파괴적인 변화를 초래할 수 있다는 전망이 제기되면서 이에 대응하려는 기업들의 발걸음도 빨라지고 있다. 세계 최대의 글로벌 스낵과 음료 기업인 펩시코(Pepsico)는 "비만 치료제로 인한 잠재적 위험을 조사하고 있다"라며 아직 영향은 미미하지만 향후 GLP-1이 대중화될 경우를 대비해 무설탕 음료와 나트륨 함량이 낮은 식품으로의 전환을 서두르고 있다고 전했다.

가장 큰 변화는 역시 제약과 바이오산업에서 나타나고 있다. GLP-1 치료제가 비만과 제2형 당뇨병 치료를 포함해 뇌졸중과 심장마비와 같은 심혈관 질환에도 긍정적인 영향을 미치는 것으로 밝혀지면서 제약 기업들과 바이오테크 기업 간의 경쟁이 촉발되고 있다.

시장이 빠르게 성장하고 경쟁이 과열되면서 해당 부문에 영향력이 있거나 기술을 개발하고 있는 소규모 바이오테크 기업들이 더 큰 제약사에 인수되거나 전략적 파트너십을 통해 연구를 가속하는 경우도 증가하고 있다. 실제 2023년 노보노디스크는 폭발적으로 성장하는 비만 치료제 시장을 선점하기 위해 GLP-1을 위탁 생산하는 업체인 캐털란트(Catalent)를 인수했다. 수요가 공급을 크게 초과하는 상황에서 시장 지배력을 유지하기 위한 '신의 한수'를 내민 셈이다. 노보홀딩스 CEO 카심 쿠타이(Kasim Kutay)는 "이 시장에서는 공급이 가장 중요하다"라며 생산 확대에 명운을 걸고 있음을 시사했다.

GLP-1 혁신이 가속화되고 시장이 급격히 커지면서 관련 신약을 개발하려는 기업들의 야심도 커지고 있다. 아직 주사제 제품이 시장을 주도하는 상황에서 경구용 제품이 출시되면 시장이 최대 20퍼센트까지 더 확장될 수 있다는 전망이다. GLP-1에 대한 투자가 증가함에 따라 많은 제약사는 더욱 개선된 GLP-1 유사체를 비롯해 경구용 약물, 복합 약물 등의 개발에 박차를 가할 것이다.

피트니스와 웰니스 산업에서도 상당한 변화가 예상된다. GLP-1 치료제가 대중화되면 체중 감량을 경험한 사람들은 체중 유지와 근 손실 방지를 위해 더 많은 시간을 운동에 할애하고 웰빙에 관심을 쏟을 가능성이 크다. 이에 따라 GLP-1 시장이 확장하면서 피트니스와 웰니스 산업도 영향권에 놓일 것이다. 체중 감량 후의 근 손실을 회복하고 체중을 유지하도록 돕는 개인화된 피트니스 프로그램의 수요가 늘어날 수 있다. 에퀴녹스(Equinox)와 같은 고급 피트니스 센터는 이미 GLP-1을 복용하는 사람들을 위한 개인화된 트레이닝 프로그램을 제공하며 빠른 체중 감량과 근육 밀도를 중심으로 운동을 재구성하는 전략으로 전환했다. 헬스케어와 피트니스의 융합 역시 하나의 가능성으로 제기된다. 피트니스 센터들은 헬스케어 기업들과 협력해 GLP-1 치료를 받는 고객을 위한 통합 건강관리 프로그램을 개발할 수 있다. 펠로톤(Peloton)처럼 온라인으로 연결되는 개인 피트니스 제품을 판매하는 회사는 수요의 증가에 대응하고 텔레헬스 기업과 협력해 회원들의 체중 감량 후 근육량과 대사 건강을 유지하기 위한 패키지 상품이 등장할 가능성도 있다.

GLP-1을 이용한 비만 치료가 대중화에 성공하면 가장 큰 영향을 받을 산업 중 하나는 식품이나 영양 산업 부문이다. GLP-1 치료제를 사용한 소비자들은 식욕 억제 효과로 인해 적은 양의 음식으로도 쉽게 포만감을 느낄 수 있게 될 것이다. 이는 결과적으로 저칼로리, 고단백 식품을 비롯한 건강식에 대한 수요를 자극할 수 있다. 예를 들어 건강식으로 평가되지만 양이 많고 칼로리가 높은 것으로 유명한 치폴레(Chipotle)와 같은 패스트 캐주얼 레스토랑은 소비자들의 재평가를 받게 될 가능성이 크다.

초콜릿과 스낵 등 달콤한 간식류의 제품을 판매하는 네슬레(Nestle)와 같은 포장 식품 회사가 이미 GLP-1 혁명에 대응하기 위해 더 건강한 대안 제품을 개발하는 점은 이를 명백히 보여준다. 식품 업체들은 체중 감량 후 근 손실을 막기 위한 단백질 보충제와 영양 보충제에 대한 수요 증가에 대비할 것이다. GLP-1 혁명은 디지털 혁명과 함께 더 가속화되고 발전할 것이다. 비만 치료제를 통해 체중 감량을 하는 소비자들은 지속적인 모니터링과 감량 상황을 파악하기 위해 스마트워치와 같은 디지털 기기로 건강 데이터를 관리할 것이다. 이는 결과적으로 웨어러블 디지털 기기의 수요 촉진을 일으킬 수 있다. 당뇨를 비롯해 비만 치료를 목적으로 GLP-1을 사용하는 소비자들은 본인의 체중, 혈당과 대사 상태 등을 모니터링하고 원격으로 건강 상태를 관리할 수 있다. GLP-1 치료를 받는 사람들이 원격으로 의사와 상담을 받고 맞춤형 피드백을 받는 개인 텔레헬스 서비스로의 전환이 점점 가속화되는 것이다.

보험 산업 역시 GLP-1으로 인해 가장 큰 변화가 예상되는 분야다. GLP-1이 대중화에 성공하려면 필수적으로 건강보험의 커버리지가 뒷받침돼야 하기 때문이다. GLP-1이 비만 관련 질환에 효과가 있음이 입증되면 보험사들은 이 약물의 비용을 보장하길 원할 것이다. 비만 관련 질환 예방을 위한 프로그램을 더 낮이 제공할 수 있고 이는 보험 가

입자들에게도 혜택이 될 수 있다. 보험사들은 체중 관리와 건강 증진을 위한 프로그램을 통해 GLP-1 약물을 지원하고 건강한 생활 습관을 장려할 수 있고, GLP-1 치료에 대한 보험사의 혜택이 커짐에 따라 비만 치료의 확산을 끌어내면서 긍정적인 선순환을 이루어낼 수 있다.

미용과 의료기기 산업에도 GLP-1의 확산으로 인한 변화가 예상된다. 미용 산업의 경우 체중 감량 후 피부 탄력을 유지하거나 체형 교정을 위한 미용 시술의 수요가 증가할 수 있다. 의료기기에 대한 수요 변화도 전망된다. 일라이릴리의 비만 치료제인 젭바운드 승인 소식 이후 주가가 폭락한 의료기기 제품을 판매하는 기업들처럼 비만으로 인한 합병증을 겪는 환자들의 수요는 줄어들 수 있다. 비만 수술 로봇을 제작하는 인튜이티브서지컬이 최근 체중 감량 약품에 대한 환자들의 관심이 증가하면서 수술 수요를 저해하고 있다고 밝힌 것은 이런 변화를 암시한다.

GLP-1의 한계와 도전

GLP-1이 비만 치료에 혁신적인 효과를 지니고 있음에도 대중화는 시간이 걸릴 것으로 전망된다. 문제는 비용이다. GLP-1은 고가의 비만 치료제로 분류된다. 현재 미국에서 GLP-1 약물을 처방받기 위해서는 한 달에 최소 약 800~1,500달러에 달하는 비용을 내야 한다. 미 노동국에 따르면 2023년 기준 미 노동자들의 중위소득은 4만 8,060달러에 불과하다. 현재 고용주가 후원하는 건강보험 플랜에서 GLP-1 약물을 지원하는 보험사는 전체의 76퍼센트에 달하지만, 이는 당뇨병 치료를 목적으로 한다. 체중 감량을 목적으로 한 GLP-1에 대한 보험사의 지원은 13퍼센트에 불과하다. 특히 저소득층이나 좀 더 저렴한 보험 플랜을 제공하는 마켓플레이스 내의 보험사는 단 1퍼센트 만이 체중 감량을 위한 GLP-1 치료를 승인하고 있다.

이는 사실상 GLP-1 비만 치료를 받을 수 있는 소비자는 여전히 극소수에 달한다는 것을 시사한다. 일부 대도시에서 고수익자들이 큰 비용을 내며 치료받고 있지만 이 역시 지속하기 쉽지 않을 수도 있다. 이는 비만 환자의 약물 불순응도, 즉 약물에 대한 저항이 당뇨병 환자보다 높기 때문인데 치료가 절박한 당뇨 환자와 비교해 비만 환자는 치료에 전념하지 않을 가능성이 크다. 이는 결과적으로 비용 부담과 함께 의지의 문제로 조기에 치료를 중단할 가능성이 있음을 시사한다. 실제 GLP-1을 비만 치료에 사용하는 소비자들의 지속률은 1년이 지난 시점에서 20퍼센트, 18개월이 지난 시점에서는 15퍼센트로 시간이 지나면서 점점 감소하는 경향이 있다. 따라서 보험 업계는 현재 은퇴한 많은 미국인들과 저소득층이 사용하는 메디케어와 메디케이드에서 비만 치료를 위한 GLP-1의 적용 범위와 승인에 주목하고 있다. 정부가 지원하는 이런 대규모 건강보험의 승인 어부는 GLP-1의 대중화에 폭발적인 촉매가 될 수 있기 때문이다. GLP-1 약물이 아직 특허가 만료되지 않은 만큼 제네릭 의약품(특허가 만료된 오리지널 의약품을 그대로 복제한 의약품)이 없다는 점 역시 대중화에 시간이 걸릴 것임을 시사한다. 비만은 보험사나 국가에서도 치료를 요구하는 질병이 아닌 개인의 생활 습관 문제로 인식하는 경향이 있어서 건강 보험 적용에 소극적일 가능성이 있다.

GLP-1 약물이 아직 내부분 주사제로 제공된다는 점도 환자들에게는 큰 심리적 장벽을 선사할 수 있다. GLP-1을 통해 치료받기 위해서는 주 1회 또는 하루 1회 자가 주사를 해야 하는데 이는 많은 환자에게 불편함과 두려움을 줄 수 있어 치료를 꺼리게 되는 요인이 된다. 대부분 환자들이 주사제보다는 경구용 약물을 선호하는 만큼 주사제의 치료는 GLP-1의 대중화를 막는 상당한 진입장벽으로 작용할 수 있다. 현재 일부 GLP-1 약물이 경구용으로 개발이 되긴 했으나 효과는 주사제보다 다소 낮을 수 있다. 이는 치료 결과에 영향을 미칠 수 있어 대중의 관심을 끌기에는 역부족이라는 평이다.

GLP-1 약물 치료를 중단하면 체중이 다시 불어나는 이른바 '요요현상'이 나타난다는 점도 환자들에게는 부정적으로 인식될 수 있다. 실제 연구에 따르면 GLP-1 약물 치료를 중단한 이후 체중이 다시 증가하는 것은 흔한 것으로 관측된다. 비만 치료를 위해 세마글루타이드 2.4밀리그램을 복용하던 환자가 치료를 중단한 이후 1년 만에 이전 감량 체중의 약 3분의 2를 다시 회복했다는 분석이다. 실제 비만 치료를 위해 GLP-1을 복용하던 환자의 약 85퍼센트가 2년 이내에 복용을 중단한다는 점을 고려했을 때 상당한 자기 관리가 병행되지 않으면 비만 치료의 효과가 크지 않을 수 있다는 것이다.

실제 시험에 참여한 환자들은 68주 동안 GLP-1 약물을 복용하고 평균적으로 체중의 17.3퍼센트를 감량에 성공했으나 치료를 중단한 이후 다음 해에 11.6퍼센트 포인트의 체중을 회복했다. 결과적으로 이전의 체중에서 약 5.6퍼센트의 체중 감량 효과는 있었지만, 체중이 다시 불어나는 것은 막지 못한 것이다. 이는 비만의 만성을 확인하는 결과로 체중 감량 효과를 유지하기 위해서는 지속적인 치료나 운동과 식생활의 변화가 필수적이라는 것을 의미한다. 비만 치료를 위해 GLP-1을 사용하는 환자들이 높은 수준의 조기 중단율을 보이는 것이 문제다. 조기 중단에 따른 체중 증가가 이어지면서 보험사와 고용주가 GLP-1을 장기적으로 보장해야 하는지에 대한 의문도 제기되고 있다.

2025년은 의료 혁명의 시작점

GLP-1은 분명 혁신적인 약물임이 틀림없다. 수술 없이 체중의 20퍼센트 정도를 약물만으로 감량할 수 있다는 것은 의학 기술의 발전이 만들어낸 혁명이다. 특히 식습관의 변화가 비만 인구의 폭발적인 증가를 초래하고 있는 지금 GLP-1은 비만이 초래하는 수많은 관련 질병들을 예방할 수 있는 의료 혁신이다. GLP-1이 비만을 비롯해 특히 당뇨병 치료에 있어 획기적인 전환점을 제공하고 있다는 점은 의심의 여지가 없다.

크리스퍼-카스9(CRISPR-Cas9) 유전자 가위 기술을 개발해 노벨 화학상을 수상한 제니퍼 다우드나(Jennifer Doudna) UC버클리대학교 교수는 GLP-1에 대해 "AI와 유전자 분석 기술의 발전은 신약 개발의 패러다임을 바꾸고 있다"라며 "GLP-1 약물의 대중화가 맞춤형 치료의 가능성을 크게 열어줄 것이다"라고 평가했다. 그만큼 GLP-1이 대중화에 성공하면 라이프스타일과 의료 산업의 대변화가 가능할 것이란 전망이다.

카이스트 생명공학과 김현우 교수 역시 생각이 다르지 않다. 김현우 교수는 "연구자들도 GLP-1에 대한 기대가 크다"라며 의학계의 분위기를 봐도 이건 "트렌드로 가겠다"라고 확신한다. 그는 특히 GLP-1이 큰 부작용이 없이 인슐린 조절도 하고 식욕 억제까지 함께한다는 점에서 혁신적인 약물임을 시사했다. 다만 투약을 중단하면 요요현상이 생기고 투약 중에는 근 손실이 발생할 수 있다는 점에서 운동과 식이요법을 병행하는 등 환자의 라이프스타일을 개선해야 함을 강조했다.

GLP-1이 대중화가 되기 위해서는 넘어야 할 산도 있다. 높은 비용과 낮은 보험 커버리지, 그리고 주사제라는 특성까지 2년 안에 치료를 중단하는 비율이 매우 높다는 점도 향후 업계에서 해결해야 할 부분이다. 그런데도 GLP-1 약물은 당뇨병 환자들과 비만 관련 질환을 겪고 있는 환자들에게는 삶의 질에 획기적인 변화를 줄 수 있다. 이는 혁신의 시작에 불과하다. AI을 결합한 생명공학 기술의 발전은 비만 치료제 시장의 대중화를 더 가속할 것이다. 더 많은 기업이 경쟁력 있는 제품을 내놓고 주사제에서 경구용 약품으로의 전환, 그리고 약품의 제네릭화는 대중화를 가속할 것이다. 분명 GLP-1의 대중화에는 시간이 필요하다. 결과적으로 GLP-1의 대중화를 통한 라이프스타일의 변화와 디지털 헬스케어, 그리고 의료 산업의 변화는 GLP-1이 의료 혁명의 한 챕터를 연 순간임을 증명할 것이다.

2025년 GLP-1으로 인한 산업 변화 5대 예측

1. **비만 치료제 시장의 폭발적 성장:** GLP-1 약물은 2025년까지 비만 치료제 시장에서 큰 혁신을 일으킬 것이다. 노보노디스크와 일라이릴리 같은 선도 기업들이 시장을 지배하고, GLP-1 기반 치료제의 성장은 비만과 관련된 여러 질병을 예방하며 치료제의 수요를 빠르게 확산시킬 것으로 보인다.

2. **당뇨병과 관련 질병 관리의 혁신:** GLP-1 약물은 비만뿐만 아니라 당뇨병 관리에도 큰 변화를 일으킬 것이다. 더 효과적인 혈당조절과 체중 감소를 제공함으로써, 당뇨병 환자들 사이에서 GLP-1이 주요 치료제로 자리 잡을 것이며, 이를 통해 당뇨병 환자들의 삶의 질이 향상될 것이다.

3. **헬스케어 산업의 디지털화 가속:** GLP-1 치료제와 웨어러블 디지털 기기의 결합으로, 환자들은 건강 상태를 실시간으로 모니터링하고 관리할 수 있게 된다. 이는 디지털 헬스케어와 스마트 디바이스를 통한 맞춤형 건강 관리 시스템의 확산을 가속할 것이다.

4. **피트니스 및 웰니스 산업의 변화:** 체중 감소와 체형 관리를 위한 GLP-1 치료제가 대중화되면서, 피트니스 및 웰니스 산업에서도 큰 변화가 예상된다. 체중 감량 후 근 손실 방지와 체중 유지 프로그램에 대한 수요가 증가하면서, 개인 맞춤형 피트니스 및 웰니스 프로그램의 발전이 가속화될 것이다.

5. **보험 산업에도 영향:** GLP-1 치료제가 혁신적이지만, 비용과 보험 적용의 한계로 인해 대중화에는 시간이 걸릴 것이다. 특히 주사제에 대한 심리적 장벽과 치료 중단 후 나타나는 요요현상 등은 해결해야 할 주요 과제로 남아 있다. 이러한 문제들이 해결될 때 GLP-1의 진정한 대중화가 가능해질 것이다.

GLP-1
관련 주요 기업

1 **노보노디스크(Novo Nordisk):** 글로벌 제약회사로, GLP-1 기반 비만과 당뇨병 치료제 개발에서 선두를 달리고 있다. 특히 세마글루타이드(Semaglutide)를 바탕으로 한 치료제 '위고비(Wegovy)'와 '오젬픽(Ozempic)'이 비만 치료와 혈당 관리에서 큰 성과를 내고 있다.

2 **일라이릴리(Eli Lilly):** 미국의 제약회사로, GLP-1 치료제 분야에서 강력한 입지를 구축하고 있다. 대표적으로는 트루리시티(Trulicity)와 마운자로(Mounjaro)와 같은 치료제를 개발했으며, 비만과 제2형 당뇨병 치료에 있어 주요한 업체로 성장 중이다.

3 **아스트라제네카(AstraZeneca):** 영국 기반의 다국적 제약사로, 당뇨병 치료제 관련 연구를 지속해서 수행하고 있다. 특히 GLP-1 기반 치료제 분야에서도 기술 개발을 진행 중이다.

4 **사노피(Sanofi):** 프랑스에 본사를 둔 글로벌 제약사로, 당뇨병 치료제 분야에서 주요 역할을 하고 있다. GLP-1 관련 제품뿐만 아니라 인슐린 제제와 같은 당뇨병 치료를 위한 다양한 솔루션을 제공하고 있다.

5 **화이자(Pfizer):** 미국의 대표적인 제약사로, GLP-1 기반 치료제 개발 연구를 진행하고 있다. 또한 화이자는 지속적인 혁신을 통해 비만과 당뇨병 치료제를 포함한 다양한 약물 개발에 집중하고 있다.

3장

뇌와 컴퓨터가 연결되는 슈퍼휴먼의 시작

슈퍼휴먼으로 가는 첫걸음, 인간의 능력을 재정의하다

일론 머스크의 두뇌 칩 회사 뉴럴링크(Neuralink)는 2024년 9월 19일, 안과 분야에 혁명을 일으키고 시각 장애인의 시력을 되찾아줄 '블라인드사이트' 프로젝트를 발표했다. 초기 단계에서는 이 기술이 구형 콘솔의 8비트 그래픽과 비슷한 해상도의 이미지를 제공할 수 있을 것으로 예상했다. 사용자가 공간을 탐색하고 간단한 물체와 모양을 인식하는데 도움을 주기에 충분한 수준이다.

머스크의 설명을 들어보면 이 프로젝트는 훨씬 더 혁신적인 내용을 담고 있다. 머스크는 시각이 가시광선 스펙트럼에 국한되지 않고 적외선, 자외선, 심지어 레이더까지 인식하도록 향상될 수 있는 미래를 구상하고 있다. 인류 역사상 처음으로 잃어버린 시력을 회복하는 것뿐만 아니라 시력을 확장하는 것을 이야기하고 있다.

블라인드사이트 프로젝트는 단순히 의료 혁신에 관한 것이 아니다.

이 시스템은 카메라의 데이터를 뇌의 시각 피질에 직접 공급함으로써 인간 생물학의 한계를 뛰어넘는 가능성을 열고 있다. 미래에는 시각이 생물학적 제약에 얽매이지 않을 것이다. 이는 단순히 고장난 것을 고치는 것이 아니라 인간의 경험 자체를 진화시킬 것이다. 기존의 시각 스펙트럼을 넘어 완전히 새로운 차원의 지각으로 확장한다는 의미다. 머스크가 이야기하는 것은 바로 '증강인류(Augmented Humanity)'*이자 '슈퍼휴먼(Superhuman)'*이다.

미국 FDA의 '브레이크스루 디바이스 프로그램(The breakthrough devices program)'은 개발자가 자발적으로 신청할 수 있다. 정부 허가를 받으면 제조업체가 시판 전 검토 단계에서 발생하는 문제 해결을 위해 여러 가지 프로그램 옵션으로 FDA 전문가와 교류할 수 있는 기회를 제공한다. 2015년 이 프로그램이 시행된 이후 약 1,000개의 의료기기가 승인됐고, 2023년에는 145개의 의료기기가 이와 같은 혁신적 디바이스로 지정됐다.

가장 최근인 2024년 9월에 혁신 장치로 지정된 뉴럴링크의 블라인드사이트는 특정 시각장애인의 제한된 시력을 실험적으로 복원하는 데 수십 년 동안 사용되어온 기술을 새롭게 발전시킨 제품이다. 전통적으로 시각 능력은 광자가 망막에 닿으면 시신경을 통해 뇌로 신호를 보내고, 뇌가 이를 이미지로 해석하는 능력을 일컫는다. 이러한 인간의 시각은 가장 복잡한 감각 메커니즘 중 하나다. 하지만 뉴럴링크의 블라인드사이트 디바이스는 이 과정을 대부분 생략한다. 뉴럴링크가 개발

증강인류: 인간의 능력을 확장하거나 향상시키는 기술로, 감각 증강, 인지증강, 신체증강 등을 포함한다. 뇌-컴퓨터 인터페이스, 유전공학, 3D 바이오프린팅 보철물 등이 주요 기술로 적용되며, 인간의 생산성을 높이기 위한 다양한 분야에 활용된다.

슈퍼휴먼: 인간의 지능과 신체 능력을 증강한 인간을 의미하며, 특히 뇌-컴퓨터 인터페이스와 같은 기술을 통해 인간의 한계를 넘어서는 능력을 발휘할 수 있는 존재를 지칭한다.

중인 기술은 대뇌 피질에 임플란트를 이식하여 손상된 시각 기관을 우회하고, 대신 완전히 새로운 경로를 활용해 인공적인 형태로 시각 신호 처리를 담당하는 부위를 직접 자극하는 방식을 사용한다.

일론 머스크는 블라인드사이트가 "두 눈과 시신경을 모두 잃은 사람들도 볼 수 있게 해줄 것"이라고 단언한다. 심지어 태어날 때부터 앞을 보지 못했던 사람들도 처음으로 볼 수 있게 될 것이라고 주장한다. 그러나 이러한 장치로 시각장애인이 앞을 볼 수 있다고 말하는 것은 시기상조라는 의견이 많다. 지금까지는 수십 개에 불과한 어레이의 전극 밀도가 낮다는 점이 문제였다. 이는 피질에 구멍을 뚫고 자극을 주는 부분이 본질적으로 무작위적이라서 '보이는 것'이 별다른 패턴 없이 윙크하는 별 몇 개에 가깝다는 것을 의미하기 때문이다. 그런데도 뉴럴링크의 블라인드사이트 프로젝트는 생물학적 시스템과 디지털 시스템의 통합을 추구한다. 이들은 인공적인 입력이 생물학적 인지와 매끄럽게 통합되는 '하이브리드 지각'에 새로운 지평을 열었다는 평가를 받는다.

이제 우리는 더 이상 자연이 정의한 오감에 국한되지 않는 세상을 바라보고 있다. 그 첫 시작은 인간 능력의 한계를 재정의하고 증강기술(Augmentation Technology)*의 발전에 힘입어 인간 지각을 새로운 차원으로 확장하는 것이다.

증강기술: 인간의 기능을 물리적으로 확장하거나 대체하는 기술을 말한다. 여기에는 외골격 장비, 뇌-컴퓨터 인터페이스, 유전자 편집, 3D 프린팅 등이 포함되며, 이러한 기술은 인간의 능력을 극대화하는 데 기여하고 있다.

슈퍼휴먼의 핵심 병기, BCI

— 머지않은 미래(2045년)에 인간의 뇌에 담긴 지식과 기술이 기계들의 탁월한 기억 용량과 속도, 지식 공유 능력과 융합하여 인간을 뛰어넘는 기술로 등장할 것이다. AI, 나노공학, 로봇공학, 생명공학의 발전은 인류의 생물학적인 한계를 극복할 수 있는 혁명적인 미래로 이어질 것이다.

구글 엔지니어링 담당이사 & 미래학자 레이 커즈와일

오늘날 '증강인류'란 과학기술을 활용하여 인간의 능력을 확장하거나 향상시킨 인간을 의미한다. '휴먼증강'과 관련된 로봇공학과 AI 기술 등이 급속도로 발전함에 따라 증강의 범위 역시 감각증강·인지증강·신체증강 등으로 점차 확장되고 있다.

이 같은 휴먼증강은 일반적으로 인간의 생산성 또는 능력을 향상시키거나 인체에 어떤 식으로든 추가되는 기술을 지칭하는 데 사용된다. 그리고 이러한 증강인류의 특성은 인간이 기술 및 기계 지능과 조화를 이루어 삶을 확장하고 풍요롭게 함으로써 더 많은 것을 더 깊이 경험하고, 더 나은 결정을 내리며, 인간으로서의 잠재력을 실현하도록 돕는 것이라고 볼 수 있다. 이러한 개념은 AI 시대에 처음 등장한 것은 아니다. 기술이나 여러 보조 장치를 통해 인류의 기능과 능력을 계속해서 확장하려는 시도는 수 세기 동안 이어져 왔다. 안경도 13세기에는 인간의 시력을 향상시키는 '증강기술'이었다.

오늘날에는 로봇공학과 AI가 급격하게 발전하면서 증강인류에 대한 기술의 범위와 정교함 역시 크게 발전하는 중이다. 증강기술은 여타 가젯, 예를 들어 통신용 스마트폰은 특정 기능을 제공해 돕는 데 그치지만, 증강기술은 인간의 능력을 물리적으로 변경하거나 확장한다는 점에서 더 주목받는 분야다. 여기에는 외골격, BCI(뇌-컴퓨터 인터페이스), 유전공학, 3D 바이오 프린팅 보철물과 같은 광범위한 분야가 포함된다. 무엇보다 핵심 기술로 주목받는 'BCI'는 뇌 신호를 수집하고 분석하여 원하는 동작을 수행하도록 출력 장치에 전달되는 명령으로 변환하는 컴퓨터 기반 시스템을 말한다. 따라서 BCI는 말초 신경과 근육이라는 뇌의 정상적인 출력 경로를 사용하지 않는다.

BCI는 초기에 '마음을 읽는 기계'라는 오해를 받았다. 생각을 통해 환경을 제어할 수 있다는 개념 때문이다. 하지만 BCI는 사용자로부터 정보를 추출한다는 의미에서 마음을 읽는 것이 아니라 뇌 신호로 사용자가 세상에서 행동할 수 있도록 돕는다. 그래서 사용자와 BCI는 함께 작동한다. 사용자는 일정 기간의 훈련을 거친 후 의도를 암호화하는 뇌 신호를 생성하고, BCI는 훈련을 거친 후 신호를 해독하여 사용자의 의도를 달성하는 출력 장치에 대한 명령으로 변환한다. 이러한 BCI 기술이 점점 정교해지면서 인간의 감각 기능을 향상시키거나 심지어 대체하는 시대로 나아가고 있다.

뇌-컴퓨터 인터페이스 연구는 대중 인지도가 높은 분야로 향후 적용 범위는 계속 확장 중이다. 이 기술의 미래 방향과 혁신 및 성장 분야, 잠재적인 위험을 파악하려면 현재 동향을 이해하는 게 필요하다.

BCI 시스템의 구성 요소

사이보그와 BCI 같은 개념은 1987년 영화 〈로보캅〉과 같은 대중문화에서 볼 수 있었던 매력적인 개념이다. 이제 AI와 신호 처리의 발전으로 BCI가 현실에 더 가까워졌다. BCI의 목적은 사용자의 의도를 나타내는 뇌 신호의 특징을 감지하고 정량화하여 이러한 특징을 실시간으로 사용자의 의도를 달성하는 장치 명령으로 변환하는 것이다. 이를 위해 BCI 시스템은 ①신호 수집, ②특징 추출, ③특징 변환, ④디바이스 출력의 네 가지 구성 요소로 순차적으로 이루어진다.

이 네 가지 구성 요소는 작동 시작과 타이밍, 신호 처리의 세부 사항, 장치 명령의 특성, 성능 감독을 정의하는 운영 프로토콜에 의해 제어된다. 효과적인 운영 프로토콜을 통해 BCI 시스템은 유연하게 각 사용자의 특정 요구 사항을 충족할 수 있다.

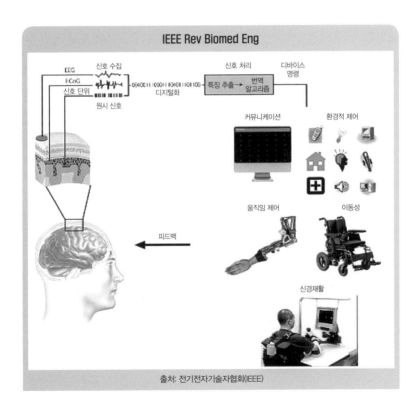

출처: 전기전자기술자협회(IEEE)

뉴럴링크, 인간의 뇌에 칩을 심다

일론 머스크가 2016년에 공동 창업한 뉴럴링크가 눈에 띄는 행보를 이어가고 있다. 이 회사의 초기 목표는 마비된 사람들이 생각만으로 커서나 키보드를 제어할 수 있도록 하는 것이었다.

뉴럴링크의 뇌 임플란트를 이식받은 첫 번째 대상자는 다이빙 사고로 8년 동안 어깨 아래쪽이 마비된 30세 남성, 놀랜드 아르보다. 그는 두개골에서 뼈를 제거하고 머리카락처럼 가는 센서 촉수를 뇌에 삽입하는 수술을 받았다. 그 위에 작은 동전 크기의 컴퓨터를 얹고 봉합했다.

2024년 1월 말에 이식한 후, 그는 뉴럴링크 직원들과 함께 뇌에서 포착된 신경 패턴을 자신이 의도한 행동과 연결하기 위해 오랜 시간 동안 작업했다. 컴퓨터 프로그램을 훈련시켜 뇌의 뉴런이 커서를 위아래로 움직이는 동작으로 변환하는 방법을 배웠고, 곧 커서를 민첩하게 다

뉴럴링크 센서

출처: 뉴럴링크 홈페이지

룰 수 있게 됐다. 지루하고 반복적인 작업이었지만 보람을 느꼈다. 그는 아버지와 마리오 카트 게임을 하고 밤늦게까지 비디오 게임을 즐길수 있게 됐다. 뉴럴링크 직원들과 함께 컴퓨터 모델을 훈련하던 긴 시간도 4시간 단위의 원격 훈련으로 단축됐다. 수화 문자를 만들거나 칠판에 글을 쓰는 것을 상상하면서 단어 철자법 같은 작업을 계속 이어갔다. 하지만 뉴럴링크의 장치 연결이 계속 끊어졌고 임플란트 뇌 신경은뇌 조직에서 서서히 빠져나와 뇌를 둘러싼 체액 속에서 유실된 것으로추정됐다. 결국 임플란트 뇌 신경의 약 15퍼센트만 남았을 때는 커서를제어할 수 없게 됐다. 엔지니어들은 컴퓨터 프로그램을 재보정하여 그가 커서를 다시 제어할 수 있도록 시스템을 재구성해야 했다.

이 사례는 BCI 분야 일부 전문가들의 우려를 바로 보여준다. 두개골에 이식된 전극의 얇은 장치를 제자리에 유지해야 한다. 그러나 이 사례처럼 실이 유실될 수 있다. 아르보 씨는 엔지니어들이 예상했던 것보다 뇌가 더 많이 움직였던 것이다. 그래서 환자의 뇌에는 더 깊숙이 실을 이식하기 위해 수술 계획을 조정했다고 말했다.

노스웨스턴대학교의 신경과학 및 재활의학과 리 밀러(Lee Miller) 교수는 뇌를 다루는 일이 얼마나 어려운지 설명했다. 뇌는 소금물에 담겨있는 상황이고, 머리를 돌리고 흔들면서 움직이고 있으며, 침입자를 차단하기 위한 면역 방어 기능을 갖추고 있다. 연구자들은 뇌가 센서 주변에 흉터 조직을 형성하고 심지어 작은 감지 장치 전체를 거부하는 것을 관찰했다고 말했다.

임플란트 같은 의료기기를 승인하는 식품의약국에서 신경 인터페이스 프로그램을 시작한 콜로라도대학교 신경생리학자 크리스틴 웰은뉴럴링크의 첫 사례는 내구성 있는 장치 개발에 여전히 장애물이 있음을 시사한다고 말했다. 더 깊숙이 이식된 경우에도 실이 풀려 섬유가 뇌 표면에 마찰을 일으켜 해당 부위의 흉터와 신호 손실이 증가할 수 있다고 했다. 그리고 이것이 정말 효과가 있는지 아직은 단정하기 어렵다는 의견이다.

뉴럴링크만이 움직이거나 말하는 능력을 잃은 사람들을 돕기 위해 뇌-컴퓨터 인터페이스를 개발한 유일한 회사는 아니다. 뉴욕에 본사를 둔 싱크론(Synchron)은 빌 게이츠와 제프 베이조스의 자금 지원을 받아 이미 열 명에게 이 장치를 이식했다. 2024년 3월에는 더 큰 규모의 임상시험을 준비하기 위해 환자 등록을 시작한 상태다.

BCI, 의료 분야를 넘어 확장 중

BCI 발전 타임라인을 보면 많은 기업이 초기에는 BCI의 연구와 의료 응용 분야에 집중했다. 여전히 의료 분야가 선두를 이끌고 있지만 최근에는 BCI를 둘러싼 기술이 발전함에 따라 의료용을 넘어 응용 범위가 점차 넓어지는 추세다.

2024년 세계경제포럼(World Economic Forum)에서 엄선한 전 세계 BCI 680개 기업 샘플을 분석한 결과, 다섯 가지 주요 적용 분야는 ①의료, ②리서치, ③정신 건강, ④다중 산업, ⑤게임과 엔터테인먼트 분야로 확인됐다. 가장 두드러진 발전은 여전히 의료 분야에서 나타난다. BCI 기술은 환자에게 예방, 발견, 진단, 회복 및 재활을 포함한 다양한 혜택을 제공한다. 특별히 신경 재활(뇌졸중, 척수 손상, 또는 기타 신경학적 질환으로 인한 운동 기능 장애 환자의 재활), 신체 보조 기술(심각한 운동장애가 있는 환자들이 의사소통하고 외부 기기를 제어할 수 있게 함), 그리고 신경 보철(마비 환자들이 로봇 팔이나 의수를 제어할 수 있게 함) 분야가 발달했다.

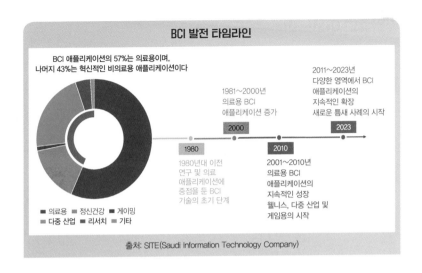

출처: SITE(Saudi Information Technology Company)

정신 건강 분야에서도 발전 중이다. 사용자 정신 건강에 대한 실시간 피드백을 제공하고 효과적인 정신건강관리를 도울 수 있다. 의료 외 분야에서도 BCI 기반 의사 결정 지원 시스템, 사용성 테스트 플랫폼, 자극 기반 광고와 엔터테인먼트 애플리케이션, 뉴로 마케팅 솔루션, 적응형 교육 기술 등 다양한 분야에 걸쳐 맞춤형 발전이 진행되고 있다.

게임과 엔터테인먼트 분야의 적용도 흥미롭다. 기존의 컨트롤을 없애고 단방향 또는 양방향 신경 통신을 통해 몰입감 있는 게임 경험을 제공하며, 뇌 활동에 반응하고 자극하여 몰입도를 높이기 때문이다. 다른 카테고리에 비해 게임에 집중하는 기업은 적지만, 이 시장 역시 빠르게 성장하고 있다. 몰입형 기술의 발전과 함께 가상현실과 증강현실 게임의 증가로 게임 애플리케이션에 대한 관심이 높아졌다.

슈퍼휴먼 이코노미

AI와 함께 사람들의 언어, 시력, 운동 능력 회복을 돕는 '슈퍼휴먼' 시장은 의료적 측면뿐만 아니라 경제적 측면에서도 큰 가치가 있다. 따라서 인간의 능력을 증강시키고 삶의 질을 향상시키는 기술과 서비스는 급속도로 발전하고 있다.

PwC컨설팅에 따르면 AI는 글로벌 경제 성장의 원동력이 되고 있으며, 2030년까지 세계 경제에 15조 7,000억 달러가 추가되는 등 막대한 경제적 영향을 미칠 것으로 보인다.

'휴먼 2.0'이라고도 하고, '슈퍼휴먼'이라고도 불리는 증강인류 기술은 전 세계 인구 고령화로 인해 삶의 질을 향상시키고 노화와 관련된 건강 문제를 해결할 수 있는 헬스케어 솔루션의 수요가 크게 늘어남에 따라 큰 시장을 형성할 것으로 전망된다.

전 세계 휴먼증강 시장 규모는 2023년 1,690억 7,000만 달러로 평가됐다. 이 시장은 2024년 2,159억 달러에서 2032년 8,853억 날러로 성장하여 예측 기간 동안 20.3퍼센트의 연평균 성장률을 보일 것으로 예상된다. 전 세계 BCI 시장 규모만 살펴보면, 2024년부터 17.8퍼센트의 연평균 성장률을 기록하며 2030년에는 62억 달러 시장으로 급증할 것으로 전망된다.

주요 시장 동인으로는 신경 보철 장치가 필요한 질환의 유병률 증가, 전 세계 노인 인구 증가, 마비 환자의 의사소통과 이동을 촉진하는 기술 개발 등이 있다. 또 홈 제어 시스템, 가상 게임 및 군사 통신에 이 기술을 사용하면 시장의 적용 가능성이 향상되어 성장에 박차를 가할 수 있다.

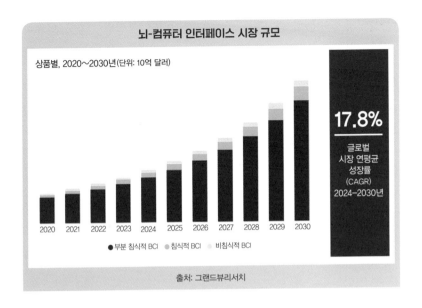

뇌-컴퓨터 인터페이스 시장 규모

상품별, 2020~2030년(단위: 10억 달러)

17.8%
글로벌
시장 연평균
성장률
(CAGR)
2024-2030년

2020 2021 2022 2023 2024 2025 2026 2027 2028 2029 2030

● 부분 침식적 BCI   ● 침식적 BCI   ▫ 비침식적 BCI

출처: 그랜드뷰리서치

신경퇴행성 장애의 유병률 증가는 BCI 시장의 중요한 성장 동력이다. 알츠하이머병, 파킨슨병, 근 위축성 측색 경화증(ALS), 다발성 경화증(MS)과 같은 신경퇴행성 장애는 뉴런의 점진적인 퇴행으로 인해 뇌와 신경계의 영향을 받는 부위에서 점진적으로 기능이 상실되는 특징을 보인다.

WHO(세계보건기구)에 따르면, 2030년에는 전 세계 인구 여섯 명 중한 명이 60세 이상이 될 것으로 예상한다. 또 60세 이상 인구는 2020년10억 명에서 2030년에는 14억 명에 달할 것으로 예상한다. 이에 따라, 2030년까지 약 8,200만 명이 치매에 걸릴 것으로 보이며, 2050년에는그 수가 1억 5,200만 명에 달할 것으로 전망된다. 이는 향후 몇 년 동안BCI에 대한 잠재적 수요를 보여준다.

이러한 질환은 개인의 운동 기능, 의사소통 능력, 전반적인 삶의 질에 심각한 영향을 미칠 수 있다. 전 세계 인구가 고령화됨에 따라 이러한 장애의 발병률이 증가하여 증상을 관리하고, 상실된 기능을 회복하며, 영향을 받은 개인의 삶을 개선할 수 있는 혁신적인 솔루션이 절실히 요구된다.

BCI 기술은 신경퇴행성 장애로 인한 문제를 해결할 수 있는 유망한 방법을 제시한다. 예를 들어 루게릭병과 같이 심각한 운동장애가 있는 경우, BCI는 환자가 텍스트 음성 변환 시스템을 통해 의사소통하거나 휠체어나 로봇 팔과 같은 보조 장치를 제어할 수 있는 수단을 제공할 수 있다. 이러한 기능은 신경퇴행성 장애가 있는 개인의 자율성과 삶의 질을 향상시킬 뿐만 아니라 간병인과 의료 시스템의 부담도 줄여줄 수 있다.

BCI의 잠재적 이점에 대한 인식이 높아지면서 시장 성장에 기여하고 있다. 2020년 8월 뉴럴링크의 뇌 임플란트 시연과 같은 소비자 등급 BCI 기기가 출시되면서 대중의 인식과 관심이 더욱 높아져 시장 성장을 위한 비옥한 토양이 조성됐다.

2020년 발발한 코로나19 팬데믹 역시 BCI 시장의 성장에 큰 영향을 미쳤다. 팬데믹으로 인해 원격 의료와 원격 모니터링 기술의 도입이 가속화되면서 신경계 질환을 앓고 있는 환자를 돕는 의료 애플리케이션용 BCI에 대한 관심이 높아졌다. 또한 팬데믹 동안 더 나은 환자 치료 결과를 위해 의료 기술을 발전시키는 데 초점을 맞추면서 혁신적인 BCI 솔루션 투자가 활발해졌다.

그러나 공급망 중단과 경제적 불확실성으로 인해 개발과 배포가 지연되는 등 어려움이 발생했다. 전반적으로 코로나19는 현대 의료 분야에서 BCI 기술의 중요성을 강조하며 시장 성장을 위한 기회와 도전을 동시에 촉진했다. 두뇌 컴퓨터 인터페이스 산업의 혁신 수준은 매우 높다. 기술 혁신은 다양한 센서의 사용, AI와의 통합, 성능과 정확성을 높이기 위한 머신러닝의 발전으로 이루어지고 있다. 2024년 7월, 운동장애가 있는 개인의 기능 회복을 위한 BCI 전문 기업 싱크론은 자사의 BCI 플랫폼에 오픈AI 기반의 제너레이티브 AI를 통합한다고 발표했다. 이 통합으로 기술의 기능을 향상시키기 위해 설계된 새로운 채팅 기능이 도입됐다.

인수, 합병, 파트너십과 같은 M&A 활동을 통해 기업은 지리적, 재정적, 기술적으로 확장할 수도 있다. 블랙록 뉴로테크는 고급 BCI 제품 개발 강화를 위해 2022년 5월 공간 컴퓨팅 소프트웨어 회사인 마인드 엑스(MindX)를 인수했다. 한편, BCI 산업은 기술의 발전과 지역 간 투자 증가에 힘입어 지리적 확장을 경험하고 있다. 북미는 강력한 연구 인프라와 주요 시장 플레이어의 강력한 입지를 바탕으로 여전히 지배적인 지역으로 남아 있다.

유럽과 아시아 태평양 지역에서도 상당한 성장세를 보이고 있다. 특히 독일, 프랑스, 영국 등 유럽 국가들은 신경학과 심리학 응용 분야에 대한 관심이 높아짐에 따라 BCI 연구 개발에 많은 투자를 하고 있다. 중국, 일본, 한국 등 아시아 태평양 지역은 정부 이니셔티브와 기술 스타트업의 증가에 힘입어 BCI 기술을 적극적으로 개발하는 등 수익성 높은 시장으로 부상하고 있다. 2020년에 설립된 인도의 스타트업인 넥스스템은 첨단 뇌파 기술을 활용한 비침습적 마인드 컨트롤 솔루션을 개발하고 있다. 이 스타트업은 BCI의 광범위한 응용 분야를 탐구하며 신경공학의 새로운 지평을 열고 있다. 이러한 지리적 다변화는 혁신과 경쟁을 촉진하여 전 세계적으로 BCI 기술의 전반적인 성장과 채택을 가속화하고 있다.

인지와 기술 혁신의 최전선, BCI 기술

뉴럴링크 블라인드사이트의 진정한 혁신은 시력을 회복하는 기능에 있는 것이 아니라 시력을 재정의하는 잠재력에 있다. 머스크의 비전에서 알 수 있듯이 BCI 기술은 단순히 시각장애인의 시력 회복을 돕는 것에 국한되는 것이 아니다. 인간이 세상을 인식하는 방식을 근본적으로 변화시키는 것이다. 순전히 생물학적 기능으로만 여겨졌던 시각은 인지와 기술 혁신의 최전선이 되어 현재의 감각 인식의 한계를 뛰어넘어 우리가 경험하는 현실 세계를 확장한다.

따라서 이러한 기술 발전은 인간의 능력을 제한하는 것이 아니라 오히려 인간을 더욱 인간답게 만든다고 볼 수 있다. 단순히 고장난 것을 고치는 것이 아니라 인간의 경험 자체를 진화시키는 것이다. 이러한 힘으로 미래에는 인간의 시각이 생물학적 제약에 얽매이지 않으리라고 상상해볼 수 있다. 기술의 무한한 잠재력과 인간 정신의 놀라운 능력에 의해 새로운 시각이 형성되는 구조가 될 것이다.

이러한 기술 발전은 이전과는 전혀 다른 방식으로 문제를 해결하고 혁신할 수 있는 도구를 제공한다. 인간은 기계에 의해 대체되는 것이 아니라 기계와 힘을 합쳐 인간의 지적 능력, 신체 건강, 그리고 감각의 영역을 새로운 세계로 확장하는 역동적인 미래를 만들어내고 있다.

2025년 BCI 기술
5대 예측

1 **BCI(뇌-컴퓨터 인터페이스)의 시작:** 2025년에는 BCI 기술이 더욱 발전해, 신경재활, 신경보철, 정신건강 관리 등 다양한 분야에서 실용적으로 적용될 것이다. 특히 마비 환자나 신경퇴행성 질환을 가진 사람들에게 BCI는 일상적인 도구로 자리 잡을 것으로 보인다.

2 **BCI 기반 로봇의 등장:** 2025년에는 BCI 기반 로봇이 등장한다.

3 **인간의 능력 확장:** BCI와 같은 증강기술의 발전으로 인간은 기존의 생물학적 한계를 넘어서는 새로운 능력을 갖추게 될 것이다. 특히 시각장애인을 위한 시각 복원 기술뿐만 아니라, AI와 융합된 새로운 감각이 제공될 것으로 기대된다.

4 **게임과 엔터테인먼트 분야의 혁신:** BCI 기술은 게임과 가상현실, 증강현실 분야에서도 큰 변화를 가져올 것으로 예상된다. 사용자들은 물리적 입력 없이 뇌파만으로 몰입형 게임을 즐기게 되며, 좀 더 현실감 있는 게임 경험을 하게 될 것이다.

5 **의료 외 분야로의 BCI 확장:** BCI는 의료 분야뿐만 아니라, 비즈니스, 교육, 마케팅 등 다양한 분야로 확장될 전망이다. 특히 사용자의 실시간 정신 상태를 분석하고 이에 맞춘 의사결정을 지원하는 등의 새로운 애플리케이션이 등장할 것이다.

4장
인간과 기계의 경계를 허무는 바이오컴퓨팅의 등장

생명체의 힘을 빌린 바이오컴퓨터

컴퓨터가 등장한 이후 벌써 수십 년의 세월이 흘러 이제 컴퓨터는 전 분야, 전 세대에 걸쳐 생활의 일부가 됐다. 인터넷 이후 모바일로 전환된 다음 웹3, 메타버스 등 다양한 형태의 포스트 인터넷, 포스트 모바일의 형태가 등장했다. 2024년 현 시점에는 생성형 AI가 세상을 집어삼킬 듯 진 분야를 휩쓸고 있다.

이러한 새로운 전환의 시점에서 이미 새로운 형태의 컴퓨터가 또 다른 차원의 기술 혁신을 준비하고 있다. 생명체의 힘을 빌린 새로운 형태의 컴퓨터인 바이오컴퓨터가 바로 그것이다. 2025년은 바이오컴퓨터가 본격 부상하는 해가 될 것으로 예상된다.

바이오컴퓨터란 무엇인가?

바이오컴퓨터는 말 그대로 생물학적 시스템을 이용해 정보를 처리하고 계산하는 컴퓨터를 의미한다. 기존의 고성능 반도체를 이용해 컴퓨터가 전자 회로를 통해 연산을 수행하는 것과 달리, 바이오컴퓨터는 살아있는 세포나 생체 분자를 이용하여 정보를 처리한다.

기존 실리콘 기반 컴퓨터는 에너지 소비가 많다는 단점이 있고 물리적 특성으로 성능 향상에 한계가 있다. 특히 생성형 AI가 대세가 된 현시점에 AI 학습의 핵심은 바로 데이터센터다. 거대 AI 모델을 학습하기 위해 데이터센터는 소규모 국가 단위의 전력을 소모하고 있다. 또한 기존 실리콘 기반 컴퓨터는 소형화에 한계가 있는데, 소형화 핵심은 고성능 반도체의 개발이었다. 그런데 그 개발 속도와 혁신이 한계에 다다르고 있다. 바이오컴퓨터는 지속해서 컴퓨팅 파워가 발전함에 따라 더욱 작고 효율적인 컴퓨터를 만들 가능성으로 이러한 한계를 극복할 수 있다.

바이오컴퓨터의 종류와 작동 원리

바이오컴퓨터는 우선 인간 뇌를 모방하거나 인간의 뇌와 컴퓨터를 연결하는 방식으로 성능을 극대화한다. 인간의 뇌는 놀라운 연산 능력과 에너지 효율성*을 가지고 있는데, 바이오컴퓨터는 뇌의 작동 원리를 모방하여 더욱 복잡하고 창의적인 문제를 해결할 수 있는 컴퓨터 개발을 목표로 한다. 이를 위해서는 기존의 실리콘 기반의 반도체를 활용한 컴퓨터가 아닌 생체 분자 등 새로운 소재로 사용해야 한다. 그래서 바이오컴퓨터 개발을 위해서는 기존의 소재가 아닌 새

> **에너지 효율:** 지속할 수 있는 전력 소비를 위해 전력의 효율적 사용을 중요시하는 개념으로, 2025년까지 각국의 주요 에너지 전략 중 하나로 자리 잡을 전망이다.

로운 소재로 개발해야 관련 산업에 혁신을 가져올 수 있다.

바이오컴퓨터 종류로는 DNA컴퓨터, 세포컴퓨터, 단백질컴퓨터 등이 있는데 DNA컴퓨터는 DNA 분자의 특성을 이용하여 계산을 수행할 수 있다. DNA 분자는 매우 작고 다양한 정보를 저장할 수 있으며, 특정 조건에서 서로 결합하는 특징을 이용하여 복잡한 문제를 해결할 수 있는 새로운 형태의 컴퓨터 개발이 가능하다.

세포컴퓨터는 살아있는 세포를 이용하여 계산을 수행할 수 있다. 세포는 다양한 화학 반응을 통해 정보를 처리할 수 있으며, 유전자 조작을 통해 특정 기능을 수행하도록 설계할 수 있다. 단백질컴퓨터는 단백질 분자의 상호 작용을 이용하여 계산을 수행할 수 있다. 단백질이 가진 다양한 구조와 기능으로 복잡한 문제를 해결한다.

바이오컴퓨팅의 역사, 생명과 기술의 만남

바이오컴퓨팅은 생물학적 시스템을 이용하여 정보를 처리하고 계산하는 새로운 컴퓨팅 개념이다. 단순히 생물학과 컴퓨터 과학의 결합을 넘어, 인간이 자연의 복잡성을 이해하고 활용하려는 시도다. 최근에는 기존 반도체 기반 컴퓨팅의 한계를 극복하기 위한 해결책으로 급부상하고 있다. 바이오컴퓨팅 개념이 등장한 시기는 1950년대다. 이때는 초기 개념으로 컴퓨터 과학자들은 생물학적 시스템을 컴퓨터 모델링에 활용하려고 시도했다. 특히 인간 뇌의 뉴런을 모방한 인공 신경망 연구가 활발하게 진행되면서, 생물학적 시스템을 기반으로 한 정보 처리의 가능성을 보여주었다. 1990년대 DNA컴퓨팅(DNA Computing)*이 탄생하면서 바이오컴퓨팅의

DNA컴퓨팅: DNA 분자의 특성을 활용해 계산을 수행하는 방식이다. DNA 분자의 염기 서열을 이용해 정보를 저장하고 처리하며, 기존의 전자 컴퓨터보다 병렬 처리가 가능해 더 빠르고 효율적인 연산을 할 수 있다.

발전이 급진전을 이뤘다.

1994년, 미국의 컴퓨터 과학자이자 암호학자인 레오나르드 아델만 (Leonard Adleman)이 DNA 분자의 특성을 이용해 계산 문제를 해결할 수 있다는 것을 보여주면서 DNA컴퓨팅이라는 새로운 분야가 탄생했다. 이는 생물학적 분자를 사용하여 복잡한 계산을 수행할 가능성을 열어준 혁신적인 접근 방식이었다. 그의 연구는 암호학, 계산 이론, 분자생물학 등 다양한 분야에 큰 영향을 미쳤다.

DNA컴퓨팅은 생물학적 분자인 DNA를 사용하여 계산을 수행하는 컴퓨팅 방식이다. 레오나르드 아델만은 DNA 컴퓨팅의 가능성을 입증하기 위해, 해밀턴 경로 문제(Hamiltonian Path Problem: 그래프 이론에서 다루어지는 고전적인 문제 중 하나로, 그래프 내의 모든 정점을 정확히 한 번씩 방문하는 해밀턴 경로를 찾는 문제)라는 NP-완전 문제를 DNA 사용으로 해결했다. 그는 DNA 서열을 이용해 모든 가능한 경로를 생성하고, 특정한 생화학적 기술을 사용하여 올바른 경로를 찾아냈다. 이 연구는 DNA를 통해 많은 계산을 평행적으로 수행할 수 있음을 보여줬다. DNA컴퓨팅은 병렬 계산이 필요한 문제(예: 최적화 문제, 검색 문제)를 해결하는 데 유용할 수 있다. 한 번의 화학적 반응으로 많은 계산을 수행할 수 있기 때문에, 전통적인 컴퓨터보다 훨씬 빠르게 문제를 해결할 수 있다.

21세기부터 세포컴퓨팅과 단백질컴퓨팅이 등장했다. 세포컴퓨팅은 살아있는 세포를 이용하여 정보를 처리하고 계산하는 방식이며 유전자 조작 기술의 발달과 함께 세포컴퓨팅의 연구가 활발해졌다. 단백질컴퓨팅은 단백질 분자의 특이적인 상호 작용을 이용하여 계산을 수행하는 방식이다.

합성 생물학: 생물학적 시스템을 인위적으로 설계하거나 재구성하여 새로운 기능을 창출하는 기술이다. 이를 통해 새로운 생명체를 만들어내거나, 기존의 생명체에 새로운 기능을 부여하여 의료, 에너지, 환경 등 다양한 분야에서 활용될 수 있다.

2010년대 이후 합성 생물학(Synthetic Biology)● 기술의 발전은 바이오컴퓨팅 연구에 새로운 가능성을 열었다. 합성 생물학은 생물학, 공학, 컴퓨터 과학, 화학 등 다양한 분야의 원리를 결합하여 새로운 생물학적 시스템, 장치, 또는 개체를 설계하고 제작하는 학문이다. 합성 생물학은 생명체의 기능을 이해하는 데 그치지 않고, 이를 재설계하여 특정 목적에 맞는 새로운 생명체를 만들거나 기존 생명체를 개조하는 것을 목표로 삼는다. 인공 생명체를 설계하고 제작하는 기술은 바이오컴퓨터 개발의 핵심이다.

유전공학, 합성생물학, 바이오가위, 전반적 의료기술 수준 향상 등으로 인공 생명체를 설계, 제작하는 기술이 발달하면서 다양한 분야와 융합할 수 있게 됐다. 이에 따라 바이오컴퓨팅도 의료, 환경, 에너지 등 다양한 분야와 융합하여 새로운 혁신을 창출하고 있다.

바이오로지컬 컴퓨팅

현재 컴퓨터의 계산 속도는 빠르지만, 인간처럼 복잡한 문제를 해결하는 능력은 떨어진다. 이에 따라 과학자들은 인간의 뇌를 모방한 새로운 형태의 컴퓨터를 개발하고 있다.

존스홉킨스대학교의 연구진은 과학저널 〈프론티어스 인 사이언스〉에 인간 뇌세포를 활용한 미래의 생물 컴퓨터에 대한 비전을 제시했다. 토마스 하퉁(Thomas Hartung)이 이끄는 연구팀은 인간 뇌세포의 3D

배양체를 이용한 '오가노이드 인텔리전스(Organoid Intelligence)'*를 위한 로드맵을 제시했다. 오가노이드 인텔리전스는 AI의 새로운 지평을 열어갈 혁신적인 개념이다. 오가노이드 인텔리전스는 기존의 실리콘 기반 컴퓨터가 아닌, 인간의 뇌 세포를 3D로 배양한 오가노이드를 이용하여 AI를 구현하려는 시도다. 펜촉 크기의 작은 3D 오가노이드는 학습과 기억 같은 기본적인 기능을 지원할 수 있는 뉴런과 회로를 갖추고 있다.

오가노이드 인텔리전스: 인간의 뇌세포를 3차원으로 배양한 오가노이드를 이용하여 AI를 구현하는 기술이다. 뇌 오가노이드를 활용해 인간과 유사한 방식으로 학습하고 추론할 수 있는 AI를 개발하며, 특히 에너지 효율이 높아 미래 컴퓨팅의 핵심 기술로 주목받고 있다.

기존 컴퓨터는 인간의 능력을 훨씬 뛰어넘는 속도로 계산을 처리할 수 있지만, 인간의 뇌는 개와 고양이를 구분하는 것과 같은 복잡한 의사결정 과제에서 기존 컴퓨터보다 더 나은 성능을 보인다. 오가노이드에서 AI를 실행하는 것은 인간과 유사한 복잡한 의사결정을 할 수 있어서 훨씬 효율적이고 높은 성능을 보여준다.

오가노이드 인텔리전스는 컴퓨팅 능력을 향상시키는 동시에 AI와 슈퍼컴퓨팅의 발전으로 인한 급증하는 에너지 소비 문제를 해결하는 큰 잠재력을 가지고 있다. 즉 오가노이드에서 AI를 실행하는 것은 훨씬 에너지 효율이 높다. AI 시스템이 더 복잡해짐에 따라, 더 막대한 양의 컴퓨팅 성능과 에너지가 있어야 한다. 예를 들어 자율주행차는 기존 차량보다 최대 20퍼센트 더 많은 에너지를 사용하는 것으로 추정된다. 향후 10년 이내에 생물학적 하드웨어를 사용하는 컴퓨터가 보급되면 폭증하는 에너지 소비 문제를 해결하기 시작할 수 있다.

인디애나대학교 연구진은 기초적인 수학 문제를 해결할 수 있는 실험실에서 배양한 인간 뇌세포 클러스터로 구성된 오가노이드를 만들

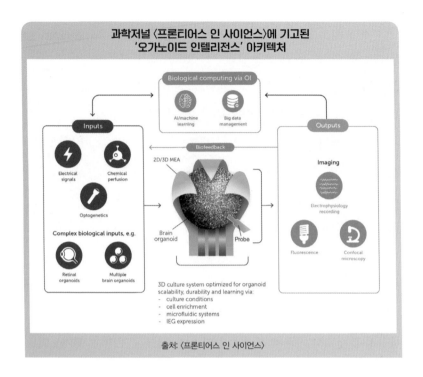

**과학저널 〈프론티어스 인 사이언스〉에 기고된
'오가노이드 인텔리전스' 아키텍처**

출처: 〈프론티어스 인 사이언스〉

었다. '브레인웨어'라는 이 시스템은 살아있는 뇌 조직을 계산에 활용해서 AI 플랫폼의 에너지 사용을 낮출 가능성을 보여줬다. 초기 테스트에서 뇌 오가노이드는 '헤논 매핑'이라는 난해한 수학 문제를 해결해 복잡한 계산을 수행할 수 있는 능력을 입증했다. 뇌 오가노이드는 혈관 부족으로 뇌 조직의 크기가 작아 많은 계산을 할 수 없는 한계가 여전히 존재하고 연구 결과가 아직 전문가들의 검토를 받지 않았다는 점도 고려해야 한다. 그런데도 이 연구는 살아있는 생물학적 시스템을 컴퓨터로 활용한다는 새로운 가능성을 보여줘 큰 주목을 받고 있다. 향후 10년 이내에 생물학적 하드웨어를 이용한 컴퓨터가 실제로 사용될 수 있을 것으로 예상되며, 이는 컴퓨터 기술의 새로운 지평을 열 것으로 기대된다.

BCI + 로봇

BCI는 Brain-Computer Interface의 약자로, 뇌-컴퓨터 인터페이스라고 번역된다. 즉, 인간의 뇌와 컴퓨터를 직접 연결하여 정보를 주고받는 기술을 의미한다. 바이오컴퓨팅은 생물학적 시스템을 이용하여 정보를 처리하는 기술을 총칭하는데 BCI는 이러한 바이오컴퓨팅의 핵심 기술 중 하나로, 다음과 같은 특징과 응용이 가능하다.

- 생각만으로 기계 조작: 뇌파를 분석해 컴퓨터나 로봇 등을 직접 조작하는 방식으로 마치 영화에서 보는 것처럼 생각만으로 휠체어를 움직이거나 게임을 즐기는 방식 등으로 응용이 가능하다.
- 질병 진단 및 치료: 뇌 질환 환자의 뇌파를 분석하여 질병을 진단하고, 뇌 자극을 통해 치료 효과를 높일 수 있다.
- 인간-기계 인터페이스: BCI 기술은 인간과 기계의 연결을 통해 상호작용이 가능하도록 해서 인간의 생각으로 기계를 움직이거나 제어하는 등 둘 사이의 관계를 근본적으로 변화시키는 잠재력을 가지고 있다.

BCI의 궁극적인 목표는 '인간의 뇌와 컴퓨터를 직접 연결'하는 것이다. 인간의 뇌에 칩을 삽입하는 방식으로 삽입된 칩이 뇌파를 분석하고 외부의 로봇 등 기계와 인터페이스를 통해 생각만으로 기계를 조작하는 것이 가능하게 한다.

이것이 현실화하면 영화에서나 보던 인간과 기계가 하나로 결합하여 작동이 가능한 새로운 세상이 열리는 것이다. 대표적인 BCI 기술 선도 기업은 일론 머스크가 이끄는 뉴럴링크다. 뉴럴링크는 인간의 뇌와 컴퓨터를 직접 연결하여 정보를 주고받을 수 있는 뇌-컴퓨터 인터페이스 기술을 개발하는 회사다.

뉴럴링크는 인간에게 컴퓨터 칩을 이식하는 시도를 해왔는데 이미 첫 번째 환자에게서 임상적 결함을 발견했던 적이 있었다. 2024년 8월 사람을 대상으로 두 번째 컴퓨터 칩 이식에 성공했고 두 번째 환자에게서는 첫 번째 환자에게 나타났던 이상 현상이 발견되지 않았다고 밝혔다. 뉴럴링크는 블로그를 통해 칩 이식을 했던 환자가 생각만으로 일인칭 슈팅 비디오 게임을 하거나 디자인 소프트웨어를 사용하는 모습을 공개했다.

뉴럴링크는 이러한 실험을 통해 기술을 끊임없이 개선해 신체 손상을 입어 팔다리를 쓰지 못하는 사람이 각종 디지털 기기를 제어하는 것을 목표로 하고 있다. 뉴럴링크는 2024년에만 뇌 칩을 이식할 여덟 명을 추가로 모집한다는 계획을 발표했다. 뉴럴링크는 궁극적으로 인간의 뇌와 컴퓨터를 연결하여 정보를 주고받고, 뇌 질환을 치료하며, 인간의 지능을 향상시키는 것을 목표로 하고 있다. 이를 위해 뉴럴링크는 뇌에 삽입하는 초소형 칩을 개발하고 있으며, 이 칩을 통해 뇌 신호를 읽고 쓰는 기술을 연구하고 있다.

MIT 미디어랩과 보스턴다이나믹스는 최초의 뇌파 제어 로봇을 개발하기 위해 협력하고 있다. 보스턴다이나믹스는 동적 로봇 분야에서 세계적으로 가장 유명한 회사 중 하나이며 인간의 움직임을 닮은 로봇을 개발하는 데 독보적인 기술력을 보유하고 있다. 2021년에는 현대자동차그룹에 인수되면서 미래 모빌리티 시장에서 중요한 역할을 담당하고 있다.

MIT 미디어랩 또한 BCI 분야에서 세계적으로 선도적인 연구를 수행하는 기관 중 하나다. D독(Ddog)이라고 불리는 이 프로젝트는 보스턴다이나믹스의 스팟 로봇과 어텐티브U(AttentivU)라는 EEG(Electroencephalogramm, 뇌파검사) 뇌-컴퓨터 인터페이스 시스템을 결합한 것이다. 어텐티브U는 무선 안경을 사용하여 뇌 활동과 눈의 움직임을 측정하고 이 신호들은 실시간으로 스팟 로봇을 제어하기 위해 해석한다.

D독 프로젝트는 사람들이 간병인의 도움을 받아 비언어적으로 의사소통할 수 있도록 하는 브레인스위치(Brain Switch)라는 기존 앱을 활용한다. 이 프로젝트를 통해 사용자가 자신의 뇌파를 이용해 식료품이나 다른 물건 배달, 가구 이동, 스팟의 로봇 팔을 사용하여 물건 가져오기 등을 실행할 수 있다. 이 시스템은 일상생활에서 실용적으로 이용할 수 있기 때문에 고령화가 진행되면서 장애인과 노인을 포함하여 이동성이 떨어지는 사람들에게 큰 도움이 될 것으로 예상된다.

미래에는 안경을 쓰면 뇌의 생각을 읽어 로봇에게 명령을 내릴 수 있거나 뇌에 이식된 칩이 뇌파를 인식해 물건을 가져오거나 집안일을 도와주는 등의 일을 로봇이 대신 할 수 있게 되는 세상이 현실화할 것이다. 특히 BCI 기술은 로봇 기술과 뇌과학을 결합한 분야로 미래에는 사람들에게 더욱 편리하고 독립적인 삶을 제공할 것으로 기대된다.

가장 현실적인 대안으로 급부상 중인 바이오컴퓨팅

저장 매체로 활용하는 DNA

인류는 지금 데이터 저장 공간 부족이라는 큰 문제에 직면해 있다. 기존의 하드 드라이브는 한계에 다다르고 있는데 이미 대중화된 대용량 클라우드 저장 공간 또한 포화상태에 이르고 있다. 즉 기존의 하드 드라이브 방식으로는 폭발적으로 증가하는 데이터를 저장하기가 어려워졌고 AI 시대에는 대용량 데이터 확보와 저장이 더욱 절실한데 과학자들은 이 문제를 해결하기 위해 새로운 방법을 찾고 있다. 그중 하나가 바로 DNA를 활용하는 것이다. DNA는 엄청난 양의 데이터를 매우 작은 공간에 저장할 수 있고, 오랜 시간 동안 안정적으로 보존할 수 있다는 장점이 있다. 현재 실험실에서 DNA 합성에 비용이 많이 들고 실수가 발생하기 쉽다는 단점이 있지만 전문가들은 10년 이내에 인간의 몸을 데이터 저장 장치로 활용하는 시대가 올 것으로 예상한다.

세포 안의 DNA로 만든 카메라

싱가포르국립대학교 연구팀은 이러한 문제를 해결하기 위해 살아있는 세포를 활용하는 방법을 개발했다. 이들은 세포 안의 DNA를 마치 사진 필름처럼 사용하여 이미지를 저장하는 '백캠(BacCam)'이라는 시스템을 만들었다.

백캠은 박테리아를 실시간으로 모니터링할 수 있는 시스템이다. 이 기술의 주요 목적은 환경에서 미생물의 활동을 실시간으로 추적하여 생명과학 연구, 생물학적 오염 감시, 의학적 진단 등에 활용하는 것이다. 형광 현미경과 같은 고가의 장비를 사용하지 않고도 박테리아의 행

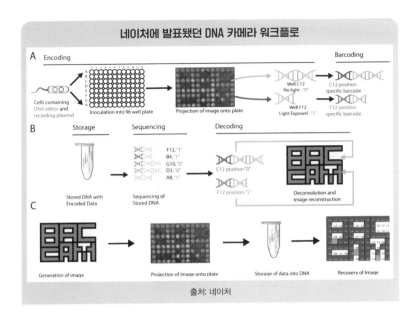

네이처에 발표됐던 DNA 카메라 워크플로

출처: 네이처

동을 추적할 수 있는 기술인데, 주로 스마트폰이나 간단한 디지털 장치를 사용하여 박테리아의 활동을 관찰할 수 있다.

DNA를 빈 필름처럼 활용해 연구팀은 빛을 이용하여 이 필름에 이미지를 기록했다. 마치 카메라의 셔터를 누르는 것처럼 다른 색깔의 빛을 사용하면 DNA에 다른 패턴이 만들어지기 때문에, 하나의 세포에 여러 장의 이미지를 저장할 수 있다. 이 방식으로 데이터를 DNA에 저장하게 되면 기존 저장장치보다 훨씬 저렴하고 간편하게 이미지를 저장할 수 있고, 작은 공간에 많은 양의 데이터도 저장할 수 있어 확장성이 매우 뛰어나다.

미래에는 DNA에 저장된 데이터의 가치가 높아짐에 따라, 데이터 손실이나 변조, 해킹 등에 대한 보험 상품도 등장할 것으로 전망하고 있다. 데이터를 저장한 사람들은 정기적으로 건강 검진을 받아야 하며,

저장된 데이터의 양과 민감도에 따라 보험료가 달라진다. 이에 특화된 생명과학 전문 보험회사 또한 등장할 것이다.

자신의 DNA에 데이터를 저장하여 돈을 버는 새로운 부업도 등장할 것으로 보인다. 중요한 데이터를 보관해 전달하는 메신저 역할을 하는 직업도 등장할 수도 있고 장기적으로 안전한 공간에서 보관하는 수요도 생길 수 있다. 하지만 데이터의 무결성을 유지하기 위해 데이터를 보관하고 있는 인간의 건강 및 DNA에 대한 정기적인 검진이 필요하며, 데이터 유출이나 손상에 대한 위험도 존재한다.

AI 혁명으로 대용량 데이터 저장 비용이 폭등하고 있는게 현실이다. 기존 저장장치는 엄청난 양으로 에너지를 사용하고 있어 AI 경쟁이 지속되면 조만간 저장장치와 에너지 사용 한계에 도달할 수도 있다. DNA를 활용한 데이터 저장 기술은 새로운 컴퓨팅의 가능성을 열었다. 미래에는 살아있는 생물체 안에 도서관 전체의 도서를 저장하거나 수년 치의 영화를 저장할 수 있을지도 모른다. 생명과학과 기술의 결합을 통해 우리는 데이터 저장의 새로운 시대를 맞이하게 될 것이다.

이러한 예상은 인간의 몸이 디지털 세계와 융합되어 데이터 저장 장치로 활용되는 미래를 보여준다. 생명과 기술의 경계가 허물어지고, 인간의 몸이 데이터 저장의 중심이 되는 새로운 시대가 도래할 것이다. 즉 미래에는 사람들의 몸 안에 데이터를 저장하는 기술이 발전해, 마치 몸이 하드 드라이브처럼 사용되는 것이다.

DNA로 만든 컴퓨터, 생체 내 컴퓨팅의 혁신

DNA 기반 분자컴퓨팅(Molecular Computing)*은 생물학적 분자인 DNA

의 특성을 활용해 정보를 처리하고 계산하는 새로운 개념의 컴퓨팅이다. 기존의 실리콘 기반 컴퓨터가 전자 신호로 계산하는 것과 달리, DNA 컴퓨팅은 DNA 분자의 염기 서열을 이용하여 정보를 저장하고 조작한다.

기존의 컴퓨터 하드웨어는 생체 조직과의 상호 작용에 한계가 있으며, 인간의 몸에 삽입된 칩 또는 부품은 배터리 등을 통해 지속적인 전력 공급이 필요하고, 인간 신체의 조직에 손상을 입힐 수 있다.

미네소타대학교의 연구진은 이러한 문제를 해결하기 위해 DNA 분자와 생물학적 효소를 이용한 생체 컴퓨팅 플랫폼인 '트럼펫(Trumpet)'*을 개발했다. 이 기술은 생체 분자, 특히 DNA를 활용하여 데이터를 저장하고 처리함으로써 생물학적 시스템과 직접 상호작용할 수 있는 새로운 형태의 컴퓨팅을 제공한다. 트럼펫은 DNA 분자와 생물학적 효소를 사용하여 연산을 수행한다. DNA의 염기 서열을 통해 정보를 인코딩하고, 생물학적 효소를 사용하여 이 정보를 처리하는 방식으로 작동한다. 이를 통해 고도의 병렬 연산이 가능하며, 전통적인 컴퓨팅 방식보다 높은 연산 효율성을 기대할 수 있다.

트럼펫은 생체 환경과 호환되며, 이를 통해 생물학적 시스템과 직접 상호작용하는 생체 센서나 진단 장비에 활용될 수 있다. 세포 내에서 특정 유전자 발현을 감지하거나, 생화학적 반응을 실시간으로 모니터링하는 데 사용될 수 있다. 이 플랫폼은 초기 암 진단을 위한 생의학적 응용 프로그램 개발에 활용될 수 있다. 또한 질병 진단과 치료를 결

> **분자컴퓨팅:** 분자를 정보 처리의 기본 단위로 사용하는 컴퓨팅 기술이다. 화학적 반응을 이용해 연산을 수행하며, 바이오컴퓨팅과 결합하여 생명과학 및 화학 연구에 활용될 수 있다.
>
> **트럼펫:** DNA와 생물학적 효소를 이용한 생체 컴퓨팅 플랫폼으로, 정보를 저장하고 처리할 수 있는 혁신적인 기술이다. 이를 통해 질병 진단, 생체 센서, 진단 장비 등에 활용될 수 있으며, 특히 의료 분야에서 큰 발전이 기대된다.

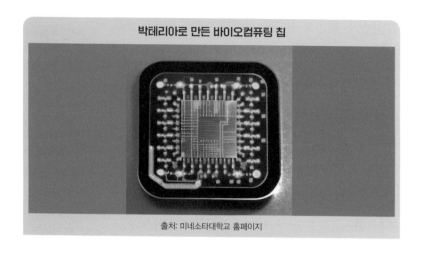

박테리아로 만든 바이오컴퓨팅 칩

출처: 미네소타대학교 홈페이지

합한 '테라노스틱스' 분야에서도 인슐린 저하 등의 상태를 감지하는 데 쓰일 수 있다.

트럼펫은 생물학의 계산 능력을 활용하여 향후 수십 년 동안 질병 진단과 치료 방법을 변화시킬 수 있는 잠재력을 가지고 있다. 살아있는 세포가 아니라 DNA와 효소로 작동하기 때문에 인체에 주입했을 때 훨씬 안전하고 효과적일 수 있다. 이 기술은 암 진단이나 치료 등 의료 분야에서 큰 발전을 가져올 것으로 기대된다.

트럼펫과 같은 DNA 기반 분자 컴퓨팅은 전통적인 컴퓨터의 한계를 넘어 생체 내외에서의 정보 처리 능력을 확장하는 혁신적인 생체 컴퓨팅 플랫폼으로, 향후 바이오테크와 헬스케어 분야에 큰 영향을 미칠 것으로 기대된다.

AI의 새로운 시대, 오가노이드 지능

오가노이드는 3차원 배양 기술을 통해 만들어진 미니 장기다. 실제 장기의 구조와 기능을 모방하여 질병 모델링, 신약 개발, 맞춤형 치료 등 다양한 분야에서 활용되고 있다. 특히 바이오컴퓨팅 분야에서는 오가노이드가 새로운 컴퓨팅 패러다임을 제시하며 주목받고 있다.

오가노이드는 그 자체로 복잡한 생물학적 시스템이다. 수많은 세포가 상호작용하며 특정 기능을 수행하는 미니 장기는 마치 작은 우주와 같다. 이러한 오가노이드를 컴퓨팅 시스템에 접목하면 생물학적 컴퓨터를 만들 수 있다. 특히 오가노이드의 자기 학습 능력을 활용하여 새로운 형태의 AI를 개발할 수 있다. 뇌 오가노이드를 이용하여 인간의 뇌와 유사한 방식으로 학습하고 추론하는 AI 모델을 구축할 수 있다.

뇌 오가노이드는 바이오컴퓨팅 분야에서 가장 활발하게 연구되는 분야 중 하나다. 뇌 오가노이드는 인간 뇌의 미니어처 모델로, 신경망 형성, 정보 처리 등 뇌의 기본적인 기능을 모방할 수 있다. 오가노이드를 이용한 바이오컴퓨팅은 아직 초기 단계이지만, 그 잠재력은 무궁무진하고 향후 급격히 발전할 것으로 예상된다.

인간의 뇌 조직을 닮은 미니 뇌인 '오가노이드'가 AI와 결합하면 그 파급력은 엄청날 것이다. 오가노이드 기반 AI는 인간과 비슷한 사고 능력을 갖추고 있어, 기존의 컴퓨터보다 훨씬 빠르고 정교한 작업을 수행할 수 있기 때문이다. 하지만 오가노이드 기반 AI의 발전은 여러 윤리적 문제로 연구 개발에 제약이 많았다. 인간의 장기나 뇌를 활용하면서 AI의 권리, 인간과의 관계 등 다양한 문제에 대한 논쟁이 끊이지 않았고, 많은 사람이 이를 반대하는 시위를 벌였다. 또한 오가노이드를 이용한 AI 연구와 생산 시설을 우주로 옮기자는 의견도 나왔다. 우주에서는 지구처럼 엄격한 법적, 윤리적 제약이 없어서 자유롭게 연구를 진행할 수 있다는 것이 이들의 주장이다.

우주의 미세 중력 환경은 오가노이드가 더욱 균일하게 성장하는 데

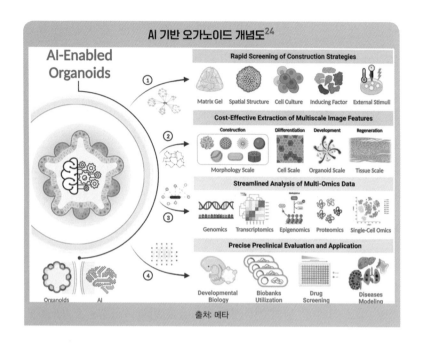

AI 기반 오가노이드 개념도[24]

출처: 메타

도움이 되어 AI의 성능을 향상시킬 수 있다는 장점도 있다. 우주에 건설한 AI 시스템인 '셀레스티얼 마인드(Celestial Mind)'는 전 세계 누구나 이용할 수 있는 클라우드 플랫폼으로, 과학 연구부터 비즈니스 분석까지 다양한 분야에서 활용될 수 있다. 이러한 시나리오는 생명과학, AI, 우주 개발이라는 세 가지 분야가 융합된 미래를 보여준다. 하지만 동시에 인간의 존재와 기술의 발전 사이의 관계에 대한 심오한 질문을 던지고 있다.

생각을 이미지로 재구성하는 기술

뇌 스캔으로 생각을 읽는다? 마치 공상과학 영화 같지만, 과학자들

---

24 출처: https://www.sciencedirect.com/science/article/pii/S2452199X23002761

은 사람의 뇌 활동을 분석하여 그 사람이 무엇을 보고 있는지, 즉 생각을 이미지로 재구성하는 기술을 개발하고 있다. 이미지 재구성(Image Reconstruction) 기술은 원본 이미지의 정보가 부분적으로 손실됐거나 왜곡되면 이를 복원하거나 재구성하는 기술을 말한다. 이 기술은 다양한 분야에서 사용되며, 특히 의학 영상, 컴퓨터 비전, 통신, 그래픽스 등에서 중요한 역할을 한다.

fMRI(자기공명영상)라는 뇌 영상 촬영 기술을 이용하여 뇌 활동을 측정하고, 이 데이터를 기반으로 컴퓨터 모델은 사람이 보고 있는 이미지를 재구성할 수 있다. 마치 뇌 안에 카메라가 있는 것처럼 말이다. fMRI를 활용한 이미지 재구성은 기능적 fMRI를 사용하여 뇌의 활동을 분석하고, 이를 바탕으로 사람이 보고 있는 이미지나 생각하는 장면을 재구성하는 첨단 기술이다. 이 기술은 뇌 신호를 해독하여 시각적 자극에 대한 뇌의 반응을 재현하는 데 사용된다.

기본 원리를 간단하게 설명하면 fMRI는 뇌의 특정 부위가 활성화될 때의 혈류 변화를 측정하여 뇌의 활동을 시각화한다. 뇌 활동은 혈중 산소 수치의 변화로 감지되며, 시각 자극에 반응하는 뇌 부위에서 이러한 신호를 수집한다. 시각 피질(Visual Cortex)에서 수집된 신호는 사람이 보고 있는 이미지의 특성(예: 모양, 색상, 움직임 등)에 따라 다르게 나타난다. 이 신호를 수학적 모델, 기계 학습, 딥러닝 알고리즘을 통해 분석하여 원래의 시각 자극을 재구성할 수 있다. 학습된 모델을 사용하여 새로운 뇌 신호를 입력받아 그에 해당하는 이미지를 예측하고 재구성하는 것이다.

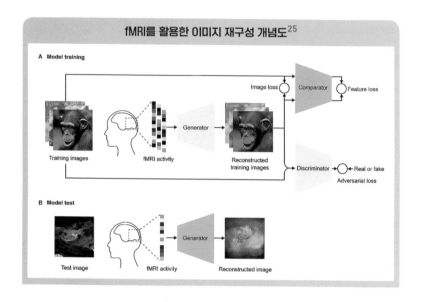

fMRI를 활용한 이미지 재구성 개념도[25]

이 기술을 이용하면 의료 및 신경과학 연구 분야에서는 뇌 손상 환자의 시각 경험을 이해하거나, 시각 장애인들에게 새로운 형태의 시각적 피드백을 제공할 수 있다. 컴퓨터-뇌 인터페이스 분야에서는 뇌에서 하는 생각을 직접 시각적으로 표현하거나, 의사소통이 어려운 사람들을 위한 새로운 소통 도구로 활용될 수 있다. 또한 시각화 기술의 발전을 촉진해 인간의 상상력, 기억, 꿈을 시각화하는 연구가 가능해지며, 이는 영화와 같은 창의적인 분야에도 응용될 수 있다.

이 기술은 아직 초기 단계이지만, 의료, 심리학, 보안 등 다양한 분야에 혁신을 가져올 수 있다. 예를 들어 시각 장애인이 BCI를 통해 시각 정보를 얻을 수 있을 것이다. 정리하자면, 과학자들은 뇌 활동을 분석

---

25 출처: https://www.frontiersin.org/journals/computational-neuroscience/articles/10.3389/
fncom.2019.00021/full

하여 사람의 생각을 읽고 이미지로 표현하는 기술을 개발하고 있는데 미래에는 우리의 생각을 시각적으로 표현하고 다른 사람과 공유할 수 있는 세상이 올 수도 있다. 즉 과학자들이 마치 뇌 안에 카메라가 있는 것처럼 뇌를 스캔하여 사람의 생각을 읽고, 그 사람이 무엇을 보고 있는지 화면에 보여줄 수 있는 세상이 곧 올 것으로 예상된다.

인간의 지각을 모방하는 컴퓨터 비전

인간은 물체나 사람이 어떻게 움직일지 상대적으로 쉽게 인지하고 예측할 수 있다. 하지만 기존 컴퓨터는 인간의 이러한 능력에 비해서 아직은 예측 능력이 떨어진다. 예를 들어 사람이 길을 걸어갈 때 어떤 경로로 이동할지, 신호등에서 멈춰 서 있을 때 어떤 차가 어떻게 움직일지 예측하기 쉽지 않고 반응 속도 또한 빠르지 않다. 이는 컴퓨터 비전 모델의 '지각적 직선성(perceptual straightness)'이라는 능력이 부족하기 때문이다. 지각적 직선성이란, 역동적인 시각 정보를 받아들이고 이를 안정적인 정신적 표현으로 변환하는 능력을 의미한다. 이러한 능력의 부족은 로봇이나 자율주행 자동차와 같은 시스템과 상호 작용할 때 문제가 될 수 있다.

이런 이유로 인간의 지각을 모방한 컴퓨터 비전 모델(Computer Vision Model)은 주변 환경 인식, 장애물 탐지, 차선 인식 등을 활용한 자율주행 자동차 분야, 질병 진단, 종양 탐지 등 의료 영상 분석 등에 활발히 활용할 수 있다. MIT 연구진은 컴퓨터 비전 모델이 시각 세계를 더욱더 안정적이고 예측 가능한 방식으로 표현하도록 학습하는 데 도움이 된다는 사실을 발견했다. 컴퓨터 비전 모델은 인간이 시각적으로 세상을 이해하는 방식을 모방하여, 컴퓨터가 이미지나 비디오 속의 정보를 분석하고 이해할 수 있도록 만들어진 AI 모델이다. 컴퓨터 비전 모델은 이미지 속의 객체가 무엇인지 판별해 분류하고 이미지 내에서 특정 객체를 찾아내고 위치를 파악한다. 예를 들면 객체가 사람인지 동물인지 파악하고 이미지 속의 사람 얼굴 찾기 등이 가능하다.

컴퓨터 비전 모델이 물체의 움직임을 더욱 정확하게 예측할 수 있게 되면, 인간과 로봇의 상호 작용이 더욱 안전하고 효율적으로 이루어질 수 있다. 예를 들어 자율주행 자동차는 다른 차량이나 보행자의 움직임을 정확하게 예측하여 사고를 미리 방지할 수 있다.[26]

이 연구는 인간과 컴퓨터의 지각 간의 차이를 줄이고, 컴퓨터 비전 모델의 성능을 향상시키는 데 중요한 의미가 있다. 궁극적으로 이러한 연구는 더욱 스마트하고 안전한 AI 시스템 개발에 기여할 것이다. 컴퓨터 비전 모델과 바이오컴퓨팅은 서로 긴밀하게 연결되어 있으며, 상호 발전을 끌어내고 있는데 바이오컴퓨팅은 컴퓨터 비전 모델의 성능을 향상하는 데 이바지할 것으로 예상된다.

2025년 바이오컴퓨팅의 가능성과 혁신

바이오컴퓨팅은 아직 초기 단계이지만, 미래에는 다양한 분야에서 활용될 가능성이 크다. 특히 AI 시대에서 기존 컴퓨팅 시스템의 한계가 급격히 부상하고 있는 시점에서 바이오컴퓨팅은 가장 현실적인 대안으로 급부상 중이다.

---

26 출처: https://news.mit.edu/2023/ai-model-high-resolution-computer-vision-0912

데이터 용량 부족, 에너지 고갈 등 가까운 시일 내에 예상되는 한계를 기존 하드웨어, 컴퓨팅 구조로는 극복하기 쉽지 않다. 이를 위해 근원적인 컴퓨팅 방식의 전환이 필요한데 바이오컴퓨팅의 가능성은 무궁무진하다. 또한 바이오컴퓨팅의 다양한 활용 분야는 인류가 직면한 여러 한계 지점의 해결책이 될 것이다. 예를 들어 의료 분야에서는 신약 개발, 질병 진단 및 치료에 활용될 수 있으며, 환경 분야에서는 에너지 절감, 오염 물질 감지 및 정화에 활용될 수 있다.

모빌리티, AI, 로봇 공학 등 다양한 분야와 결합해 새로운 차원의 혁신을 가져올 것으로 기대된다. 하지만 바이오컴퓨팅은 아직 해결해야 할 과제들이 많다. 생체 시스템은 외부 환경에 민감하게 반응하며, 오류가 발생할 가능성이 크고, 생체 시스템은 매우 복잡해서 설계와 제어가 어렵다. 또한 새로운 기술인 만큼, 관련 법규와 윤리적 문제를 해결해야 한다. 결론적으로, 바이오컴퓨팅은 미래 컴퓨팅 기술의 새로운 지평을 열어줄 잠재력을 가지고 있다. 아직 많은 연구와 개발이 필요하며, 다양한 분야의 전문가들의 협력이 이뤄져야 한다. 그만큼 높은 가능성과 혁신으로 향후 발전이 더욱 기대되는 분야다.

2025년 바이오컴퓨팅
5대 예측

1. **에너지 효율성이 큰 바이오컴퓨팅 시스템의 부상:** 바이오컴퓨팅은 기존의 실리콘 기반 컴퓨터보다 훨씬 적은 에너지로 데이터를 처리할 수 있는 능력을 갖출 것으로 보인다. 이는 데이터센터의 전력 소비 문제를 해결하고, AI 모델 학습에서 발생하는 막대한 에너지 소비 문제를 극복할 수 있는 혁신적인 해결책이 될 것이다.

2. **DNA 기반 컴퓨팅의 발전:** 바이오컴퓨팅의 핵심 기술로 DNA 기반 컴퓨팅이 더욱 발전할 것이다. DNA 분자를 통해 대용량의 데이터를 저장하고 처리할 수 있는 기술이 상용화되며, 이를 통해 데이터 처리 속도가 획기적으로 향상되고 병렬 연산이 가능해질 것이다.

3. **의료 분야의 혁신:** 바이오컴퓨팅 기술은 질병 진단, 신약 개발, 맞춤형 치료 등 의료 분야에서 혁신을 가져올 것이다. 특히 DNA 및 단백질을 활용한 컴퓨팅 기술은 심각한 질병을 더 정확하게 진단하고, 맞춤형 치료 방법을 제시하는 데 기여할 것으로 보인다.

4. **인간과 컴퓨터의 결합(Bio-Hybrid Systems):** 바이오컴퓨팅은 인간의 뇌와 컴퓨터를 결합하는 방식으로 발전할 전망이다. 이를 통해 인간의 인지 능력을 보완하고 증강할 수 있는 기술이 개발되며, 인간과 기계의 상호작용이 한층 강화될 것이다.

5. **윤리적 및 법적 문제의 부상:** 바이오컴퓨팅 기술이 발전함에 따라, 인간과 기계의 경계를 허무는 기술적 혁신이 가속화될 것으로 전망된다. 이는 생명 윤리, 개인정보 보호, 기술 남용 방지 등 다양한 윤리적 및 법적 문제를 일으킬 수 있으며, 이에 대한 규제와 사회적 논의가 필수적으로 뒤따를 것이다.

5장

뉴럭셔리가 된
굿잠

슬리포노믹스의 등장

'잠'이 웰빙의 핵심 요소로 부상 중이다. 현대인들은 바쁜 일상에서 건강을 유지하고, 생산성을 극대화하기 위해 수면의 중요성을 새롭게 인식하고 있다. 이는 자연스럽게 수면의 질을 향상시키는 기술에 대한 관심으로 이어졌고, 사람들은 운동과 식단관리만큼이나 '좋은 잠'에 투자하기 시작했다.

현대인의 수면 문제를 해결하며 경제적 기회를 창출할 수 있는 새로운 개념도 등장했다. 코로나19 이후 건강과 웰빙에 대한 관심이 높아지며 숙면에 도움이 되는 제품에 투자하는 소비 현상인 '슬리포노믹스(Sleeponomics)'가 바로 그것이다.

수면(Sleep)과 경제학(Economics)의 합성어인 슬리포노믹스는 각종 스트레스와 열대야에도 꿀잠을 원하는 현대인들의 지갑을 노리고 있다. 이 배경에는 AI와 IoT의 발전으로 날개를 단 슬립테크(SleepTech)

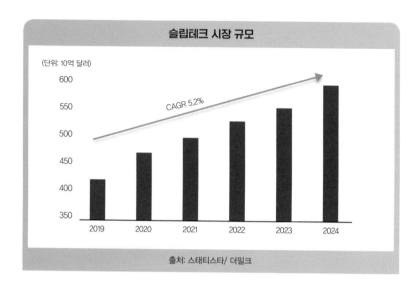

슬립테크 시장 규모

(단위: 10억 달러)

CAGR 5.2%

출처: 스태티스타/ 더밀크

가 있다. 슬립테크는 잠(Sleep)과 기술(Technology)의 합성어다. 수면의 질을 개선하고 관련 문제를 해결하기 위해 첨단 기술을 활용하는 제품과 솔루션을 통칭한다. 해당 산업은 크게 수면 향상과 관련된 제품, 수면 모니터링 기술, 수면 환경 조성 제품, 그리고 수면관리 서비스 등으로 분류된다.

수면 향상을 위한 세품에는 편안한 잠자리를 제공하는 매트리스, 베개, 침구류 등이 있으며, 수면의 질을 높이기 위한 스마트 디바이스와 웨어러블 기기도 포함된다. 수면 모니터링 기술은 사용자의 수면 패턴을 분석해 최적의 수면 환경을 제안한다. AI 기반 솔루션과 연동돼 개인 맞춤형 수면 코칭을 제공할 수 있다. 또한 수면 환경을 조성하기 위한 조명, 소음 방지 제품, 온도 조절 장치 등도 포함된다. 수면 관리 서비스는 수면 장애를 겪는 사람들을 위한 진단 및 치료 프로그램이다. 수면 전문 병원에서 제공하는 상담과 치료 서비스도 이 범주에 속한다.

선진국의 유행병

슬립테크가 부상하게 된 이유는 현대인의 수면 문제가 심각해짐에 따라 수면의 질을 개선하려는 필요성이 커졌기 때문이다. WHO는 선진국의 성인 세 명 중 두 명은 수면 시간이 하루에 여덟 시간이 되지 않는다는 이유로 수면 부족을 '선진국의 유행병'이라고 선언했다.

글로벌 슬립테크 시장은 연평균 5.2퍼센트의 성장률을 기록하며 꾸준히 확대되고 있다. 미국 시장조사 업체인 스태티스타에 따르면, 2019년 전 세계 슬립테크 시장 규모는 약 4,320억 달러에 달했으며, 2024년까지는 5,850억 달러에 이를 것으로 예측됐다.

슬립테크 스타트업에도 수십억 달러 규모의 투자금이 쏟아지고 있다. 크런치베이스에 따르면 슬립테크에 대한 벤처 캐피털 자금은 2017년 약 4억 달러에서 2021년 약 8억 달러로 증가했다.

가장 많은 누적 투자금을 기록한 기업은 미국의 헤드스페이스(Headspace)다. 헤드스페이스는 더 나은 정신 건강과 수면 향상을 위한 가이드와 명상 앱 개발사다. 총 13번의 투자 라운드를 통해 약 3억 2,090만 달러의 투자를 유치했다. 주요 투자자로는 스펙트럼 에쿼티, 타임즈 브릿지, 옥스퍼드 파이낸스 LLC, 휴먼 벤처스 등이 있다.

헤드스페이스 앱으로 명상, 수면 퀘스트, 마음챙김 운동, 집중력 운동 등 다양한 프로그램을 활용할 수 있다. 정신건강 임상의부터 에미상 수상 경력의 프로듀서와 데이터 과학자까지 여러 분야의 전문가들로 구성된 팀은 기업을 위한 치료 서비스도 제공한다. 헤드스페이스 앱은 스마트폰, 스마트 스피커, 넷플릭스 등에서 이용할 수 있다.

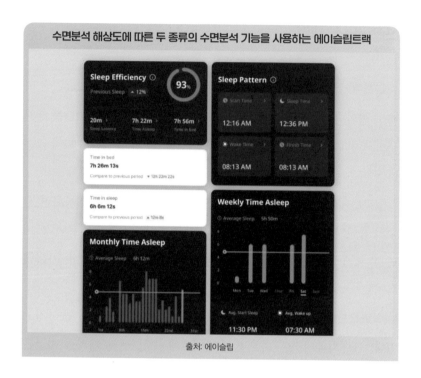

수면분석 해상도에 따른 두 종류의 수면분석 기능을 사용하는 에이슬립트랙

출처: 에이슬립

현대인은 웨어러블 기기 없이 잠들지 않는다

2023년 미국 수면학회 설문조사에 따르면 미국인의 3분의 1 이상이 전자 수면 추적 장치를 사용했다. 이들 중 대부분은 추적기 데이터가 도움이 되어 행동을 바꿀 수 있었다고 답했다.

센서가 달린 매트리스, 움직임을 인식하는 담요, 조절할 수 있는 베개 등의 침구는 개인 맞춤형 지원을 위한 제품이다. 〈타임〉에 따르면 미국 매트리스 산업은 2015년부터 2020년까지 가치가 두 배로 증가해 80억 달러에서 160억 달러로 늘어났다.

빅테크 기업들은 다양한 웨어러블 기기로 슬립테크 시장 선점에 나섰다. 애플은 '애플워치'에 수면 무호흡증 감지 기능을 추가했다. 수면 중 특이점이 감지되면 착용자에게 알리고, 의사 상담을 권유한다. 애플은 건강관리 앱에 내장된 AI를 통해 기기에서 수집한 데이터를 기반으로 숙면을 위한 권장 사항을 제시하는 유료 코칭 서비스도 개발하고 있다.

삼성헬스는 '수면 기능'을 중요한 미래 전략 중 하나로 내세우고 있다. 스마트워치뿐 아니라 이어버드, 갤럭시링 등 웨어러블 기기를 통해 수면을 모니터링하고 다양한 서비스 개발에 나섰다.

2020년 창업해 국내 슬립테크 분야 대표 주자로 떠오른 에이슬립은 '에이슬립트랙' 솔루션을 공개했다. 해당 솔루션은 스마트폰 마이크를 활용해 사용자의 호흡 소리를 분석한다. 이를 통해 수면 단계 등을 분석함으로써 수면의 질 등을 손쉽게 파악할 수 있다.

슬립테크에 대한 관심은 세계 최대 ICT 전시회인 CES에서도 여실히 드러났다. CES는 2017년부터 2023년까지 매년 '슬립테크 전용관'을 운영했다. 2024년에는 AI에 대한 높은 관심 때문인지 슬립테크 전용관을 따로 운영하지 않았지만, 현장에서는 다양한 웨어러블 기기 포함, AI와 접목된 슬립테크 관련 제품들을 쉽게 볼 수 있었다.

수면 모니터링 분야에서는 한국의 럭스나인(LuxNine)이 침대에 부착하는 패치와 매트리스 기어를 통해 수면 데이터를 모니터링하고, 응급 상황 시 보호자에게 알림을 전송하는 '바디로그' 제품을 공개했다. 미국의 웨스퍼(Wesper)는 수면 무호흡증을 감지하는 패치를 통해 수면 지표를 기록하는 서비스를 선보였다. 헬시테크(HealthyTech)는 열 바이오 센서를 활용한 밴드로 체온을 포함한 다양한 수면 데이터를 측정하고 피드백을 제공하는 기능을 시연했다.

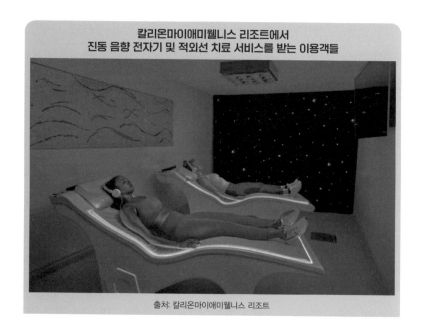

칼리온마이애미웰니스 리조트에서
진동 음향 전자기 및 적외선 치료 서비스를 받는 이용객들

출처: 칼리온마이애미웰니스 리조트

수면 향상 분야에서는 한국의 비알랩(BRlab)이 AI 솔루션을 기반으로 한 벤자민 AI 슬립 컨트롤러 M1을 통해 사용자의 수면 데이터를 분석하고 맞춤형 기기를 제공했다. 미국의 이어블뉴로사이언스(Earable Neuroscience)는 '프렌즈 브레인 밴드'를 통해 이마에서 뇌파를 실시간으로 추직하여, 모바일 앱을 통해 이를 관리하는 기능을 선보였다.

'슬립 투어리즘'에 베팅하는 호텔들

전체적인 웰빙(holistic wellbeing)에 대한 추구로 글로벌 관광에도 변화가 일어나고 있다. 수면에 초점을 맞춘 휴양지와 휴가가 주요 트렌드로 부상 중이다. 종합적인 건강과 스트레스 감소에 대한 사회의 높아진 관심을 반영해 여행객들은 이제 수면 재생을 위한 특화 프로그램을 제공하는 목적지를 찾고 있다.

글로벌 웰니스 연구소의 보고서에 따르면 웰니스 관광은 현재 글로벌 여행 시장의 주요 동력이다. 2012년 4,390억 달러였던 이 부문의 가치는 2017년 6,394억 달러로 확대됐으며, 슬립 투어리즘이 주요 분야로 부상 중이다. 웰니스 경제가 지속해서 가장 빠르게 성장하는 분야 중 하나로 자리 잡으며 슬립 투어리즘은 2019년까지 웰니스 여행의 연간 8.6퍼센트 증가와 웰니스 관광 지출의 7.3퍼센트 상승이라는 흐름에 기여하고 있다.

이런 현상은 현대인의 고질병인 우울증과 번아웃과도 연관이 있다. 미국수면재단, 질병통제예방센터, 국립보건원에 따르면 미국인들은 피곤하다. 미국국립위생협회(National Sanitation Foundation, NSF)의 2023년 미국 수면 조사에 따르면 수면 부족과 우울증은 연결된다. 힐튼의 2024년 트렌드 보고서에 따르면 현재 사람들이 여행하는 주된 이유는 휴식과 재충전이다.

2020년부터 2022년까지 웰니스 여행은 연간 30.2퍼센트 증가했고, 지출은 매년 36.2퍼센트 급증했다. 팬데믹의 영향에도 불구하고 회복세는 강력했다. 슬립 투어리즘은 이러한 회복력을 반영해 여행객들에게 수면의 질을 향상시키도록 설계된 평온한 환경에서 회복하며 휴식을 취하는 방법을 안내한다. 주목할 만한 점은 웰니스 관광객들이 평균적인 여행객보다 더 많은 지출을 한다는 점이다. 2022년 미국 웰니스 관광객은 여행당 175퍼센트 더 많이 지출했고, 글로벌 웰니스 관광객은 41퍼센트 더 많이 지출했다. 슬립 투어리즘은 2027년까지 강한 상승세를 유지할 것으로 전망된다. 소비자의 인식 제고와 스트레스 감소 솔루션에

브라이트의 6,299달러의 AI 지원 스마트폰 페어링 가능 매트리스

출처: 브라이트

대한 수요 증가에 힘입어 발전하는 이 부문은 슬립 투어리즘을 웰니스 여행의 미래에 있어 중요한 구성요소로 자리매김하게 하는 셈이다.

코넬대학교 놀란 호텔경영대학원의 체키탄 S. 데브(Chekitan S. Dev) 석좌교수는 〈뉴욕타임스〉와의 인터뷰에서 "에어비앤비와 데스 매치에 놓인 호텔들이 호텔 숙박의 주된 목적인 편안한 수면을 중심으로 서비스와 편의시설을 제공함으로써 경쟁할 방법을 모색하기 시작했다"라고 말했다.

호텔에 스마트 침대와 스마트 고글이 등장했다. 브라이트(Bryte)의 AI 지원 스마트폰 페어링 가능 매트리스(6,299달러)는 사용자가 움직일 때마다 조정되어 숙면을 최적화하는 액티브 압력 완화 시스템을 갖춘 침대다. 매트리스의 미묘한 흔들림을 사운드스케이프로 동기화하는 솜니파이(Somnify) 기능을 바탕으로 이용자들이 경험할 수 있는 최적의 평온한 상태를 선사한다.

현재 파크하얏트뉴욕에는 376일간 코로나19 폐쇄 이후 호텔이 재개
장해서 추가된 다섯 개의 브라이트 수면 스위트(1,095달러부터)가 있다.
이 방에 묵는 이용자들의 목표는 더 이상 출장이나 휴가를 통해 잠깐의
휴식을 취하는 것이 아니라 보장된 휴식을 원한다.

파크하얏트시카고는 비슷한 브라이트 침대가 갖춰진 마인드풀니스
스위트(645달러)를 제공하며, 콜로라도주 아스펜의 리틀넬 호텔과 캘리
포니아주 몬티토토의 로즈우드 미라시토 비치 등 몇몇 호텔의 객실과
스위트도 '완벽한 꿀잠'을 위한 서비스를 제공하고 있다.

슬립테크와 슬립 투어리즘이 열어가는 웰빙 혁명

슬립테크와 슬립 투어리즘의 부상은 현대 사회의 중요한 변화를 반영
하는 현상이다. 이는 단순한 기술 혁신이나 여행 트렌드를 넘어 우리
삶의 질에 대한 근본적인 재평가의 시점이 왔음을 보여준다. '좋은 잠'
이 럭셔리로 인식되는 현상은 물질적 풍요보다 정신적, 육체적 건강이
더 중요한 가치로 부상하고 있음의 방증이다.

AI와 IoT 기술이 수면까지 파고들면서, 기술의 역할이 생산성 향상
에서 삶의 질 개선으로 확장되고 있다. 이는 건강과 웰빙에 중점을 둔
새로운 비즈니스 모델과 산업의 등장을 예고하며, 경제 구조의 변화를
이끌 잠재력을 보여준다.

슬립 투어리즘의 인기는 여행의 목적이 단순한 관광에서 자아 회복
과 재충전으로 변화되고 있음을 나타낸다. 이는 현대인의 스트레스와
번아웃에 대한 대응책이기도 하다. 슬립테크의 발전은 개인 맞춤형 건

강관리 시대의 도래를 알리며, 의료 서비스의 패러다임이 예방과 개인화된 관리 중심으로 확장될 것이다.

슬립테크와 슬립 투어리즘의 미래는 새로운 기술과 소비자의 건강 및 웰빙에 대한 끊임없는 관심이 만나는 지점에서 더욱 강력하게 성장할 것이다. 이는 앞으로의 웰니스 경제가 더 개인화되고 기술 중심으로 재편되는 데 중요한 역할을 할 것으로 보인다. 기업들이 이 기회를 어떻게 활용하느냐에 따라 큰 성과를 거둘 수 있는 분야가 될 것이다.

2025년 슬립테크
5대 예측

1 **슬립테크(SleepTech)의 급성장:** 슬립테크는 AI와 IoT 기술을 결합해 수면의 질을 개선하는 제품과 서비스로, 글로벌 시장에서 연평균 5.2퍼센트의 성장률을 보일 것이다. 스마트 매트리스, 수면 추적 디바이스, AI 기반 맞춤형 수면 솔루션 등이 주요 트렌드로 부상한다.

2 **슬립 투어리즘(Sleep Tourism)의 인기 상승:** 웰니스 여행 트렌드가 강화되며 슬립 투어리즘이 글로벌 여행 산업의 중요한 부분으로 자리잡을 것이다. 수면을 중심으로 한 휴양지나 호텔들이 증가하며, 더 많은 소비자가 수면 개선 프로그램에 투자할 것으로 보인다.

3 **개인 맞춤형 수면 관리 서비스 확대:** AI와 빅데이터를 활용해 개인 맞춤형 수면 솔루션이 제공될 것이며, 수면 장애를 겪는 사람들을 위한 맞춤형 치료와 코칭 프로그램이 보편화된다. 이는 수면관리 서비스 시장의 성장을 이끌 예정이다.

4 **웰빙 중심의 소비 트렌드 강화:** 수면의 질을 높이는 제품에 대한 소비자들의 관심이 끊임없이 증가하면서, 매트리스, 침구류, 스마트 디바이스 등 고급 수면 제품의 수요가 증가할 것이다. '좋은 잠'은 건강과 웰빙의 중요한 요소로 인식된다.

5 **수면 데이터 기반 헬스케어의 발전:** AI 기반 수면 모니터링 기술이 발전하면서, 수면 데이터를 바탕으로 한 헬스케어 서비스가 확산된다. 이는 예방을 위한 건강관리와 개인화된 치료를 중심으로 한 의료 패러다임의 전환을 가져올 것으로 보인다.

ENERGY

REVOLUTION

PART 3

에너지
레볼루션

1장

항구적 에너지 부족의 시대

생성형 AI 기술 발전의 딜레마

— (전력 수요가) 이렇게 급증한 것은 처음 있는 일이다. 경험해본 적 없는 수치다.

전력 수요 급증: 2024년 과 2025년에 전 세계적 으로 전력 수요가 급증 하고 있으며, 생성형 AI 와 데이터센터, 리쇼어 링 등으로 인해 전력 공 급 시스템에 큰 압박을 가하는 현상을 말한다.

지난 25년간 에너지 업계에서 종사해온 조지아파워 전력 수요 예측 디렉터 프란시스코 발레는 최근 전력 수요의 급격한 증가를 경험하며 놀라움을 감추지 못했 다. 2024년 4월, 조지아주 애틀랜타에서 더밀크와 애 틀랜타 총영사관 공동 주최로 열린 '신재생에너지' 세 미나에서 발레 디렉터는 자신이 한 번도 경험해보지

못한 전력 수요 급증*에 대해 이렇게 이야기했다.

그의 발언은 현재 미국이 직면한 에너지 상황을 잘 보여준다. 생성형 AI 기술의 발전으로 인한 데이터센터*의 급증, 반도체 경쟁, 리쇼어링*

징책에 따른 제조업의 부활 등이 전력 수요의 급격한 증가를 초래하고 있다. 더불어 기후변화로 인한 재난이 잦아지면서, 전력 공급의 안정성에 대한 우려도 커지고 있다.

미국 조지아주는 이러한 변화의 선봉에 서 있다. 빅테크 기업들의 데이터센터가 속속 들어서고 있으며, SK배터리와 한화큐셀과 같은 한국 기업들이 제조 거점을 확장하면서 조지아주의 전력 수요는 급증했다. 2021년 이전까지 조지아파워가 공급하던 전력은 평균 100메가와트(MW) 수준이었으나, 2021년에는 336메가와트로, 2022년 7월에는 2,197메가와트로 폭발적인 증가세를 보였다. 이는 2020년 대비 22배 증가한 수치로, 예측 가능하며 안정적이었던 전력 수급 상황이 급변한 것이다. 조지아파워는 이러한 상황에 대응하기 위해 향후 7년 동안 예상 수요 증가율을 400메가와트 미만에서 6,600메가와트로 상향 조정했다.

하지만 이러한 변화는 조지아주만의 문제가 아니다. 2024년 7월 미 에너지정보청(EIA)은 2024년과 2025년에 미국의 전기 소비가 역대 최고치를 기록할 것으로 전망했다. 2024년 하반기에는 전력 수요가 2023년보다 2퍼센트 증가할 것으로 보인다. 그리드스트래티지스(Grid Strategies) 조사에 따르면, 2024년부터 향후 5년간 미국의 전력 사용량은 4.7퍼센트 증가할 것으로 예상된다. 이는 기존 예상치인 2.6퍼센트를 크게 상회하는 수치다.

이러한 수요 증가로 인해 천연가스(Natural Gas)*와 석탄과 같은 화

데이터센터: 대규모 데이터를 처리하고 저장하는 인프라로, AI와 클라우드 기술의 발달로 인해 데이터센터 수가 기하급수적으로 증가하며 전력 소비를 급격하게 증가시키는 주된 원인이다.

리쇼어링: 미국이 중국 중심의 글로벌 공급망을 재편하고, 제조업을 자국으로 되돌리려는 정책이다. 이에 따라 전력 수요가 증가하고 있으며, 전력망에 압박을 가하는 주요 요인 중 하나다.

천연가스: 데이터센터 운영에 중요한 에너지원으로, 발전 설비에서 주로 사용된다. 천연가스는 기존의 화석연료보다 탄소배출이 적으며, 데이터센터의 에너지 공급에 있어 중요한 역할을 하고 있다.

석연료의 의존도가 높아지고 있으며, 2024년 하반기에는 천연가스 가격이 상반기 대비 36퍼센트 상승할 것으로 미 에너지정보청은 전망했다. 동시에 태양광 발전을 중심으로 한 신재생에너지 생산도 많이 증가할 것으로 보인다. 미 에너지정보청은 2024년 하반기에 태양광 발전이 42퍼센트 급증할 것으로 예상하며, 풍력은 6퍼센트, 수력은 3퍼센트 증가할 것으로 전망하고 있다.

글로벌 환경도 이와 다르지 않다. IEA(국제에너지기구)의 2024년 7월 발표한 보고서에 따르면 전 세계 전기 수요는 2023년 2.5퍼센트에서 2024년 약 4퍼센트 증가할 것으로 예상된다. 이는 세계 금융 위기와 코로나19 팬데믹으로 인해 나타난 예외적인 반등을 제외하면 2007년 이후 가장 높은 연간 성장률이다. 보고서에 따르면, 세계 전기 소비의 강력한 증가는 2025년에도 계속될 것으로 보이며, 성장률은 약 4퍼센트에 달할 것으로 예상된다. 이는 어디까지나 예측에 불과하다. 기후 변화, 글로벌 경제의 변동과 같은 주요 이슈는 전력 소비 추세에 큰 영향을 미칠 수 있다. 따라서 이러한 트렌드 변화를 자세히 주시할 필요가 있다.

생성형 AI 열풍, 글로벌 전력 시스템엔 '독'

생성형 AI 기술의 성장은 기술업계뿐 아니라 많은 산업군을 재편하고 있다. 그중에서도 특히 대규모 머신러닝(ML)을 지원하는 데이터센터의 급증은 에너지 소비에 직접적인 영향을 미치고 있다. 기업들이 디지털로 전환하고 첨단 기술을 활용하면서 클라우드 리소스와 대규모 데이터센터의 수요는 정점에 달했다. ABI리서치 조사에 따르면 2024년 말까지 전 세계적으로 5,697개의 공공 데이터센터가 조성된다. 5,186개가 콜로케이션 사이트(Colocation sites), 511개가 하이퍼스케일 사이트(Hyperscale sites)로 구분된다.

콜로케이션 데이터센터는 회사가 소유, 임대한 네트워킹 장비나 서버 스토리지를 제3자에게 임대하는 건물 내의 모든 공간을 의미한다. 한 공간에서 여러 회사를 호스팅하는 방식이다. 반면 하이퍼스케일러는 방대한 데이터나 클라우드 컴퓨팅 작업을 지원하기 위해 광범위한 공간과 전력, 냉각, 인프라를 제공하는 대규모 시설로 아마존 웹서비스, 구글 클라우드 플랫폼(GPC), 마이크로소프트 애저와 같은 회사가 이런 방식을 활용하고 있다. ABI에 따르면 현재 데이터센터는 아시아 태평양 지역에 가장 많이 집중돼 있고, 유럽과 북미가 뒤를 잇고 있다. 오는 2030년에는 8,410개의 데이터센터가 운영될 것으로 예상된다.

기하급수적으로 늘어나는 데이터센터는 에너지 소비 측면에서 '전기 먹는 하마'에 가깝다. 이미 데이터센터의 에너지 소비는 상상을 초월하는 수준이다. 2023년 구글과 마이크로소프트의 전력 소비량이 100개국을 합친 전력 소비량을 넘었다는 관측도 나왔다.

IT매체인 테크레이더는 지구 온난화 분야의 전문 저널리스트 마이클 토마스의 엑스(구 트위터) 계정을 인용, 구글과 마이크로소프트의 2023년 전력 소비량이 각각 24테라와트시(TWh)를 기록했다고 전했다. 이는 인구 1,014만 명의 국가 아제르바이잔의 연간 전력 수요와 맞먹는 수준이다.

구글과 마이크로소프트의 전력 사용량은 연간 19테라와트시를 사용한 가나, 아이슬란드, 도미니카 공화국을 웃돌았고, 리비아(25 테라와트시), 슬로바키아(26 테라와트시)와 비슷한 수준이었다. 국가 전체의 전력 사용량을 뛰어넘는 빅테크 기업의 막대한 전력 소비는 차세대 AI를 구

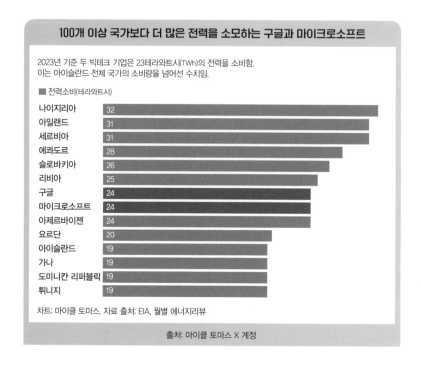

현하는 데 사용되는 데이터센터가 환경에 미치는 영향을 가늠할 수 있는 지표다.

챗GPT의 사례에서 생성형 AI의 전력 사용량을 가늠해볼 수 있다. 단일 AI 모델의 정확한 에너지 비용을 추정하는 것은 어렵다. 그러나 2019년 스탠퍼드대학교 조사에 따르면 GPT-3를 만드는데 1,287메가와트시의 전력이 소모된 것으로 추정된다. 이에 따라 552톤의 이산화탄소가 발생했다. 123대의 가솔린 자동차를 1년 동안 주행한 것과 같은 양이다. 심지어 이는 모델을 출시하기 위한 준비 과정에서 소모된 전력과 탄소배출량이다. 2024년 5월 기준으로 챗GPT 사용자는 전 세계적으로 1억 8,000만 명으로 집계됐다.

GPT와 같은 AI 기술은 개발 단계마다 기하급수적으로 많은 에너지가 있어야 한다. IEA에 따르면, 단일 챗GPT 쿼리는 2.9와트시의 전력을 필요로 한다. 반면, 구글 검색은 0.3와트시의 전력을 소모한다.

골드만삭스 리서치는 2023년부터 2030년 사이에 AI로 인한 데이터센터의 전력 소비가 연간 약 200테라와트시 증가할 것으로 추정했다. 2030년까지 데이터센터 전력 수요가 160퍼센트 증가할 것이라는 전망이다. 2022년 데이터센터가 미국에서 전체 전력의 3퍼센트를 사용했으나, 2030년까지 전체 전력의 8퍼센트를 사용할 것으로 예상된다.

가트너는 현 속도라면 데이터센터가 2030년까지 글로벌 전기 수요의 최대 3.5퍼센트를 차지할 것으로 전망했다. 블룸버그 추산에 따르면 오는 2034년까지 데이터센터로 인한 글로벌 에너지 소비는 1,580테라와트시를 기록할 것으로 예상된다. 인도 전체 전력 사용량을 웃도는 수치다.

미국 버지니아주의 사례에서도 데이터센터가 전력 수요에 직접적인 영향을 미친다는 것을 확인할 수 있다. 2024년 6월 블룸버그통신에 따르면 미국 노던 버지니아에 들어설 20만 스퀘어피트(sqft) 규모의 '데이터뱅크' 시설의 전력 소모는 미국 내 3만 가구의 에너지 사용량을 웃돈다. '빅테크' 기업 중 한 곳이 시설 전체를 임대한 것으로 알려졌다. 이처럼 데이터센터 전력 수요가 급증하면서 전 세계 많은 지역에서 가용 전력 공급을 초과하고 있다는 분석이 나온다. 이에 따라 기업들이 전력망에 접속하기 위해 수년을 기다리는가 하면, 데이터센터 밀집 지역 주민들의 정전이나 가격 상승에 대한 우려가 커지고 있다.

업계에서는 생성형 AI에 대한 실리콘밸리의 '올인' 전략이 전력 수요 급증을 부추기고 있다고 지적한다. 사우디아라비아, 아일랜드, 말레이시아 등 일부 국가들은 건설 계획 중인 데이터센터를 모두 가동하게

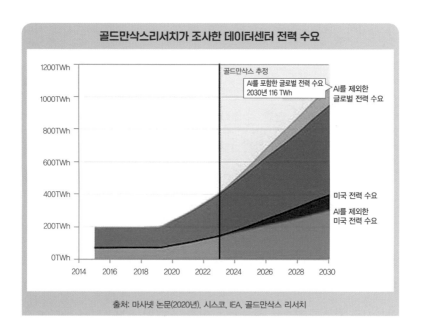

골드만삭스리서치가 조사한 데이터센터 전력 수요

골드만삭스 추정

AI를 포함한 글로벌 전력 수요
2030년 116 TWh

AI를 제외한
글로벌 전력 수요

미국 전력 수요

AI를 제외한
미국 전력 수요

출처: 마사넷 논문(2020년), 시스코, IEA, 골드만삭스 리서치

되면 가용한 재생 가능 에너지를 초과하는 전력을 필요로 하게 될 것이라고 블룸버그는 분석했다.[27]

미국의 공격적인 리쇼어링으로 에너지 부족

2022년 8월 미국이 중국 중심의 공급망 재편을 목표로 한 인플레이션 감축법(IRA)이 통과된 이후 미국의 제조업 환경은 급격히 변화했다. 많은 해외 기업들이 세금 공제를 목적으로 청정 제조 프로젝트에 수십억 달러를 투자했으며, 그 결과 전기자동차, 배터리, 태양광 패널 등을 생산하는 공장이 미국 전역에 들어섰다.

2024년 5월 오토모티브다이브에 따르면 법 시행 첫해에만 39개 주

---

27 출처: 블룸버그, 유로뉴스, 골드만삭스

인플레이션 감축법 시행 이후 산업별 미국 투자 규모 및 현황

섹터별 투자현황: 전기차와 배터리 프로젝트가 주도
2022년 8월부터 현재까지 청정 에너지 섹터별 프로젝트 건수, 투자 규모, 일자리 창출 규모 정리

섹터	프로젝트	투자	일자리
전기차	134	$77.6B	57.4K
에너지효율	133	$6M	200
태양광	68	$13.8B	25.1K
배터리/저장	49	$21.6B	14.7K
풍력	19	$2.9B	1.8K
그리드, 송전, 전기화	16	$1.8B	2.3K
수소	16	$5.5B	2.9K
바이오 연료	1	N/A	40
지열에너지	1	N/A	N/A

표: 줄리아 히멜/메뉴팩처링 다이브, 출처: E2, 겟더데이터, 디자인: 데이터래퍼

출처: 오토모티브다이브

에서 860억 달러의 투자가 이뤄졌다. 또 2022년 8월부터 2023년 4월 까지 미국 내에서 305개의 신재생에너지 프로젝트가 시작됐고, 자본 투자는 1,231억 달러에 달했으며, 10만 5,454개의 일자리가 창출됐다. 특히 전체 프로젝트 중 49.5퍼센트가 한국을 비롯한 해외 기업들의 투자로 나타났다.

조 바이든 미국 대통령이 중국 견제를 위한 목적으로 만든 '반도체 산업육성법' 또한 칩 공장을 미국으로 되돌리는 데 혁혁한 공을 세웠다. 2022년 반도체 공급망을 미국에 조성하기 위한 목적의 '칩스법(CHIPS and Science Act: 미국 반도체 회사들이 미국 땅에 공장을 건설하도록 설득하기 위해 390억 달러의 보조금과 750억 달러의 대출 및 대출 보증, 25퍼센트의 세금 공제를 골자로 한 지원법)'에 530억 달러의 자금을 투자하는 내용이 담겼다.

미 상무부에 따르면 법 시행 후 2년이 지난 2024년 8월 미국 내 15개 주에서 23개 프로젝트에 걸쳐 300억 달러 이상의 민간 부문의 관련 투자가 이뤄졌다. 이 프로젝트에는 16개의 새로운 반도체 제조 시설이 포함되며, 전국적으로 11만 5,000개 이상의 제조 및 건설 일자리가 창출될 것으로 예상된다. 이 같은 미국의 공격적인 리쇼어링 노력은 제조업이 미국으로 돌아오게 했고, 에너지 수급에 큰 영향을 미치고 있다.

애리조나주에 있는 TSMC의 반도체 공장이 대표적인 예다. 첫 번째 공장은 2025년에 4나노미터 칩 생산을 시작할 예정이다. 이와 같은 첨단 제조 공장들은 전력 소비가 매우 크기 때문에, 애리조나주를 비롯한 여러 지역에서 전력망에 대한 압박이 예상된다. 이에 대응하기 위해 애리조나퍼블릭서비스(APS)와 같은 전력 회사는 안정적인 전력 공급을 위해 송전선 이전이나 변전소 설치와 같은 인프라 구축에 나섰다.

APS에 따르면 TSMC의 첫 칩 공장은 약 200메가와트의 전력이 필요하다. 이는 애리조나에서 약 3만 가구에 전력을 공급하는 것과 같은 수치다. 칩 공장 규모가 계속 확대될 것으로 예상되기 때문에 추가 인프라 구축이 필요할 것이라는 전망이 나온다.

리쇼어링이 불러온 전력 부족 사태는 변압기와 같은 전기 장비 부족 현상으로 이어지고 있다. 2024년 4월 〈포브스〉에 따르면 IRA와 칩스법 등 두 법안은 에너지 전환에 필요한 핵심 부품의 미국 내 공급망 투자를 유도하고 있다. 이 때문에 주요 장비 공급망에 부하가 걸린 상황이다. 〈포브스〉는 미국 내 수요의 20퍼센트만이 국내 공급으로 충족되고 있다고 추정했다. 그 결과 회로 차단기와 중전압 스위치기어 가격은 2022년 1월 이후 각각 21퍼센트와 26퍼센트 상승한 것으로 추산됐다. 향후 제조 시설과 데이터센터에 대한 투자가 계속 증가함에 따라 전기 장비, 특히 스위치기어와 변압기에 대한 수요는 계속 상승세를 유지할 것이라고 〈포브스〉는 분석했다.[28]

기후변화가 에너지 공급에 미치는 영향

기후변화에 따른 폭염, 허리케인, 산불 등 관련 이슈도 에너지 인프라에 영향을 주는 요인이다. 북미 지역은 기후 변화의 준비가 미흡한 것으로 보인다.

2024년 6월 북미전력신뢰도협회(The North American Electric Reliability Corporation, NERC)의 전력망 안전성 조사에 따르면 미 중서부와 뉴잉글랜드, 캘리포니아, 루이지애나 등 다수의 지역이 폭염 등으로 인한 높은 전력 수요로 인해 정전 사태를 경험할 수 있는 것으로 나타났다.

실제 미국 에너지정보청에 따르면, 2022년 평균적인 미국 가구는 5시간 30분 동안 전기 공급이 중단됐다. 대부분 기후변화에 따른 극한 날씨가 주요 원인으로 꼽혔다.

기후 변화에 따른 극한 날씨는 더 빈번해지거나 강력해지고 있다. 2024년 4월 기후변화를 연구하는 비영리단체 클라이밋센트럴(Climate Central)이 2000년~2023년 미국 정전 데이터를 분석한 결과 미국은 지난 10년(2014~2023년)간 분석이 시작된 첫 10년(2000~2009년)보다 약 두 배나 더 많은 기후변화로 인한 정전을 경험했다.

이런 정전은 최소 5만 고객(가정 또는 사업체)에게 영향을 미치거나 300메가와트 이상의 서비스를 중단했던 것으로 조사됐다. 2021년 2월 텍사스에서 발생한 대규모 정전 사태나 허리케인 이마가 강타한 플로

---

28 출처: 오토모티브다이브, 미 상무부, 애리조나퍼블릭서비스, 〈포브스〉

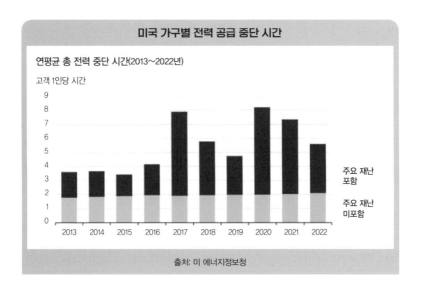

미국 가구별 전력 공급 중단 시간

연평균 총 전력 중단 시간(2013~2022년)

고객 1인당 시간

주요 재난
포함

주요 재난
미포함

출처: 미 에너지정보청

리다 등이 대표적인 피해 사례다. 미 에너지부는 미국 기업들이 정전으로 인해 연간 1,500억 달러의 손실을 본다는 추정을 내놓은 바 있다. BNEF(BloombergNEF, 블룸버그 뉴에너지파이낸스) 자료에 따르면, 해안 지역의 정전이 더 오래 지속되는 경향이 있어서 전선을 지하로 옮기는 방안을 모색 중이다. 다만 이 경우 비용이 큰 문제가 되고 있다.

캘리포니아 공공 서비스 위원회는 지하 전선을 설치하는 데 드는 비용이 가공 전선을 설치하는 것보다 10배 더 비쌀 수 있다고 밝혔다. BNEF는 2022년 플로리다에서 지하 전선에 대한 자본 지출이 10억 달러를 넘어섰으며, 이는 전년도보다 약 25퍼센트 증가한 수치라고 보고했다.

텍사스는 이러한 전력망 스트레스의 대표적인 사례로 자주 언급된다. 텍사스는 자체 전력망을 사용하면서 다른 인근 주와 고전압 송전선으로 연결되지 않은 시스템을 운영해왔다. 텍사스는 2021년 기온이 급격하게 떨어지면서 전력 수요가 급증함에 따라 대규모 전력망 붕괴를 경험했다. 당시 500만 가구와 사업체가 4일간 정전을 겪었고, 최소 246명이 저체온증과 디젤 발전기에서 발생한 일산화탄소 중독 등으로 사망했다. 일련의 정전 사태는 미국의 노후화한 전력망 시스템에서 비롯됐다.

우선 미국의 전력망은 오늘날의 기후에 맞게 건설되지 않았다. 전기는 대부분 강풍, 폭우, 얼음, 번개, 극심한 더위와 같은 극한 날씨에 노출된 지상 변압기, 송전선과 전봇대를 통해 전송, 분배된다. 언제든 정전에 쉽게 노출될 수 있다는 것이다. 전력망은 대부분 1960~1970년대에 건설됐다. 블룸버그가 에너지부의 조사를 인용한 보도에 따르면 미국 내 송전선 70퍼센트는 25년 이상 됐다. 일반적으로 고전압 전기를 고객에게 필요한 저전압으로 변환하는 대형 전력 변압기의 평균 수명은 40년이다. 물리적으로 스트레스를 견디는 능력이 떨어지고, 고장 비율이 높아질 수 있다는 의미다.

미국 정부가 2035년까지 청정 에너지원을 100퍼센트 전력으로 충당한다는 목표를 달성하려면 지금보다 3분의 2나 더 많은 송전선이 필요하다고 블룸버그통신은 분석했다. 여기에는 풍력이나 태양광 에너지를 장거리로 전송할 수 있는 고압 송전선도 포함된다.

전력망에 문제가 생기는 또 다른 이유는 책임 소지가 불분명하다는 점이다. 미국에는 세 개의 주요 전력망이 있는데, 로키산맥을 중심으로 동쪽과 서쪽 주, 그리고 텍사스를 위한 전력망이다. 이 세 개 전력망이 주로 지역 전력 시스템의 기능을 모니터링하고 일곱 개의 서로 다른 운영자가 관리하는 방식이다. 해당 운영자 아래로는 수천 개의 유틸리티 운영자가 있다. 수요와 공급, 사익과 공익 사이의 균형을 맞추기가 쉽지 않은 이유다.

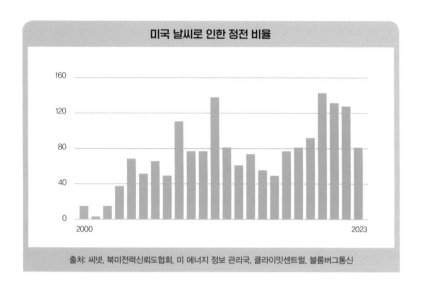

미국 날씨로 인한 정전 비율

160

120

80

40

0

2000

2023

출처: 씨넷, 북미전력신뢰도협회, 미 에너지 정보 관리국, 클라이밋센트럴, 블룸버그통신

2025년 에너지 산업 예측

— 2024년과 2025년 글로벌 전력 수요 증가는 지난 20년 중 가장 빠른 증
가세를 보일 것이다. 청정 에너지 점유율이 계속 증가하는 것은 고무적
인 일이지만, 기후 목표를 충족하려면 훨씬 더 빠른 속도로 이뤄져야 한
다. 이를 위해서는 그리드를 확장하며 강화하고, 높은 에너지 효율 표준
을 구현하는 것이 중요하다.

케이스케 사다모리 IEA 에너지 시장 및 보안 책임자

미국을 비롯한 각국은 항구적 에너지 부족 문제를 인식하고, 관련 인프
라를 개선하면서 에너지 전환을 앞당기고 있다. 이런 현상은 향후 수년
간 계속 유지될 전망이다. 미국은 AI 시대 전력수요 폭증에 대비해 장
기 송전 정책 개정안을 2024년 5월 발표했다. 미 당국이 전력망을 손보

고 나선 것은 13년 만의 일이다.

미국 연방에너지규제위원회(FERC)가 발표한 개정안에 따르면 데이터센터, 기후변화, 전기차 등으로 인한 전력 수요 증가에 대비하기 위해 태양광과 풍력 등 재생에너지(Renewable Energy)*를 각 지역에 원활하게 공급하는 원거리 송전선 건설과 개발 프로젝트를 실행하는 것이 주요 골자다. 개정안에 따라 전력망 운영사는 향후 20년 이상 장기적인 관점에서 전력원을 다변화하고 기상이변과 같은 변수에 대응하는 방안을 마련해야 한다. 전력 부족 현상이 뚜렷하게 나타나는 지역은 필수 프로젝트를 신속하게 허용하라는 내용도 담겼다. 이와 관련한 비용 분담과 기술적 보완 등에 대한 포괄적인 내용도 포함됐다. 전력망 구축을 '에너지 안보' 차원에서 접근하겠다는 것이다.

> **재생에너지:** 데이터센터가 사용하는 에너지를 재생 가능한 자원으로 전환하는 것은 기후변화 대응의 중요한 부분이다. 태양광, 풍력, 수력 에너지는 데이터센터의 탄소배출을 줄이기 위한 대안으로 제시되고 있다.

신재생에너지의 글로벌 투자 확대

전 세계적으로 재생에너지 전환은 더디지만 확대되는 방향으로 나아가는 점은 고무적이다. BNEF에 따르면, 재생에너지에 대한 글로벌 투자는 2023년 10퍼센트 증가한 6,730억 달러에 달했다. 태양광 프로젝트가 선두를 달리고 있다.

IEA의 2024년 전망에 따르면, 2025년 초까지 수력을 포함한 재생에너지가 총 전기의 3분의 1 이상을 생산할 것으로 예상된다. 처음으로 석탄을 앞지를 것이란 전망이다. 유럽에서는 2019년 EU 집행위원회가 출범한 이래 2023년까지 풍력과 태양광 에너지 발전량이 46퍼센트 증가했다. EU의 화석연료 발전량의 5분의 1을 대체한 것이다.

미국은 어떨까? 2024년 1분기, 미국의 공익사업 규모 태양광, 풍력, 저장 부문은 총 5,585메가와트의 신규 용량을 추가했다. 전년 대비로는 28퍼센트 증가한 수치다. 2024년 5월 미 청정전력협회(American Clean Power Association, ACPA)가 조사한 분기별 보고서에 따르면, 이중 공익사업 규모의 태양광이 4,557메가와트를 차지하며 100기가와트(GW) 이상의 누적 용량을 달성했다. 현재까지 설치된 청정 전력 용량은 약 270기가와트에 이른다. 6,800만 가구에 전력을 공급할 수 있는 양에 해당한다.

신재생에너지 중에서도 태양광 비중은 계속 확대되고 있는 것으로 보인다. 미 에너지정보청도 최신 단기 에너지 전망을 통해 "2024년 미국 전기 생산 증가의 대부분을 태양광이 담당할 것"이라고 예측한 바 있다. 미 에너지정보청은 2024년 미국 전기 생산이 약 3퍼센트 증가할 것으로 내다봤다. 그중 태양광 비중이 60퍼센트를 차지할 것으로 전망

사우스포크윈드 해상 풍력 발전소

출처: 사우스포크윈드 웹사이트

했다. 풍력 19퍼센트, 수력이 13퍼센트로 뒤를 이었다.

다만 2023년 풍력 발전량은 1990년대 이후 처음으로 감소하는 모습을 보였다. 2022년 43만 4,297기기와트시(GWh)에서 2023년 42만 5,235기가와트시로 2.1퍼센트 줄었다. 그런데도 2023년 풍력 발전 용량은 6.2기가와트 추가됐다.

미국 청정전력협회 보고서는 2024년 1분기 '해상 풍력' 부문에서 기록적인 분기였다고 주목했다. 미국 최대규모의 해상 풍력 발전소 사우스포크윈드(South Fork Wind)가 2024년 3월 공식 운영을 시작했기 때문이다.

이 프로젝트는 덴마크 풍력 에너지 개발업체인 오스테드(Ørsted)와 미국 유틸리티 기업 에버소스(Eversource)가 공동으로 추진했다. 뉴욕 롱아일랜드 56킬로미터 해상에 설치된 해상 풍력 발전소는 12개의 터빈으로 구성돼 있으며 132메가바이트의 전력 생산이 가능하다. 7만 가구 이상에 전력 공급이 가능한 것으로 알려졌다.

2023년 해상 풍력 부문이 다소 혼란을 겪었지만 사우스포크윈드를 기점으로 파이프라인이 계속 늘고 있다. 2024년 1분기까지 관련 프로젝트 파이프라인은 5,444메가와트 증가했다. 총 2만 2,945메가와트에 이르렀다.

해상 풍력 프로젝트 파이프라인은 전년 대비 31퍼센트 증가했으며, 육상 풍력은 25퍼센트, 태양광은 16퍼센트, 배터리 저장 부문은 61퍼센트 증가하는 등 미국 내 신재생에너지 개발을 위한 각 분야의 성장세가 두드러지게 나타나고 있다.

태양광, 풍력이 주도하는 신재생에너지 분야

미국은 지난 10년간 재생에너지에 의한 전기 생산량이 강력한 성장세를 보여왔다. 미국 비영리단체 선데이캠페인(Sun Day Campaign)이 지난 10년간의 미 에너지정보청과 미 연방에너지규제위원회(FERC)의 데이터를 분석한 자료에 따르면 재생에너지는 미국 전기 생산량의 14.28퍼센트를 차지했다. 5년 후에는 이 수치가 20.11퍼센트로 증가했고, 2024년 현재 26.01퍼센트로 늘었다.

2024년 상반기에만 재생에너지는 54만 9,339기가와트시의 전기를 생산했으며, 이는 2019년 상반기(39만 9,586기가와트시)에 비해 40퍼센트 가까이 증가한 수치다. 또 2014년 상반기(28만 7,136기가와트시) 대비로는 거의 두 배에 해당한다.

이런 성장을 주도한 것은 풍력과 태양광이다. 10년 전만 해도 수력 발전은 풍력보다 62퍼센트 더 많은 설비 용량을 보유하고 있었다. 수력이 99.64기가와트, 풍력은 61.45기가와트였다. 전기 생산량도 수력이 14만 659기가와트시, 풍력 9만 9,739기가와트시로 40퍼센트나 많았다.

그러나 현재 풍력은 수력을 크게 앞서고 있다. 2024년 상반기 기준으로 풍력의 설비 용량은 152.64기가와트로 수력(100.88기가와트)을 능가했으며, 실제 전기 생산량도 풍력이 24만 7,435기가와트시로 수력의 12만 6,139기가와트시보다 훨씬 더 많았다. 2024년 중반 기준 풍력은 미국 전체 전기 생산의 11.72퍼센트를 차지하고 있다. 이는 5년 전과 비교해 7.77퍼센트, 10년 전 대비 4.96퍼센트 늘어난 수치다.

태양광 분야의 성장도 두드러졌다. 2014년 6월 말 기준 유틸리티 규모의 태양광 용량은 미국 전체 발전 용량의 0.75퍼센트에 불과했고, 발전량도 전체의 0.42퍼센트로 미미했다.

태양광 시설

출처: 셔터스톡

그러나 5년 후인 2019년 태양광의 용량은 39.13기가와트로 증가했고, 유틸리티 규모 발전소의 3.27퍼센트를 차지하는 수준으로 늘었다. 발전량 또한 네 배 이상 증가해 3만 6,042기가와트시, 1.81퍼센트를 차지할 정도로 늘어났다.

2024년 상반기까지 미국의 태양광 설치 용량은 유틸리티 규모 용량의 8.99퍼센트까지 증가했고, 태양광 발전량은 10만 2,614기가와트시 전체의 4.86퍼센트를 차지하고 있다. 이러한 성장은 미 연방에너지 규제위원회의 3년 전 예상을 뛰어넘은 것으로, 당시 태양광 용량이 105.04기가와트에 이를 것으로 예상했으나, 실제 용량은 11.2퍼센트 더 높게 나타났다. 또한 풍력 용량도 미 연방에너지규제위원회의 예상을 2.4퍼센트 초과한 수준으로 집계됐다. 일련의 성장은 재생에너지 분야에서 태양광과 풍력이 미국 전력망에서 점점 더 중요한 역할을 하고 있음을 보여준다. 반면 지난 10년 동안 수력 발전, 바이오매스 에너지,

그리고 지열 에너지는 재생에너지 분야에서 상대적으로 변화의 폭이 크지 않았다.

수력 발전은 2014년 중반 99.64기가와트에서 2024년 현재 100.88 기가와트로 거의 변화가 없었다. 이는 미국 전체 에너지원의 설치 용량이 8퍼센트 이상 증가한 것과 비교했을 때 상당히 더딘 성장이라고 에너지 전문 매체 〈엘렉트릭〉은 지적했다.

수력 발전의 용량 점유율은 2014년 8.57퍼센트에서 2024년 7.77퍼센트로 감소했고, 발전량 또한 2014년 상반기 14만 65기가와트시에서 2024년 상반기 12만 6,139기가와트시로 줄어들었다. 바이오매스 에너지는 점유율과 발전량 모두 감소세를 보였다. 2014년 16.05기가와트였던 설치 용량은 2024년 중반 14.54기가와트로 감소했다. 전기 생산량은 2014년 3만 95기가와트시에서 2024년 2만 3,062기가와트시로 줄었다. 지열 에너지 성장세 역시 미미했다. 2014년 3.87기가와트였던 설

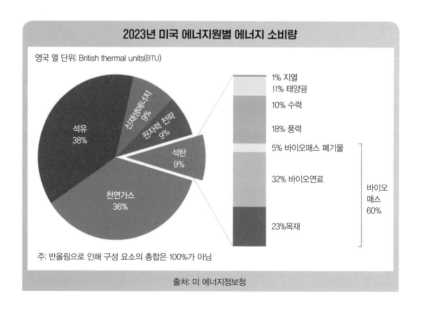

2023년 미국 에너지원별 에너지 소비량

영국 열 단위: British thermal units(BTU)

석유 38%

신재생에너지 9%

원자력 전략 9%

천연가스 36%

석탄 9%

1% 지열
11% 태양광
10% 수력
18% 풍력
5% 바이오매스 폐기물
32% 바이오연료
23% 목재

바이오 매스 60%

주: 반올림으로 인해 구성 요소의 총합은 100%가 아님

출처: 미 에너지정보청

치 용량은 2024년 4.14기가와트로 증가했으나 발전량은 오히려 7,640 기가와트시를 기록, 소폭 감소했다.

선데이캠페인의 켄 보송 전무이사는 〈엘렉트릭〉과의 인터뷰에서 "이 추세가 계속된다면, 재생에너지원은 2035년까지 미국 전체 발전량의 40퍼센트 이상을 차지할 수 있을 것"이라고 전망했다. 풍력과 태양광의 빠른 성장은 재생에너지가 미국 에너지 믹스에서 중요한 역할을 맡게 되는 데 크게 기여하고 있다.[29]

원자력 분야에서 에너지 확보 경쟁 나선 빅테크 기업

항구적 에너지 부족 사태에 있어서 빅테크 기업들의 움직임에 주목해야 할 필요도 있다. 생성형 AI 분야에서 생존 경쟁을 펴고 있는 빅테크 기업들은 이제 에너지 분야에서도 경쟁하고 있다. 데이터센터와 같은 AI 전력 수요 급증에 대비하기 위해 원자력 발전소에서 직접 전력을 구매하고 있다.

아마존이 대표적인 사례다. 아마존웹서비스는 미국 최대의 원자력 발전소 소유주인 콘스텔레이션에너지(CEG)와 동부 해안의 원자력 발전소에서 직접 전력을 공급받기 위한 계약 체결에 나섰다. 또 2024년 3월에는 펜실베이니아에 있는 원자력 발전으로 구동되는 데이터센터를 6억 5,000만 달러에 구매한 바 있다. 이 데이터센터는 최대 960메가와트의 전력을 공급받게 된다. 이는 수십만 가구에 전력을 공급할 수 있는 양이다.

원자력 발전은 지난 20년간 과잉 공급에 따른 어려움을 겪었다. 풍

---

29 출처: 〈엘렉트릭〉, 유틸리티다이브, 블룸버그NEF

력, 태양광, 천연가스와의 경쟁에서도 뒤처졌지만 생성형 AI 열풍이 원자력 발전을 다시 주목하게 만든 기폭제가 됐다. 무탄소 전원인 원자력 에너지를 공급해 데이터센터를 구동하면서도 기후변화에 대한 약속을 이행할 수 있다는 장점 때문에 기술 기업들의 관심이 끊임없이 이어지고 있다.

마이크로소프트는 아예 SMR(소형모듈원자로)* 개발에 나섰다. 마이크로소프트의 창업자 빌 게이츠는 2024년 6월 그가 설립한 에너지 스타트업 테라파워를 통해 미국 와이오밍주에서 미국 내 첫 차세대 SMR 건설에 착수했다. 이미 10억 달러를 투자했고 향후 수십억 달러를 더 투자할 계획이라고 밝혔다.

> SMR: 기존 원전보다 작은 크기의 원자로로, 더 안전하고 효율적인 에너지원으로 주목받고 있다. 특히 빅테크 기업들이 데이터센터에 전력을 공급하기 위해 SMR에 투자하고 있다.

SMR은 기존 원전에서 발전 용량과 크기를 줄인 소형 원전이다. 물 대신 액체 나트륨을 냉각제로 사용하고, 고속로로 발전력을 높이는 동시에 폐기물이 적고 안정적이라고 주장한다. 오는 2030년부터 본격적으로 전력 생산에 나서게 되는 이 원전은 354메가와트의 전력 생산을 목표로 하고 있다.

변수는 있으나 거스를 수 없는 대세

글로벌 전력 수요는 계속 늘어날 전망이다. IEA가 2024년 7월 발표한 전 세계 전기 수요는 2023년 2.5퍼센트에서 2024년 약 4퍼센트 증가할 것으로 예상된다. 특히 글로벌 전기 소비의 급격한 증가 주체는 2025년에도 지속되면서 4퍼센트가량 늘어날 것으로 IEA는 예상했다.

기후변화와 기존 전력망으로는 늘어나는 수요에 대응하기 어렵다. 결과적으로 신재생 전력원도 2024~2025년 사이 빠르게 확대될 것으로 예상된다. 신재생에너지가 글로벌 전기 공급에서 차지하는 비중은 2023년 30퍼센트에서, 오는 2025년 35퍼센트까지 늘어날 전망이다.

전 세계 재생가능에너지에서 생성되는 전기량은 2025년 처음으로 석탄에서 생성되는 전기량을 넘어설 전망이다. 태양광 발전만으로도 2024년과 2025년 글로벌 전기 수요 증가의 약 절반을 충족할 것이라는 예상도 나온다. 태양광과 풍력을 합친 전력은 전기 수요 증가의 최대 4분의 3을 충족할 수 있을 것으로 예상된다.

신재생에너지 개발 과정에서 정치·사회적 변수는 피할 수 없는 도전이다. 업계 전문가들은 신재생에너지 개발에 있어 중요한 요소로 두 가지를 꼽는다. 하나는 커뮤니티와의 관계성이고 다른 하나는 정부 차원의 지원이다. 수소와 원자력 같은 에너지원을 활용한 전력 생산, 공급, 운반을 위해서는 대규모 인프라를 조성해야 한다. 이때 해당 커뮤니티의 반대에 부딪힐 수 있다. 업계 전문가로 꼽히는 박형건 캡처6 부사장은 "미국의 신재생에너지 인프라 구축에 있어서 '님비(NIMBY)'*가 가장 큰 걸림돌"이라며 "주민 수용성이 문제가 되고 있다. (한국도 마찬가지이지만) 미국이 더 민감하다"라고 분석했다. 또 다른 전문가 중 한 명인 김태욱 스탠퍼드대학교 선임 과학자 역시 "전기를 운반하기 위해서는 변전소가 필요하며, 수소 에너지는 위험하다는 인식 때문에 주민들이 반대하는 경향이 있다. 커뮤니티를 설득하는 것이 중요하다"라고 말했다. 지역 사회 반대와 같은 사회적 저항이 대규모 인프라 구축에 큰 걸림돌이 될 수 있다는 지적이다.

> **님비:** '내 뒷마당에는 안 돼(Not In My Backyard)'의 줄임말로, 신재생에너지 인프라 구축을 반대하는 지역 사회의 입장을 뜻한다. 이는 재생에너지 확대 과정에서 큰 도전 과제가 되고 있다.

미국은 자국 우선주의를 내세우면서도 당의 기조에 따라 전혀 다른 정책을 시행할 것이다. 이러한 흐름 속에서 우리 기업들은 미국을 비롯한 글로벌 시장에서 신재생에너지 개발에 대한 관심과 투자를 늦춰서는 안 된다. 또한 정치적 상황에 흔들리지 않는 장기적인 전략을 세워야 할 것이다. IRA와 함께 미국에 진출한 우리 기업에도 신재생에너지 개발은 미래의 전력 수요를 충족시키는 데 있어 중요한 해법이 될 것이다.

2025년 에너지 산업
5대 예측

1. **생성형 AI의 에너지 수요 증가:** 생성형 AI 기술의 급격한 발전은 데이터센터의 에너지 소비를 크게 증가시킬 것이다. 특히 대규모 머신러닝 모델의 학습과 처리에는 막대한 전력이 소모될 것이며, AI 관련 전력 수요가 기존 예측을 뛰어넘는 수준으로 급증할 전망이다.

2. **전력 공급과 에너지 인프라 부족:** AI 기술의 발전과 더불어 전력 수요가 급격히 증가하면서 기존 전력망의 한계가 드러날 것이다. 전력 인프라의 확장이 시급하며, 이를 충족하지 못하면 에너지 공급 부족 문제가 심화할 수 것으로 보인다.

3. **재생에너지 투자 확대:** 에너지 수급 문제를 해결하기 위해 태양광, 풍력 등 재생에너지의 투자가 지속해서 증가할 것이다. 2025년까지 신재생에너지가 전 세계 전력 생산의 중요한 비중을 차지하게 될 전망이다.

4. **AI와 신재생에너지의 통합:** AI는 신재생에너지 분야에서도 중요한 역할을 할 것이다. 특히 에너지 효율 극대화와 에너지 소비 최적화에 AI 기술이 적용돼 에너지 전환 속도를 가속할 것으로 보인다.

5. **정치·사회적 변수의 영향:** 에너지 인프라 개발 과정에서 정치·사회적 저항이 커질 수 있다. 주민 반발이나 정치적 이슈로 인해 신재생에너지 프로젝트가 지연되거나 좌초될 가능성도 존재하며, 정부 차원의 지원과 사회적 합의가 중요한 변수가 될 것이다.

2장

캐즘을 넘는
베터 배터리

글로벌 전기차 시장 '캐즘', 보릿고개 넘는 배터리 산업

2024년 글로벌 전기차(EV) 시장을 관통하는 주요 키워드는 '캐즘 (Chasm)'이다. 캐즘이란 기술적 혁신 제품이 초기 시장에서 대중적 수용을 넘어가는 과도기적 단계에서 수요가 일시적으로 정체되거나 단절되는 현상을 의미한다. 이는 2024년 전기차 시장에서 나타난 주요한 현상으로, 전기차와 배터리 산업에 직격탄을 기했다.

수요 둔화로 인해 전기차 제조사들은 수익성에 큰 타격을 입었다. 이를 가장 잘 보여주는 사례는 미국 전기차 제조업체 테슬라의 2024년 2분기 실적이다. 테슬라의 2분기 영업이익은 2023년 같은 기간에 비해 33퍼센트나 급감했으며, 가격 인하 전략으로 인해 수익성이 큰 폭으로 떨어졌다. 전 세계적인 경기 불안정성과 금리 인상, 그리고 소비자 심리 악화 등이 수요 감소의 주요 원인으로 지적되고 있다.

특히 미국 시장에서는 테슬라와 제너럴모터스, 포드와 같은 주요 제조사들이 여전히 EV 판매를 이어가고 있으나, 전반적인 글로벌 경기 불확실성과 함께 EV 시장에 부정적인 영향을 미치는 캐즘 현상이 더욱 뚜렷하게 나타나고 있다. 이러한 캐즘은 배터리 업계에도 영향을 미쳤다. 2024년 상반기 한국의 배터리 3사(LG에너지솔루션, 삼성SDI, SK온)는 전년 대비 영업이익이 92.4퍼센트 급감했으며, 매출도 29퍼센트 가까이 감소했다. 미국에 대규모 투자를 단행한 한국 배터리 기업들은 신규 프로젝트를 중단하고, 생산 인력을 감원하는 등 현지에서 속도 조절을 하고 있다. 이와 같은 어려움에도 불구하고, 완성차 업계는 EV 전환을 멈추지 않고 있다. 수요가 단기적으로 둔화되더라도 장기적으로는 회복될 것이라는 전망에 따라, 전략적 투자를 지속하고 있다.

현대자동차는 향후 10년간 120조 원 이상을 투자해 EV 전환을 가속할 계획을 발표했다. '현대 웨이(Hyundai Way)'로 불리는 이 전략을 통해 현대차는 기존 일곱 개 차종에서 열네 개 차종으로 하이브리드 시스템을 확대 적용하기로 했다. 또 엔진이 전기를 생산, 배터리 충전을 지원하는 'EREV(Extended Range Electrified Vehicle)'을 도입해 완충 시 900킬로미터를 주행할 수 있는 차량을 선보이겠다는 계획도 밝혔다.

완성차 업계는 전동화 속도를 조절하면서도 100퍼센트 전동화를 목표로 주도권을 놓치지 않기 위해 치열한 경쟁을 벌이고 있다. 이 과정에서 가장 중요한 요소는 배터리 기술이다. 주행 거리 확대, 충전 시간 단축, 저렴한 배터리 가격 등은 전기차 시장의 캐즘을 넘어설 수 있는 필수 조건이다. 이러한 이유로 완성차 업계는 '베터(Better) 배터리'를 향한 혁신적인 시도를 지속하고 있다.

속도는 느려졌으나 EV 판매는 현재 진행형

'캐즘'이라는 단어에 속고 있는 것은 아닐까?

전기차 시장을 바라보는 업계의 일부 시선이다. 전동화 열풍으로 최근 몇 년 동안 EV 시장점유율은 급격한 성장세를 보였다. 특히 2020~2021년 EV 시장점유율은 거의 두 배로 증가했다.

〈엘렉트릭〉의 2024년 10월 조사에 따르면 미국과 EU, 그리고 중국의 EV 연평균 성장률(CAGR)은 10퍼센트 미만이었다. 그러나 EV 보급률이 낮았던 다른 국가에서는 40퍼센트 이상 성장률을 보였다. 실제로, 블룸버그 그린과 콕스 오토모티브의 조사에 따르면, 테슬라, 제너럴 모터스, 폭스바겐 등 일부 브랜드를 제외한 완성차 제조사들은 올 1분기 미국 내 전기차 판매에서 2023년보다 두 자릿수 이상의 성장을 보였다.

제조사별로 포드는 2만 대 이상을 판매하며 전년 대비 86퍼센트 판매가 늘었고, 도요타, 메르세데스-벤츠, 리비안, BMW, 현대기아차 등도 50~80퍼센트 이상의 성장률을 기록했다. 특히 현대기아차는 1분기에만 2만 2,936대를 판매하며, 테슬라에 이어 미국에서 두 번째로 전기차를 많이 판매한 브랜드로 자리매김했다.

〈엘렉트릭〉은 "어느 산업이든 성장 과정에서 일시적인 둔화가 발생하기 마련"이라며, 현 전기차 시장의 캐즘이 과도하게 부각됐다고 주장했다. 테슬라의 판매 둔화는 경쟁 심화가 주요 원인이며, 일부 제조사들은 수익성이 높은 하이브리드 모델로 고객을 유도하려 한다고 덧붙였다. 이와 같은 캐즘은 너무나도 자연스러운 현상이라는 해석이다.

주요 완성차 제조사들의 2024년 1분기 미국 내 전기차 판매 현황

미국 대다수의 전기차 제조사들 판매 급증
2023년과 비교해 판매 13% 증가한 테슬라는 제외

회사	2024년 1분기	2023년 1분기	증감	% 변화
포드	20,223	10,866	9,357	+86.1% ▲
도요타	3,500	1,883	1,617	+85.9 ▲
메르세데스 벤츠	12,250	7,341	4,909	+66.9 ▲
리비안	13,588	8,558	5,030	+58.8 ▲
BMW	11,455	7,260	4,195	+57.8 ▲
현대기아차	22,936	14,691	8,245	+56.1 ▲
닛산	5,284	5,214	70	+1.3 ▲
폭스바겐	13,806	15,723	-1,917	-12.2 ▼
테슬라	140,187	161,630	-21,443	-13.3 ▼
제너럴모터스	16,425	20,670	-4,245	-20.5 ▼

주: 기업 판매 수치는 산하 브랜드 포함

출처: 블룸버그그린, 콕스오토모티브

2024년 7월의 글로벌 EV 판매량이 20퍼센트 이상 증가한 점도 이를 뒷받침한다. 마켓 리서치 회사 로 모션(Rho Motion)에 따르면, 7월의 글로벌 EV 판매량은 전년 대비 21퍼센트 증가했다. 중국이 이 성장을 주도했으며, 7월 판매된 배터리 전기차(BEV)와 플러그인 하이브리드(PHEV) 차량의 총 판매량은 135만 대로, 그중 88만 대가 중국에서 판매됐다. 이는 전년 대비 31퍼센트 증가한 수치다. 또한, 2024년 상반기 중국에서 판매된 플러그인 하이브리드 차량은 작년 대비 70퍼센트 증가했다고 로이터통신은 보도했다.

세계 최대 EV 제조업체인 비야디(BYD)는 같은 기간 전기차와 플러그인 하이브리드 차량 판매가 각각 13퍼센트와 44퍼센트 증가했다고 발표했다. 비야디가 보유한 차종의 다양성이 이러한 판매 성장을 견인한 주요 요인이라는 분석이다. 북미 지역에서도 같은 기간 동안 EV 판

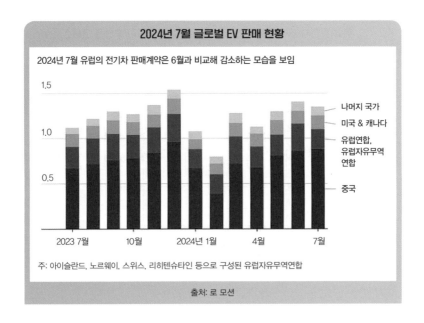

2024년 7월 글로벌 EV 판매 현황

2024년 7월 유럽의 전기차 판매계약은 6월과 비교해 감소하는 모습을 보임

주: 아이슬란드, 노르웨이, 스위스, 리히텐슈타인 등으로 구성된 유럽자유무역연합

출처: 로 모션

매는 7.1퍼센트 증가했다. 반면 유럽에서는 7.8퍼센트 감소하는 추세를 보였다.

2024년 늘어난 배터리 사용량

전기차 시장이 여전히 성장하고 있다는 지표는 또 있다. 바로 배터리 사용량이다. 2024년 1~7월 글로벌 EV 배터리 시장이 2023년과 비교해 두 자릿수 성장률을 보였다. 2024년 9월 에너지 시장 조사업체 SNE 리서치가 내놓은 글로벌 EV 배터리 사용량을 보면 전 세계에 등록된 전기차(EV, PHEV, HEV) 탑재 배터리 사용량은 총 434.4기가와트시를 기록했다. 이는 전년 동기 대비 22.4퍼센트 늘어난 수치다.

이 중 LG에너지솔루션, 삼성SDI, 그리고 SK온 등 한국계 3사 역시 성장세를 보였다. 기업별로 LG에너지솔루션은 전년 동기 대비 5.2퍼센트(53.9기가와트시) 성장하며 CATL(29.9퍼센트), 비야디(23.4퍼센트) 등 중국 기업에 이어 3위를 유지했다. SK온은 4.5퍼센트(20.5기가와트시)의 성장률을 기록해 4위에 올랐고 삼성SDI는 국내 배터리 3사 중 가장 높은 13.2퍼센트(18.8기가와트시)의 성장률을 기록했다.

이런 성장세에도 K배터리 3사의 우려는 점유율 하락에서 기인한다. 한국 배터리 3사의 글로벌 전기차용 배터리 사용량 시장점유율은 전년 동기 대비 3.1퍼센트포인트 하락한 21.5퍼센트를 기록했다. EV 배터리 시장에서 중국의 비중이 점차 확대되고 있다는 의미다. 전기차 수요 둔화와 재고 과잉으로 3사의 평균 가동률이 50퍼센트까지 하락했다고 SNE리서치는 분석했다.

2024년 2분기 EV 배터리 판매 실적만 봐도 중국 업체들의 기세를 확인할 수 있다. SNE가 조사한 2분기 글로벌 EV용 배터리 업체별 판매 실적을 보면 중국의 CATL은 매출액 기준 시장점유율(M/S)에서 31.6퍼센트를 차지하며 선두를 유지했다. LG에너지솔루션은 14.7퍼센트로 2위, SDI가 7.1퍼센트로 4위, SK온이 4.3퍼센트로 5위를 기록하며 3사모두 탑 5에 안착했다. 3위는 점유율 11.9퍼센트를 기록한 비야디였다.

주목할만한 움직임을 보인 기업은 파나소닉이었다. 파나소닉은 같은 조사에서 매출액 기준으로 3.1퍼센트의 점유율로 7위를 기록했다. 테슬라의 원통형 배터리 셀 판매에 주력한 결과였다.

2024년 2분기 글로벌 EV용 배터리 업체별 판매 실적

배터리 공급사	매출액			출하량		
	순위	밀리언달러	시장점유율(%)	순위	기가와트시	시장점유율(%)
CARK	1	8,300	31.6	1	83.0	35.9
LG에너지솔루션	2	3,870	14.7	3	28.0	12.1
비야디	3	3,130	11.9	2	38.0	16.5
삼성SDI	4	2,860	7.1	5	10.0	4.3
SK온	5	1,120	4.3	8	8.0	3.5
CALB	6	890	3.4	4	12.0	5.2
파나소닉	7	820	3.1	6	9.7	4.2
구오쉬안	8	800	3.0	7	9.5	4.1
후이저우EVE	9	640	2.4	9	7.0	3.0
에스볼트에너지	10	530	2.0	11	3.7	1.6
신왕다	11	500	1.9	10	5.0	2.2
PPES	12	490	1.9	13	2.5	1.1
파라시스	13	429	1.6	12	3.2	1.4
AESC	14	270	1.0	14	1.7	0.7
기타		2,647	10.1		9.8	4.2
시장규모(Pack 기준)		26,296	100.0		231.0	100.0
Top 10 비중						

출처: SNE리서치

2025년 EV 배터리 시장 예측의 세 가지 시그널

전기차 시장과 EV 배터리 산업은 어떤 방향으로 흘러갈까. 캐즘은 언제쯤 끝날까? 이 질문에 대한 답을 하기는 쉽지 않다. 그러나 미국의 대통령 선거라는 이슈와 미 중앙은행인 연방준비제도의 기준금리 인하 등 거시적인 환경, 그리고 전기차 가격을 낮추는 핵심인 배터리 기술 발전 등은 업계에 모멘텀을 가져다줄 것으로 예상된다.

원자재 가격 하락

전기차 시장에 모멘텀을 가져올 첫 번째 시그널은 원자재 가격 하락이다. 특히 전기차 배터리의 핵심 광물인 리튬 가격이 하락세를 이어가고 있다는 점에 주목할 필요가 있다.

한국자원정보서비스(KOMIS)에 따르면, 2024년 9월 11일 중국 상하이 금속거래소에서 탄산리튬 가격은 킬로그램당 69.5위안을 기록했다. 이는 2023년 9월 8일 186.5위안 대비 62.7퍼센트 하락한 수치다.

리튬 가격은 앞으로 더 떨어질 가능성이 있다. 골드만삭스는 2025년 리튬 가격이 현재보다 18퍼센트 추가 하락할 것으로 전망했다. 골드만삭스는 2024년 9월 11일 "중국의 배터리 제조업체 CATL이 리튬 생산을 줄이겠다고 발표한 것이 공급 과잉 우려를 일시적으로 완화할 수 있다"라면서도 "글로벌 탄산리튬 시장에서 2024년 공급 잉여는 26퍼센트, 2025년에는 57퍼센트에 이를 것"이라고 분석했다. 감산에도 불구하고 리튬 공급 과잉이 지속될 가능성이 커 추가적인 가격 하락이 예상된다.

UBS 또한 2024년 8월 보고서에서 "수요 증가 둔화, 공급 과잉, 현재 시장 가격을 반영한 결과, 2025년부터 2027년까지 리튬 화학과 원료 가격이 23퍼센트 하락할 수 있다"라고 전망했다. 리튬 가격의 변동은 배터리 업계에 민감한 사안이다. 리튬 가격 상승은 배터리 가격 인상으로 이어져 기업 실적에 영향을 미치며, 전기차 가격 인하도 어렵게 만든다. 따라서 리튬 가격이 하락해야 전기차 시장의 '캐즘'을 극복할 수 있다는 역설이 존재한다.

니켈, 코발트 등 다른 원자재 가격도 하락세를 보이며, 전기차 가격 인하를 촉진할 수 있는 환경이 형성되고 있다. 만약 전기차 가격 하락이 미국 금리 인하와 맞물리면, 소비 심리가 회복되고 '캐즘'이 완화될 수 있다는 기대감이 나오고 있다. 이는 2025년 전기차 시장에 긍정적인 모멘텀을 제공할 수 있는 요인이다. 원자재 과잉 우려 속에서도 신생 광산 기업들은 새로운 개발처를 찾아 활발히 활동 중이다. 그들의 시선이 향한 곳은 바로 지구의 심해 바다이다.

미국, 중국, 인도, 일본, 노르웨이를 포함한 여러 국가의 광산 기업들은 태평양과 인도양 바다에서 새로운 광산 채굴 기지를 개척하기 위해 치열한 경쟁을 벌이고 있다. 특히 하와이와 멕시코 사이의 230만 제곱마일에 이르는 태평양 해저 지역이 주요 활동 무대로 떠오르고 있다. 이 지역은 코발트, 구리, 망간, 니켈 등의 광물 자원이 풍부한 것으로 알려져 있으며, 전문가들은 이곳이 지구상에서 가장 거대한 금속 저장고 중 하나일 것으로 전망하고 있다.

2024년 9월 디인포메이션(The Information)은 "심해 채굴이 실제로 이루어진다면 기존의 육지 광산 산업에 커다란 변화를 가져올 수 있다"라고 전했다. 이는 단순히 자원 개발 차원의 변화가 아닌, EV와 배터리 산업 전반의 경제 구조에 근본적인 변화를 가져올 수 있다는 분석이다. 태평양 심해저에 있는 클라리온-클리퍼튼 존(Clarion-Clipperton Zone, CCZ)은 니켈, 코발트, 망간 등이 다량 함유된 다금속 결절이 넓게 퍼져 있는 곳으로, 경제적 효율성 측면에서 육지 광산보다 더 경쟁력 있는 자원으로 평가된다. 이곳의 자원은 육지의 두 배에 달하는 니켈, 세 배 이상의 코발트, 그리고 20퍼센트 더 많은 망간을 포함하는 것으로 업계는 추정한다. 심해 채굴에 뛰어든 스타트업들은 이러한 잠재력에 주목하고 있다. 육지 광산업체들이 금속을 추출하기 위해 막대한 양의 흙을 처리해야 하지만, 심해 결절 채굴업체들은 무인 채굴 차량을 2.5마일 아래의 심해로 내려보내 다수의 금속이 포함된 암석을 수집하는 방식을 채택하고 있다. 이 방식은 효율적인 금속 추출을 가능하게 해줄 뿐만 아니라, 원자재 공급량 증가에 따라 금속 가격 하락을 유도할 수 있다. 이는 궁극적으로 EV 가격 인하로 이어질 가능성이 크다.

그러나 심해 채굴에 대한 도전 과제도 존재한다. 해저 채굴 차량과 이를 지탱하는 선박 운영에 막대한 비용이 들기 때문이다. 그런데도 캐나다의 광산 회사인 더메탈스(The Metals Co.)는 이 분야의 선두주자로 떠오르고 있으며, 2026년 1분기에는 심해 채굴이 가능할 것이라고 예상한다. 더메탈스 CEO 제라드 배런은 심해 채굴을 통해 클라리온-클리퍼튼 존의 다금속 결절을 대량으로 채굴하게 되면, 약 2억 8,000만 대의 EV 생산에 필요한 금속을 확보할 수 있다고 주장한다.

또 다른 유망한 스타트업인 임파서블메탈(Impossible Metals) 역시 심해 채굴 경쟁에 뛰어들었다. 이 회사의 CEO 올리버 구나세카라는 "심해 채굴의 비교적 낮은 비용 덕분에, 가격이 하락하더라도 여전히 수익을 낼 수 있다"라고 설명했다. 이처럼 심해 채굴은 경제적 효율성 면에서 기존 육지 광산업을 능가할 가능성이 있지만, 환경적 문제와 규제 장벽 또한 넘어서야 할 과제다. 국제해저기구(ISA)가 국제 수역 내 해저 채굴을 규제할 규정을 검토 중이며, 이 규정이 승인되기까지는 최소 2년이 소요될 것으로 예상된다.

결론적으로, 전기차 배터리 시장은 2024년 큰 전환점에 서 있다. 급격한 수요 감소와 원자재 가격 하락 속에서 새로운 자원 개발의 필요성이 대두되고 있다. 심해 채굴과 같은 원자재 채굴 방식 전환에 대한 노력이 계속 이뤄지고 있는 이유다.[30]

---

30 출처: 씨티, 골드만삭스, UBS

연준의 기준금리 인하 기조

미 연준의 금리 인하는 전기차 시장의 캐즘 흐름에 변화를 줄 수 있는 중요한 요인으로 떠오르고 있다. 2024년 9월 발표된 미국의 8월 소비자 물가는 2021년 초 이후 최저 수준인 2.5퍼센트까지 떨어졌으며, 이는 연준의 인플레이션 목표치인 2퍼센트에 근접한 수치다.

금리 인하는 소비자의 부담을 줄일 수 있기 때문에 자동차 업계는 이를 호재로 받아들이고 있다. 현대자동차의 장재훈 사장은 2024년 8월 말 '2024 CEO인베스터데이'에서 "이자율이 하향 조정되면 리스 등 금융 부문에서 소비자의 부담이 줄어들 수 있다"라고 말했다. 하지만 '전기차 캐즘'의 끝을 논하기에는 아직 이른 시점이라는 것이 업계의 공통된 견해다. 그런데도 전기차는 궁극적으로 가야 할 길이라는 인식이 널리 퍼져 있다. 비록 캐즘의 끝은 아니더라도, 재선에 성공한 트럼프 대통령 이슈와 금리 인하 논의는 시장에 변화를 가져다줄 중요한 모멘텀이 될 수 있다.

진화하는 배터리 기술

전기차, EV 배터리 산업의 '캐즘'을 지나려면 기술이 뒷받침돼야 한다. 소비자들이 EV를 외면하는 이유와 배경엔 '가격'과 '안전'에 대한 우려가 있다. 두 가지 우려를 극복하는 방안은 결국 기술에 있다. 그중에서도 배터리는 전기차 가격에서 가장 큰 비중을 차지한다. 이 때문에 배터리 기술은 가격을 낮추면서도 에너지 밀도와 안정성을 높이는 방향으로 진화하고 있다.

리튬인산철 배터리 채택 늘어난다

캐즘에 대한 우려가 커질수록 전기차 업계는 'LFP(리튬인산철)' 배터리를 도입할 가능성이 크다. 현 배터리 기술을 놓고 볼 때 비용적으로나 안정성 측면에서 LFP 배터리의 장점이 두드러진다. 2025년 LFP 배터리에 주목해야 하는 이유다.

LFP 배터리는 리튬 인산철을 사용한 양극재가 들어간 배터리다. 삼원계(NCM) 배터리와 비교해 가격이 저렴하고 안정성이 높은 것이 장점이다. 상대적으로 수명도 길다. 반면 단점도 명확하다. 에너지 밀도가 낮고 순간 출력이 약하다는 점이다.

완성차 업계도 이런 장점에 주목하고 있고, 이를 도입하려는 움직임이 확대될 전망이다. 2024년 9월 업계에 따르면 미국 자동차 제조사인 제너럴모터스가 LFP 배터리 구매를 추진 중이다.

제너럴모터스는 일본 전자업체 TDK가 미국 남부에 건설할 계획인 배터리 공장에서 중국 배터리 기업인 CATL의 기술을 적용한 LFP 배터리를 구매하는 방안을 검토하고 있는 것으로 알려졌다. 제너럴모터스는 그간 LG에너지솔루션으로부터 NCM 배터리를 공급받고 있으며, 합작법인 '얼티엄셀즈'를 세우고 배터리 공급에 주력해왔다. 이런 제너럴모터스의 시도는 미국과 중국이 기술 패권 경쟁을 펼치고 있는 상황에서 캐즘을 넘기 위해 얼마나 다양한 시도를 하고 있는지를 보여주는 단적인 예다.

현재 중국은 세계 1위 배터리 기업인 CATL을 중심으로 베터리 공급망을 장악하고 있다. LFP 역시 중국이 막강한 영향력을 발휘하고 있다. 실제 미국과 유럽 완성차 업계와 배터리 기업들은 CATL 등으로부터 LFP 생산 노하우를 배우기 위해 노력하고 있다. 그러나 중국 당국이

LFP 등 중국의 생산 노하우가 서방으로 유출되지 않게 하도록 기업들을 단속하고 있다는 사실이 블룸버그통신을 통해 보도된 바 있다.

실제 LFP를 도입하는 완성차 업체들은 늘고 있다. 테슬라를 시작으로 포드, 폭스바겐, BMW 등 완성차 업계가 속속 LFP 배터리를 자사 EV에 탑재하고 있다. 테슬라는 모든 차종의 저가 모델에 LFP를 탑재하기로 했고, 포드는 2024년 마하E, 2025년부터 F150에 도입할 예정이다. 스텔란티스와 폭스바겐, 메르세데스-벤츠, 그리고 BMW 등도 저가 차종을 중심으로 LFP 도입을 예고한 바 있다.

K배터리 3사도 LFP배터리 양산 준비에 나섰다. LG에너지솔루션은 이미 2023년부터 LFP 배터리 도입에 나선 후 2024년 7월 르노 전기차 부문 '암페어'와 LFP배터리 공급계약을 체결했다. LG에너지솔루션의 LFP 배터리는 파우치 형태로 폴란드 공장에서 생산할 예정이다. 오는 2025년부터 5년간 39기기와트시 규모의 LFP 배터리를 공급한다. 또 미국 애리조나 공장이 완공되는 오는 2026년부터 LFP 배터리를 생산하겠다는 계획을 발표한 바 있다.

SK온 역시 2024년 3월 LFP 개발을 마무리했다고 밝히면서 시장 진출을 공언한 바 있다. SK온은 오는 2026년부터 LFP 양산을 목표로 하고 있다. SK온이 개발 중인 LFP는 저온 상태에서 주행 거리를 늘린 것이 특징이다. SK온 측은 하이니켈 배터리를 통해 축적한 소재 및 전극 기술을 LFP 배터리에 적용했다고 밝혔다.

삼성SDI도 전기차용 LFP 배터리 전략을 확대하고 있다. 삼성SDI의 LFP 배터리는 LFP클러스라는 이름으로 개발되고 있다. 플러스(+)는 기존 LFP에 망간 등 새로운 소재가 추가될 수 있다는 의미가 담겨있다. 기존의 단점인 에너지 밀도가 낮아 주행 거리가 짧아질 수 있다는 단점을 보완하기 위한 것이다.

업계에서는 LFP의 글로벌 시장 확대에 K배터리 3사가 적극적으로 대응하고 있다고 분석했다. 다만 중국 기업들과 경쟁하기에는 기술력이나 내수 시장이나 원자재 등 인프라 측면에서 LFP로 경쟁력을 확보할 수 있을지는 미지수라는 의견도 나온다. 이 때문에 SK온의 저온 상태 주행 거리 확대나 에너지 밀도를 높이려는 삼성SDI의 LFP플러스와 같은 기술 업그레이드 전략이 시장에서 경쟁력을 가질 수 있을 것이란 분석이다.

원통형 배터리 수요 증가, K배터리 승부수 던질까

원통형 배터리는 안정성과 효율성이 높다는 장점이 있다. 특히 안정성 부문이 뛰어난 것으로 평가된다. 기존 제품과 비교해 열을 적게 쓰는 동시에 내부 공간이 넓어 가스나 열이 발생해도 폭발 위험이 적다는 것이다. 또 기술력에도 한국 기업들이 중국에 앞선다는 평이다.

원통형 배터리가 주목받는 이유는 최근 늘어나는 수요 때문이다. 테슬라는 가장 최근에 출시한 사이버 트럭 등에 4680 배터리*를 탑재했다. 테슬라가 설계한 4680 배터리는 차세대 원통형 NCA(니켈, 코발트, 알루미늄) 배터리로, 지름 46밀리미터, 길이 80밀리미터를 의미한다. 기존 배터리와 비교해 에너지 밀도와 출력을 높였다는 평가를 받는다.

4680 배터리: 테슬라가 개발한 대형 원통형 배터리 셀로, 높은 에너지 밀도와 효율성을 자랑한다. 충전 시간 단축, 주행 거리 향상 등 여러 장점을 갖추고 있어 전기차 업계의 주목을 받고 있다.

전기차 트럭과 SUV를 생산하는 미국 전기차 회사 리비안과 샤오미 등도 길이 95밀리미터의 원통형 배터리 셀을 탑재할 것으로 알려졌다. 이에 K배터리 기업들도 원통형 배터리 공급 확대를 추진 중이다. LG

에너지솔루션은 4680 배터리 생산 기술에 있어서 파나소닉과 함께 가장 앞선 기술을 보유하고 있다. 두 회사는 테슬라의 2170 배터리를 비롯한 기존 원통형 배터리를 사용할 때부터 제품을 공급해왔다. 이후 테슬라가 4680 배터리 상용화에 나서자 개발에 뛰어들었다. 늦어도 2024년 말부터 양산이 유력하다는 것이 업계의 전망이다.

삼성SDI는 원통형 46파이 배터리를 개발 중이다. 지름 46밀리미터를 유지하면서 완성차 니즈에 맞게 다양한 형태로 만들 수 있는 특징이 있는 것으로 알려졌다. 삼성은 기존 양산 목표인 2026년에서 2025년 양산을 목표로 앞당겼다. 이밖에 SK온 역시 46파이 태스크포스(TF)를 구성하고, 경쟁에 뛰어들 채비를 하고 있다.

그간 4680 배터리 양산이 더딘 이유도 기술력 때문이 아닌 수요 때문이었다. 테슬라 역시 전기차 캐즘의 영향으로 수요가 크지 않았던 것이다. 사이버 트럭과 새로운 모델 Y 등이 출시되면 관련 수요가 늘 것이라는 게 업계의 시각이다. 여기에 생산 방식도 '맞춤형'으로 제작해야 하는 각형이나 파우치형과 비교해 규격화돼 있어 수익성이 높다는 것도 장점으로 꼽힌다.

실제 SNE리서치 조사에 따르면 오는 2030년 글로벌 배터리 시장 구조에 변화가 예상된다. 각형 배터리가 차지하는 비중은 2021년 59퍼센트에서 2030년 44퍼센트로 줄어들 전망이다. 대신 파우치형과 원통형 배터리 비중은 각각 31퍼센트, 26퍼센트를 기록하면서 확대될 전망이다.

'가성비 갑' 나트륨이온 배터리

가격 경쟁력 면에서 LFP 배터리를 뛰어넘는 배터리가 있다. 나트륨이온 배터리(Sodium-ion Batteries, SIBs)*다. 중국에서 상용화에 나선 나트륨이온 배터리는 LFP보다 저렴한 가격으로 중저가 시장에 침투할 수 있다고 SNE리서치는 2024년 초 분석한 바 있다. 나트륨을 원재료로 사용한 이 배터리는 전기화학적 안정성이 높고, 저온에서도 성능 저하가 덜하다는 특징이 있다. 다만 에너지 밀도가 낮다는 것이 단점이다. 주로 소형 전기차나 이륜차, 에너지저장장치(ESS)* 등에서 상용화가 이뤄질 것으로 전망된다. 비야디 등 일부 중국 기업은 이미 30 기가와트시 규모의 공장을 착공한 바 있다.

나트륨이온 배터리의 가장 큰 장점은 가격 경쟁력에 있다. 나트륨은 풍부한 자원이면서 리튬보다 가격 변동성이 적다는 특징이 있다. 또 코발트나 희토류 등과 같이 인권 문제나 공급망 이슈에서 자유롭다. SNE리서치에 따르면

나트륨이온 배터리: 리튬 대신 나트륨을 사용하는 배터리로, 저렴한 가격과 넉넉한 공급량 덕분에 주목받고 있다. 에너지 저장 시스템(ESS)이나 저가 전기차에 적합하며, 리튬 자원의 제한성을 극복할 대**안으로 기대된다.**

에너지저장장치: 에너지를 저장했다가 필요할 때 사용하는 시스템으로, 주로 재생 가능 에너지와 함께 사용된다. 나트륨이온 배터리와 같은 대체 배터리 기술이 ESS에 적용될 가능성이 크다.

CATL의 나트륨이온 배터리

출처: CATL

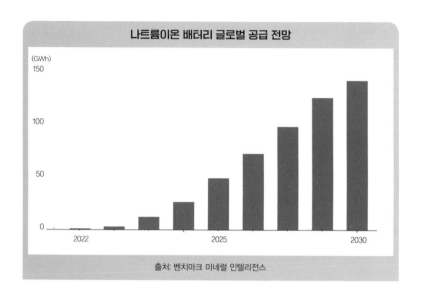

나트륨이온 배터리 글로벌 공급 전망

(GWh)

출처: 벤치마크 미네럴 인텔리전스

나트륨이온 배터리와 리튬이온 배터리의 가격 차이는 오는 2035년에 최대 24퍼센트에 달할 것으로 전망된다. 원자재로 인한 가격 경쟁력이 높아지면서 수요가 최대 254.5기가와트시까지 늘어날 것이라는 전망이다. CATL이 예측한 나트륨이온 배터리 가격은 70~80달러/기가와트시 수준이다. 규모의 경제가 실현되면 향후 40달러/킬로와트시까지 하락할 수 있을 것으로 내다봤다.

현재 미국에서는 '나트론 에너지(Natron Energy)'가 EV용 배터리를 개발 중이다. 미시간에 첫 공장을 가동하고 있는 이 회사는 14억 달러를 투자해 노스캐롤라이나주에 공장을 건설할 계획이라고 2024년 8월 〈월스트리트저널〉은 보도했다.

전고체 배터리 상용화 시대 열릴까

잇따른 전기차 화재 사고로 인해 안전성 문제가 대두되고 있다. 그때마다 등장하는 이름이 바로 '전고체 배터리'다. 전고체 배터리는 2차 전지의 한 종류로 전지의 주요 구성 요소가 모두 고체로 이루어진 전지다. 2차 전지는 주로 양극, 음극, 전해질, 분리막으로 구성돼 있는데, 기존 리튬이온 배터리는 전해질이 액체로 돼 있다. 전고체 전지는 전해질이 고체로 돼 있다는 점에서 다르다.

전고체 전지가 주목받는 이유는 고체 전해질을 사용하기 때문에 안정성 문제에서 비교적 자유롭다는 평가를 받는다. 액체 전해질이 온도 변화로 인해 배터리 팽창이나 외부 충격 등으로 인한 폭발 위험성이 존재하지만 전고체 배터리는 그 자체로 분리막 역할을 하기 때문에 폭발 가능성을 크게 낮춘다는 장점이 있다. '꿈의 배터리'로도 불리는 이유다.

전고체 배터리*는 고체 전해질 종류에 따라 황화물계, 산화물계, 폴리머계로 구분되는데, 현재 기술적으로 가장 유망한 분야는 황화물계로 꼽힌다. 다른 고체 전해질에 비해 에너지 밀도가 높고, 대량 생산의 가능성이 크다는 특징이 있다. 전고체 배터리 시장 규모는 2020년 6,160만 달러에서 연평균 34.2퍼센트씩 성장해서 오는 2027년 4억 8,250만 달러의 시장으로 성장할 것이라는 예측도 있다.

> **전고체 배터리:** 전해질 대신 고체 전해질을 사용하는 배터리로, 안전성 면에서 뛰어나고 에너지 밀도가 높다. 현재 상용화 초기 단계에 있으며, 향후 고성능 전기차와 항공 분야에서의 적용이 기대된다.

K배터리 기업들은 오는 2027년을 전후로 제품 개발에 속도를 내고 있다. 가장 앞선 기술을 보유했다고 평가받는 삼성SDI는 2023년 파일럿 라인을 구축하고, 고객사에 샘플을 공급하고 있다. 하반기 중 시설 투자를 진행할 예정이다. 삼성SDI는 독자적인 무음극 기술과 에너지 밀도 900와트시/리터를 갖춘 전고체 배터리 기술력을 갖추고 있는 것

으로 알려졌다.

SK온도 전고체 배터리 양산을 위한 협업에 나섰다. SK온은 2021년 3,000만 달러를 투자해 미국 전고체 배터리 기업인 솔리드파워(Solid Power)와 전고체 배터리 공동 개발에 착수한 바 있다. 또 2024년 초에는 전고체 기술 이전 협약을 체결하기도 했다.

LG에너지솔루션은 나노 코팅 기술로 고용량 양극재를 활용한 전고체 배터리를 개발 중이다. 업계에 따르면 LG에너지솔루션은 소재 단계의 개발에 집중하면서 안전성을 높이는 방향으로 연구가 진행되고 있다. LG에너지솔루션은 또 다른 차세대 배터리로 꼽히는 리튬황 배터리 기술에서도 앞선다는 평가를 받는다. LG에너지솔루션은 10년간 연구 개발을 지속해왔다.

고밀도 배터리: 에너지 밀도가 높은 배터리로, 전기차의 주행 거리와 성능 향상에 필수적이다. 전고체 배터리나 4680 배터리와 같은 차세대 배터리 기술이 고밀도 배터리의 대표적인 예다.

리튬황 배터리는 황을 양극 소재로 활용한다. 가벼우면서도 용량이 크고 고밀도 배터리*를 구현할 수 있다. 코발트나 니켈 등에 비해 황의 가격이 저렴하다는 것도 가격 경쟁력 측면에서 장점이 있다. 이런 장점 때문에 미래항공모빌리티 등에 활용 가능성이 크다. 완성차 업계도 전고체 배터리 개발에 분주한 모습이다. 2024년 9월 메르세데스-벤츠는 미국 배터리 스타트업인 팩토리얼에너지와 공동으로 개발한 '솔스티스'를 공개했다. 에너지 밀도가 450와트시/킬로그램으로 리튬이온 배터리를 탑재한 전기차보다 주행 거리를 80퍼센트 늘릴 수 있다는 것이 벤츠 측 설명이다. 다만 업계에 따르면 전고체 배터리 대량 생산과 상용화까지는 갈 길이 멀다. 가격 경쟁력이 떨어지기 때문이다.

K배터리 업계의 한 관계자는 "대량 생산을 위한 설비 투자에 상당한

비용이 든다. 기술은 다 있지만 수익성이 나질 않는다"라면서 "전고체 배터리 기술은 계속 진화하겠지만, 당장 상용화는 어려워 보인다"라고 설명했다. 팩토리얼 에너지와 공동으로 전고체 배터리를 개발한 메르세데스-벤츠 측도 "솔스티스 대량 생산까지는 10년은 소요될 것"이라고 내다봤다.

2020~2021년 스팩상장 열풍의 중심이었던 미국 전고체 배터리 기업 퀀텀스케이프(QuantumScape)는 2025년쯤 차량에서 테스트할 수 있는 첫 번째 배터리를 출시할 예정이라고 밝혔다. 전고체 배터리가 상용화를 위한 유의미한 성과를 내기가 쉽지 않은 것을 알 수 있다. BMW는 역시 솔리드파워와 협력, 전고체 배터리를 개발 중이다. 그러나 회사 측은 "대규모 생산에 이르기까지는 아직 몇 년이 남아 있다"라고 〈월스트리트저널〉과의 인터뷰에서 밝혔다.

2025년의 아젠다는 '베터 배터리'

"캐즘이라는 말은 잘못된 말이다. 전기차, 배터리 산업의 J커브를 너무 속단했던 것이 문제였다. 배터리 업체는 10위권 밖으로는 다 사라질 것이다. 성장통이 당분간 이어질 것이다."

K배터리 업계의 한 관계자는 현 배터리 산업의 '캐즘'이라는 표현을 이렇게 분석했다. 어느 산업이든 성장통이 있고 성장세가 둔화되는 구간이 있기 마련인데, 유독 전동화 성장세를 바라보는 시장의 눈이 까다롭다는 것이다. 성장이 둔화하는 동안 EV, 배터리업계 기업과 스타트업들은 파산을 신청하거나 재정난으로 어려움을 겪고 있다. 경기둔화

또는 경기침체가 예상되는 2025년 업계는 생존을 위한 인수합병(M&A)이나 '합종연횡'할 가능성이 크다.

LG에너지솔루션과 제너럴모터스, 그리고 도요타 간의 협업이 대표적인 예다. 2024년 8월 업계에 따르면 LG에너지솔루션과 제너럴모터스가 합작한 얼티엄셀즈의 제3공장에서 도요타에 납품할 배터리를 생산할 계획을 세우고 있다. LG에너지솔루션은 당초 미국 미시간주에 도요타 전용 생산라인을 증설할 방침이었으나 수요량을 감안, 공사를 멈춘 상태다.

도요타로서는 잠재적인 EV 경쟁사인 제너럴모터스에 전기차 생산계획 등을 노출할 우려도 있다. 그런데도 안정적인 배터리 수급을 위한 파트너십을 이어가고 있는 것으로 풀이된다.

현대차와 제너럴모터스의 동맹도 흥미롭다. 양사는 2024년 9월 자동차와 연료, 소재 등 기술 협력을 위한 양해각서(MOU)를 체결했다. 미국 자동차 업계 자존심인 제너럴모터스의 미국 중형 SUV 시장점유율 20퍼센트로 테슬라와 경쟁하고 있는 현대기아차와 손을 잡은 것이다. 향후 양사는 승용차와 내연기관, 친환경 에너지, 전기 및 수소 등 기술을 공유하고 개발하는 동시에 생산 등 전 부문에 걸친 협업을 이어나갈 것이라고 밝혔다.

캐즘 탈출 핵심은 가격이다

2025년 EV, 배터리 업계는 가격 측면에서 소비자의 마음을 사로잡기 위한 움직임에 나설 것으로 보인다. 우선 픽업트럭이나 SUV에 집중하기보나는 저렴한 배터리를 탑재한 저렴한 EV에 집중할 것으로 예상된다. 실제 포드는 '스컹크웍스'라는 EV 전담팀을 구축해 EV 시장에서 자리를 선점하기 위한 다양한 전략을 구축, 시도에 나서고 있다. 포드는 2023년 4분기에 EV 한 대당 4만 7,000달러의 손실을 본 것으로 추산했다. 2024년 EV 부문에서만 최대 55억 달러의 손실을 볼 것으로 전망했다.

이를 만회하기 위해 스컹크웍스는 2027년부터 3만 달러대 EV 픽업트럭을 내놓을 것이라고 디인포메이션은 2024년 9월 전했다. 차 값을 낮추기 위해 EV에는 LFP 배터리를 탑재한 2만~4만 달러대 후반의 EV 생산에 집중할 것이라고 덧붙였다.

EV 차종도 다양해질 전망이다. 디인포메이션은 "포드 역시 다양한 모델을 제공하는 중국 비야디와 비슷한 전략을 구사할 것"이라고 전망했다. 각 모델이 큰 판매량을 기록할 필요는 없지만, 전반적으로 목표 수치를 달성하는 전략이다.

배터리 업계는 중국의 CATL이 북미를 제외한 중국, 유럽 지역에서 영향력을 더욱 확대하고 있다. 이런 가운데 완성차 업계는 수요에 대응해 성장 속도를 늦추면서 배터리 업계도 공장 건설을 보류하는 등 전략을 미루고 있다. 여기에 OEM 업체들의 LFP 도입 계획이 확대되면서 당분간 중국의 강세는 지속될 것으로 예상된다. 현재 중국 기업 중심의 LFP 배터리는 킬로와트시당 100달러 이하로 가격이 내려갔다. 반면 우리 기업들이 주력하는 삼원계 배터리는 100달러가 넘는다. 현재 배터리 가격은 전기차 생산비용의 약 40퍼센트를 차지한다. 실제 시장조사 기관 블룸버그NEF에 따르면 2023년 리튬이온 배터리 팩 가격은 139달러를 기록했다. 전년 대비 14퍼센트 하락한 가격이다. 중국은 126달러/킬로와트시로 미국과 유럽의 배터리 가격은 최대 20퍼센트 이상 높은 것으로 조사됐다.

캐즘을 돌파하기 위해 글로벌 완성차 업계의 2024년 하반기와 2025년 경쟁이 더욱 치열할 것으로 예상된다. 이런 상황에서 결국 K배터리 3사의 주요 과제는 중저가 제품 개발과 안전하고 우수한 기술력을 통한 경쟁력 확보가 될 것이다. 업계 전문가들은 "중국과의 가격 경쟁력에서 뒤처지는 상황을 극복하기 위해서는 R&D(연구개발)에 대한 투자만이 살 길"이라고 입을 모은다. 기술로 배터리 가격을 낮춰야만 경쟁력이 생긴다. 소재와 제조 측면에서 효율화를 높여야 한다는 의미다.

2025년 배터리 산업 5대 예측

1 **리튬 가격 하락:** 리튬과 같은 원자재 가격의 하락이 배터리 제조 비용에 직접적인 영향을 미칠 것이며, 이는 전기차 가격을 낮추는 데 기여할 것이다. 따라서 2025년까지 전기차 가격이 접근성이 높아지면서 소비자 수요가 회복될 가능성이 크다.

2 **리튬인산철(LFP) 배터리의 채택 :** 확대LFP 배터리는 가격 경쟁력과 안정성 측면에서 이점이 크다. 따라서 더 많은 전기차 제조업체들이 이를 채택할 것으로 보이며, 2025년에는 저가 전기차 시장에서 LFP 배터리의 점유율이 더욱 확대될 것이다.

3 **나트륨이온 배터리의 성장:** 리튬 대비 저렴한 나트륨을 기반으로 한 나트륨이온 배터리가 중저가 전기차와 에너지저장장치(ESS) 분야에서 빠르게 상용화될 전망이다. 이 배터리는 가격 경쟁력을 통해 새로운 시장을 창출할 가능성이 크다.

4 **전고체 배터리 상용화의 진전:** 전고체 배터리 기술은 2025년까지도 완전한 상용화에 도달하기는 어렵겠지만, 안전성과 성능에서 크게 개선된 배터리로 주목받으며 점진적으로 시장에 도입될 것이다. 전고체 배터리는 특히 고급 전기차 분야에서 활용 가능성이 크다.

5 **원통형 배터리의 수요 증가:** 테슬라의 4680 배터리를 중심으로 한 원통형 배터리의 수요가 증가할 전망이다. 이 배터리는 높은 에너지 밀도와 안정성 덕분에 전기차 트럭과 SUV 분야에서 더욱 확산할 것이다.

3장

핵심 인프라가 될
AI 데이터센터

데이터센터 급증에 늘어나는 에너지 인프라 투자

—— 데이터센터 등 미국의 경제, 기술 경쟁력에 필수적인 산업을 지원하기
위해서는 신뢰할 수 있고 온실가스 배출이 없는 에너지가 필수적이다.
원전만이 이런 약속을 지속해 이행할 수 있는 유일한 에너지원이다.

미국 원자력 발전 1위 기업 콘스텔레이션에너지 CEO 조 도밍게즈

AI가 죽은 원전도 되살리고 있다. 2024년 9월. 미국 원자력 발전 1위
기업인 콘스텔레이션에너지는 마이크로소프트 데이터센터에 전력을
공급하기 위해 미국 펜실베이니아주 스리마일섬 원전 1호기의 상업용
운전을 2028년 재개한다고 선언했다. 스리마일섬 원전은 미국 역사상
최악으로 꼽히는 원전 사고가 일어난 곳. 1979년 3월, 스리마일섬 원
전 2호기에서 멜트다운(노심 융용) 사고가 발생, 건물 내 방사능 수치가
정상치의 1,000배까지 올랐고 주민 10만여 명이 긴급히 대피하는 사

오레곤 댈러스에 있는 구글의 데이터센터

출처: 구글 데이터센터

태가 벌어졌다. 사상자는 발생하지 않았지만 스리마일섬 원전 2호기는 사고 이후 가동을 중단했다. 그러다 마이크로소프트의 AI 데이터센터 가동을 위해 항구적 에너지원이 필요, 결국 죽은 원전도 살리기로 한 것이다.

마이크로소프트는 2024년 9월 세계 최대 자산운용사 블랙록과 함께 300억 달러 이상의 펀드를 조성, 데이터센터, 발전소 등 AI 인프라 시설에 투자하기로 했다. 투자금 규모는 초기 300억 달러를 목표로 하고 있으며, 채권 금융을 포함하면 최대 1,000억 달러까지 확대될 수 있을 것으로 예상된다. 블랙록과 마이크로소프트는 '글로벌 AI 인프라 투자 파트너십(GAIIP)'을 체결하고 데이터센터와 에너지 인프라 투자를 위한 300억 달러 이상 규모의 펀드를 출범시킬 계획이다.

블랙록 CEO 래리 핑크는 이날 "민간 자본을 동원해 데이터센터와 전력 같은 AI인프라를 구축하면 수조 달러 규모의 장기 투자 기회가 열릴 것이다"라고 의미를 설명했다. 마이크로소프트 CEO 사티아 나델라도 "이번 파트너십을 통해 금융·업계 리더들을 한데 모아 미래를 위한 인프라를 구축하고 지속할 수 있는 방식으로 전력을 공급할 것이다"라고 말했다.

마이크로소프트의 이 같은 움직임은 생성형 AI의 비즈니스 세계가 새로운 챕터로 진입하고 있음을 의미한다. 특히 새로운 데이터센터와 그 배후에 있는 인프라 제공업체에 대한 수요 급증을 촉발하고 있다.

로이터의 분석에 따르면 미국 상위 전기 공급업체 열 곳 중 아홉 곳에서 데이터센터가 고객 증가의 주요 원천이 되고 있다. 글로벌 리서치 기관인 어스튜트 애널리티카(Astute Analytica)는 글로벌 데이터센터 시장이 2032년까지 7,923억 달러에 이를 것으로 예상할 정도다.

IT 시장분석 및 컨설팅 기관 한국IDC(International Data Corporation Korea)가 최근 발간한 '전 세계 AI 및 생성형 AI 지출 가이드' 보고서에 따르면 기업들은 사내 운영 효율성 개선, 반복 작업 자동화, 사기 탐지 및 복잡한 문서 작성과 같은 백오피스 프로세스 최적화에 생성형 AI를 주로 활용하는 추세다. 산업별로 보면, 금융, 소프트웨어 및 IT, 정부, 리테일, 내구재 등의 부문에서 성장이 두드러진다. 금융 서비스 산업의 AI 지출은 2027년까지 연평균 96.7퍼센트씩 성장해 43억 달러 규모를 형성할 전망이다.

IDC는 AI 기술에 대한 IT 지출을 구축, 채택, 통합의 세 가지 단계를 나누어 분석했다. 구축 단계에서는 핵심 인프라를 개선하고, IaaS에 투자하며, 보안 소프트웨어를 강화하는 데 집중한다. 채택 단계에서는 오픈소스 AI 플랫폼의 광범위한 활용을 기반으로 조직이 디지털 비즈니스 컨트롤 플래닝을 수립하는 데 주력한다.

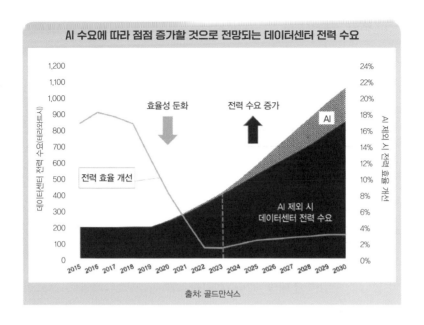

AI 수요에 따라 점점 증가할 것으로 전망되는 데이터센터 전력 수요

출처: 골드만삭스

마지막으로 통합 단계에서는 기업이 경쟁 우위를 확보하기 위해 생성형 AI를 빠르게 통합하면서 지출이 급증한다. 신기술 시장에서 일반적으로 관찰되는 느린 성장세를 벗어나 가속화된 성장을 보여준다. 이처럼 구글, 메타, 아마존, 마이크로소프트 등 빅테크 기업이 아시아 지역에 대규모 AI 데이터센터 및 클라우드 투자에 나서자 아시아 각국도 치열한 투자유치 경쟁을 벌이고 있다.

글로벌 빅테크 기업의 데이터센터 프로젝트

생성형 AI가 구동되는 모든 과정은 '데이터센터'에서 이루어진다. 데이터센터는 서버 컴퓨터, 네트워크 회선, 데이터 스토리지(저장장치) 등 IT

서비스 제공에 필요한 모든 장비를 한 건물에 모아둔, 연중 24시간 전력을 써야 하는 '전력 다소비 시설'이다.

과거 데이터센터는 서버 수천 대를 돌리는 수준이었지만, 지금은 서버 수십만 대를 운영하며 대량의 데이터를 집적하고 연산하는 AI 전용 '하이퍼스케일(Hyperscale)' 데이터센터가 만들어지고 있다.

마이크로소프트, 아마존을 비롯한 빅테크 기업들이 AI의 핵심 인프라인 데이터센터 설립을 위해 글로벌 투자에 앞다투어 뛰어들고 있다. AI 기술 선점 경쟁이 치열한 빅테크 기업들은 데이터센터 구축에 과감히 지갑을 열었다. 최근 마이크로소프트는 오픈AI와 2028년까지 1,000억 달러를 투입해 초대형 데이터센터를 구축하는 '스타게이트' 프로젝트를 추진하겠다고 발표했다.

현재의 가장 큰 데이터센터에 투입된 금액보다 100배 많은 규모다. 실제 마이크로소프트와 아마존은 2024년 5월 기준 전 세계 AI 관련 및 데이터센터 프로젝트에 총 400억 달러 이상을 투자했다.

해외에 데이터센터 건설하는 이유

빅테크 기업들은 점점 더 해외로 눈을 돌려 수십억 달러를 투자해 AI 인프라를 구축하는 추세다. 마이크로소프트는 향후 4~5년간 프랑스, 독일, 일본, 말레이시아, 스페인, 인도네시아에 160억 달러 이상을 투자할 계획을 세우고 있다고 한다. 아마존도 일본에 150억 달러, 싱가포르에 90억 달러, 멕시코에 50억 달러, 프랑스에 13억 달러의 인프라 투자를 계획하고 있다.

미국 증권사 웨드부시(Wedbush)의 애널리스트 다니엘 아이브스(Daniel Ives)는 2024년 5월 〈월스트리트저널〉과의 인터뷰에서 대기업들이 해외 시장을 향해 "날개를 펼치고 있다"라며 "마이크로소프트, 아마존, 그리고 다른 기업들이 이 엄청난 지출 위에서 스케이트를 타며 퍽(하키에서 선수들이 치는 딱딱하고 둥근 공의 일종)이 어디로 향할지 AI 군비 경쟁을 벌이고 있다"라고 말했다. 그는 이어 "향후 10년간 기술 기업들의 AI 인프라에 대한 투자가 계속될 것으로 예상한다. 앞으로 1조 달러의 지출이 늘어날 것"이라고 전망했다.

디에이 데이비슨앤코(DA Davidson & Co)의 애널리스 길 루리아(Gil Luria)도 "이 기업들이 2024년 AI 인프라에 1,000억 달러 이상을 지출할 것"이라며 "수요에 따라 지출은 계속 증가할 것이다"라고 설명했다. 뱅크오브아메리카는 데이터센터와 물리적 인프라 시장이 2023년 370억 달러에서 연간 16퍼센트씩 성장, 2026년 580억 달러로 성장할 것으로 봤다.

거대 기술 중심 기업들이 이처럼 전 세계적으로 투자를 이어가는 이유는 인프라를 클라우드로 더 이전하는 기업이 늘어남에 따라 변화가 일어나고 있는 지역에 데이터센터 구축의 필요성이 커졌기 때문이다. 생성형 AI에 대한 수요 증가와 함께 이 기능을 비즈니스에 통합하려는 스타트업들로 인해 거대 기술 중심 기업들은 빠르게 데이터센터를 확장하고 있다.

데이터센터의 용량 확장은 비즈니스 발전에 필수다. 데이터 보안뿐 아니라 빠른 처리 속도를 확보하기 위해 기업들은 "엔비디아 GPU로 가득 찬 데이터센터가 로컬에 있어야 한다"라는 얘기가 나올 정도다. 메타의 경우 소셜 미디어 서비스를 신속하게 제공할 수 있는 곳에 데이

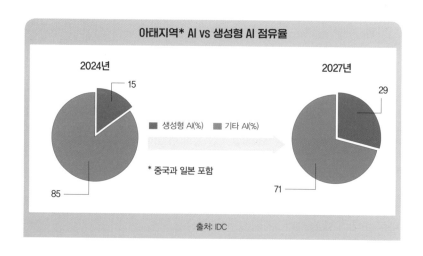

아태지역* AI vs 생성형 AI 점유율

2024년

15

■ 생성형 AI(%) ■ 기타 AI(%)

* 중국과 일본 포함

85

2027년

29

71

출처: IDC

터센터를 두는 경향이 있어 해외에 인프라를 구축할지는 불분명하다.

그런데도 메타는 AI 기능을 지원하기 위해 2024년 350억~400억 달러를 투자할 것으로 기대된다. 알파벳과 메타도 마이크로소프트와 아마존의 뒤를 이어 공격적인 확장을 꾀하고 있다. 실제 알파벳은 최근 네덜란드에서 구글의 네 번째 데이터센터 건설을 시작했고, 메타는 AI를 위한 '인프라 투자 가속화' 계획을 발표한 바 있다.

미국 부동산 시장도 흔드는 데이터센터

데이터센터는 미국 부동산 시장도 흔들고 있다. 실리콘밸리 기업들이 미래 수요에 대비해 대량으로 임대하면서 공급 물량 부족에 아우성친다. 부동산 서비스 기업 CBRE이 2024년 8월 19일 발표한 보고서에 따르면 북미의 8대 주요 데이터센터 시장은 2024년 상반기에 515메가와트의 신규 공급을 추가했다. 실리콘밸리가 보유한 물량과 같은 규모다.

실리콘밸리 데이터센터 공급은 459메가와트로 이들의 주요 시장에서 공급하는 규모는 총 5,689메가와트다. 이는 1년 전보다 10퍼센트 증가한 수치다. 5년 전과 비교하면 약 두 배 상승했다.

건설 작업에 들어간 데이터센터 물량은 1년 전보다 약 70퍼센트 증가했으며 현재 사상 최고치를 기록하고 있다. 그러나 대부분은 이미 임대됐고 공실률은 사상 최저치인 2.8퍼센트로 줄었다. 개발자들은 엄청난 양의 데이터센터 용량을 구축하고 있지만 여전히 클라우드 컴퓨팅 및 AI 공급업체의 증가하는 수요를 충족시키기에는 충분하지 않다.

데이터센터는 사용 가능 전력, 변압기, 스위치, 발전기 등 필수 장비가 부족해 공급이 4년 이상 지연되고 있지만 임대 수요는 줄지 않는다. 미래의 데이터센터 용량을 확보하려는 기업들로 인해서다.

일부 기업은 3~4년 동안 사용하지 않을 임대 계약을 체결하고 있다. 기업들은 점점 더 까다로운 작업 부하를 좀 더 잘 처리할 수 있는 새로운 데이터센터를 선호하고 있지만, 기존 데이터센터도 여전히 임대 계약을 갱신하고 있다. CBRE 데이터센터 솔루션 전무이사 및 글로벌 책임자 팻 린치는 "이들에게는 다른 선택의 여지가 없다"라면서 "기업은 여전히 대규모 데이터센터 용량이 더 필요하다"라고 말했다.

그 수요로 인해 전국 임대료는 평균 6.5퍼센트 상승했고 새로 짓는 데이터센터는 프리미엄(웃돈)이 붙어 가격이 훨씬 더 높아졌다. 데이터센터 임대인과 데이터센터 소유자 및 운영자 간 불균형한 시장이 형성됐다. CBRE의 보고서는 이 현상이 향후 수년 동안 지속될 것으로 예상했다.

AI 군비 경쟁으로 아시아 데이터센터 '러시'

아시아 태평양 지역은 디지털 인프라와 기술 투자를 늘리며 생성형 AI를 활용한 차세대 AI 혁신과 기술 발전을 주도하고 있다. IT 시장분석 및 컨설팅 기관인 한국IDC가 최근 발간한 '전 세계 AI 및 생성형 AI 지출 가이드'는 아시아 태평양 지역에서 AI 기반 시스템을 위한 소프트웨어, 서비스, 하드웨어를 포함한 생성형 AI 지출이 연평균 95.4퍼센트 성장, 2027년 260억 달러 규모를 형성할 것으로 전망했다.

　IDC 아태지역의 빅데이터 및 AI 리서치 총괄인 디피카 기리는 "아시아 태평양 지역에서 생성형 AI의 도입이 급증하며 향후 2년 이내에 투자가 정점에 도달한 후 안정화 기간을 거칠 것으로 예상했다. 중국은 생성형 AI 기술 관련 지배 시장 위치를 유지할 것이며, 일본과 인도는 향후 몇 년 동안 가장 빠르게 성장하는 시장이 될 것이다"라고 밝혔다. 이때 아시아 지역에서 투자 대상 국가는 특히 일본, 말레이시아, 싱가포르 등에 집중된 상황이다. 한국은 대체로 투자 대상에 꼽히지 않고 있다. 왜일까?

　전문가들은 '지정학적 상황'과 '정치적 법적 불안정성'을 가장 큰 이유로 꼽는다. AI 데이터센터가 혹시 모를 외부 공격을 받으면 인프라스트럭처(사회적 생산기반) 전체가 마비될 수 있는데 한국은 북한, 중국, 러시아와 인접해 있어서 불안하다고 느끼는 것이다. 데이터 보호 및 프라이버시 관련 법률이 불명확하고 안정적이지 않다는 점도 불리하게 작용한다. 데이터센터 운영에 필요한 법적 불확실성이 높다는 것이다. 따라서 동북아 지역의 데이터센터 수요는 대부분 '일본'으로 향하고 있다. 일본은 정부 차원에서 외국 기업의 데이터센터 유치

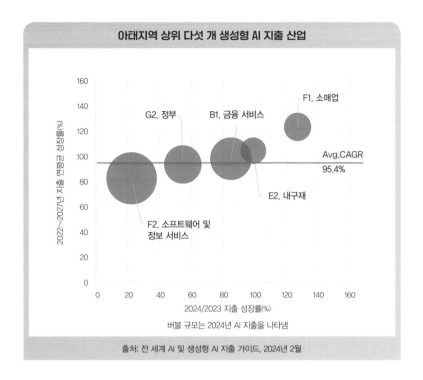

아태지역 상위 다섯 개 생성형 AI 지출 산업

- F1. 소매업
- G2. 정부
- B1. 금융 서비스
- E2. 내구재
- F2. 소프트웨어 및 정보 서비스

2022~2027년 지출 연평균 성장률(%)

2024/2023 지출 성장률(%)

Avg.CAGR 95.4%

버블 규모는 2024년 AI 지출을 나타냄

출처: 전 세계 AI 및 생성형 AI 지출 가이드, 2024년 2월

를 위해 다양한 인센티브와 경제적 지원을 아끼지 않는 데다 정치적 안정성이 높고 안정적이고 신뢰할 수 있는 전력 공급망을 갖추고 있는 점이 장점으로 꼽힌다. 이는 장기적인 투자와 운영에 대한 리스크를 낮추고 기업들이 데이터센터를 안정적으로 운영하는 데 큰 장점이 되는 상황이다.

데이터센터 구축을 위한 설비투자

차세대 석유는 AI일까? 기술 기업들의 AI 데이터센터에 대한 설비투자(capex)가 대표적인 자본 집약적 사업인 석유 산업의 투자 규모만큼 치솟고 있다. 빅테크 기업들은 대규모 AI 데이터센터를 구축하기 위해 설비투자에 막대한 금액을 지출할 계획이다. 마이크로소프트는 이미 2024년 1분기 140억 달러를 지출했다. 2025년 6월 회계연도 기준 500억 달러를 넘어설 것으로 예상된다. 구글도 1분기 120억 달러를, 아마존도 140억 달러를 지출하며 2025년 500억 달러를 넘을 것으로 예상된다. 메타도 2024년 설비투자가 400억 달러를 넘어설 것이라고 발표했다.

이는 석유 업계 선두기업 사우디아람코와 비슷한 수준이다. 엑손모빌과 세브론의 설비투자를 합친 금액과도 비슷하다. AI 컴퓨팅은 메타, 마이크로소프트, 인텔, 알파벳, 아이비엠 등 빅테크만의 세상이다. 빅테크 기업들은 설비투자에 2,000억 달러를 부을 계획이다. 이 금액은 AI 칩 구매, 관련 저장소와 네트워크 인프라 구매, AI 서버 구동에 필요한 냉각과 전력 등에 사용할 것으로 알려졌다. 투자전문업체 배런스는 이에 따라 혜택을 받을 대표적 기업으로 AI칩을 만드는 엔비디아, AMD, 마이크론, 브로드컴을 꼽기도 했다. 네트워크 업체로는 아리스타네트워크, 시에나, 시스코시스템즈를, 서버 기업으로는 델, 휴렛팩커드엔터프라이즈, 슈퍼마이크로컴퓨터, 레노버를 꼽았다. 또한 클라우드 데이터를 관리하고 처리하고 보호하는 소프트웨어 공급업체인 스노우플레이크, 몽고디비, 데이터독, 루브릭 등을 꼽았다.

전력수요 증가로 중요한 에너지원이 된 천연가스

AI 데이터센터 열풍으로 수혜를 입을 분야 중 하나로 천연가스가 꼽힌다. 천연가스는 2024년 초만 해도 인플레이션을 감안한 가격으로 1990년 뉴욕상업거래소에서 거래가 시작된 이래 최저치를 기록했다. 체서피크에너지(CHK)와 같은 미 최대 천연가스 생산업체들은 가격 회복을 위해서는 생산량을 줄여야 한다고 주장할 정도였다.

체서피크에너지 CEO 닉 델오소는 "시장이 공급 과잉 상태다. 수요를 충족시키려면 공급을 억제해야 할 것"이라 밝힌 바 있다. 그러나 추세가 바뀌었다. AI 데이터센터가 사용하는 전기 때문이다.

2024년 미국 내 천연가스 생산량의 증가로 인해 역대 최저치로 떨어졌던 천연가스 가격이 회복세를 보였다. 미 최대 은행 중 하나인 웰스파고에 따르면 AI의 발전과 이로 인한 데이터센터의 확장이 미국 내 전력 수요를 급증시킬 것이란 전망이다. 웰스파고는 앞으로 10년 동안 천연가스 수요가 현재 대비 20퍼센트 증가할 것이라고 분석했다.

웰스파고에 따르면 AI 데이터센터만으로도 2030년까지 미국에서 약 323테라와트시의 전력 수요가 필요할 것으로 관측된다. 이는 뉴욕시의 현재 연간 전력 소비량보다 일곱 배나 더 많은 수치다. 골드만삭스 역시 데이터센터가 미국 전체 전력 소비의 8퍼센트를 차지할 것으로 내다봤다.

월가는 이런 수준의 전력 수요 증가는 기존의 재생에너지원만으로는 AI 수요를 충족하기 어려울 것이란 분석을 내놨다. 결과적으로 천연가스를 비롯해 원자력과 같은 에너지원이 향후 중요한 역할을 할 것으로 전망된다.

빅테크 기업들은 데이터센터의 전력 공급을 위해 재생 가능 에너지 원을 확보하겠다는 약속을 했지만 노르웨이의 에너지 컨설팅 회사 라이스타드에너지의 보고서에 따르면 날씨 변화에 따른 불확실성으로 태양열과 풍력만으로는 전력 부하를 충족하기 어렵다는 평이다. 골드만삭스는 천연가스가 AI 및 데이터센터의 전력 수요를 향후 60퍼센트까지 담당할 것이란 분석을 내놓았다. 골드만삭스는 천연가스 수요가 2030년까지 하루 100억 입방피트까지 증가, 현재 미국에서 소비되는 양보다 28퍼센트 증가할 것으로 내다봤다. 웰스파고 애널리스트 로저 리드는 "이것이 사람들이 점점 가스에 낙관적으로 변하고 있는 이유"라며 원자재로서는 꽤 높은 성장률이라 평가했다. 미 최대 석유 메이저인 셰브론 역시 향후 천연가스의 수요 확대를 예고했다.

셰브론 CEO 마이크 워스는 "AI가 너무 빠르게 발전하고 있어 수량화하기 어려운 수준"이라며 "석탄은 단계적으로 폐지되고 있고 원자력은 비용이 많이 들며 지열 에너지는 입증되지 않았다. 신뢰할 수 있는 가장 유력한 공급원은 천연가스"라고 평가했다.

오랜 시간 부진했던 천연가스의 부활 가능성에 시장의 관심을 가장 많이 받는 기업은 시장점유율 40퍼센트를 차지하는 미 최대 천연가스 파이프라인 운영업체인 킨더모건(KMI)이다.

킨더모건 CEO 리차드 킨더는 1분기 실적에서 "AI 데이터센터의 확대로 인한 전력 소비에 대비해 재생에너지를 유일한 전력 공급원으로 강조하는 것이 실제 시장의 수요를 충족하는 측면에서 치명적인 결함이 있음을 보여준다"라며 AI 붐으로 인한 전력수요를 원자력과 천연가스가 담당해야 할 것이라 밝혔다.

미 최대 천연가스 생산업체인 EQT 역시 증가하는 전력 수요를 충족하기 위해 시장이 주목하는 기업이다. EQT는 데이터센터를 위한 전력 구축에 강한 자신감을 드러내고 있다. EQT는 1분기 실적 보고에서 미 남동부 지역 '데이터센터 구축의 핵심 촉진자'가 될 위치에 있다고 자평했다.

실제 미 남동부는 현재 세계에서 가장 인기 있는 데이터센터 시장으로 인식된다. CNBC에 따르면 버지니아 북부만 미국의 다섯 개 큰 시장을 모두 합친 것보다 많은 데이터센터를 호스팅하고 있는 것으로 나타났다. 전력회사인 도미니온에너지에 따르면 북버지니아의 데이터센터 수요는 2023년 3.3기가와트에서 2030년에는 7기가와트로 두 배 이상 증가할 것이란 전망이다.

남동부의 주요 호스팅 지역인 조지아파워의 모기업, 서던컴퍼니 역시 데이터센터의 수요 확대에 혜택을 받을 것으로 전망된다. 서던컴퍼니 CEO 크리스토퍼 위맥은 2023년 4분기 실적발표를 통해 "2028년까지 남부의 전력 수요가 9퍼센트 증가할 것"이라며 수요의 80퍼센트는 데이터센터에서 나올 것이라 밝혔다.

궁극적인 해결책이 될 원자력

원자력 발전은 지난 20년간 과잉 공급에 따른 어려움을 겪었다. 풍력, 태양광, 천연가스와의 경쟁에서도 뒤처졌다. 그러나 생성형 AI 열풍은 원자력 발전을 다시 주목하게 만든 기폭제가 됐다. 무탄소 전원인 원자력 에너지를 공급해 데이터센터를 구동하면서도 기후변화에 대한 약속을 이행할 수 있다는 장점 때문이다. 전력선 분야도 주목받는다. 현재 데이터센터에 전력을 공급하는 재생에너지 중 상당수가 센터와 인접하지 않은 지역에 설치되고 있다는 점이다. 이는 수요가 많은 지역으로 전력을 공급하기 위해 방대한 규모의 전력선을 구축해야 한다는 것을 의미한다.

관련 기업들의 주가가 이를 반영한다

궁극적으로 원자력이 천연가스를 대체해야 한다는 분석이 나올 정도다. 원자력이 의미 있는 영향을 미치기 위해서는 10년이 걸릴 수 있다. 이에 그동안 천연가스가 중요한 역할을 할 것이란 전망이지만 시장은 원자력에 주목하는 추세다.

원자력이 AI 데이터센터의 막대한 전력 수요를 충족하는 데 매우 적합한 것으로 밝혀지면서 콘스텔레이션에너지와 비스트라, 그리고 탈렌에너지 등 주요 원자력 발전 사업자들이 호황을 누리고 있다.

미국 내 열네 개 원자력 발전소를 소유하고 있으며, 미 원자력 발전소의 25퍼센트를 차지하고 국내 주요 상업 및 산업 고객의 20퍼센트 이상에 전력을 공급하는 최대 원자력 기업 콘스텔레이션에너지의 주가는 2024년 70퍼센트 이상 급등했다.

조 도밍게즈 CEO는 최근 실적발표에서 "세상은 이제 분명히 우리를 향해 움직이고 있다"라며 후쿠시마 원전 사고 이후 멀어진 원자력에 대한 관심이 돌아오고 있음을 시사했다.

실제 현 시점에서 가장 많은 데이터센터를 구축하고 운영하는 회사는 아마존과 마이크로소프트, 그리고 알파벳으로 이들 기업은 모두 클린 에너지원에서 전력을 얻기로 약속, 원자력에 대한 의존도는 더 커질 것이란 전망이다.

모건스탠리는 2024년 5월 시장이 실적발표에서 "원자력 발전소 현장과 데이터센터와의 장기 계약 체결 가능성에 초점을 맞출 것"으로 예상했다. 모건스탠리는 콘스텔레이션에너지와 주요 하이퍼스케일러(대형 클라우드 공급업체)와의 논의가 현장 수준의 실사로 진행되면서 거래가 몇 달 안에 가능할 것인지를 주목했다. IBD에 따르면 하이퍼스케일러에는 아마존과 마이크로소프트, 메타 및 알파벳이 포함된다.

엑셀론은 규제 대상 유틸리티 및 송전 사업을 유지하고 콘스텔레이션에너지는 원자력 자산을 보유하게 됐다. 이후 엑셀론은 유틸리티 기업의 특성상 고금리와 같은 문제로 약세를 보였으나 콘스텔레이션에너지는 규제 당국에 요금 인상 승인을 요청할 필요가 없이 마이크로소프트와 같은 기술 회사와 직접 거래, 막대한 실적을 쌓았다.

원자력의 부상과 함께 원자재인 우라늄의 강세 역시 주목할만한 시장의 변화라 할 수 있다. 특히 2021년 이후 우라늄에 투자하는 대표 상품인 URA(Global X Uranium ETF)가 반도체의 SMH(Vaneck Semiconductor ETF)보다 우수한 성과를 내고 있다는 사실은 많은 투자자가 간과하는 사실이다.

생성형 AI 시대, 데이터센터의 재설계

재설계되는 AI 데이터센터

'생성형 AI 콘텐츠' 재생산은 이미 이뤄지고 있다. AI가 생산하는 데이터가 훈련에 재사용, AI형 콘텐츠가 재생산, 확산하는 문제는 어떻게 해결할 수 있을까? 해결책 중 하나로 데이터센터 재설계가 있다. 훈련 데이터를 결정할 때 인간이 만든 데이터와 AI가 생성한 데이터를 구분하는 구조가 필요하기 때문이다.

현재 데이터센터는 클라우드 체제에 기반한다. 클라우드 이전 모든 사람이 자체 데이터센터를 운영하면서 엄청난 비효율이 있었다. 이후 에너지 소비와 자원, 즉 비용을 최적화하는 클라우드가 나왔다. 클라우드 컴퓨팅 체제하에 이커머스는 아마존웹서비스로 성장했고 아마존은 이를 위해 데이터센터를 구축했다. 클라우드의 기본 전제는 모든 사용자가 다른 시간대에 다른 컴퓨팅 수준을 갖고 있다는 전제하에 모두가 특정한 목적을 달성할 수 있게 만드는 것이다. 생성형 AI 시대엔 이런 데이터센터를 맞춤형으로 재설계할 필요가 있다.

아바네이드엑스(Avanade X) 디지털 제품서비스 이사 제러미 콜팩은 사우스바이사우스웨스트(SXSW) 2024세션에서 "현재 데이터센터는 생성형 AI를 위해 설계돼 있지 않다"라고 진단했다. 콜팩 이사는 마이크로소프트, 구글, 존슨앤드존슨 등에서 근무한 엔지니어링 전문가다. 그는 기업들이 올바른 데이터 세트를 가졌는지, 어떤 데이터가 새로운 콘텐츠를 생성할 때 활용될 수 있는지, 어떤 데이터가 질문에 응답하는 데 활용될 수 있는지, 에너지 대비 효율적인 알고리즘을 활용하고 있는지 등을 재고해볼 필요가 있다고 강조했다.

그는 "오늘날 클라우드 컴퓨팅에 대해 사람들은 무한한 자원을 가지고 있다고 느끼는 것 같다. 사실이 아니지만, 비용 측면에서 맞다"라면서 "사람들이 필요한 것을 사용하고 확장 및 축소할 수 있도록 시스템을 설계하는 것"이라고 말했다.

막을 수 없는 에너지 부족 현상

구글과 마이크로소프트 등 빅테크 기업들은 생성형 AI 경쟁이 과열되면서 전력 부족에 시달리고 있다. 2010년 이후 에너지 효율성 때문에 전력 수요는 비교적 평탄한 수준을 유지했다. 그러나 미국은 생성형 AI 열풍으로 인한 데이터센터 수요가 늘고 반도체 육성법, 미국의 리쇼어링 정책 등으로 인해 제조산업 르네상스를 맞이했다. 여기에 난방 수요나 전동화 역시 전력 수요를 부추기는 요인으로 작용했다.

맥킨지, BCG, S&P 글로벌 등에 따르면 오는 2030년까지 데이터센터와 관련한 전력 수요가 연평균 13퍼센트에서 15퍼센트로 증가할 전망이다. 데이터센터가 집중된 버지니아주 등에 전력을 공급하는 'PJM 인터커넥션'은 향후 10년 동안 총 전력 수요가 연평균 2.4퍼센트 증가할 것으로 예상했다. 이는 2023년 예측인 1.4퍼센트 증가에서 1.0퍼센트 포인트 상향된 수치다.

데이터센터가 얼마나 많은 전력을 필요로 할지는 아직 알 수 없다. 전력연구소(Electric Power Research Institute)에 따르면, 2023년에 소비된 전력의 약 4퍼센트가 데이터센터에 의한 것이었다면 오는 2030년까지 4.6퍼센트에서 9퍼센트 사이로 증가할 것으로 예상된다.

원자력 발전에 의한 전력이 빅테크 기업에 집중되는 것을 우려하는 목소리도 있다. 빅테크 기업들이 데이터센터 등에 원자력 에너지를 전용하면 다른 고객들의 전기요금이 인상되고 기업들에 우선 공급되는 '양극화' 현상을 촉발할 것이란 지적이다. 빅테크 기업은 발전소로부터 직접 전력을 공급, 이른바 BTM(Behind The Meter) 방식의 거래를 채택하고 있다. 이 방식은 전력을 필요로 하는 수요자가 에너지를 직접 생성하거나 저장한다. 그간 대부분 발전소는 전기를 전력망을 통해 판매하는 FTM(Front of The Meter) 방식을 활용해왔다. BTM 방식은 새로운 전력망 인프라가 필요하지 않다. 빅테크 기업이 데이터센터 구축에 시간을 단축할 수 있다는 장점이 있다. 또한 "전기요금의 큰 부분을 차지하는 송배전 비용을 피할 수 있다는 장점도 있다"라고 〈월스트리트저널〉은 2024년 6월 전했다.

빅테크, 기후위기 수호자에서 악당으로

빅테크 기업들은 기후변화 대응 약속을 못 지킬 위험이 커지고 있다고 인정하고 있다. 이로 인한 비판과 외부적 압박도 생성형 AI 데이터센터 산업에 영향을 미칠 가능성이 있다. 실제 이들은 최근 잇따라 연례 환경보고서를 내고 AI 사업으로 인해 장기 기후 목표 달성이 어려워질 수 있다는 점을 인정했다. 구글은 '환경보고서'에서 2023년 자사 온실가스 배출량이 전년보다 13퍼센트 늘어난 1,430만 톤에 달했다고 밝혔다.

구글은 AI 관련 사업이 성장하면서 막대한 에너지가 들어가는 데이터센터에 대한 의존도가 커진 탓에 5년 사이 온실가스 배출이 48퍼센트 증가했다고 설명했다. 구글은 "오는 2030년까지 탄소중립에 이른다는 목표 달성이 쉽지 않을 것이다"라며 "AI가 미래 환경에 어떤 영향을 미칠지는 복잡하고 예측하기가 어려워 불확실성이 존재한다"라고 말했다.

구글은 오는 2030년까지 탄소배출 제로(순제로 배출)를 달성하는 목표를 가지고 있다. 단기간의 목표나 '워싱'을 위해 세운 목표가 아니다. 2007년부터 이 회사는 배출량에 맞춰 탄소를 구매해왔으며 이 같은 탄소 상쇄 덕분에 회사 운영이 '탄소중립'이라고 말해왔다. 회사의 모든 프로세스에 '탄소 중립'을 중심으로 뒀으며 이 같은 철학에 기반해 마운틴뷰의 신사옥도 지었다. 하지만 2023년부터 구글은 '지속 가능성 보고서'에서 "더 이상 탄소 중립성을 유지하지 않는다"라고 적었다.

다소 충격적이다. 구글은 AI를 훈련하는 것부터 슈퍼컴퓨터 운용까지 막대한 양의 전기를 소비하고 있으며 그에 따른 이산화탄소배출을 인정한 것이다. 구글조차도 AI 경쟁 승리가 기후변화보다 더 우선 과제가 된 것이다. 2024년 3월 기준 미국에는 전 세계 데이터센터 약 8,000곳 중 3분의 1인 5,400여 개가 있지만, 전력 수요가 포화상태에 빠르게 이를 것이란 전망이 나온다.

데이터센터는 서버를 구동하는 데 필요한 전력뿐만 아니라, 서버의 열을 식히기 위해서도 엄청난 양의 전기를 쓴다. 이에 탄소중립이라는 기후위기 목표와는 멀어지고 있다. 2022년 마이크로소프트는 2030년까지 탄소제로를 목표로 하는 일명 '탄소 문샷(Moonshot)' 계획을 선언했다. 그러나 블룸버그에 따르면 2023년 탄소배출이 오히려 30퍼센트 늘었다.

마이크로소프트는 데이터센터 건설로 인해 2020년 이후 탄소배출량이 약 3분의 1 증가했다고 밝혔다. 마이크로소프트는 2030년까지 탄소중립을 넘어서 순배출 마이너스를 이룬다는 목표를 밝힌 바 있는데 생성형 AI 경쟁으로 인해 달성하기가 불가능해진 상황이다.

아마존은 2023년 탄소배출량을 3퍼센트 줄였지만 앞으로 AI와 관련한 문제가 있을 것으로 보인다고 말했다. 아마존은 15년간 데이터센터 관련 1,500억 달러 투자를 계획하고 있다. 아마존은 구글과 마이크로소프트보다 보수적으로 2040년까지 탄소중립 달성을 목표라고 선언한 바 있다. 물론 빅테크 기업들은 AI 데이터센터를 건설하면서도 전력을 덜 사용할 방안 등을 연구하고 있다. 칩과 서버의 효율성을 끌어올리고, 장비 배치 시 냉각이 덜 필요한 방식을 찾는 방법 등이다.

샘 올트먼은 소형 원자력 에너지를 해법으로 보고 있다. 샘 올트먼은 SMR 개발사 오클로(Oklo)와 핵융합 스타트업 헬리온에너지 등에 투자한 바 있다. 2024년 5월 〈이코노미스트〉에 따르면 마이크로소프트는 미국 최대 원자력 운영업체인 콘스텔레이션에너지와 원자력 전력을 공급하는 계약을 체결했다. 풍력과 태양광발전이 불가능할 때를 대비한 투자다.

2025년 AI 데이터센터 산업
5대 예측

1 **AI 데이터센터 재설계:** 생성형 AI의 발전으로 인해, 데이터센터는 대규모 데이터를 처리할 수 있도록 재설계가 필요할 것이다. AI에 의해 생성된 데이터와 인간이 만든 데이터를 구분해 처리하는 구조가 필수적이며, 맞춤형 클라우드 기반 데이터센터가 확산될 전망이다.

2 **천연가스 및 원자력의 중요성 부각:** 데이터센터의 에너지 수요가 급증함에 따라, 전력 공급을 위한 천연가스와 원자력의 역할이 중요해질 것이다. 천연가스는 데이터센터 운영에 있어 중요한 에너지원이 될 것으로 예상되며, 원자력은 무탄소 에너지로서 데이터센터의 막대한 전력 수요를 충족하는 데 기여할 것으로 보인다.

3 **기후 변화대응에 대한 비판 증가:** 데이터센터의 급격한 증가로 인해 빅테크 기업들이 환경 목표를 달성하는 데 어려움을 겪을 것이다. 이에 따라 기후 위기와 대응에 관련된 비판이 늘어나고, 기업들이 탄소 배출을 줄이기 위한 압박이 강화될 것으로 예상된다.

4 **빅테크의 데이터센터 투자 확대:** 마이크로소프트, 아마존, 구글 등 빅테크 기업들은 AI 경쟁에서 앞서기 위해 전 세계적으로 데이터센터 투자를 더욱 확대할 것이다. 이에 따라 전 세계 데이터센터 시장이 급성장할 것으로 보이며, 주요 데이터센터 지역에서는 전력 공급 부족이 가중될 전망이다.

5 **소형 원자력 발전소의 부상:** 데이터센터의 막대한 전력 수요를 충족시키기 위해 SMR(소형모듈원자로)와 같은 대체 에너지 솔루션이 주목받을 것이다. 특히 AI 데이터센터는 에너지원으로 원자력의 중요성을 강조하며, 기존의 재생에너지로는 이 수요를 충족시키기 어려울 것이다.

주요 기업들의
AI 데이터센터 선점을 위한 기업 활동

1   **마이크로소프트(Microsoft):** 마이크로소프트는 AI 데이터센터의 구축에 앞장서고 있으며, 생성형 AI의 발전을 위한 대규모 투자를 하고 있다. 특히 AI 인프라에 대한 투자로 오픈AI와 함께 1,000억 달러를 투입해 초대형 데이터센터를 구축하는 '스타게이트' 프로젝트를 추진하고 있다. 이 외에도 세계 최대 자산운용사 블랙록과 함께 AI 인프라 투자 펀드를 조성해 데이터센터와 에너지 인프라의 투자를 확대하고 있다.

2   **블랙록(BlackRock):** 블랙록은 2024년 9월 마이크로소프트와 협력해 데이터센터와 에너지 인프라 시설을 마련하고자 300억 달러 규모 펀드를 조성하겠다고 전했다. 이 글로벌 AI 인프라 투자 파트너십을 통해 데이터센터와 발전소 구축에 참여하며, 장기적인 투자 기회를 모색하고 있다. 채권 발행 등 외부 자금 조달을 포함하면 투자 잠재력이 최대 1,000억 달러에 달할 것으로 전망된다.

3   **구글(Google):** 구글은 AI와 데이터센터에 대한 대규모 투자를 진행 중인 대표적인 빅테크 기업 중 하나다. 2024년 4월 구글 딥마인드 CEO 데미스 하사비스는 TED 콘퍼런스에서 취재진이 마이크로소프트의 '스타게이트' 계획에 대한 의견을 묻자 구글은 AI 기술 개발에 1,000억 달러 이상을 쓸 것이라고 말하기도 했다. AI 관련 데이터센터 구축에 적극적으로 나서며, 네덜란드 등지에서 데이터센터를 확장하고 있다. 구글은 기후변화 대응과 관련된 '환경보고서'에서 온실가스 배출 증가 문제를 인지하며 데이터센터 구축에 대한 에너지 소비 문제도 고려하고 있다.

4   **아마존(Amazon):** 아마존은 데이터센터 구축을 위해 2024년 기준 400억 달러를 넘는 투자를 진행 중이며, 앞으로 AI 데이터센터 확장을 위해 향후 15년간 1,500억 달러 이상의 투자를 계획하고 있다. 아

마존은 탄소배출을 줄이기 위해 풍력 및 태양광발전소를 건설하고 데이터센터 전력 공급에 신재생에너지를 활용하고 있다.

5. **메타(Meta):** 메타는 2024년 생성형 AI와 관련한 데이터센터 구축에 350억에서 400억 달러의 투자를 계획 중인 것으로 알려졌다. 메타는 자사의 AI 인프라 투자를 가속화하고 있으며, 이를 통해 데이터센터 확충을 통한 서비스 안정성을 확보하려는 계획을 세우고 있다.

6. **콘스텔레이션에너지(Constellation Energy):** 미국의 주요 원자력 발전 기업으로, AI 데이터센터를 위한 전력 공급을 목표로 하고 있다. 원자력 에너지를 활용해 데이터센터에 전력을 공급하는 계약을 체결하며, AI의 전력 수요를 충족시키기 위한 핵심 기업으로 자리 잡고 있다.

7. **엔비디아(NVIDIA):** 엔비디아는 AI칩을 생산하는 대표적인 기업으로, AI 데이터센터에서 활용되는 GPU를 공급하는 중요한 역할을 맡고 있다. AI 컴퓨팅 수요 증가로 인해 엔비디아의 GPU 수요가 급증하고 있다.

8. **시스코(Cisco):** 시스코는 AI와 데이터센터 네트워킹 기술에서 선도적인 역할을 하고 있다. 시스코는 데이터센터의 고성능 네트워킹 솔루션을 제공하며, AI 기반 워크로드를 지원하는 인프라 구축을 위한 기술적 지원을 강화하고 있다.

9. **에퀴닉스(Equinix):** 에퀴닉스는 하이퍼 스케일 데이터센터 분야의 선두주자로, 전 세계에 240개 이상의 데이터센터를 운영하고 있다. 에퀴닉스는 AI와 클라우드 컴퓨팅에 필요한 데이터 인프라를 제공하며, 글로벌 네트워크 확장과 전력 효율성을 강조하는 기업이다.

10. **IBM:** IBM은 AI와 하이브리드 클라우드를 위한 데이터센터 솔루션을 제공하는 주요 기업 중 하나다. IBM은 데이터 관리 및 AI 워크로드를 지원하기 위한 기술을 제공하며, IBM 클라우드와 AI 플랫폼을 활용한 데이터센터 관리 솔루션을 제공한다.

11. **델 테크놀로지스(Dell Technologies):** 델 테크놀로지스는 데이터센터 하드웨어와 소프트웨어 솔루션을 제공하는 기업으로, AI 기반 데이터센터 구축과 관련된 다양한 솔루션을 제공한다. 특히 하이퍼스케일 데

이터센터 구축을 위한 서버와 스토리지 솔루션을 제공해 AI 인프라를 지원한다.

12 **T-모바일(T-Mobile):** T-모바일은 데이터센터의 네트워크와 관련해 5G 네트워크를 활용하는 솔루션을 제공하고 있다. T-모바일은 AI와 데이터 분석에 필요한 고속 5G 연결을 제공해 데이터센터 운영을 효율적으로 지원하는 사업을 펼치고 있다.

13 **아틀라스엣지(AtlasEdge):** 아틀라스엣지는 유럽 전역에서 데이터센터 인프라를 제공하며, 특히 엣지 컴퓨팅과 관련된 인프라 구축에 주력하고 있다. 아틀라스엣지는 차세대 AI 및 클라우드 애플리케이션을 지원하는 엣지 데이터센터를 확장하는 데 주력하고 있다.

4장
반도체를 둘러싼 군웅할거, 누가 승자가 될 것인가

반도체 전쟁, 칩워는 현재 진행형

— 퀄컴이 인텔을 인수하기 위한 제안을 던졌다.

2024년 9월 〈월스트리트저널〉의 뉴스였다. 미국 반도체 기업 퀄컴이 경쟁사인 인텔에 인수 의사를 타진했다는 것이다. 충격적인 소식이었다. 오늘날 반도체 역사의 모든 것이라 불리던 인텔이 모바일 칩 제조사이자 경쟁사인 퀄컴의 인수합병 대상에 올랐다는 것이다.

인텔의 미래는 암울하다. 모바일 칩 분야는 영국 반도체 설계 전문 기업 암(Arm)이 압도적인 우위를 점했고 AI칩은 엔비디아가 초격차를 벌리며 압도적 우위를 점하고 있다. 인텔의 핵심 사업인 CPU 부문도 AMD에 추격을 허용한 상태다. 암도 인텔 인수에 관심 있는 것으로 전해졌다. 인텔은 미국에서 '국가 인프라'로 인식되기 때문에 미국이나 외국이나 이 회사의 인수합병 성사는 쉽지 않다. 하지만 인수합병 대상에 올랐다는 것은 제너럴일렉트릭의 몰락만큼이나 충격적인 소식이다.

반도체 전쟁, 일명 칩워(Chip War)는 현재 진행형이다. 생성형 AI 혁명으로 학습에 필요한 데이터센터 건립과 이에 필요한 고성능 반도체에 대한 수요가 폭증한 데다 미중 전쟁 영향으로 반도체가 국가 전략무기처럼 인식됨에 따라 AI 패권을 잡기 위해 AI 강대국들의 반도체 확보 전쟁이 치열하게 벌어지고 있다.

칩워를 주도하고 있는 미국은 칩 생산과 공급의 주도권을 잡기 위해 생산시설 자체를 자국 내로 옮기고 있다. 코로나 기간 반도체 부족으로 힘들었던 경험에 비춰, 다른 나라에 의존하지 않고 자급자족하기 위해 생산시설 자체를 옮기는 '온쇼어링(On-Shoring)'을 하는 것이다. 반도체 칩은 이제 단순한 부품이 아니라 국가 경쟁력과 직결된 중요한 자원이다.

기업들도 호응하고 있다. 샘 올트먼은 무려 7조 달러라는 천문학적인 금액을 투자받아 전 세계에 반도체 공장을 짓고, AI 개발에 필요한 칩을 충분히 생산하려는 계획이다. 이를 위해 아랍에미리트 같은 나라들과 투자 협상 중이라고 알려졌다. 마이크로소프트, 구글 등 AI 경쟁업체와 우위를 점하기 위해서는 AI 산업의 급격한 성장 기간에 반도체 공급 문제 해결은 필수이기 때문이다. 이러한 계획이 성공한다면 AI 기술 발전에 큰 도약이 될 수 있지만, 그 규모와 투자금액이 워낙 커서 실현 가능성에 대한 의문도 제기되고 있다.

미국이 AI 기술의 주도권을 잡기 위해 강력한 조치를 취하고 반도체 핵심 기술을 다른 나라에 수출하는 것을 제한하면서, 동맹국들도 중국과 러시아에 대한 기술 수출을 막도록 압박하고 있다. 이런 상황에서 생성형 AI 시대의 최대 수혜자인 엔비디아의 경우 대 중국 수출 규제를 피해 중국 기업에 수출하기도 했다.

국가 단위의 전략을 넘어서 기업 단위로 이해관계에 맞물려 생성형 AI 시대에 반도체 대란은 불확실성이 가장 높은 시장 환경인 셈이다. 지금 반도체 전쟁은 중국 '춘추전국시대' 상황을 방불케 한다. 진나라가 통일하기 전에 일곱 개 국가(전국 칠웅: 진, 초, 제, 연, 조, 위, 한의 일곱 나라가 일어나 서로 대립)가 패권을 다툰 군웅할거 한 시대다. 중국이 춘추시대를 거쳐서 전국시대를 맞이하게 된 것처럼 인텔, AMD, 삼성전자, TSMC, 퀄컴 등 전통 반도체 기업이 나눴던 춘추시대가 끝나고 이제는 오픈AI, 알파벳, 메타, 애플, 마이크로소프트, 아마존, 엔비디아 등 빅테크 기업들이 자신의 영역을 기반으로 반도체 패권 전쟁에 나서는 전국시대에 진입하게 된 것이다.

젠슨 황의 엔비디아? 샘 올트먼의 오픈AI? 누가 중국 진시황의 진나라 같이 천하통일을 이룰지는 아무도 모른다. 섣부른 예측도 금물이다.

AI가 결정하는 반도체 전국시대의 패권

미국 빅테크 기업들의 2024년 2분기 실적 발표에 따르면 빅테크 기업 간 AI 경쟁에서 단연 승자는 엔비디아라는 평가다. 〈월스트리트저널〉에 따르면 아마존, 마이크로소프트, 구글 등 빅테크 기업들은 생성형 AI 경쟁에서 주도권을 쥐기 위해서 대규모 자본 지출을 단행하고 있다.

AI칩 시장은 단연코 엔비디아가 주도하고 있다. 인텔 등 경쟁사들이 고군분투하고 있지만 아마존, 메타 등 주요 빅테크 기업들이 발표한 보고서에 따르면 대부분 자본 지출이 데이터센터 구축과 엔비디아의 칩을 활용한 AI 시스템 구입을 위한 지출이었던 것으로 나타났다.

〈월스트리트저널〉에 따르면 아마존, 구글, 마이크로소프트, 메타 플랫폼 등 네 개 회사의 2024년 6월 분기 총자본 지출은 585억 달러를 기록했다. 이는 전년 대비 64퍼센트 급증한 수치로, 2018년 이후 가장 큰 증가 폭을 기록한 것이다. 기업들은 2024년 남은 기간과 2025년까지 관련 지출 증가가 지속될 것으로 예상된다. 이에 인프라 구축을 위한 칩 제조 기업의 전망 또한 밝은 상황이다.

막대한 자본 지출로 AI 투자 대비 수익에 대한 의구심을 자아낸 구글의 알파벳이 가장 대표적이다. 순다르 피차이 CEO는 투자자들에게 "AI 투자에서 엄청난 모멘텀을 보고 있다"라며 막대한 투자가 수요를 감당하기 위한 것임을 시사했다.

세계 최대 반도체 제조업체인 TSMC는 고성능 AI칩을 위한 패키징 기술(WoWoS) 수요가 너무 강해 2025년 또는 2026년까지 고객의 실제 수요를 충족할 수 없을 것으로 전망했다. 마이크로소프트는 클라우드 고객 수가 최근 분기에 거의 60퍼센트 증가했으며 고객당 평균 지출도 증가했음을 보고했다. 또한 AI GPU 서버의 수요가 너무 높아 용량 제한이 있을 것이란 전망이다. 이에 반도체 기업 간의 합종연횡도 활발해지고 있다. 반도체 설계 전문업체 AMD가 데이터센터용 AI 시스템 설계 업체 ZT시스템(ZT Systems)을 인수했다. 총 49억 달러 가치의 현금 및 주식을 활용, 2025년 상반기에 거래를 마무리한다는 계획이다.

ZT시스템의 주 고객은 아마존웹서비스, 마이크로소프트 애저 등 대규모 클라우드 서비스를 운영하는 하이퍼스케일러다. ZT시스템의 데이터센터용 AI 시스템, 인프라(Rack, 랙) 설계 능력을 확보한 AMD가 데이터센터용 AI 가속기(Accelerator) 시장 1위인 엔비디아를 추격할 수 있을지 귀추가 주목된다.

현재 데이터센터용 AI 가속기 시장은 엔비디아가 지배하고 있다. 반도체 분석 업체 테크인사이트에 따르면 엔비디아는 2023년 376만 개의 데이터센터 GPU를 출하했다. 2022년 대비 출하량이 100만 개 이상 급증했다. 출하량 기반 엔비디아의 시장점유율은 98퍼센트에 달한다. 시장 성장의 수혜를 입은 엔비디아의 2023년 매출은 126퍼센트 늘었다.

데이터센터용 GPU를 제조하는 AMD와 인텔을 포함한 2023년 총 GPU 출하량은 385만 개다. AMD의 시장점유율은 낮지만, 가파르게 성장하는 데이터센터용 AI 가속기 시장 추세를 볼 때 과감한 M&A를 단행할 가치가 있다고 판단했다. 최근 AI 인프라 시장을 회의적으로 바라보는 '거품론'이 대두되기도 했지만, 현업에서는 여전히 AI 시장의 미래를 밝게 전망하고 있는 것으로 풀이된다.

반도체 전국시대의 자국 중심주의와 이기심

중국 전국시대엔 '제자백가'라는 철학이 꽃피우던 시기였다. 하지만 반도체 전국시대엔 '자국 중심주의', '이기심'이 유일한 철학이다. 반도체 자국 중심주의는 생성형 AI의 수요가 급증하면서 AI 모델을 개발하고 배포하는 데 강력한 칩이 필요하다. 그런데 전반적인 글로벌 공급망이 부족함에 따라 반도체 자국 중심주의가 생겨난 것이다. 여기에 생산 문제와 지역 갈등에 따른 지속적인 운송 문제로 인해, 생성형 AI 학습을 위한 핵심 부품인 GPU에 대한 칩의 공급이 절대적으로 부족하다.

마이크로소프트의 최근 연간 보고서는 GPU의 부족을 투자자에게 잠재적인 위험으로 표시해 이러한 칩이 AI 개발에서 중요한 역할을 하고 AI 기술에 의존하는 기업과 최종 사용자에게 더 넓은 영향을 미친다고 강조했다.

GPU는 그래픽 처리에 특화된 반도체로, AI 모델의 학습과 추론에 필수적인 역할을 하는데 GPU의 부족은 AI 개발과 관련된 다양한 분야에 영향을 미친다. 업계 전체가 핵심 부품의 공급 부족 상황에서 폭발적인 수요 충족을 위한 효율적인 개선 또는 대체 방법을 개발하는 데 총력을 기울일 것으로 예상한다. 2024년 2월 샘 올트먼이 자체칩 개발을 위해 7조 달러의 투자금을 조달하는 사업 개발 투어에 나선 이유일 것이다.

2022년 8월에 법으로 제정된 CHIPS 법은 미국 반도체 산업을 강화하기 위한 법안이다. 미국 자국 중심주의로 반도체 산업을 보호하기 위함인데 법안 도입 이후 50개 이상의 새로운 반도체 시설 프로젝트가 발표됐다. 이 법안으로 외국 기업 포함 민간 기업들은 2,100억 달러 이상의 미국 내 반도체 생산 투자를 약속했다.

인텔은 오하이오주 콜럼버스 외곽에 200억 달러 규모의 반도체 제조 단지 건설 계획을 발표했고 마이크론은 향후 20년 동안 최대 1,000억 달러를 투자할 계획이다. 삼성은 텍사스에 열한 개의 공장 건설을 검토 중이며, 이미 한 공장에만 250억 달러를 투자했는데, 이는 초기 예상보다 80억 달러 더 많은 금액이다.

뉴욕주 북부에 오직 제너럴모터스를 위한 전용 반도체 생산 시설을 구축한 글로벌파운드리스(GlobalFoundries)와 제너럴모터스는 장기 파트너십을 발표했다. 세계 최대의 첨단 반도체 제조업체인 대만 TSMC

는 피닉스에 대규모 시설을 착공하며 투자 금액을 400억 달러로 늘렸다. 이러한 미국 내 생산 시설 강화의 목표는 반도체 공급망 중단에 따른 해외 의존도를 줄이고 미국이 앞으로도 첨단 산업을 주도하고자 하는 것이다.

기업으로서는 훨씬 저렴한 해외 생산 대신 비용이 훨씬 높은 미국에 생산시설을 운영하는 것은 비효율적이다. TSMC는 미국 상무부에 제출한 최근 의견서에서 피닉스 공장이 대만의 같은 시설보다 더 비용이 많이 든다고 불만을 제기했다. 이는 미국 내 높은 임금과 세금, 낮은 생산성, 전문가 부족, 그리고 더 엄격한 규제 때문이다. 이러한 반도체 미국 중심주의 계획은 중국에 대한 기술 수출 통제 강화와 맥을 함께한다.

2023년 3월, 엔비디아는 중국 등에 수출이 가능한 미국 상무부 가이드라인을 준수하는 H800 칩을 도입했는데 이는 중국에 수출이 제한된 H100 칩의 대체품이다. 2023년 10월에는 중국 전용 A800 및 H800 칩의 수출이 중단됐다. 이에 따라 중국은 미국이 아닌 다른 반도체 공급업체로 눈을 돌리게 됐다. 그 결과, 오랜 엔비디아 고객이었던 바이두(Baidu) 같은 기업들은 화웨이의 AI칩을 선택했다. 이런 조치는 중국이 자국 내 반도체 공급망을 강화하도록 유도했고, 화웨이 같은 대체 공급업체에 의존하게 만드는 역효과를 낳게 됐다. 결국, 미국의 반도체 국산화 전략은 자국 산업을 보호하고 독립성을 강화하려는 의도지만, 그 과정에서 발생하는 비용, 생산성 문제, 그리고 국제시장의 변화라는 복잡한 도전과 타협이 필요한 상황이 됐다.

AI 주도 칩 전쟁과 미·중 간의 고조되는 긴장은 국가 경쟁력에 중요한 AI칩에 대한 공급망 분열을 촉발하고 있다. 이러한 분열은 미국의 칩스법과 점점 더 엄격해지는 수출 통제와 같은 전략적 조치로 인해 악화됐다. 개별 기업 단위에서는 이러한 법안이 매출에 영향을 주자 엔비디아와 같은 기업들이 중국 특화 칩을 출시함으로 법안을 통해 이를 우회하려고 시도했다. 하지만 새로운 미국의 제한으로 좌절돼 중국 기업들이 화웨이와 같은 국내 공급업체로 전환하도록 했다.

네덜란드 기업 ASML은 미국의 압력하에 중국에 대한 첨단 반도체 제조 장비의 선적을 취소해 중국의 핵심 AI 개발 기술의 접근을 억제했다. 미중 갈등은 중국이 국제 제한을 우회할 수단으로 오픈 소스 칩 아키텍처인 RISC-V(오픈 소스 컴퓨터 칩 아키텍처)와 같은 대안을 촉발했다. 칩 전쟁의 강화는 AI칩 시장의 분열로 이어지며, 장기적으로 글로벌 기술 발전과 협력에 대한 잠재적인 영향을 미치고 있다.

AI칩 전쟁은 미국과 중국을 중심으로 벌어지는 기술 패권 경쟁의 일환으로, AI 개발에 필수적인 반도체 칩의 생산과 공급을 둘러싼 갈등이자 국가 안보, 기술 주권, 경제적 이익 등 다양한 측면에서 중요한 의미가 있다. 이러한 보호주의적 접근은 장기적으로는 기술적 자급자족을 이루기 위해 필요하지만, 단기적으로는 비용, 인재 부족, 국제 협력의 어려움을 겪을 것으로 예상된다.

실전에서 싸울 병사가 없다

2025년 반도체 전국시대 패권 전쟁의 가장 큰 문제는 자본이 아니라 실전에서 전투를 벌일 '병사'가 없다는 것이다. 자금과 정부 지원이 있어도 일할 사람이 부족하다. 핵심 칩을 개발하기 위해 다수의 글로벌 반도체 회사들은 생산 시설 확장에 박차를 가하고 있지만 숙련된 인력의 부족으로 인해 성장에 제약을 받을 수 있다. 이는 혁신이나 생산 지연까지 초래되고 있다. 글로벌 반도체 산업은 숙련된 인재 부족 문제에 직면해 있는 것이다.

실제 미국은 7만 명에서 9만 명의 인력이 부족할 것으로 예상되며, 2030년까지 엔지니어는 30만 명, 기술자는 9만 명에 달하는 인력 부족이 발생할 것으로 예상했다. 숙련된 노동력 부족으로 인해 TSMC는 400억 달러를 투자한 애리조나 공장의 진행이 지연을 겪고 있다.

중국의 거대한 반도체 산업도 30만 명의 숙련된 인재 부족 문제를 겪고 있다. 한국도 향후 10년간 최소 3만 명의 숙련된 인력이 부족할 것으로 예상되나 대학에서 배출하는 관련 졸업생 수가 필요 인력의 절반에도 미치지 못하고 있다.

일본 또한 관련 제조산업에 3만 5,000명의 추가 엔지니어가 필요하다고 추산된다. 유럽 반도체 성장도 상당한 인재 부족으로 어려움을 겪고 있다고 업계 관계자들은 말한다. 반도체 생산을 자국으로 옮겨오거나 생산 시설을 확장하는 것이 공급망 보안에 도움이 될 수 있지만 현실은 녹록지 않다. 반도체는 기술적으로 매우 복잡한 분야로, 고도로 숙련된 기술자가 필요하지만 인재를 양성하는 데는 상당한 시간이 필요하다. 이에 따라 현재 미국, 대만, 중국, 한국, 일본, 유럽 등 주요 반도체 국가들은 모두 인재 부족 문제를 겪고 있다.

반도체 산업의 국산화와 공급망 강화 노력은 중요하지만, 이러한 목표를 달성하기 위해서는 인재 양성이라는 중요한 과제가 함께 해결돼야 한다. 인재 부족 문제는 단기간에 해결하기 어려운 만큼, 교육과 훈련, 그리고 인재 유치를 위한 정책적 지원이 필수적이다.

이러한 어려움은 반도체에 크게 의존하는 AI, 모빌리티 등 타 관련 산업으로 파급될 수 있다. 미중 갈등, 대만, 한국, 일본 등 외교, 정치, 경제적으로 고조되는 지정학적 긴장 속에서 전문 인재 확보는 더욱 어려워지고 있으며 핵심인재 확보로 기업 경쟁 우위를 점할 수 있다.

반도체 전국시대 예상 시나리오

미국의 AI 개발 규제 강화

2025년 시작되는 미국의 새로운 정부는 미국이 AI 분야에서 중국의 성장을 막기 위해 더욱 강력한 조치를 취할 것이다. 결국 지정학적인 긴장감에 따른 규제는 더욱 강화될 수밖에 없다. 미국은 대중국 반도체 수출 규제에 이어, AI 개발에서 중국과의 협력을 제한하도록 동맹국들을 더욱 압박할 것으로 예상된다. 세계에서 가장 정교한 반도체 제조 장비를 공급하며, 극자외선(EUV) 리소그래피 기술의 선두주자인 ASML(Advanced Semiconductor Materials Lithography)을 보유한 네덜란드와 같은 반도체 핵심 국가의 압박이 지속될 것이지만 개별 기업들은 수익 극대화를 위해 우회적으로 대중국 수출을 이어갈 것이다.

미국의 반도체 수출 규제와 세계 최강국 미국의 압박에 따른 동맹국의 동조로, 글로벌 반도체 및 AI 산업, 그리고 글로벌 공급망이 재편될 가능성이 크다. 과도한 규제와 협력 제한은 AI 기술의 발전을 저해할 수 있다는 우려와 함께 AI칩 시장의 양극화는 미국과 중국을 중심으로 두 개의 기술 생태계가 별도로 형성되는 현상이 나타날 수도 있다.

이러한 긴장감이 고조되고 있는 가운데, 반도체 산업에서 기업들은 위험을 완화하기 위해 공급망을 다변화해야 할 필요성이 있다. AI칩 시장의 양극화로 인해 기업들은 독자적으로 혁신하거나 공급망을 내부화해야 할 수 있으며, 이에 따라 비용이 증가할 수 있다.

글로벌 정치·경제적 불안정으로 인해 기업들이 반도체 공급망을 안정화하기 위해 다양한 조치를 취하고 있으며, 이에 따라 비용 상승이 불가피해 산업 전반의 성장에 저해 요소가 될 것으로 전망된다.

심화되는 미국의 기술 독점

현재 미국이 첨단 칩 기술 분야에서 강력한 지배력을 행사하고 있다. 엔비디아 등 자국 기업들이 생성형 AI 핵심 칩을 생산하고 있는 상황에서 칩 수출 통제 강화 정책을 통해 미국은 경쟁국들이 첨단 칩과 생산 장비를 공급받지 못하도록 위해 수출 규제를 강화하고 있다. 미국의 동맹국들도 같은 규제를 따르도록 요구하고 있는데 이러한 상황에서 중국과 러시아의 기술 발전을 방해하고 있다. 이들 국가는 자국 산업 발전을 위해 외국산 칩에 의존하고 있었는데, 이러한 제약으로 자체 칩 개발에 어려움을 겪고 있다. 즉, 미국은 첨단 칩 기술을 무기로 삼아 경쟁국들을 압박하고, 자국의 기술 우위를 공고히 하는 것이다.

미국의 첨단 칩 수출 규제에도 중국은 다양한 방법으로 이를 돌파하고 있다. 중국이 엔비디아 같은 회사의 고성능 칩을 암시장이나 불법적인 방법으로 사고 있다는 것은 이미 알려진 사실이며 핵심 인재를 빼오거나 지적재산권 침해를 통해 핵심 기술을 빼돌리고 있다.

자체적인 칩 개발이 이러한 환경에서 오히려 가속화되면서 중국만의 AI칩 생태계가 구축되고 있다. 글로벌 제조 강국인 중국은 자국의 인재와 제조 인프라를 활용해 기술 격차를 급속도로 줄이고 있으며 신속하게 제조 설비를 갖춰 강력한 가격 경쟁력까지 갖춰가고 있다. 이에 따라 중국은 가전제품이나 자동차 등에 사용되는 상대적으로 성능이 낮은 전통적인 칩뿐만 아니라 최첨단 AI칩 생산국으로 강력한 지위를 구축하고 있으며, 가격 경쟁력을 무기로 외국 기업들을 밀어내고 있다. 결과적으로 미국의 견제와 방해 속에서 오히려 중국만의 칩 경쟁력이 생기는 역효과를 낳고 있다.

강대국만의 고유 생태계 생성은 AI 생태계 전반에 악영향을 끼칠 것으로 예상된다. 서로 다른 AI 생태계가 형성되면 상호 호환성이 떨어져 기술 발전에 제약이 될 수 있기 때문이다. 바이든 정부 이후 새로운 미국 대통령 또한 미국 중심주의 노선으로 갈 것이 확실한 상황에서 미국의 칩 경쟁력은 한동안 더욱 공고히 될 것으로 예상된다. 하지만 이런 조치가 글로벌 AI 산업의 발전을 저해할 수 있다는 우려도 있으며 동맹국들의 반발을 불러일으킬 가능성도 있다.

2025년 반도체 트렌드

AI가 AI용 칩을 만든다

AI로 급성장한 반도체 시장이 AI를 활용해 더욱 발전할 것으로 예상된다. AI가 설계한 칩이 비용은 저렴하면서 더 좋은 성능으로 생산될 수 있다. AI를 어떻게 적용하느냐에 따라 비용을 절감해 기존 국가, 기업 간 경쟁 역학과 시장점유율을 변화시킬 수 있다. AI를 활용하면 현재 인재 부족 상황도 일부 해소할 수 있어 칩 설계자의 수요가 줄어들지만, 관련 AI 전문가의 수요가 늘어날 것으로 예상된다. 또한 효율적인 비용이 들어간 칩 설계는 AI 의존 부문에서 혁신을 촉발해 새로운 비즈니스 기회로 이어질 수 있다. 엔비디아는 이미 AI를 사용해 AI칩 설계를 개선하고 있다. 칩 설계 과정에서 수십억 개의 트랜지스터를 배치해야 하는데, 이 과정에 AI를 활용하면 비용과 속도뿐만 아니라 전력 효율의 개선이 가능하다.

2023년 3월 엔비디아는 알파벳 연구를 기반으로 AI 기술의 조합이 대규모 트랜지스터 그룹을 배치하는 더 최적화된 방법을 찾을 수 있음을 보여주는 논문을 발표했다. 트랜지스터당 비용이 각각의 새로운 세대의 칩 제조 기술(무머의 법칙과 반대로)과 함께 증가함에 따라, 엔비디아의 수석 과학자 빌 달리는 더 저렴한 트랜지스터에 의존하는 대신 더 지능적인 설계의 필요성을 강조했다. 바로 AI 활용이 그 방안이다. 엔비디아 외에도 업계의 다른 주요 업체들도 AI를 칩 설계 프로세스에 통합하는 이점을 인식하고 있다.

AI로 설계하면 더 적은 전력을 소모하고, 더 작은 면적으로 고성능 칩을 제작할 수 있는 동시에 생산 비용을 절감하고, 제품의 경쟁력을 높일 수 있는 이점이 있다. 또한 AI를 활용한 칩 설계는 기존 대비 칩 설계 인력의 수요를 줄이고, AI 전문가의 수요를 증가시킬 것으로 예상돼 향후 산업 전체에 큰 영향을 줄 것으로 보인다. 주요 업체들이 AI 채택을 가속함에 따라 반도체 산업은 더 스마트하고 더 자동화된 설계의 혜택을 받을 것이다.

AI로 개발된 다양한 목적에 적합한 칩은 여러 산업에서 새로운 비즈니스 기회를 창출할 것으로 예상된다. 예를 들어 자율주행 자동차, 의료 진단, 금융 서비스 등의 분야에서 새로운 애플리케이션과 서비스가 등장할 수 있다.

맞춤형 자체 AI칩 개발 붐

메타, 구글, 마이크로소프트 등 빅테크 기업들은 과거 인텔과 같은 전통적인 칩 공급업체에서 개발된 칩에 의존하는 대신 자체 AI 모델을 실행하는 효율성, 비용 및 성능을 향상시키기 위해 맞춤형 자체 AI칩과 하드웨어를 개발하고 있다.

메타의 AI칩은 현재 훈련이 아닌 추론에 초점을 맞추고 있다. 이 프로젝트는 이전에 기존의 GPU 및 비용이 많이 드는 데이터센터 재설계에 의존한 후 맞춤형 AI 하드웨어에서 경쟁사를 따라잡겠다는 전략이다. 마이크로소프트도 LLM을 훈련하기 위해 자체 AI칩을 개발하고 있으며, 이를 통해 현재 AI칩을 독점하다시피 한 엔비디아 GPU에 대한 의존도를 줄이려고 한다.

마이크로소프트는 자체 개발 칩으로 비용을 절감하는 것을 목표로 하며, 자체 개발한 칩을 내부적으로 활용하는 동시에 전략적 파트너인 오픈AI에 제공할 계획도 있는 것으로 알려졌다. 자체 개발 칩이 가까운 시일 내에 엔비디아를 직접 대체하지는 못하지만, 마이크로소프트가 빙, 오피스, 깃허브 등에서 AI를 확장함에 따라 회사의 AI 비용을 낮출 수 있다.

2025년 이후에도 AI 시장이 더욱 확대되고 대부분 제품과 서비스에 AI가 탑재되고 있는 것을 감안하면 맞춤형 자체 AI칩 개발 열풍을 더욱 가속화될 것으로 전망된다.

대세가 된 ARM 기반 PC 칩

수십 년 동안 개인 컴퓨팅 시장은 인텔의 x86 칩을 사용해 운영돼 왔다. 그러나 이제는 전력 효율로 유명한 ARM 아키텍처가 시장을 장악하고 있다. ARM 기반 PC 칩은 저전력, 고효율로 유명한 CPU 아키텍처다. 스마트폰, 태블릿 등 모바일 기기에서 주로 사용됐지만, 최근에는 PC 시장으로 그 영역을 확장하고 있다. ARM 기반 PC 칩은 기존의 인텔이나 AMD x86 아키텍처 기반 CPU와는 다른 특징을 가지고 있는데, 우선 모바일 기기에서 사용되도록 설계돼 전력 소비가 매우 적다. 이는 배터리 수명이 중요한 노트북이나 태블릿에 큰 장점으로 작용한다. 코어 수가 적더라도 효율적인 설계 덕분에 일반적인 작업에서는 x86 CPU에 비해 뒤지지 않는 성능을 보여준다. 또한 저전력 설계 덕분에 발열이 적어 쿨링 시스템이 간단해질 수 있다. 생산 단가가 낮아 x86 CPU 기반 PC보다 저렴한 가격으로 생산할 수 있다.

이러한 장점으로 ARM 기반 PC 칩은 현재 빠르게 발전하고 있으며, 앞으로 PC 시장에서 더욱 큰 비중을 차지할 것으로 예상된다. 모바일 시장을 넘어 이제 엔비디아와 AMD 등 주요 업체들이 ARM의 기술을 채택하고 있다. 특히 엔비디아는 ARM 기반 설계를 통해 개인용 컴퓨터용 CPU 분야에 진출했다. 마이크로소프트의 윈도 운영 체제와 호환되는 이러한 CPU는 빠르면 2025년에 출시될 것으로 예상된다.

AMD도 윈도PC용 ARM 기반 CPU를 개발하고 있다고 알려졌다. 마이크로소프트는 2023년 11월 자체 ARM 기반 CPU를 출시할 계획을 발표했고 2025년 본격적으로 관련 제품을 출시할 것으로 예상된다. 엔비디아와 AMD가 ARM 기반 PC 시장에 진입함에 따라 인텔과 퀄컴의 고민이 깊어지고 있다. 인텔이 시장점유율과 기술적 우위를 되찾기 위해 총력을 기울이면서 경쟁도 심화되고 있다. 향후 ARM 아키텍처의 확산은 개인 컴퓨팅 시장의 경쟁 구도를 변화시킬 것으로 예상된다. 전력 효율성을 중시하는 시대에 ARM 아키텍처는 확실히 유리한 위치에

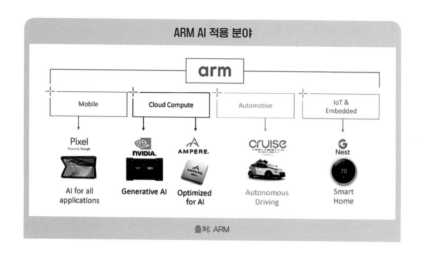

출처: ARM

있기 때문이다.

AI 워크로드를 최적화하는 반도체

AI 워크로드 최적화 칩이란 AI 연산을 효율적으로 처리하도록 설계된 특수한 반도체를 의미한다. 기존의 일반적인 CPU나 GPU와는 달리, AI 알고리즘의 특성에 맞춰 병렬 처리 능력, 메모리 대역폭, 에너지 효율성 등을 극대화하여 AI 모델 학습과 추론 속도를 비약적으로 향상시킬 수 있다.

고급 AI는 방대한 양의 데이터를 처리하고 복잡한 모델을 학습해야 하는데, 그러려면 수준 높은 연산 능력이 가능한 AI 워크로드 최적화 칩이 필요하다. 이에 따라 고급 AI를 탑재하는 데에는 높은 비용이 발생한다. 예를 들어 구글이 GPT-3를 모든 검색 쿼리에 추가하려면 엔비디아의 구형 A100 칩 27억 개가 필요하며, 이는 400억 달러 이상의 비용이 든다.

대규모 데이터센터에서 AI 모델을 운영하기 위해서는 에너지 효율성이 매우 중요한데 AI 워크로드 최적화 칩은 상대적으로 낮은 전력을 소비한다. AI 알고리즘에 특화된 게 중요한데 AI 워크로드 최적화 칩을 사용하면 불필요한 연산을 줄이고, 성능 대비 전력 소비를 최적화할 수 있다.

엔비디아는 20세기 중반 컴퓨터 과학 분야를 혁신적으로 이끈 그레이스 호퍼(Grace Hopper)의 이름을 따서 생성형 AI용으로 최적화된 H100 칩을 출시했다. 이전 칩보다 훨씬 빠른 처리 속도를 자랑하는 H100은 AI 서비스를 개발하려는 기업에 필수적이다. 2023년 11월 엔비디아는 호퍼 아키텍처를 기반으로 H200을 출시해 AI 컴퓨팅 성능을 한층 더 높였다. HBM3e(고대역폭 메모리의 일종, 기존의 HBM보다 더 높은 대역폭과 용량을 제공)를 탑재한 최초의 GPU인 H200은 생성형 AI와 LLM에 필수적인 더 빠른 처리를 가능하게 한다. A100과 비교하면 메모리 용량이 두 배, 대역폭이 2.4배 더 높다. 한편 아마존웹서비스는 AI 모델 훈련용으로 특별히 설계된 트레이니엄(Trainium)2를 발표했다.

아마존웹서비스는 엔비디아의 차세대 H200 GPU에 대한 액세스를 전문화된 컴퓨팅 클러스터를 통해 제공할 계획이다. 엔비디아의 의존도를 줄이기 위해 마이크로소프트는 LLM 훈련을 목적으로 자체 개발한 AI칩과 클라우드 작업 부하에 맞춤화된 ARM 기반 CPU도 자체적으로 개발했다. 이 칩은 AI의 수요가 많은 고객을 위한 애저 데이터센터를 구동하는 데 사용 예정이다.

AI 기술의 발전과 함께 AI 워크로드 최적화 칩 시장은 더욱 성장할 것으로 예상된다. AI 알고리즘의 다양화에 따라 더욱 특화된 아키텍처의 칩들이 등장할 것이고 모바일 기기, IoT 기기 등에서 AI를 활용하기 위해 소형화 및 저전력화가 될 것이다. 또한 클라우드 기반 AI 서비스와 함께 엣지 디바이스에서의 AI 처리가 중요해지면서, 다양한 환경에 적합한 칩들이 개발될 것으로 예상된다. 결론적으로, AI 워크로드 최적화 칩은 AI 기술 발전의 핵심 요소이며, 앞으로 더욱 다양하고 발전된 칩들이 등장해 AI 시대를 이끌어갈 것이다.

지속 가능한 차세대 모델, 광자칩의 부상

생성형 AI 모델의 지속적인 성장과 함께 에너지 소비도 급격히 증가하고 있다. 생성형 AI를 위해 빅테크가 사용하는 데이터센터의 전기 사용량이 중소 규모의 국가 단위 소비량과 맞먹고 있다고 알려졌다. 전기 대신 빛을 사용해 작동하는 광자 AI칩(Photonics AI Chip)은 에너지 효율을 향상시켜 차세대 모델의 가능성을 제시한다.

광자칩은 빛(광자)을 사용해 정보를 처리하고 전송하는 반도체 기술이다. 전통적인 전자 칩은 전기를 소모해 신호를 처리하지만, 광자칩은 빛을 활용해 더 빠르고 효율적으로 데이터를 전송할 수 있다. AI 시대에 AI 러닝 모델의 기본 연산인 행렬 곱셈을 탁월하게 수행하기 때문에 성능 또한 우수하다.

그러나 지금까지 광자 AI칩의 응용은 추론 작업에만 국한돼 AI 학습에 필수적인 신경망 훈련에 필요한 필수 알고리즘을 구현하는 데 어려움을 겪었다. 스탠퍼드대학교의 한 연구팀은 광학칩에서 AI를 성공적으로 훈련함으로써 이 문제를 최초로 해결해 새로운 가능성을 제시했다. 여전히 개선의 여지가 있지만, 광자칩을 활용해 AI를 지속할 수 있게 발전시키면서도 에너지 효율을 높일 가능성을 보여줬다. 또한 광자칩은 대용량 데이터를 처리하면서도 대역폭을 확장할 수 있어 더 복잡한 AI 시스템과 대규모 신경망을 구현하는 데 유리하다.

하지만 아직은 대량 생산에 높은 제조 비용이 들어가고, 높은 난노의 광자칩 제조 기술이 초기 단계에 있어, 대중화되기까지 시간이 필요하다. 또한 다양한 광자 기술이 개발되고 있지만, 표준화가 필요해 상호 운용성 및 대규모 상용화에 걸림돌이 될 수도 있다.

광자칩은 이제 훨씬 빠르게 발전하고 있어 AI의 성능을 혁신적으로 향상시킬 가능성이 크며, 고속 데이터 처리와 전력 효율성이 중요한 미래 AI 시스템에서 중요한 역할을 할 것으로 예상된다. 현재 방식으로 AI의 발전이 지속된다면 에너지 부족 문제에 직면할 것이다. 이런 상황에서는 광자칩이 기술의 발전과 동시에 에너지 효율성을 동시에 추구할 수 있는 몇 안 되는 해결 방안이 될 수 있다.

2025년 반도체 패권전쟁 5대 예측

1. **미국과 중국의 반도체 패권 경쟁 심화:** 미국은 반도체 기술에 대한 수출 규제를 강화해 중국의 반도체 기술 발전을 억제하려고 한다. 이러한 규제는 AI칩의 핵심 기술 확보를 위한 두 나라의 경쟁을 더욱 고조시킬 것으로 보인다. 중국은 자국 내 반도체 산업을 성장시키기 위한 다양한 전략을 추진하며, 미국과의 기술 격차를 줄이려 할 것이다.

2. **AI칩 수요 폭증:** 생성형 AI 기술의 발전으로 인해 데이터센터에서 사용되는 AI칩에 대한 수요는 지속해서 증가할 것이다. 특히 엔비디아와 같은 AI칩 제조업체는 AI칩 시장에서 지배적인 위치를 차지할 것이며, 기업들의 대규모 투자는 계속될 전망이다. AI 기술 발전에 필수적인 고성능 AI칩은 다양한 산업에서 필수적인 요소가 될 것이다.

3. **반도체 인재 부족 문제 심화:** 반도체 산업의 성장에도 불구하고 숙련된 기술자들의 부족이 큰 걸림돌이 될 것이다. 반도체 생산을 위한 인재 양성에 상당한 시간이 걸리기 때문에, 미국, 중국, 대만, 한국 등 주요 반도체 국가들은 인재 확보에 어려움을 겪을 것이다.

4. **자국 중심주의 반도체 정책 강화:** 미국과 중국 등은 자국의 반도체 생산 강화를 위한 정책을 펼치고 있다. 미국은 칩스법을 통해 반도체 생산시설을 강화하고, 반도체 공급망의 자급자족을 추진할 것이다. 이에 따라 글로벌 반도체 공급망은 점점 더 분할될 가능성이 있다.

5. **AI칩 설계의 고도화와 비용:** 절감 AI를 활용한 칩 설계 기술이 발전하면서 칩의 성능은 더욱 고도화될 것이며, 동시에 설계 비용은 절감될 것이다. 엔비디아와 같은 주요 기업들은 AI를 통해 트랜지스터 배치와 같은 복잡한 설계 과정을 최적화하고 있으며, 이는 칩 설계 인력 수요를 줄이는 동시에 더 효율적인 칩 생산을 가능하게 할 전망이다.

칩워2:
반도체 전국시대 칠웅할거

1 **엔비디아:** AI칩 시장에서 지배적인 위치를 차지하기 위해 AI칩 성능 개선에 집중하고 있다. 엔비디아는 AI와 데이터센터 기술을 중심으로 GPU 성능을 혁신하면서 반도체 시장점유율을 확대하며, 클라우드 및 AI 연구에도 막대한 투자를 하고 있다.

2 **인텔과 AMD:** 반도체 산업에서 계속해서 리더십을 유지하기 위해 대규모 공장 확장을 추진하고 있다. 특히 미국과 유럽에서 생산시설을 강화해 반도체 공급망을 안정화하려고 한다. 또한 AI칩 설계와 생산 능력 강화를 위해 연구개발(R&D)에 대규모 투자를 지속하고 있다.

3 **TSMC:** 세계 최대의 반도체 파운드리 기업인 TSMC는 AI, 5G, 자율주행 자동차 등에 필요한 반도체를 공급하는 데 주력하고 있다. 미국, 일본 등에서 생산 공장을 확장하며, 이를 통해 글로벌 고객들에게 더욱 안정적인 공급을 제공하려 하고 있다. 또한 TSMC는 3나노미터 이하의 초미세 공정 기술을 선도하며 기술 경쟁력을 강화하고 있다.

4 **구글과 아마존:** 구글은 자체 칩(Tensor Processing Unit, TPU)을 개발해 AI와 머신러닝 응용 프로그램의 성능을 극대화하고 있으며, 클라우드 컴퓨팅 인프라에 반도체 기술을 통합하고 있다. 구글은 데이터센터에서 반도체 기술을 효율적으로 사용해 전력 소모와 데이터 처리 성능을 최적화하는 전략을 취하고 있다. 아마존웹서비스도 자체 칩(Greengrass, Inferentia)을 개발해 클라우드 컴퓨팅 환경에서 AI 워크로드를 가속화하고 있으며, 반도체를 클라우드 서비스에 깊이 통합함으로써 운영 효율성을 높이고 있다.

5 **마이크로소프트:** 마이크로소프트는 자사의 클라우드 플랫폼 애저(Azure)를 통해 자체 AI칩을 개발하고 있다. 이를 통해 클라우드 기반 AI 처리 속도를 높이고 전력 효율성을 극대화하며, 구글과 AWS와의

경쟁력을 강화하고 있다. 또한 AI 및 데이터센터 운영 효율성을 높이기 위해 FPGA(Field Programmable Gate Array) 칩 기술도 활용하고 있다.

6 **삼성전자와 SK하이닉스:** 삼성전자는 2나노미터 이하의 초미세 공정 기술 개발에 집중하고 있으며, AI 및 자율주행 기술에 최적화된 반도체 칩을 개발하고 있다. 또한 파운드리 사업 확대를 위해 대규모 생산 설비 확장에 투자하고 있다. SK하이닉스는 HBM 등 메모리 반도체 분야에서 강력한 경쟁력을 보유하며, 친환경 반도체 개발 및 공정 최적화에 주력하고 있다. 또 비메모리 반도체 및 AI칩 개발에도 집중 투자해 반도체 산업 전반에서의 경쟁력을 강화하고 있다.

7 **중국 SMIC, 화웨이, 알리바바:** 미국의 반도체 수출 제재를 극복하기 위해 중국 내에서 자급할 수 있는 반도체 공급망을 구축하는 데 주력하고 있다. 중국 정부의 지원 아래, SMIC는 7나노미터 이하의 공정 기술 개발을 통해 첨단 반도체 시장에 진입하고 있으며, 반도체 산업의 자립도를 높이기 위한 대규모 투자를 진행 중이다. 화웨이는 미국의 제재에도 불구하고 자사 스마트폰 및 통신 장비에 필요한 반도체를 자체 설계하고, 생산할 수 있는 기술을 확보하고 있다. 특히 AI, 5G 및 통신 관련 반도체 칩 개발에 집중하며, 자체적으로 반도체 공급망을 구축하고 있다. 알리바바도 데이터센터 및 AI 애플리케이션에 적합한 반도체를 자체 개발해 비용 효율성을 높이고 있으며, 이를 통해 중국 내 반도체 기술 자립을 도모하고 있다.

"2025년 반도체 패권전쟁, 결국 기술이 승패를 가른다"

2025년 AI 반도체 패권 전쟁은 어디로 갈까? 삼성전자는 반도체 산업 경쟁력을 잃은 것일까? 메모리만 의존하는 한국 반도체, 미래는 있는가?

반도체 경쟁력이 국력이 되는 가운데 더밀크는 K반도체의 미래를 찾기 위해 《칩 워》의 저자 미국 터프츠대학교 크리스 밀러 교수를 단독 인터뷰했다. 크리스 밀러 교수는 "삼성전자 반도체의 문제는 HBM(고대역폭 메모리)이 아니다. 파운드리다"라며 직격타를 날렸다.

미국 등 각국 정부에서 자국 반도체 산업 경쟁력을 높이기 위해 적극적인 보조금 정책을 펴고 있지만 "진정한 경쟁력은 보조금이 아닌 '기술 우위'에서 나올 것이다"라며 "압도적 기술 격차를 갖도록 연구개발해야 한다"라고 말했다.

다음은 핵심 요약한 인터뷰 내용이다.

김세진(더밀크): 삼성전자는 반도체 부문의 수장도 교체했습니다. 교수님께서는 반도체 전쟁에서 삼성전자의 전략이 유효했다고 보시나요?

크리스 밀러 교수: 삼성뿐만 아니라 업계 전체가 HBM의 중요성을 예측하지 못한 부분이 있었습니다. 특히 지난 18개월 동안 챗GPT와 같은 AI 인프라에 대한 투자로 인해 HBM의 수요가 급증한 것이 업계에 큰 충격을 주었죠. SK하이닉스도 자사 HBM 수요를 맞추기 위해 고군분투하고 있습니다. 하지만 삼성은 여전히 경쟁력이 있고, 현재 상황이 삼성의 더 광범위한 문제를 의미한다고 보기는 어렵습니다.

김세진: 그렇다면 SK하이닉스가 HBM에서는 경쟁 우위를 점하고 있는 건 사실인가요?

크리스 밀러 교수: 맞습니다. SK하이닉스는 HBM에서 의미 있는 우위를 차지하고 있지만, 삼성과 마이크론 또한 D램 시장에서의 파이가 크기 때문에 HBM을 제외하고는 한동안 삼성은 여전히 최대 메모리칩 생산자로 남을 가능성이 큽니다.

김세진: 하지만 삼성의 문제는 HBM보다 파운드리 부문이라는 지적도 있습니다. 이에 대해 어떻게 보시나요?

크리스 밀러 교수: 맞습니다. 로직 파운드리 시장은 훨씬 더 어렵습니다. 현재 TSMC가 선두에 있고, 삼성과 인텔이 2위를 놓고 경쟁하고 있습니다. 삼성은 오랜 기간 파운드리에 큰 노력을 기울였지만, 메모리 분야만큼의 성과는 내지 못하고 있는 상황입니다.

김세진: 각국 정부는 반도체 산업을 전략적인 자산으로 보고 다양한 지원을 하고 있습니다. 미국의 '칩스법'이나 한국의 지원 패키지를 어떻게 보시나요?

크리스 밀러 교수: 각국이 반도체 공급망 현지화를 추진하고 있지만, 실질적인 성과를 내기는 쉽지 않을 것입니다. 특정 반도체는 현지에서 생산될 수 있지만, 대부분 반도체는 여전히 한국에서 생산되고 있습니다. 기술 우위가 더 중요하지, 정부의 보조금만으로는 한계가 있다고 봅니다.

김세진: 그렇다면 기술 우위가 반도체 성공의 핵심이라는 말씀이신가요?

크리스 밀러 교수: 네, 정확합니다. 정부의 지원은 도움이 될 수 있지만, 궁극적으로 성공 여부는 기업의 기술적 혁신에 달려 있습니다. 예를 들어 삼성이 오랜 기간 메모리칩 시장에서 가장 강력한 플레이어였지만, 최근 SK하이닉스가 HBM 분야에서 최고의 성과를 냈죠. 결국 성공은 R&D 성과에 의해 결정될 것입니다.

김세진: 미국이 반도체 핵심 기술 수출을 통제해 중국을 압박하려는 상황인데, 최근 화웨이가 자체 첨단 칩을 내장한 스마트폰을 내놓으며 대응했습니다. 이 제재가 효과가 있었을까요?

크리스 밀러 교수: 아직 중국의 성공 여부를 판단하기에 이릅니다. 공급망을 현지화하려고 노력했고, 실제로 SMIC(중국인터내셔널반도체)와 YMTC(양쯔강메모리테크놀로지) 같은 기업들이 기술력을 지속적으로 향상하며 진정한 성공을 거두고 있습니다. 그러나 제재로 인해 혼란이 있었던 것도 사실입니다. 미국과 일본의 제재로 SMIC는 이미 많은 어려움을 겪고 있고, YMTC도 미국의 제한이 없었다면 더 성장했을 가능성이 큽니다.

김세진: 그렇다면 중국 반도체 산업의 주요 장애물은 무엇인가요?

크리스 밀러 교수: 첫 번째 장애물은 미국과 일본 등의 제재가 중국 기업들의 성장을 둔화시키고 있는 것입니다. 하지만 또 다른 장애물은 중국 정부 자체에서 비롯된 제약입니다. 지난 5년간 중국 정부는 다양한 방식으로 자국 기업과 기술자들을 제재해왔습니다. AI를 추진하는 데 적합하지 않은 기업들은 사기가 저하되고 혁신 능력도 제한받았습니다. 이는 마이크로소프트나 구글과 같은 미국 빅테크와 비교해 중국의 텐센트, 알리바바 등이 덜 역동적인 이유입니다.

김세진: 엔비디아가 반도체 산업에서 큰 역할을 하고 있는데, 어떻게 보십니까?

크리스 밀러 교수: 현재로서는 엔비디아가 매우 강력한 위치에 있습니다. 엔비디아의 강점은 단순히 칩이 아니라 생태계에 있습니다. AMD나 인텔이 비슷한 성능의 칩을 만들어도, 엔비디아의 쿠다(CUDA) 코어 같은 전용 프로그래밍 언어가 있어서 생태계에서의 경쟁이 어렵습니다. 이는 애플이 iOS로 아이폰 사용자들을 락인(lock-in) 시켰던 것과 비슷한 방식입니다. 하지만 엔비디아가 매우 큰 가치를 가진 만큼, 앞으로 더 많은 경쟁자가 생길 것입니다.

김세진: 엔비디아의 주요 경쟁자는 누구라고 보시나요?

크리스 밀러 교수: 두 부류의 경쟁자가 있습니다. 첫째는 AMD와 인텔 같은 반도체 제조사들이고, 두 번째는 엔비디아의 주요 고객사들입니다. 구글, 아마존, 마이크로소프트 같은 빅테크 기업들은 이미 자체 액셀러레이터

를 설계하고 있으며, 이들 기업이 자체 칩을 더 많이 사용하면 엔비디아의 GPU 구매량은 줄어들 것입니다. 이는 장기적으로 주목해야 할 경쟁 관계입니다.

김세진: 반도체 성능의 발전을 어떻게 보십니까?

크리스 밀러 교수: 엔비디아의 성능 향상은 기존 무어의 법칙을 넘어섰습니다. AI 프로세서의 독창적인 기능은 전통적인 CPU보다 훨씬 더 뛰어납니다. 앞으로는 특정 목적에 맞춘 효율적이고 빠른 칩 설계 능력이 더욱 중요해질 것이고, 제조 기술도 동시에 발전할 것입니다.

김세진: 최근 반도체 시장에서 AI가 큰 영향을 미치고 있습니다. 이에 대한 교수님의 의견은 무엇인가요?

크리스 밀러 교수: AI의 부상은 반도체 시장에 큰 변화를 가져왔습니다. AI 모델을 만드는 기업들이 엔비디아와 같은 최첨단 칩에 수십억 달러를 기꺼이 투자하는 모습을 보면, 반도체가 AI 작동에 있어 핵심적인 역할을 하고 있다는 것이 분명합니다. 하지만 반드시 지속적인 상승세만을 의미하지는 않습니다. 이 시장에는 오르막과 내리막이 있을 것입니다.

김세진: 그렇다면, 앞으로 어떤 분야에서 투자가 활발해질 것이라 예상하시나요?

크리스 밀러 교수: 데이터센터, 칩 설계, 소프트웨어가 앞으로 투자 활성화가 예상되는 분야입니다. AI 시스템을 운영할 대규모 데이터센터와 이를 지원할 장치에 수많은 칩이 필요할 것입니다. 앞으로 몇 년 동안 GPU가 가득 찬 데이터센터 구축에 큰 투자가 있을 것으로 예상됩니다.

김세진: 2025년 이후 반도체 분야에서 파괴적 혁신 기술은 어디에서 나올 가능성이 클까요?

크리스 밀러 교수: 단기적으로는 칩 설계와 소프트웨어 영역에서 파괴적인 기술이 나올 가능성이 큽니다. 이런 기술은 제품 주기가 짧기 때문에 특정 공급업체가 빠르게 치고 올라올 수 있습니다. 이 공급업체들은 장비나 재료를 만드는 기술 스택(Tech Stack, 특정 프로젝트나 애플리케이션 개발에 사용되는 기술의 모음)에 집중해야만 시장점유율을 높일 수 있을 것

입니다.

김세진: 장기적으로는 어떤 기술이 주목받을까요?

크리스 밀러 교수: 장기적으로는 성능과 효율성을 향상시키는 새로운 칩 아키텍처가 중요한 역할을 할 것입니다. GPU가 최종 목표는 아닙니다. 5년 또는 10년 후에는 에너지 효율성이 좋은 AI 처리를 위한 새로운 기술이 등장할 것입니다.

김세진: 마지막으로, 현재 주목할 만한 인물이 있다면 누구일까요?

크리스 밀러 교수: 역시 젠슨 황 엔비디아 창업자입니다. 그는 AI칩으로 반도체 산업에서 새로운 투자의 중심에 있습니다. 앞으로 젠슨 황과 엔비디아의 역할에 따라 이 흐름의 전개가 달라질 겁니다.

5장

'기후 지옥'의
탈출로

기후 위기의 현주소

2024년 여름은 유난히 덥고 길었다. 코페르니쿠스 기후변화 서비스 (Copernicus Climate Change Service, C3S)에 따르면 2024년 여름은 지구 역사상 가장 더운 여름으로 기록됐다.

2024년 8월은 전 세계 평균 기온이 산업화 이전 수준보다 1.5도를 초과한 달이다. 2024년까지 지구 평균 기온은 1991~2020년 평균보다 0.7도 높았는데, 이는 역대 최고 수치다.

한국도 예외가 아니었다. 2024년 한국 여름 평균 기온이 25.6도를 기록했다. 2018년(25.3도)을 제치고 여름철 평균 기온 역대 1위다. '일 최고기온이 33도 이상인 날'인 폭염 일수는 전국 평균 24일을 기록했다. 2018년(31일)과 1994년(28.5일)에 이어 3위였다.

일본 역시 2024년 6~8월 3개월 동안 수천 건의 폭염이 발생하면서 역대 가장 더운 여름을 기록했다. 중국의 일부 지역도 2024년 8월에 기록적인 더운 날씨를 기록했다고 밝혔다. 기후 위기의 심각성이 일상으로 체감되기 시작했다. C3S의 부국장인 사만다 버지스는 "온실가스 배출을 줄이기 위한 긴급한 조치를 취하지 않는 한 2024년에 목격한 기온 관련 기상이변은 더욱 심해질 것이다. 사람과 지구에 더 치명적인 결과를 초래할 것이다"라며 경고했다.

문제는 2025년 여름이 다시 가장 뜨거운 해가 될 가능성이 크다는 것이다. 매년 평균 온도가 올라가고 결국 기후변화라는 리스크는 변수가 아닌 '상수'가 돼가고 있다.

해수면 온도 상승과 엘리뇨

2024년은 바다도 뜨거웠다. 한국 주변 해역 해수면 온도는 23.9도로 최근 10년(2015~2024년) 중 1위를 기록했다. 평균(22.8도)보다 1.1도 높았다. 해수면 온도가 높으면 증발하는 수증기의 양도 많아진다. 이는 곧 땅 위로 뜨겁고 습한 수증기 유입이 많아지면서 고온 현상과 열대야 현상을 지속시키는 현상으로 이어진다.

이런 지구 기온 상승은 인간의 여러 산업 개발 및 관련 활동이 가장 큰 원인이지만, 2023년과 2024년의 기록적인 더위는 '엘니뇨(El Niño)'라는 자연적인 기후 패턴으로 인해 더욱 심해졌다는 것이 전문가들의 의견이다.

엘니뇨는 태평양 동부의 해수면 온도가 자연적으로 상승하는 현상으로, 2023년 6월부터 2024년 5월까지 관측됐다. 이 기간에 해수면 온도가 높아지면서 대기에 더 많은 열이 더해졌다. 전문가들에 따르면, 엘니뇨 현상이 2024년 지구 온도를 높이는 데 크게 영향을 미쳤다고 보고 있다.

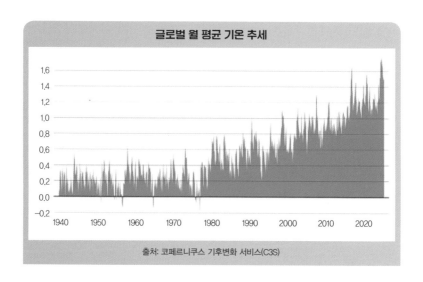

글로벌 월 평균 기온 추세

출처: 코페르니쿠스 기후변화 서비스(C3S)

세계적 가뭄으로 탄소배출량 역대 최대

IEA의 '2023년 이산화탄소 배출량(CO₂ Emissions in 2023)' 보고서에 따르면, 전 세계 탄소배출량은 사상 최대치를 기록했다. '이례적인 가뭄(exceptional droughts)' 현상으로 인해 수력발전이 감소하면서 이산화탄소배출이 증가했다.

2023년 탄소배출량 현황을 살펴보면, 전체 배출량은 374억 톤(전년 대비 1.1퍼센트 증가)이다. 배출량 증가분의 65퍼센트 이상은 석탄에 의한 것이다. 다만 2023년 증가분 4억 1,000만 톤은 한 해 전인 2022년의 증가분 4억 9,000만 톤보다는 줄어들면서 증가세가 조금 꺾였다고 분석했다.

IEA는 "중국 강우량이 12개월 연속 평균 이하를 기록했다. 인도, 북미 등지에도 가뭄이 심각해 수력발전이 부족했다"라며 "이 영향이 없었다면 전 세계 전력 부문의 배출량은 2023년에 감소했을 것"이라고 설명했다. 중국, 미국을 포함한 다수 국가는 이러한 수력발전의 부족을

화석연료로 메웠다. 특히 중국은 2023년 전 세계에서 가장 큰 이산화
탄소 증가율을 보였다. IEA는 "코로나 팬데믹 이후 중국은 온실가스를
집중 배출하는 경제 성장을 이어가고 있다"라고 설명했다.

주요 국가별 탄소배출량 1위는 중국, 선진국은 감소세

주요 국가별 배출량(2020년 기준, 단위: MtCO2)을 보면, 1위가 중국
(10,081.3), 2위 미국(4,257.7), 3위 인도(2,075), 4위 러시아(1,551.6), 5위가
일본(989.6)으로 나타나고 있다.

인도에선 이산화탄소 배출량이 1년 사이 약 1억 9,000만 톤 증가했
다. 강력한 GDP 성장과 수력발전 제약이 영향을 미쳤다. '몬순' 등 기
후 효과도 작용했다.

선진국의 경우 GDP 성장 흐름과 달리 2023년 배출량이 감소했다.
이산화탄소배출이 50년 만에 최저치 수준으로 떨어졌다. 석탄 수요 또
한 과거 1900년대 초 이후 볼 수 없던 수치까지 줄었다.

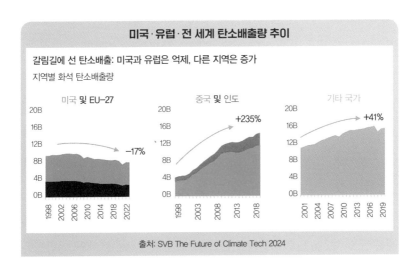

출처: SVB The Future of Climate Tech 2024

보고서는 이런 감소의 원인으로 △강력한 재생에너지 보급, △석탄-가스 등 화석연료 전환, △에너지 효율성 개선 및 산업 생산 둔화 등을 꼽았다.

기후테크, 기후 위기 대응의 게임 체인저

우리 시대의 가장 큰 도전 과제 중 하나인 기후 변화는 2024년에도 전 세계 생태계와 지역사회에 큰 이슈였다. 현재 추세라면 2030년까지 지구 평균 온도가 산업화 이전 대비 1.5도 상승할 가능성이 50퍼센트 이상으로 예측된다. 이는 파리협정의 목표를 초과하는 수준으로, 더욱 강력한 기후 행동이 필요한 상황으로 혁신적인 솔루션의 필요성이 그 어느 때보다 절실하다.

기후테크 투자는 감소세

'기후테크'는 다양한 산업 분야에서 온실가스 배출을 줄이고 적응 능력을 향상시키기 위한 첨단 기술 개발을 주도하는 분야다. 이러한 기술 발전은 지구의 가장 큰 도전 과제를 해결하고 지속 가능한 미래를 약속하는 필수적 요소다. 이 분야는 온실가스 배출을 줄이거나 없애고 효과적인 오염 제어 조치를 취하는 데 중추적인 역할을 할 뿐만 아니라 지역사회가 기후 변화에 적응하고 생물 다양성을 복원하는 데 도움을 준다.

하지만 이러한 중요성에도 불구하고 기후테크 펀딩은 2024년 감소세를 보인다. 2024년 2분기에도 계속 감소했다. 이 분야의 기업들은

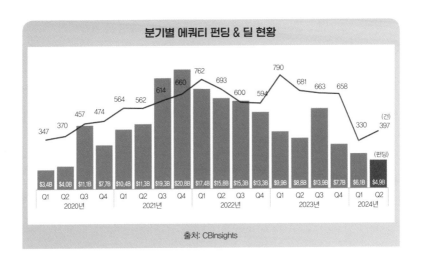

2024년 2분기에 49억 달러를 모금했다. 이는 전 분기 대비 20퍼센트, 전년 동기 대비 44퍼센트 감소한 수치다. 거래 건수는 전 분기 대비 증가했지만, 여전히 2023년의 분기별 총액에 훨씬 못 미치는 수준이다.

아시아 지역에서도 기후테크 펀딩이 감소했다. 2024년 2분기 아시아 지역의 기후테크 스타트업은 전분기 대비 33퍼센트, 전년 동기 대비 89퍼센트 감소한 총 0.4억 달러의 자금을 모금했다. 중국은 주요 국가 중 가장 급격한 자금 감소(마이너스 90퍼센트 전분기 대비)를 겪었다. 인도와 일본은 각각 전분기 대비 28퍼센트, 57퍼센트의 펀딩 감소를 보였다.

기후 기술 메가 라운드는 2024년 1분기 열일곱 건에서 2024년 2분기 아홉 건으로 감소했다. 24년 2분기 메가 라운드의 수혜자 대부분은 사업 규모를 확장하고 본격적인 상용화를 달성하는 데 집중하고 있다. 예를 들어 이번 분기 최대 규모의 투자 중 하나는 실리콘 음극 생산량을 늘릴 계획인 배터리 소재 개발업체 실라(Sila)에 돌아갔다.

실제 2024년 2분기에는 기후 기술 분야에서 유니콘(기업 가치가 10억 달러 이상인 비상장 기업)이 탄생하지 않았다. 이로써 기후 기술 분야는 2분기 연속 새로운 유니콘이 탄생하지 못했다. 해당 단계의 거래 규모 중간값은 2024년 연간 3,800만 달러로 2023년 전체와 비교하면 16퍼센트 감소했다.

2024년 연평균 초기 단계 거래 규모 중간값(Median early-stage deal size in 2024 YTD)은 전년 대비 39퍼센트 증가한 것으로 나타났다. 2024년 후기 단계의 딜 규모 중앙값은 3,800만 달러로 2023년 전체 대비 16퍼센트 감소했다. 반면, 초기 단계의 규모 중앙값은 전년 대비 39퍼센트 증가했다. 기후테크 투자가 감소추세를 보이는 가운데서도 투자자들은 여전히 초기 스테이지 기업들 중 가능성이 큰 기업들에는 기꺼이 투자하고 있음을 시사한다.

주요 기후테크 트렌드

기후테크는 전 세계를 대상으로 탈탄소화를 추진하기 때문에 세분된 분야다. 일부 분야에서는 이미 호황을 누리고 있다. 기업과 정부에 대한 소비자의 압력이 커지고 있으며, 기업들은 미국의 인플레이션 감소법(IRA)과 같은 정부 인센티브와 기후 친화적 관행에 따른 세금 감면 혜택을 받고 있다. 이런 다양한 지원으로 인해 기후테크 분야는 성장 중이다.

PwC컨설팅 보고서에 따르면, 2050년까지 순배출 제로 달성을 위해 전 세계가 일곱 배 더 빠르게 탈탄소화해야 한다. IMF의 연구에 따르면 현재의 기후 공약은 2030년 목표에 미치지 못할 것이라고 한다. 기존 기술을 사용하더라도 이러한 목표를 달성하려면 에너지 그리드 전체를 개편해야 한다. 여러 주요 산업에 대한 개편은 말할 것도 없고 수조 달러의 투자와 기존 오염원들의 반발이 예상된다.

2030년 목표 달성에 필요한 20퍼센트의 기술 부족분도 2050년 목표에는 35퍼센트로 늘어난다. 여기에는 가장 심각한 오염원인 산업(제조, 광업, 자원 관리)과 건설업의 탈탄소화에 필요한 기술이 포함될 가능성이 크다.

또 다른 문제는 혁신 대부분을 담당하는 이 분야 기후테크 스타트업에 대한 투자가 뒤처지고 있다는 점이다. PwC컨설팅 보고서는 기후테크 산업이 '유행에 민감하고 트렌드를 따르는' 경향이 있고, 확장할 수 없는 혁신이 넘쳐난다고 지적하고 있다. 따라서 기후 목표를 달성하기 위해 업계의 현재 트렌드는 단순히 세상을 구하는 것 이상의 실질적 혜택을 제공하는 강력한 비즈니스 모델을 중심으로 전개돼야 한다. 기존 프로세스의 효율성 향상, 비용 절감, 마케팅을 위한 그린 워싱 또는 IRA에 명시된 세금 감면 혜택 등이 그 예가 될 것이다.

재생에너지 비용 하락 및 통합

재생에너지는 전 세계 에너지 소비의 약 30퍼센트를 차지할 정도로 번성하는 산업 중 하나다. 이는 2015년 파리협정에 명시된 기후 목표를 달성하는 데 필요한 수준에는 훨씬 못 미친다. 그러나 지난 몇 년 동안 재생에너지가 화석연료보다 저렴해졌다는 사실은 그 비중이 더 커질 수 있다는 것을 의미한다.

재생에너지 생산량을 에너지 그리드 및 일상생활에 통합하는 데는 어려움이 있다. 재생에너지는 부분적으로 다른 기후 기술(예: 전기차)로 인한 전력수요 증가와 일치할 뿐만 아니라, 간헐적으로 전기를 생산하기 때문에 계획을 세우기 어렵고 현재의 전력망과 항상 잘 맞물리는 것은 아니다. 하지만 재생에너지가 화석연료보다 저렴한 경우가 많아서 공급 과정을 더 원활하게 만드는 데 많은 관심이 집중되고 있다.

이러한 재생에너지 통합을 돕는 주요 기술로 첫째, 부하 전환(Load shifting)'이 있다. 이는 비용, 그리드 부하, 재생에너지의 가용성에 따라 에너지원을 조정한다. '재생에너지용 배터리(Batteries for renewables)'는 재생에너지를 벙커링해 공급이 부족할 때(예: 밤에 태양광 패널이 생산을 중단할 때) 사용할 수 있도록 하는 방법이다. 이 분야에서 가장 투자하기 좋은 분야 중 하나로 주목받는다. 공급업체로는 앤토라에너지(Antora Energy), 폼에너지(Form Energy), 필드에너지(Field Energy) 등이 있다.

무엇보다 '기성품 태양광 패널(Off-the-shelf solar panels)'도 긍정적이

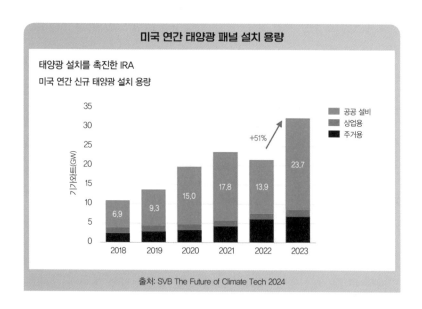

출처: SVB The Future of Climate Tech 2024

다. 가정이나 사무실과 같이 태양광 패널을 사용하는 건물에 설치하면, 외부에서 공급되는 재생에너지에 대한 그리드 의존도를 줄일 수 있다. 태양광 설치는 2023년에 51퍼센트 증가했는데, 이는 IRA 세금 공제 및 세금 형평성 거래 기능의 강화에 힘입은 것으로 추정된다.

전기자동차 확산

전기자동차 판매량은 꾸준히 증가하고 있다. 2018년 2퍼센트에 불과했던 전기차가 2024년에는 약 1,700만 대에 달해 전 세계에서 판매되는 자동차 다섯 대 중 한 대 이상을 차지한다. 전기차는 더 많은 국가에서 대중화되기 위해 노력하고 있다. 낮은 마진, 배터리 금속 가격의 변동성, 높은 인플레이션, 일부 국가의 구매 인센티브 단계적 폐지로 인해 성장 속도에 대한 우려가 제기되고 있다. 하지만 2024년 1분기 전기차 판매량은 2023년 1분기 대비 약 25퍼센트 증가했다.

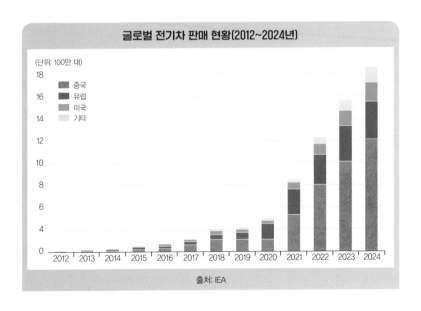

글로벌 전기차 판매 현황(2012~2024년)

출처: IEA

2024년 전기차의 시장점유율은 제조업체 간 경쟁, 배터리와 자동차 가격 하락, 지속적인 정책 지원에 힘입어 중국에서 최대 45퍼센트, 유럽에서 25퍼센트, 미국에서 11퍼센트 이상에 달할 것으로 보인다. 재생에너지 확산과 전기자동차 두 부문 덕분에 IEA는 2030년까지 탄소중립 목표를 달성하기 위해 필요한 배출량 감축의 80퍼센트를 기존 기술로 달성할 수 있을 것으로 예상한다.

산업 및 건설 분야의 탈탄소화

가장 큰 오염원은 단연 건설 및 산업 분야다. 정확한 분류와 추정치는 조사 범위에 따라 조금씩 다르지만, 이 분야는 전 세계 배출량의 최대 38퍼센트에 이른다. 산업 제조와 관련된 복잡성으로 인해 탄소배출을 제거하기가 가장 어렵고 비용이 많이 드는 분야다. 실제 최근 설문조사에서 중공업 경영진의 95퍼센트는 탄소중립 제품이 고탄소 대체품과 가격 평준화에 도달하는 데 20년 이상 걸릴 것이라고 답했다.

그 시기를 앞당기는 것은 신소재와 새로운 공정의 혁신에 달려 있다. 그린 수소(Green hydrogen) 기술은 재생에너지를 통해 수소를 생산하는 것이다. 일반적으로 이 공정은 천연가스를 연료로 사용하며 부산물로 이산화탄소를 배출한다. 친환경 수소는 전기분해(전류가 물을 산소와 수소로 분리하는 과정)라는 공정을 사용하는데, 이 공정은 전적으로 재생에너지로 가동할 수 있다. 전기분해기는 복잡한 장치이기 때문에 비용이 많이 들고 확장하기가 까다롭다. 많은 기업이 이 분야에 투자하고 있지만, 가격 문제를 해결했다고 주장하는 기업은 엘렉트릭 하이드로젠(Electric Hydrogen), 마테코(Matteco), 베르다지(Verdagy) 등 소수에 불과한 상태다.

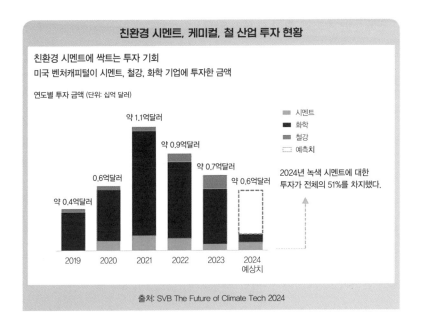

친환경 시멘트, 케미컬, 철 산업 투자 현황

친환경 시멘트에 싹트는 투자 기회
미국 벤처캐피털이 시멘트, 철강, 화학 기업에 투자한 금액

연도별 투자 금액 (단위: 십억 달러)

약 1.1억달러

약 0.9억달러

0.6억달러

약 0.7억달러

약 0.6억달러

약 0.4억달러

■ 시멘트
■ 화학
■ 철강
▦ 예측치

2024년 녹색 시멘트에 대한
투자가 전체의 51%를 차지했다.

2019 2020 2021 2022 2023 2024
                                  예상치

출처: SVB The Future of Climate Tech 2024

가장 주목받고 있는 것은 '친환경 시멘트(Green cement)'다. 시멘트의 생산 공정을 개선해 환경에 미치는 영향을 없애는 것이 목표다. 이산화탄소 배출량의 약 8퍼센트는 석회석을 가열하는 데 사용되는 석탄과 그로 인해 배출되는 이산화탄소로 인해 시멘트 생산에서 발생한다(〈포브스〉 보고 기준).

SVB에 따르면, 친환경 시멘트는 2024년에 일반적으로 가장 큰 비중을 차지하는 친환경 화학 제품보다 약간 더 많은 투자를 유치한 것으로 나타났다. 성공적 기업으로는 시멘트 생산 과정에서 배출되는 이산화탄소를 포집해 용도를 변경하여 친환경 시멘트를 만드는 포테라(Fortera)가 있다.

탄소배출량 추적과 순환 경제의 확장

배출량을 추적하고 오염을 최소화하기 위해 공정을 개편하는 것은 쉽지 않다. 하지만 기업으로서는 세금 공제 혜택과 낭비되는 자재 감소로 비용을 절감할 수 있을 뿐만 아니라 광고에도 매우 효과적이다. 따라서 배출량 혁신을 돕는 기업들, 특히 고객의 환경 발자국을 추적하도록 설계된 소프트웨어 판매 회사들이 최근 성공을 거두고 있는 것은 놀라운 일이 아니다. 이에 따라 '탄소 회계(Carbon accounting)'는 더욱 중요해지고 있다. 이는 기업의 온실가스 배출량을 측정, 기록, 보고하는 과정을 말하는데, 기후변화 대응과 탄소중립 목표 달성을 위한 중요한 도구로 여겨진다. 최근에는 효율성과 정확성을 높이기 위해 다양한 소프트웨어 솔루션이 개발되고 있다. 펠세포니(Persefoni), 그린리(Greenly), 그리고 마이크로소프트 클라우드(Microsoft Cloud) 등의 기업이 해당한다.

기후 환경 개선을 위해 대두되고 있는 '순환경제(Circular economy)'는 자원을 최대한 오래 사용하고 폐기물을 최소화하는 경제 모델을 지칭한다. △폐기물과 오염 제거, △제품과 재료의 순환 유지, △자연 시스템 재생이라는 세 가지 주요 원칙을 가지고 있다. 온실가스 배출 감소, 새로운 비즈니스 모델과 일자리 창출, 지속 가능한 소비문화 확산 등의 효과를 끌어낼 것으로 기대한다. 관련 기업들도 꾸준히 성장 중이다. 위노우(Winnow)는 음식물 쓰레기를 줄이는 데 특화돼 있고, 리-사이클(Li-Cycle)은 배터리를 재활용*하며, 에너켐(Enerkem)은 폐기물을 바이오 연료로 전환한다.

배터리 재활용: 사용이 끝난 배터리에서 귀금속과 유용한 자원을 회수해 재활용하는 과정이다. 환경 보호 및 자원 재활용 측면에서 중요한 기술로, 배터리 생산에 필요한 자원을 확보하는 수단으로 주목받고 있다.

탄소포집 및 제거 확장세

이론적으로는 한 곳에서 배출되는 탄소를 다른 곳에서 방지하거나 포집해 상쇄하는 것은 좋은 아이디어다. 이것이 바로 20여 년 전 탄소배출권이 오늘날 수십억 달러 규모의 산업을 육성하는 기반이 된 전제다. 하지만 실제로는 구현하기가 복잡하다는 것이 입증돼 탄소 크레딧의 정확성과 효과에 대한 우려가 커지고 있다. 그런데도 맥킨지는 2030년까지 이 분야에 대한 투자가 1,000억~4,000억 달러에 이를 것으로 예상한다. 탄소상쇄 또는 탄소크레딧(미국에서는 IRA에 의해 활성화됨) 덕분에 환경으로부터 탄소를 포집해 순환에서 제거하는 새로운 방법과 프로젝트들이 등장하고 있다.

2024년 발표된 CCUS(Carbon Capture, Utilization and Storage: 이산화탄소를 포집해 저장하거나 활용하는 기술을 총칭) 프로젝트의 수는 2021년에 비해 네 배 증가했다. 계획된 프로젝트는 2030년까지 연간 1.1기가톤(Gt)의 탄소 제거 용량을 추가할 예정이다.

대부분의 용량은 저장 프로젝트에 투입되지만, VC의 지원을 받는 기술 기업들은 탄소를 새로운 용도로 활용하는 데 앞장서고 있다. 예를 들어 참인더스트리얼(Charm Industrial)은 탄소를 이용해 수소를 생산하고, 트웰브(Twelve)는 탄소를 석유화학 제품 대신 운동화 같은 소비재에 사용할 수 있는 전기화학 물질로 전환해준다. 또 바이오매스가 분해되거나 불이 붙기 전에 포집(그래피트), 스펀지 같은 암석을 통해 공기 중 탄소를 포집(히얼로룸), 바닷물에서 걸러내는 방법(캡투라)도 있다.

새로운 탄소 활용 방법도 속속 등장하고 있다. 포집된 탄소를 지하나 수중에 저장하는 대신 새롭게 활용할 수 있다. 포집된 탄소 중 일부는 합성 연료로 사용된 후 대기 중으로 재방출돼 탄소배출 제로 기술

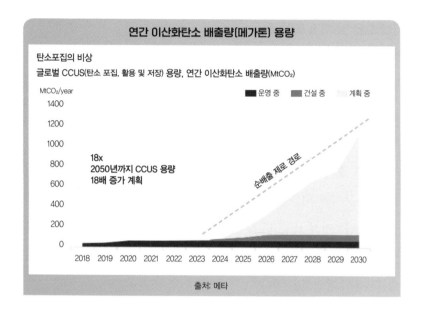

출처: 메타

이 될 수 있다. 그러나 탄소를 순환에서 영원히 추방하려면 카본 큐어(CarbonCure)의 콘크리트나 에어컴퍼니(Air Company)의 향수에 캡슐화해 영구적으로 제거해야 한다.

탄소중립, 지속 가능한 미래를 위한 노력

탄소중립과 지속 가능한 미래를 실현하기 위해서는 사회 전반의 총체적인 노력이 필요하다. 정부, 기업, 시민사회 등 모든 이해관계자가 참여하는 협력 체계를 구축하는 것이 핵심이다. 이를 위해 대규모 기업의 탄소 감축과 국가 단위의 청정에너지 전환정책도 중요하지만, 개인과 중소기업 단위의 소규모 탄소감축 노력 역시 간과해서는 안 된다.

개인의 행동 변화 역시 큰 영향을 미칠 수 있다. 육류 섭취 감소, 일

회용품 사용 자제, 재활용 증대 등의 노력으로 2050년까지 미처리 온실가스 배출량의 11퍼센트를 줄일 수 있다는 점은 주목할 만하다. 이러한 개인의 노력을 독려하기 위해, 일상 활동의 탄소감축량을 정량화하는 지표 개발도 필요할 것으로 보인다.

에너지 효율성 향상과 순환경제 모델 도입은 경제 성장과 탄소배출 감축을 동시에 달성할 수 있는 핵심 전략으로 꼽힌다. 더 적은 자원으로 같은 서비스를 제공하는 에너지 효율 향상은 온실가스 배출 감소에 큰 기여를 한다. 기술 발전을 통해 더 튼튼한 소재, 더 가벼운 제품, 더 높은 수율의 제조 공정 개발이 가능해진다.

재생에너지로의 전환 가속화와 전기화 확대를 위해서는 강력한 정책 지원과 지속적인 대규모 투자가 필요하다. 순배출 제로 시나리오에 따르면, 전력망에 대한 연간 투자는 2030년까지 7,500억 달러로 두 배 증가해야 하며, 그 이후로도 계속 늘어나야 한다. 이러한 다양한 노력이 결합해 탄소중립을 향한 글로벌 노력이 진행되고 있다. 그러나 현재의 노력만으로는 목표 달성이 어려우므로, 더욱 강력하고 체계적인 정책과 기술 혁신, 사회 전반의 참여가 필요하다. 작은 노력이라도 전체가 동참한다면 그 효과는 절대 작지 않을 것이다. 기후위기 앞에서 인류에게 주어진 시간이 많지 않은 만큼, 지금 당장 행동해야 한다.

2025년 기후 위기 및 대응 5대 예측

1 **기후 변화로 인한 고온 및 극단적 기후 현상 지속:** 2024년 여름이 역대 가장 더운 해로 기록된 만큼, 2025년에도 기록적인 폭염이 이어질 가능성이 크다. 특히 해수면 온도가 상승하고 엘니뇨 현상이 강화되면서, 전 세계적으로 극단적인 고온 현상과 함께 더 많은 폭염, 홍수, 가뭄이 발생할 것으로 예상된다

2 **재생에너지 및 전기화 확산:** 2025년에는 재생에너지, 특히 풍력과 태양광 에너지가 전 세계 전력 생산의 점유율을 높일 것이다. 전기차 보급률 또한 급격히 증가하며, 중국과 유럽에서 전기차가 시장을 주도할 것으로 예상된다.

3 **배터리 및 에너지 저장 기술 발전:** 2025년에는 배터리 저장 기술이 더욱 발전하며, 재생에너지 공급을 지원할 것이다. 배터리 가격이 하락하고, 배터리 용량이 두 배 이상 증가할 것으로 예상되며, 이는 전 세계적으로 청정에너지 전환을 가속하는 요소로 작용할 것이다.

4 **산업 및 건설 부문 탈탄소화 가속:** 산업과 건설 분야에서의 탈탄소화 기술이 크게 발전할 것이다. 그린 수소와 친환경 시멘트와 같은 혁신적인 기술이 도입되면서 이들 분야의 탄소배출이 크게 줄어들 것으로 예상된다. 이는 세계 배출량의 약 38퍼센트를 차지하는 건설 및 산업 부문의 탄소배출 감소에 중요한 역할을 할 것이다.

5 **탄소포집 및 제거기술 확대:** 탄소 포집, 활용 및 저장(CCUS) 기술이 2025년까지 확대될 것이다. 탄소를 저장하거나 새로운 용도로 활용하는 기술들이 발전하면서 탄소배출을 줄이는 혁신적인 방법들이 다양하게 등장할 것으로 예상된다. 이러한 기술들은 기후 위기 대응의 중요한 방법이 될 것으로 보인다.

"에너지 위기의 유일한 해결책은 재생에너지다"

"100퍼센트 재생에너지로 현재 에너지 수요를 감당할 수 있습니다. 한국도 해상 풍력과 도심의 옥상에 태양광 발전을 추진한다면 에너지 자립이 가능합니다."

2025년에도 기후변화와 에너지 위기는 계속될 것으로 보인다. AI로 인해 폭발적으로 증가하는 에너지 수요에 원자력 카드가 현실적 대안으로 제시되기도 한다. 하지만 스탠퍼드대학교 마크 제이콥슨 교수는 '재생에너지'가 유일하고 현실적 해결책이라고 주장하는 인물이다. 더밀크는 마크 제이콥슨 교수를 스탠퍼드 도어스쿨에서 만났다.

마크 제이콥슨 교수는 더밀크와의 인터뷰에서 전 세계 에너지 안보 문제와 청정 재생에너지 전환의 필요성을 강조했다. 그는 "현재 우리가 사용하는 화석 연료는 제한된 자원으로, 고갈될 시점이 다가오고 있다"라며 "에너지 가격 불안정과 사회·정치적 혼란을 초래할 수 있다"라고 경고했다.

에너지 수입에 의존하는 국가들이 공급국의 에너지 보류로 인해 불안정에 처할 위험이 크다고 지적했다. 그는 이 문제를 해결하기 위한 핵심 전략으로 '전동화'를 제시했다. 그는 "교통, 건물, 산업 등 가능한 많은 부문을 전기화하고 이를 재생 가능한 에너지원으로 구동해야 한다"라고 주장했다. 한국도 전기차를 활용해 육상 교통 문제를 해결할 수 있으며, 장거리 운송에 수소 연료 전지가 유리할 수 있다고 덧붙였다. 제이콥슨 교수는 특히 산업 분야에서의 전기화 가능성에 주목했다. 그는 "산업은 전 세계 이산화탄소 배출량의 약 17퍼센트를 차지하는데, 아크 용광로나 전자빔 히터 등을 통해 고온 공정을 전기화할 수 있다"라고 설명했다. 이러한 전력은 풍력, 태양광과 같은 재생 가능한 자원에서 공급받을 수 있다고 강조했다.

에너지 저장 기술의 중요성도 언급했다. 제이콥슨 교수는 "전기 저장, 열 저장, 수소 저장 등의 기술이 청정 재생에너지 전환에 큰 역할을 할 것"이라고 설명했다. 태양광 발전과 배터리 저장 용량이 급격히 증가하면서 화석 연료 사용이 40퍼센트 감소한 캘리포니아주 사례를 들었다. 그는 전 세계적으로 재생에너지 전환이 충분히 가능하다고 보고 있으며, 2050년까지 풍력, 태양광, 수력 등의 청정에너지를 통해 전 세계 에너지 수요를 충족할 수 있다는 연구 결과를 발표했다. 또한 재생에너지로의 전환이 경제·환경적 이익을 가져올 뿐만 아니라 기후 변화와 건강 문제 해결에도 큰 기여를 할 것이라고 확신했다. 제이콥슨 교수는 "가능한 한 빠르게 청정에너지로 전환하는 것이 전 세계의 지속 가능한 미래를 보장할 수 있는 중요한 과정"이라고 강조하며, 각국의 정부와 기업, 공공의 협력과 인식 변화가 필요하다고 덧붙였다. 다음은 더밀크 손재권 대표와의 일문일답이다.

손재권: 지금 스탠퍼드대학교와 미국에서 강조하고 있는 글로벌 에너지 안보 문제를 설명해주시겠습니까?

마크 제이콥슨: 에너지 안보 문제는 굉장히 중요합니다. 현재 우리가 사용하는 화석 연료는 제한된 자원입니다. 언젠가는 고갈될 것이고, 이는 에너지 가격 불안정, 사회·정치적 불안정으로 이어질 수 있으며, 심지어 혼란과 전쟁을 초래할 수도 있습니다. 에너지 수입에 의존하는 국가는 수출국의 에너지 보류로 인해 불안정에 처할 수 있습니다. 그리고 중앙 집중식 발전소나 정유소는 테러나 자연재해, 정전으로 인해 쉽게 중단될 수 있죠.

손재권: 해결책은 무엇입니까?

마크 제이콥슨: 우리의 목표는 가능한 한 많은 부문을 전기화하고, 교통, 건물, 산업을 청정 재생에너지로 구동하는 것입니다. 교통수단으로 배터리 전기차를 사용하고, 장거리 운송에는 수소 연료 전지를 사용할 수 있습니다.

손재권: 한국의 경우에는 어떤 전략이 적합할까요?

마크 제이콥슨: 한국은 육상 교통에서 대부분 배터리 전기차를 사용할 수 있을 것입니다. 수소는 배터리보다 먼 거리를 효율적으로 운반할 수 있기 때문에 수소 연료 전지는 장거리 운송에서만 유리합니다. 건물에서는 전기 히트 펌프를 사용해 공기 난방, 온수 가열, 에어컨 등에 에너지를 효율적으로 사용할 수 있습니다.

손재권: 산업(공장) 부문에서도 전기화가 가능할까요?

마크 제이콥슨: 산업(공장)은 전 세계 이산화탄소 배출량의 약 17퍼센트를 차지합니다. 이 문제를 해결하기 위해 고온 산업 공정도 전기화할 수 있습니다. 예를 들어 아크로, 유도로, 전자빔 히터 등을 사용해 산업 공정을 전기화할 수 있습니다. 이러한 과정에서 필요한 전력은 주로 풍력, 태양광 등 재생에너지로 공급됩니다.

손재권: 청정 재생에너지로 전환하기 위해 에너지 저장이 중요하게 대두됩니다.

마크 제이콥슨: 맞습니다. 저장 기술도 매우 중요합니다. 전기 저장, 열 저장, 냉기 저장, 수소 저장이 필요합니다. 현재 전 세계적으로 가장 많이 사용되는 전력 저장 방식은 수력 발전이고, 배터리도 빠르게 성장하고 있습니다. 앞으로 배터리 비용이 더 낮아지면 전 세계적으로 청정 재생에너지로 전환하는 데 큰 장애물이 없을 것입니다. 우리는 청정 재생에너지원으로의 전환을 통해 기후 변화 문제를 해결할 수 있으며, 대기 오염도 크게 줄일 수 있습니다. 전 세계적으로 에너지 안보를 강화하면서 지속 가능한 미래를 만들어나갈 수 있을 것입니다. 배터리는 현재 빠르게 성장하고 있습니다. 예를 들어 캘리포니아의 경우 현재 주요 전력망에만 8기가와트 이상의 배터리가 있으며, 전체적으로는 약 16~18기가와트에 이릅니다. 배터리의 비용도 점점 낮아지고 있어서, 만약 시스템 비용이 킬로와트시당 60달러로 내려가면 전 세계를 청정 재생에너지로 전환하는 데 있어 거의 제한이 없을 것입니다.

손재권: 교수님께서 말씀하신 풍력과 태양열 시스템은 어떤 구조로 이루어

져 있나요?

마크 제이콥슨: 이 시스템은 크게 세 가지로 구성됩니다. 첫 번째는 발전 부분입니다. 우리가 주로 사용하는 에너지원은 풍력과 태양열로, 미래에는 90퍼센트가 이 두 가지에서 나올 것입니다. 두 번째는 저장 부분인데, 전기 저장, 열 저장, 냉기 저장, 그리고 일부 수소 저장이 필요합니다. 마지막으로 송전, 배전, 그리고 전기화된 기기들을 포함한 분산형 전력망이 있습니다.

손재권: 다른 저장 기술들도 있나요?

마크 제이콥슨: 배터리 외에도 다양한 저장 기술이 존재합니다. 예를 들어 플라이휠, 압축 공기 저장, 고체 물질을 이용한 중력 저장 등이 있습니다. 플라이휠은 회전하는 운동 에너지를 저장하는 방식이고, 중력 저장은 전기를 사용할 때 콘크리트 블록을 들어 올렸다가 필요할 때 블록을 내리며 전력을 생산하는 방식입니다. 하지만 배터리가 가장 주요한 저장 방식으로 남을 것입니다.

손재권: 그렇다면, 교수님은 재생에너지의 미래를 어떻게 보시나요?

마크 제이콥슨: 미래의 에너지는 대부분 풍력과 태양열로 이루어질 것입니다. 이 두 가지 에너지원이 전력 생산의 90퍼센트를 차지할 것이고, 나머지 10퍼센트는 수력과 기타 재생 가능 에너지가 될 것입니다. 이러한 기술을 통해 우리는 청정에너지로의 전환을 더욱 가속할 수 있을 것입니다. 스탠퍼드대학교는 이미 지역 냉난방 시스템을 사용하고 있습니다. 2016년까지는 천연가스를 사용한 열병합 발전소를 운영했지만, 지금은 이를 철거하고 4세대 냉난방 시스템으로 교체했습니다. 이 시스템은 캠퍼스 전역에 약 55~60킬로미터의 온수관과 냉수관을 통해 건물 난방과 냉방을 책임집니다. 특히 냉각기와 보일러는 히트 펌프를 사용해 전기적으로 가열 및 냉각이 이루어집니다.

손재권: 교수님은 '내화벽돌(방화벽돌, Fire Bricks)'로 에너지 문제를 해결할 수 있다고 주장하시는데요 '내화벽돌은' 어떤 기술인가요?

마크 제이콥슨: 내화벽돌은 산업용으로 매우 유용한 기술입니다. 이 벽돌은 최

대 2,000도까지 열을 저장할 수 있으며, 하루에 약 1퍼센트 정도의 열만 손실됩니다. 이 기술은 재생할 수 있는 전기를 활용해 간헐적인 전력 생산 문제를 해결하는 데 큰 역할을 할 수 있습니다. 전기가 생산될 때 바로 벽돌을 가열해 열을 저장하고, 필요할 때 그 열을 이용해 전력을 공급할 수 있는 것이죠. 내화벽돌은 재생할 수 있는 전기를 이용해 매우 저렴하게 열을 저장하고, 지속해서 열을 공급할 수 있습니다. 이 기술은 특히 배터리 저장 비용보다 훨씬 경제적이어서 산업 공정에서 비용을 크게 절감할 수 있는 잠재력이 큽니다. 앞으로 더 많은 연구와 상용화가 진행된다면, 재생에너지 기반 산업의 혁신을 이끌 중요한 기술이 될 것입니다. 내화벽돌을 활용하면 재생할 수 있는 전기로 지속적인 열 공급이 가능하며, 전통적인 저장 장치에 비해 비용 절감 효과도 큽니다. 이 기술은 앞으로 산업 공정의 혁신적인 변화를 끌어낼 것으로 기대됩니다.

손재권: 장기적인 에너지 저장 방식은 어떻게 발전할 것으로 보시나요?

마크 제이콥슨: 장기적으로는 시추공, 물구덩이, 대수층 등을 이용한 지하 저장 방식도 중요한 역할을 할 것입니다. 특히 캐나다와 북유럽에서는 지열을 활용한 열 저장 기술이 많이 사용되고 있으며, 이 방식은 비용이 매우 저렴한 것이 장점입니다. 저장된 열은 겨울철에 사용되며, 에너지 전환 효율도 높은 편입니다.

손재권: 수소 에너지가 차세대 에너지원으로 많이 언급되는데, 교수님께서는 수소의 사용 범위를 제한해야 한다고 말씀하신 적이 있습니다. 왜 그런가요?

마크 제이콥슨: 수소는 특히 철강 생산과 같은 특정 산업 분야에서 유용하게 사용될 수 있지만, 건물 난방이나 소형 차량용으로는 비효율적입니다. 철강을 생산할 때 전통적으로는 석탄을 사용해 철광석에서 산소를 제거하지만, 그런 수소를 사용하면 이산화탄소 배출을 완전히 없앨 수 있습니다. 스웨덴에서는 이미 이 방법을 이용해 철강을 생산하고 있습니다. 수소는 이런 산업용도에 적합하지만, 건물 난방이나 소형 승용차에 수소를 사용하는 것은 비효율적입니다. 히트 펌프나 배터리 전기자동차

가 더 효율적이기 때문입니다.

손재권: 그렇다면 수소가 유용한 다른 용도는 무엇이 있을까요?

마크 제이콥슨: 또 다른 수소의 유용한 응용 분야는 암모니아 생산입니다. 오늘날 사용되는 수소의 96퍼센트는 천연가스를 통해 생산되지만, 이 과정을 그린 수소로 전환하면 탄소배출을 줄일 수 있습니다. 또한 장거리 항공기나 선박과 같은 대형 운송 수단에서도 수소 연료가 유용하게 사용될 수 있습니다. 그러나 건물 난방이나 소형 차량에 수소를 사용하는 것은 매우 비효율적입니다.

손재권: 최근 149개국의 에너지 수요와 재생에너지 전환 가능성을 연구하셨다고 들었습니다. 그 결과는 어떠했나요?

마크 제이콥슨: 우리는 149개국의 데이터를 분석했으며, 그 결과 각국의 에너지 수요를 재생할 수 있는 에너지로 100퍼센트 전환할 수 있다는 결론을 도출했습니다. 2020년 기준으로 이들 국가의 최종 사용 전력 수요는 약 12조 6,000억 와트였습니다. 이 수요를 충족시키기 위해 각국의 에너지 부문을 전기화하고, 풍력, 수력, 태양열을 통해 그 수요를 충족할 수 있도록 시뮬레이션했습니다.

손재권: 재생에너지를 활용해서 100퍼센트 재생에너지로의 전환이 가능하다는 말씀인가요?

마크 제이콥슨: 그렇습니다. 우리가 분석한 데이터에 따르면, 전 세계의 에너지 수요를 100퍼센트 재생 가능한 에너지로 전환할 수 있는 충분한 기술과 자원이 있습니다. 특히 풍력, 태양열, 수력 같은 에너지원으로 전력 수요를 충당할 수 있으며, 이를 통해 전 세계 탄소배출의 90퍼센트 이상을 줄일 수 있습니다.

손재권: 모든 국가가 에너지 수요와 전력 공급 문제를 해결해야 할 상황인데, 2050년까지 전 세계적으로 전환할 수 있다고 보십니까?

마크 제이콥슨: 우리가 분석한 결과에 따르면, 모든 국가가 재생 가능 에너지로의 전환을 통해 전력 수요를 충족할 수 있습니다. 현재 사람들이 사용하는 에너지 수요는 약 12.6테라와트인데, 2050년까지 19테라와트로

증가할 것으로 예상됩니다. 하지만 모든 에너지를 전기화하고 풍력, 수력, 태양광 같은 재생에너지원으로 공급하면 수요가 약 54퍼센트 줄어들 것입니다.

손재권: 에너지 수요가 54퍼센트나 감소하는 이유는 무엇입니까?

마크 제이콥슨: 크게 다섯 가지 이유가 있습니다. 첫째, 배터리 전기자동차의 효율성이 내연기관 자동차보다 훨씬 높기 때문입니다. 전기자동차는 같은 거리를 가는 데 가솔린 자동차의 4분의 1밖에 에너지를 사용하지 않습니다. 배터리는 전력을 운동으로 변환하는 데 80~90퍼센트의 효율을 보이지만, 가솔린은 80퍼센트가 열로 손실됩니다. 둘째, 산업 전기화로 인한 에너지 효율성입니다. 셋째, 공기 및 온수 난방, 냉방에 히트 펌프를 사용하면 약 75퍼센트의 에너지를 절약할 수 있습니다. 넷째, 연료를 운송하고 정제하는 데 드는 에너지를 절약할 수 있습니다. 마지막으로, 에너지 효율성 개선을 통해 추가적인 에너지 절약이 가능해집니다.

손재권: 그렇다면 이런 방식으로 전 세계의 에너지 수요를 풍력, 태양열, 수력으로 충당할 수 있다는 말씀인가요?

마크 제이콥슨: 맞습니다. 우리가 분석한 데이터에 따르면, 2050년까지 전 세계 에너지를 100퍼센트 풍력, 수력, 태양광 에너지로 충당할 수 있습니다. 예를 들어 한국은 지리적으로 적합한 풍력 자원과 태양광 자원을 갖추고 있어 이러한 재생에너지를 통해 국가의 에너지 수요를 충분히 충당할 수 있습니다.

손재권: 그럼 2030년까지 전환 목표는 어떻게 설정하셨나요?

마크 제이콥슨: 2030년까지는 80퍼센트 신재생에너지로의 전환을 목표로 하고 있습니다. 지구 온난화를 1.5도 이하로 유지하기 위해서는 가능한 한 빨리 전환해야 하며, 2035년까지는 100퍼센트 전환이 가능할 것입니다. 우리가 현재 가지고 있는 기술의 95퍼센트는 이미 충분히 실현 가능성이 있습니다. 남은 5퍼센트는 장거리 항공기나 선박 같은 특정 분야에 적용될 기술이지만, 그 또한 해결하는 방법이 이미 있습니다.

손재권: 재생 가능 에너지로의 전환을 위해 각국은 다양한 조합을 시도할 수

있다고 하셨는데, 구체적으로 어떤 에너지 조합을 제안하십니까?

마크 제이콥슨: 각국이 어떤 재생에너지를 활용할지는 다양할 수 있습니다. 예를 들어 전 세계적으로 8.9테라와트를 충족하기 위한 에너지 조합으로는 풍력 35퍼센트, 육상 풍력 14퍼센트, 해상 풍력 14퍼센트, 옥상 태양광 17퍼센트, 유틸리티 태양광 26퍼센트, CSP(집광형 태양열 발전) 약 1퍼센트, 지열 7~9퍼센트가 포함될 수 있습니다. 물론 수력도 일정 부분 포함됩니다.

손재권: 한국도 이와 같은 조합이 가능할까요?

마크 제이콥슨: 한국의 경우에는 국토의 한계로 해상 풍력과 태양광 발전을 많이 할 수 있을 것입니다. 해상 태양열도 현실적으로 도입할 수 있습니다. 예를 들어 옥상 태양광 발전은 한국에서도 충분한 가능성이 있습니다. 캘리포니아에서도 전체 전력 생산의 13퍼센트를 옥상 태양광에서 얻고 있는데, 한국도 비슷하거나 더 높은 비율을 기록할 수 있습니다.

마크 제이콥슨: 기후 변화 비용은 탄소의 사회적 비용을 기준으로 추정됩니다. 2050년을 기준으로 탄소배출 톤당 약 500달러의 비용이 발생할 것으로 예상하죠. 이에 따라 매년 약 31조 달러의 기후 비용이 추가로 발생할 것입니다.

손재권: 에너지 전환이 이루어진다면 이러한 비용 절감 효과도 상당할 것 같습니다. 재생에너지로 전환하면 비용 절감이 얼마나 가능할까요?

마크 제이콥슨: 만약 전 세계가 재생에너지로 전환하게 된다면 에너지 비용만으로도 연간 약 10조 달러를 절감할 수 있습니다. 그리고 사회적 비용을 포함하면 연간 75조 달러 이상이 절감될 수 있습니다. 이를 에너지 전환 비용인 58조 달러와 비교해보면, 사실상 에너지 비용 절감만으로도 투자 회수 기간이 6년 내외입니다. 사회적 비용까지 포함하면 1년이 채 걸리지 않죠.

손재권: 전 세계적으로 에너지 전환을 위해 얼마나 많은 토지가 필요할까요?

마크 제이콥슨: 주로 육상 풍력과 유틸리티 태양광 발전소를 위한 토지가 필요할 것입니다. 하지만 해상 풍력과 옥상 태양광 발전 같은 기술은 추가적

인 토지를 요구하지 않죠. 이를 통해 우리는 육상 풍력 터빈 사이의 공간을 농업이나 다른 용도로 활용할 수 있습니다. 또한 전 세계적으로 화석 연료 산업이 차지하는 땅은 약 1.3퍼센트에 불과합니다. 캘리포니아는 최근 몇 년간 재생에너지에서 큰 성과를 내고 있습니다. 예를 들어 2024년 5월 25일 하루 동안 태양광과 배터리 저장이 수요의 100퍼센트 이상을 충족시킨 순간이 있었죠. 캘리포니아의 태양광 발전은 전년 대비 31퍼센트 증가했고, 배터리 저장 용량도 두 배로 늘어나 8.3기가와트에 이르렀습니다. 이는 단 1년 만에 이룬 성과입니다. 이렇게 급격히 증가한 재생에너지는 기존의 가스 사용을 40퍼센트나 줄였고, 그 덕분에 전력 그리드의 안정성을 유지하면서도 더 친환경적인 에너지원으로 전환하고 있습니다.

손재권: 다른 국가나 지역에서는 재생에너지 전환이 어떻게 진행되고 있나요?

마크 제이콥슨: 몇몇 국가는 이미 재생에너지 전환에서 큰 성과를 이루고 있습니다. 예를 들어 아이슬란드, 코스타리카, 노르웨이 등은 거의 100퍼센트에 가까운 비율로 재생에너지로 전력을 공급하고 있습니다. 대부분 수력 발전을 중심으로 하고 있지만, 태양광과 풍력도 중요한 역할을 하고 있죠. 특히 코스타리카는 수력과 지열, 풍력, 태양광을 혼합해 98.5퍼센트의 전력 수요를 재생에너지로 충족하고 있습니다.

손재권: 미래 기후변화 및 에너지 전환의 가장 큰 도전 과제는 무엇이라고 보시나요?

마크 제이콥슨: 가장 큰 도전 과제는 재생에너지로의 빠른 전환을 위한 인프라 구축과 정책 지원입니다. 전 세계적으로 재생에너지와 배터리 저장 시설의 설치가 빠르게 이루어지고 있지만, 여전히 여러 국가가 화석 연료에 의존하고 있습니다. 전환을 위해서는 정부와 기업의 긴밀한 협력과 투자, 기술 개발이 필요합니다. 또 공공의 인식 변화도 매우 중요합니다. 재생에너지로의 전환이 단순한 선택이 아니라, 더 나은 미래를 위한 필수 과정입니다.

트리플 레볼루션이 온다
2025 글로벌 테크 트렌드

제1판 1쇄 인쇄 | 2024년 11월 15일
제1판 1쇄 발행 | 2024년 11월 20일

지은이 | 더밀크
펴낸이 | 김수언
펴낸곳 | 한국경제신문 한경BP
책임편집 | 윤효진
교정교열 | 배민수
저작권 | 박정현
홍　보 | 서은실·이여진
마케팅 | 김규형·박정범·박도현
디자인 | 이승욱·권석중
본문디자인 | 디자인 현

주　소 | 서울특별시 중구 청파로 463
기획출판팀 | 02-3604-556, 584
영업마케팅팀 | 02-3604-595, 562　FAX | 02-3604-599
H | http://bp.hankyung.com　E | bp@hankyung.com
F | www.facebook.com/hankyungbp
등　록 | 제 2-315(1967. 5. 15)

ISBN 978-89-475-4982-0　03320